重庆文化研究

（2022 年卷）

重庆市文化和旅游研究院
重庆市非物质文化遗产保护中心　编
重庆市文化和旅游规划院

中国文史出版社

图书在版编目（CIP）数据

重庆文化研究 . 2022 年卷 / 重庆市文化和旅游研究院，重庆市非物质文化遗产保护中心，重庆市文化和旅游规划院编 . —北京：中国文史出版社，2023.9
ISBN 978-7-5205-4184-8

Ⅰ.①重… Ⅱ.①重… ②重… ③重… Ⅲ.①地方文化 – 研究 – 重庆 – 2022 Ⅳ.①G127.719

中国国家版本馆 CIP 数据核字（2023）第 134085 号

责任编辑：赵姣娇

出版发行：中国文史出版社

社	址：北京市海淀区西八里庄路 69 号 邮编：100142
电	话：010 – 81136606 81136602 81136603（发行部）
传	真：010 – 81136655
印	装：北京柏力行彩印有限公司
经	销：全国新华书店
开	本：787mm × 1092mm 1/16
印	张：31.25
字	数：473 千字
版	次：2024 年 1 月北京第 1 版
印	次：2024 年 1 月第 1 次印刷
定	价：98.00 元

目录

139 / 公共文化 ▶

211　/　文化产业 ▶

277　/　文旅融合 ▶

319 / 文化传媒 ▶

HONGGUAN WENHUA

宏观文化

新时代背景下的马克思主义中国化新格局①

戴小江　谢　鹏②

马克思主义中国化是理论与实践双向互动的过程，是在实践中运用马克思主义解决中国实际问题，将成功经验总结、凝练形成中国马克思主义的理论创新活动。党的十八大以来，习近平作为马克思主义中国化的传承者和践行者，以舍我其谁的大无畏精神，勇于实践探索，勤于总结提炼，塑造了新时代马克思主义中国化新格局。本文从马克思主义中国化构成要素的角度，从任务提出、主体推动、综合创新、成果生成四个环节，总结习近平同志作为全党和党中央核心对推进新时代马克思主义中国化的突出贡献，呈现领导核心在马克思主义中国化事业中的主心骨作用，以期使大家深刻理解"两个确立"的决定性意义，从思想上增强"两个维护"的坚定自觉。

一、提出马克思主义中国化时代要求，推进"两个相结合"

马克思主义中国化虽然以理论创新活动为目标指向，但并非一劳永逸。在革命、建设和改革的不同历史时期，理论创新活动面临解决不同的历史课题，需要完成不同的历史任务。革命时期的理论创新活动需要在探索具有中国特色的革

①　基金项目：国家社会科学基金项目"延安时期干部历史教育以及当代启示研究"（21XDJ004）。原载于《重庆交通大学学报（社会科学版）》2022 年 10 月第 22 卷第 5 期。

②　戴小江，女，重庆交通大学马克思主义学院教授；谢鹏，重庆交通大学校医院办公室主任。

命道路基础上，从理论上正确回答中国共产党在前资本主义国家进行什么样的革命，怎样进行革命。建设时期的理论创新活动需要在探索中国自己的社会主义建设道路基础上，从理论上正确回答中国共产党在经济文化落后的国情下建设什么样的社会主义，怎样建设社会主义。这个历史任务虽然没有完成，但为改革开放时期成功实现"第二次结合"打下了基础。进入改革开放新的历史时期，中国共产党人破解经济文化落后国家建设和巩固社会主义的世界难题，实现对马克思主义的返本开新、守正创新。今天，中国特色社会主义进入新时代，中国共产党面临解决强国目标的历史课题，习近平顺势而为，提出继续推进马克思主义中国化的时代要求。

（一）加快发展当代中国马克思主义、二十一世纪马克思主义

党的十八大以来，习近平根据当代世界正经历百年未有之大变局，强调要重视马克思主义时代化。习近平认为国际、国内形势已经发生新的巨大变化，特别是世界格局正处在剧烈变化演进中，产生了大量过去没有显现的复杂问题，急需我们回答"世界怎么了，要往何处去"等重大问题，这就需要我们加强对世界格局演变的研究，使我们"更好运用马克思主义观察时代、解读时代、引领时代"[①]。随着中国的崛起强大，中华优秀传统文化对当代中国先进文化的有益滋养越发明显，习近平认为中华优秀传统文化中蕴含着大量朴素唯物论和辩证法思想，传统伦理道德的合理性成分和国家治理的历史经验需要我们运用马克思主义真理力量激活中华优秀传统文化的创造活力，把中华文明五千年的思想智慧、文化精髓、历史经验寓于新时代理论创新中，夯实当代中国马克思主义更深厚的文化根基。习近平提出要"坚持把马克思主义基本原理同中国具体实际相结合、同中华优秀传统文化相结合"[②]，赋予新时代马克思主义中国化事业新的时代内容，标志着党的理论创新进入加快发展更具世界胸怀、更有文化积淀的当代中国马克思主义、二十一世纪马克思主义的新阶段。

---

① 习近平. 深刻认识马克思主义时代意义和现实意义　继续推进马克思主义中国化时代化大众化 [N]. 人民日报，2017-09-30（1）.

② 习近平. 在庆祝中国共产党成立 100 周年大会上的讲话 [N]. 人民日报，2021-07-02（2）.

（二）不断开拓当代中国马克思主义政治经济学新境界

以经济建设为中心是对以阶级斗争为中心的拨乱反正，是国家现代化建设的中心任务和前提保障。改革开放新时期，我国经济建设取得巨大成就，经济发展迅速跃上新台阶，一个至关重要的原因就是我们把马克思主义政治经济学基本理论同生产力落后、商品经济不发达的具体实际结合起来，形成社会主义市场经济理论、发展才是硬道理等中国特色社会主义经济理论，开辟了改革开放和社会主义现代化建设新局面，人民生活获得极大改善。实践是理论的源泉，是中国特色社会主义经济理论丰富和发展的强大动能。改革开放和社会主义现代化建设的持续推进，蕴含着发展中国特色社会主义经济理论的有利条件和实践逻辑。党的十八大以来，在"五位一体"全面发展背景下，新发展格局加快构建、全过程民主优势凸显、文化强国建设取得实质性进展、社会建设欣欣向荣、生态文明建设发生全局性变化，这为当代中国马克思主义经济、政治、文化、社会、生态等理论的中国化提供了不竭的实践资源。习近平提出要及时"提炼和总结我国经济发展实践的规律性成果，把实践经验上升为系统化的经济学说，不断开拓当代中国马克思主义政治经济学新境界"①。习近平号召以系统总结当代中国马克思主义经济理论为示范，实际上向全党提出在现代化建设各领域加快总结凝练原创性成果的要求，这为新时代全方位推进马克思主义中国化时代化指明了正确方向。

二、整合马克思主义中国化主体队伍，形成上下联动

马克思主义中国化主体就是推动党的理论创新的人群，学术界一般认为马克思主义中国化主体由个体、群体、组织和群众组成。主体建设是事关马克思主义中国化顺利推进的关键环节，因为人是最活跃的因素，只有把主体的素质提高，调动各方面主体的创作积极性，马克思主义中国化事业才能获得源源不断的推动力量。党的十八大以来，习近平高度重视马克思主义中国化主体建设，通过全面

---

① 习近平.立足我国国情和我国发展实践 发展当代中国马克思主义政治经济学 [N].人民日报，2015-11-25（1）.

从严治党、加强领导干部队伍建设、培育马克思主义理论家、发挥人民群众的首创作用，提高了马克思主义中国化多元主体的素质，党的理论创新力量得到增强。

（一）提出新时代党的建设总要求，巩固马克思主义中国化的组织主体

延安时期，经过党的建设伟大工程的锤炼，中国共产党成为经受住狂风暴雨考验的马克思主义政党。党已经能娴熟地运用马克思主义基本原理解决中国革命的实际问题，并有计划、有组织地推动实践经验的总结概括，无产阶级领导中国革命的理论得到多方面展开而达到成熟。这充分说明，坚持和不断推进马克思主义中国化，关键在中国共产党这个组织主体。中国共产党作为组织主体，发挥着指导实践、整体推进、统筹谋划的作用。党的十八大以来，习近平将全面从严治党作为"四个全面"战略布局的重要方面，强调将党建设得更加坚强有力，是党和国家事业发展的政治保障，这是对马克思主义中国化组织主体建设的一个重要实践举措。党的十九大对全面从严治党进行新部署，新时代党的建设总要求中，提出全党要重视思想建党、理论强党，提高运用马克思主义理论解决现实问题的能力。习近平的谆谆教导和严格要求，增强了全党推进新时代马克思主义中国化的使命感和紧迫感，也使全党将实践创新基础上的理论创新作为一项伟大事业和重要职责统筹谋划，整体推进。全党理论思维的增强和统一擘画保证了新时代马克思主义中国化事业沿着正确方向不断前进。

（二）加强领导干部队伍建设，强化马克思主义中国化的关键主体

新时代推进马克思主义中国化，必须重视和发挥好领导干部这个"关键少数"的作用。各级领导干部由各领域素质高、能力强、专业知识扎实的中高级知识分子组成，是领导国家现代化建设与管理国家各项事务的精英群体和主体力量。作为马克思主义中国化主体的中坚力量和中流砥柱，领导干部在领导实践、顶层设计、经验总结、思想凝练等方面的作用不可替代，从某种程度上讲，马克思主义中国化能否顺利推进与领导干部这个"关键少数"密切相关。党的十八大以来，习近平通过加强领导干部队伍建设，提高各级领导干部特别是高级干部的理论思维能力和思想政治水平，发挥"关键少数"的作用，努力用领导干部这个"关键少数"去引领人民群众这个"最大多数"，从而实现领导干部这个"关键少

数"与人民群众这个"最大多数"的良性互动，党的理论创新步伐大大加快。具体来说，一方面领导干部引领示范和有序推进马克思主义中国化，回应和实现人民群众对于美好生活的需求，总结提炼人民群众在实践中的成功经验；另一方面人民群众在领导干部的带领下进行中国特色社会主义建设，用实践检验党的理论创新成果，并在党的理论创新成果指导下，继续推进实践创新。这样的良性互动是习近平运用马克思主义认识论带领领导干部推进理论创新的生动写照，体现了习近平举重若轻的领导才能。

（三）培育马克思主义理论家，扩大马克思主义中国化的骨干主体

马克思主义理论家活跃在我国主流意识形态工作领域，是研究、宣传和传播马克思主义理论知识的主力军，在马克思主义中国化进程中发挥着阐释解读、经验总结、舆论造势的作用。他们研究阐释马克思主义基本原理、抽象升华中国共产党人实践经验、宣传普及马克思主义中国化理论成果，是必不可少的马克思主义中国化创作主体。习近平非常重视发挥马克思主义理论家的作用，团结和带领一批杰出的理论工作者深耕理论创作土壤，及时引导他们关注现实问题，要求他们走出书斋，来到火热的建设工地、田地乡村，正确解读党的理论，积极回应人民群众的呼声，"成为先进思想的倡导者、学术研究的开拓者、社会风尚的引领者、党执政的坚定支持者"①。习近平对马克思主义理论家寄予厚望，在纪念马克思诞辰 200 周年大会上的讲话中，提出真学、真懂、真信、真用马克思主义的"九条要求"，为广大理论工作者学习和研究马克思主义提供了科学指导。在习近平的亲切关怀下，马克思主义理论工作者队伍不断发展壮大，杰出的马克思主义理论家不断涌现，他们在理论研究、理论创新和理论宣传上辛勤耕耘，成为新时代马克思主义中国化事业不可或缺的重要骨干力量。

（四）广泛动员人民群众，夯实马克思主义中国化的基础主体

中国共产党人的事业是人民的事业，党广泛依靠人民群众，贯彻群众路线，重视发挥人民群众的首创精神，在前进道路上取得一个又一个胜利。马克思主义

---

① 习近平.在哲学社会科学工作座谈会上的讲话 [N]. 人民日报，2016-05-19（2）.

中国化事业也是人民群众的事业。人民群众是中国共产党人实践活动的主角，党领导下的人民群众成为马克思主义中国化的基础主体，起着积累经验、提供智慧、检验理论等作用。他们在党领导下爆发的巨大智慧和磅礴力量，推动着中国共产党披荆斩棘、砥砺前行，不仅为党的理论创新活动源源不断输送实践经验，也成就了党领导的社会革命的辉煌奇迹。党的十八大以来，习近平高度肯定人民的主体地位，强调人民群众是我们的力量源泉。他"通过提出和努力实现中国梦的奋斗目标、凝聚中国力量、全面建成小康社会、紧紧依靠人民推进改革等众多理论思考和实践布局，为拓展和深化马克思主义中国化伟大事业提供群众基础和依靠力量"①。

马克思主义中国化主体是一个多元化主体系统，在这个系统中，中国共产党领袖核心的作用是最关键的。习近平为全党树立了学习马克思主义理论的典范，他运用马克思主义立场、观点和方法解决现实问题，用高度的理论自觉和理论创新意识，引导理论创作以正确的方式朝科学结论迈进。党的十八大以来，习近平把牢方向、擘画路线，带领中国共产党，有机整合领导干部、马克思主义理论家、人民群众等主体力量，形成新时代推动党的理论创新活动的强大合力，党的理论工作又进入一个创新高峰时期。新时代马克思主义中国化多元主体之所以形成合力，根本原因是在习近平的领导下，多元主体各尽其职，实现"由下及上"和"由上及下"的有机统一。②"由下及上"体现在习近平重视思想建党、理论强党，增强全党推进马克思主义中国化的紧迫感和使命感。在中国共产党各级领导干部的组织落实下，人民群众的伟大实践和马克思主义理论家的研究成果上传至习近平，使其能够根据现实材料和理论分析提出新观点、新战略。"由上及下"则是新观点、新战略经中国共产党及各级领导干部贯彻落实，马克思主义理论家宣传阐释，成为人民群众改造世界的理论武器。这两个互动过程的流畅运行，使人民群众的实践成为中国共产党人理论创新的不竭动力和源泉；马克思主义理论

① 王丽丽，陈加飞. 习近平对马克思主义中国化主体建设的理论思考与实践布局 [J]. 广西社会科学，2016，32（9）：15—19.

② 张泽强. 论马克思主义中国化三大主体的相互关系 [J]. 桂海论丛，2013，29（6）：85—88.

家成为联系领导干部和人民群众的桥梁与纽带；中国共产党及各级领导干部成为理论创新的主导和关键。而这一切都得益于习近平的运筹帷幄和超前谋划。

三、加深马克思主义中国化客体认识，推动综合创新

马克思主义中国化客体是中国共产党人在实践创新基础上进行理论创新活动的理论思考和工作对象，主要有理论客体、实际客体、文化客体和时代客体四类。对客体的认识程度关系到马克思主义中国化能否最后"化"出既符合中国实际，又经得起实践检验的创新成果。延安时期，马克思主义中国化多元客体都得到正确认识，马克思主义中国化因而实现了第一次历史性飞跃。与其相反，"文化大革命"时期的马克思主义中国化遭遇挫折，与没有正确认识马克思主义中国化多元客体密切相关。党的十八大以来，习近平高度重视对马克思主义中国化多元客体的正确认识，强调认真学习马克思主义理论、正确判断当代中国发展的历史方位、全面吸收中华优秀历史文化、科学分析国际形势和时代潮流，为顺利实现马克思主义中国化打下坚实基础。

（一）认真学习马克思主义理论，加深对理论客体的全面把握

马克思主义基本原理是马克思主义中国化的理论客体，是指导中国人民改天换地的思想法宝。马克思主义已经同中国人民的前途命运、同中华民族伟大复兴血肉相连，"中国共产党为什么能，中国特色社会主义为什么好，归根结底是因为马克思主义行"[①]。习近平将马克思主义看作中国共产党人的"看家本领"和马克思主义中国化的本源理论，高度重视全面掌握和正确运用马克思主义理论。他要求党员干部坚定信仰马克思主义，用"钉钉子精神"学习钻研马克思主义经典著作，并通过重点学习马克思主义哲学，提高马克思主义理论素养。2018 年 4 月 23 日，习近平带领中央政治局全体成员集体学习《共产党宣言》，领会马克思主义的时代意义。在纪念马克思诞辰 200 周年大会上的讲话中，习近平对马克思

---

① 习近平.决胜全面建成小康社会 夺取新时代中国特色社会主义伟大胜利：在中国共产党第十九次全国代表大会上的报告 [N]. 人民日报，2017-10-28（1）.

主义理论品格和时代价值的揭示，为全党全国人民全面把握马克思主义提供了根本遵循。在习近平的引导下，全党兴起了"回到马克思"，通过学习马克思主义经典原著，掌握马克思主义基本原理的良好风气。

（二）正确判断当代中国发展的历史方位，加深对实际客体的准确把握

当代中国发展的历史方位是马克思主义中国化的实际客体。新民主主义革命时期，因为中国共产党认识到中国社会的半殖民地半封建性质，在党的二大制定了民主革命纲领，毛泽东进而提出新民主主义革命总路线，指导中国革命取得胜利。改革开放新时期，我党从人口多、底子薄、生产力落后的实际出发，制定社会主义初级阶段基本路线，这条基本路线成为党和国家的生命线、人民的幸福线。党的十八大以来，习近平带领党和国家在机遇中寻突破，在危机中战困难，党和国家事业发生历史性巨变，中国特色社会主义和社会主义初级阶段经过量的积累上了一个新台阶。中国特色社会主义进入新时代，中国进入新发展阶段，这两个科学判断成为当前党和国家一切工作制定政策的总依据。新时代、新发展阶段表明中国已进入与以往不同的历史新阶段，既有前期积累的基础和经验带来的有利条件，更有当前面临的问题和矛盾带来的时代之问、人民之问。前所未有的考验需要开拓新思路新战略，需要揭示新特点新规律。中国特色社会主义进入新时代、中国进入新发展阶段的科学判断，加深了对当代中国实际客体的精准把握，成为新思想出场的具体实际逻辑。

（三）全面吸收中华优秀历史文化，加深对文化客体的准确把握

中国优秀的历史文化遗产是马克思主义中国化的文化客体。习近平非常重视梳理总结我国五千多年历史的经验教训，指出中国共产党的各项事业能够化险为夷、乘风破浪、不断前行的一个重要原因，就是"重视对历史的学习和对历史经验的总结与运用"①。他认为历史能给人以智慧和启迪，能给我们正在进行的中国特色社会主义现代化建设以经验借鉴，使我们在了解历史上治国理政智慧、治乱兴衰规律中获得立足现在，开创未来的启示。党的十八大以来，习近平高度重视

---

① 习近平.在中央党校秋季开学典礼上的讲话[N].人民日报，2011-09-02（1）.

对中华优秀传统文化的梳理和阐释，强调要以解决新时代中国特色社会主义建设中的重大理论和实践问题为切入点，着眼实现中华优秀传统文化的创造性转化和创新性发展，努力发掘优秀传统文化中蕴含的治国理政思想营养及其时代价值，将其与马克思主义的立场、观点和方法结合起来，在解决实际问题基础上，凝练出更具有中国气质的马克思主义，赋予中国特色社会主义更强大的文化底气、更牢固的文化根基。

（四）科学分析国际形势和时代潮流，加深对时代客体的完整把握

世情是马克思主义中国化时代客体的重要因素。20 世纪 80 年代，正是因为邓小平深刻洞悉"二战"结束后的世界形势及其发展趋势，认为和平和发展成为时代主题，这为中国特色社会主义和平发展提供了战略机遇，才使我们做出以经济建设为中心的战略抉择。当今世界形势波谲云诡，我国的外部环境暗潮汹涌，面临以美国为首的西方势力合作与打压的两手策略。特别是 2020 年全球新冠肺炎疫情暴发以来，国际格局加速演变，大国战略竞争更加激烈，世界经济复苏乏力，需要各国共同应对的问题增加，全球面临更多传统安全与非传统安全交织的风险和挑战。面对严峻的国际形势，习近平强调，中国已成为世界百年未有之大变局演变的主要推动力量，我们必须保持非凡的战略定力，牢记发展才是硬道理，是首要任务，必须通过自身的发展，为世界贡献更多的中国方案。这些科学分析是对当前国际形势新变化的深刻认识，反映习近平准确把握了世界潮流浩荡的规律，体现出习近平的世界眼光和天下情怀。

人类文明的有益成果也是马克思主义中国化的时代客体。党的十八大以来，习近平秉持开放、包容的理念，强调放宽视野，正确吸收人类文明的积极成果为我所用。他认为世界各国联系日益密切，人类形成命运共同体，各国之间要加强文明交流，促进文明互鉴。他强调，新时代建设中国特色社会主义绝不能狭隘地闭门造车，要学习借鉴其他国家人民创造的文明成果。但必须坚持三个原则：一是以我为主，为我所用；二是辩证对待，弃其糟粕，学其精华；三是学习国外的东西要与中国实际相结合，通过消化吸收再实现创新。

马克思主义中国化客体是一个多元的开放性系统，这些客体要素在这个开

放性系统中具有不同的地位和作用，马克思主义是本源，起着根本和主导的作用；中国优秀历史文化传统是根源，需要继续传承弘扬；世界文明是思想资源，需要鉴别借鉴；中国国情和世情是依据，需要科学判断。马克思主义中国化客体多元要素之间的矛盾运动呈现以马学为本、国学为根、西学为鉴、国情和世情为据，相互融合、综合创新的形态特征。对这些多元客体要素的把握程度和要素之间的结合匹配度，是判断马克思主义中国化发展水平高低的重要尺度。作为党中央的领导核心，习近平不仅带领全党努力提高对理论客体、实际客体、文化客体和时代客体的全面认识，深化对这些客体要素的整体把握，而且努力推动这些客体要素的深度结合，凝练出一系列独创性的成果。如习近平经济思想就是运用马克思主义政治经济学理论解决新时代经济建设的实际问题，同时汲取中华优秀传统文化中经济思想的养分精华，借鉴吸收西方经济学有益成分和世界各国经济发展经验而形成的。习近平指出"社会主义并没有定于一尊、一成不变的套路，只有把科学社会主义基本原则同本国具体实际、历史文化传统、时代要求紧密结合起来"①，才能在实践中开创新路，在新路中凝练经验，将经验升华为理论原则，不断推进中国特色社会主义的守正创新。习近平的这段话指明马克思主义中国化多元客体相结合的必要性和途径，成为指导新时代实现马克思主义中国化的行动准则。

四、回答马克思主义中国化时代之问，实现新的飞跃

中国共产党的历史是一部马克思主义中国化波澜壮阔的历史，特别是毛泽东在 1938 年 10 月提出马克思主义中国化命题，并通过整风运动的学习教育后，马克思主义中国化成为全党进行理论创新活动的整体自觉。跌宕起伏、艰苦卓绝的实践探索使中国共产党人的理论创作活力竞相迸发，指导思想先后实现五次与时俱进，中华民族也日益接近民族复兴的伟大目标。习近平新时代中国特色社会主

---

① 习近平.在纪念马克思诞辰 200 周年大会上的讲话 [N].人民日报，2018-05-05（2）.

义思想为中国马克思主义思想宝库增添了绚丽夺目的瑰宝，是全面开启建设社会主义现代化国家新征程的行动指南。

（一）将马克思主义中国化成功推向新时代

在新时代推进马克思主义中国化不是轻而易举、说说笑笑就能完成的，需要中国共产党领袖具有将"高度的科学精神与高度的革命精神相结合"①的综合素质。科学精神遵循马克思主义发展的规律，要求领袖必须实现理论与实际的结合，这体现了对领袖推进马克思主义中国化在理论创新能力方面的素质要求；革命精神遵循中华民族复兴的正道，要求领袖必须坚持群众路线和独立自主的立场，这体现了对主体推进马克思主义中国化在立场情感方面的素质要求。只有这两方面的素质结合起来，才能形成领袖推进马克思主义中国化的主观条件。习近平具有理论创新的非凡勇气和卓越智慧，他以回应新时代新问题为契机，对实现"两个相结合"发挥了决定性作用。与此同时，习近平具有"不负人民"之情和"精忠报国"之志，把对中国人民谋幸福，对中华民族谋复兴作为理论创新的出发点和落脚点，善于集中人民群众的经验智慧，对马列主义做了独立的光辉的补充，成功将马克思主义中国化推进到新时代。习近平当之无愧成为新时代中国特色社会主义思想的主要创立者，这个伟大思想镌刻上习近平本人思维方式、个人风格、语言特点的烙印。

（二）实现马克思主义中国化新的飞跃

马克思主义中国化事业 100 年历程中，三次历史性飞跃都是理论上的重大突破，以适合于中国具体环境和特殊条件的理论成果将马克思主义发展推向新阶段。以毛泽东为主要创立者的毛泽东思想是半殖民地半封建国家无产阶级领导革命理论的重大突破，实现了马克思主义中国化的第一次飞跃。中国特色社会主义理论体系突破经济文化落后国家建设和巩固社会主义的世界难题，实现了马克思主义中国化的第二次飞跃。党的十八大以来，以习近平同志为核心的党中央在书写坚持和发展中国特色社会主义的伟大实践中，深刻回答了马克思主义经典作家

---

① 刘少奇.刘少奇选集（上卷）[M].北京：人民出版社，1981：336.

没有涉及、我们的前人从未讲过、其他理论都无法解决的许多重大理论和实践问题，形成一系列突出问题导向和鲜明原创性的理论成果。习近平新时代中国特色社会主义思想是马克思主义中国化百年历程中的一个标志性里程碑：全方位实现了对马克思主义的守正创新，提出影响世界的中国主张，成为当之无愧的当代中国马克思主义、二十一世纪马克思主义；充盈着文化自信、精神赓续的丰富内容，成为中华文化和中国精神的时代精华；创造性地回答建设有关新时代中国特色社会主义、社会主义现代化强国、长期执政的马克思主义政党等重大问题，充分彰显其真理光辉和思想伟力，实现了马克思主义中国化新的飞跃。

综上所述，习近平作为党中央的核心、全党的核心，对新时代成功推进马克思主义中国化作出了杰出的贡献。习近平之所以能推动马克思主义中国化实现新飞跃，从马克思主义中国化构成要素的角度看：一是因为习近平有强烈的推进马克思主义中国化的使命感和责任担当，不仅向全党全国人民发出继续推进马克思主义中国化的时代号召，而且率先垂范，做好表率；二是壮大马克思主义中国化的主体队伍，调动主体各方面的积极性和主动性；三是加深对马克思主义中国化的客体认识，推动综合创新，展现了强大的理论创新活力；四是主动回应党和国家面临的新问题新挑战，以独创性的理论成果丰富和发展马克思主义。这四个方面既体现了习近平对推动马克思主义中国化的突出贡献，也揭示了习近平推动马克思主义中国化的成功密码，更为我们提供了深刻理解"两个确立"的生动案例，增强了我们"两个维护"的坚定自觉。

为铸就社会主义文化新辉煌贡献重庆力量[①]

刘　旗[②]

党的二十大报告强调"推进文化自信自强，铸就社会主义文化新辉煌"，明确了建设社会主义文化强国的新目标、新要求。全市文化和旅游系统要坚持以习近平新时代中国特色社会主义思想为指导，深入贯彻党的二十大精神，按照市委、市政府部署安排，踔厉奋发、勇毅前行，开创全市文化和旅游工作新局面，在全面建设社会主义现代化国家新征程上展现新作为。

一、全面准确领会党的二十大精神

学习宣传贯彻党的二十大精神，是当前和今后一个时期的头等大事和最重要的政治任务。全市文化和旅游系统要进一步深刻领悟"两个确立"的决定性意义，增强"四个意识"、坚定"四个自信"、做到"两个维护"，不断提高政治判断力、政治领悟力、政治执行力，始终在思想上政治上行动上同以习近平同志为核心的党中央保持高度一致；要进一步加深对新时代十年的伟大变革的认识把握，坚定中国特色社会主义道路自信、理论自信、制度自信、文化自信，为全面建设社会主义现代化国家而团结奋斗；要深入贯彻落实习近平总书记对重庆提出的营造良好政治生态，坚持"两点"定位、"两地""两高"目标，发挥"三个作

---

① 原载于《当代党员》2022 年第 11 期。

② 刘旗，重庆市文化和旅游发展委员会党委书记、主任。

壮丽的三峡风光

用"和推动成渝地区双城经济圈建设等重要指示要求，把习近平总书记殷殷嘱托全面落实在重庆大地上；要坚持读原著、学原文、悟原理，按照党委理论学习中心组引领学、领导干部带头学、各级党组织跟进学、研究讨论交流学、深入基层宣讲学等多种形式开展学习活动，做到反复经常学、融会贯通学、结合实际学，持续营造学习宣传的浓厚氛围，全面准确学习领会党的二十大精神。

二、准确把握党的二十大对文化和旅游工作提出的目标要求

党的二十大报告充分肯定了十年来我国文化事业取得的重大成就，强调"中华优秀传统文化得到创造性转化、创新性发展，文化事业日益繁荣"。同时，报告作出了"推进文化自信自强，铸就社会主义文化新辉煌"的重要战略部署，明确了建设社会主义文化强国的新目标、新要求，为推进文旅事业发展构建了新坐标、注入了新动力、提供了新支撑，为我市加快建设文化强市，做好文化事业、

文化产业指明了奋斗方向、确立了行动目标。

全市文化和旅游系统要牢牢把握好习近平新时代中国特色社会主义思想的世界观和方法论，坚持好、运用好贯穿其中的立场观点方法，以求真务实的精神学习好、宣传好、贯彻好、落实好党的二十大精神。围绕举旗帜、聚民心、育新人、兴文化、展形象的使命任务，推进文化铸魂、发挥文化赋能作用，坚持以文塑旅、以旅彰文，推进旅游为民、发挥旅游带动作用，推动文旅融合发展、促进旅游发展提质增效。紧扣"山水之城·美丽之地"目标定位，弘扬"行千里·致广大"的人文精神，保护传承好巴渝文化、三峡文化、抗战文化、革命文化、统战文化和移民文化，以加快建设文化强市和世界知名旅游目的地为目标，进一步繁荣发展文化事业和文化产业，发展社会主义先进文化，弘扬革命文化，传承中华优秀传统文化，讲好中国故事重庆篇章。健全现代公共文化服务体系，健全现代文化产业体系和市场体系，加大文物和文化遗产保护力度；坚持以人民为中心的创作导向，推出更多能增强人民精神力量的优秀作品；提供更加丰富、更加优质的旅游产品和服务，大力发展乡村旅游，助力乡村振兴，不断扩大重庆文化和旅游影响力。

三、书写重庆文化旅游建设新篇章

蓝图已绘就，奋斗正当时。全市文化和旅游系统要在深入学习贯彻党的二十大精神中见思想见行动出成效，立足"长嘉汇""三峡魂""武陵风"独特禀赋，一体联动、重点突破，推动"一区两群"文化和旅游协调发展，加快建设文化强市，着力打造"主客共享 近悦远来"的世界知名旅游目的地。

大力实施文艺作品质量提升工程，推出更多体现时代特征、中国气派、重庆韵味的精品力作；持续推进长征、长江国家文化公园（重庆段）建设，抓好"红色三岩"（红岩、曾家岩、虎头岩）等重点革命文物的保护利用，打造一批体现国际化、现代化的城市人文地标；进一步推动文化产业高质量发展，持续推动市级文艺院团破瓶颈、保基本、减负担，激发内生动力、统筹推进改革，努力打造具有示范性、导向性、引领性的新时代文艺院团。

打好"三峡、山城、人文、温泉、乡村"五张牌，着力打造"大都市、大三峡、大武陵"三大旅游品牌。持续推动主城都市区文旅资源整合，精心塑造钓鱼嘴音乐半岛、九龙美术半岛景观，共创都市旅游品牌，聚合"两江四岸"演艺资源，打造富有巴渝特色的长嘉汇演艺集聚区；持续深化大三峡旅游一体化发展，策划举办好长江三峡国际旅游节、世界大河歌会，推动"三峡库心·长江盆景"建设；充分发挥武陵山文旅发展联盟平台作用，推动武陵山区文旅协同发展和跨省市合作，加快建设渝东南武陵山区文化产业和旅游产业融合发展示范区，打造文旅融合发展新标杆。

进一步加强文化遗产保护传承和科学利用，把大足石刻研究院建设成世界知名研究院，进一步推动中华优秀传统文化创造性转化、创新性发展。强力推动广播电视和网络视听高质量发展，形成布局合理、规范有序、特色鲜明、形态多样、可持续发展的"智慧广电"新格局。

文化自信视域下中华优秀传统文化教育探索[①]

许晓卉[②]

习近平总书记在十九大报告中指出，文化是一个国家、一个民族的灵魂。党的十九届六中全会审议通过的《中共中央关于党的百年奋斗重大成就和历史经验的决议》，强调"推动中华优秀传统文化创造性转化、创新性发展"。文化兴则国运兴，文化强则民族强。坚定文化自信，对于保持民族和国家文化力量，夯实政党执政根基意义重大，是一个民族、国家、政党的信心动力和发展助推力。一个民族、国家、政党的文化自信程度影响个人的文化自信水平。当个人实现较高层次的文化自信时，对民族的归属感会更强烈，对国家、政党文化、理念的认同感也会更强烈。因此，文化自信程度越高，对实现中华民族伟大复兴的中国梦的推进动能就越大。大学生的信仰和追求反映社会的文化程度，他们也是中国品格、中华文化的重要拥护者和坚定传播者，是宣扬中华民族精神的积极力量。不断坚定大学生对中国特色社会主义文化的高度自信，使其成为激发全民族文化创新力、建设文化强国的中坚力量。

一、中华优秀传统文化对构建文化自信的重要性

文化自信在很大程度上体现在个体对群体理念情怀、价值取向的认同。中华

---

①　原载于《中学政治教学参考》2022 年 11 月第 3 周。

②　许晓卉，西南财经大学。

优秀传统文化对于构建中国特色社会主义文化自信具有重要意义。

（一）中华优秀传统文化是文化自信的重要滋养和凝聚力量

文化自信基于公民个体对本民族文化特质的基本认同和对本民族文化价值的准确判断，是一种承载和弘扬。简言之，文化自信就是对本民族优秀传统文化的自信。五千多年的中华优秀传统文化为中华民族的文化自信奠定了丰厚的历史底蕴和深厚滋养，中华优秀传统文化既是中华民族文化自信的基石，也是力量源泉。基于对中华优秀传统文化的科学判断和准确定位，文化自信得以发展，中华儿女对文化的认知和认同也随着对中华优秀传统文化价值的认同而不断契合。新时代文化自信强调从中华优秀传统文化出发，结合马克思主义理论，以马克思主义中国化理论成果为基本指导。中华优秀传统文化根植于中华民族的历史实践，与各个时期的物质生产、精神生产息息相关，与当下的精神思维发展密切关联，鼓舞和引领了一代代中华儿女拼搏进取、奋发向上。

（二）中华优秀传统文化是文化自信的意识导向和话语根基

在全球一体化发展的今天，人类命运共同体共识被越来越多的国家和组织认可，全球治理正朝着扁平化方向发展，在探索全球治理方案的进程中，中华优秀传统文化为坚定文化自信和提升世界文明水平提出了具有可行性的中国方案。在经济全球化、文化多样化的今天，网络信息无时无刻不在改变着世界、改变着人类生活，而让中华优秀传统文化"走出去"已经成为人类文明发展、社会进步的必要举措和步骤。弘扬中国特色社会主义文化，必须坚定不移坚持党的领导，坚持传播科学的马克思主义，牢牢把守意识形态领域，用今天的传播体系演绎中国发展，用世界的话语体系讲好中国故事，让中国声音体现意识形态话语权，是当下弘扬中华优秀传统文化的题中之义。新时代，中华优秀传统文化成为凝聚民族意识、展现大国形象的重要载体，鼓舞中华儿女为实现中华民族伟大复兴的中国梦不懈努力，成为推动道路自信、理论自信、制度自信和文化自信的重要支撑。

二、大学生坚定中华优秀传统文化自信的必要性

习近平总书记在寄语新时代新青年时指出："青年一代有理想、有担当，国家就有前途，民族就有希望。"中国人民勤劳勇敢、智慧拼搏，创造的底蕴深厚的中华文化在今天依然散发着厚重的气息。大学生作为国家发展的重要力量，他们的能力直接关系国家和民族的未来发展，他们对中华优秀传统文化的传承直接体现出青年一代的责任和担当。

（一）大学生应成为中华优秀传统文化的坚定信仰者

大学生对中华优秀传统文化的自信水平高低与他们对中国特色社会主义道路自信、理论自信、制度自信和文化自信的水平密切相关。社会转型期，青年学子的意识受到外部信息和其他国家意识形态的强烈冲击和影响，如果任其自由发展，大学生的价值选择就会出现新的困惑，进而影响其判断能力。加之大学生尚处在发展阶段，身心还不成熟、不稳定，辨别意识和辨别能力有限，受自身思想层次和人生阅历的影响，对信息的判断力不高。长此以往，大学生对中华优秀传统文化的认知水平就会降低，态度会淡漠，文化自信底气不足，取而代之的是对低俗媚俗文化的追随。因此，大学生应成为中华优秀传统文化的自觉信仰者，用科学的价值理念引导自身成长成才，坚定理想信念，坚定文化自信，主动探寻中华优秀传统文化、革命精神和社会主义先进文化的发展历程，了解其中的科学要义，自觉肩负起时代赋予的使命和责任。

（二）大学生应成为中华优秀传统文化的创新弘扬者

弘扬中华优秀传统文化不能一味"埋头学"，还应适当"抬头看"。中华优秀传统文化为大学生成长成才提供了宝贵资源，但不意味着要不假思索地全盘接收。大学生应成为中华优秀传统文化的创新弘扬者，努力挖掘和大力弘扬中华优秀传统文化的内在含义，并结合时代发展要求，自觉将其运用于中国文化和社会主义建设当中。换言之，大学生在传承中华优秀传统文化的过程中，要充分发挥主观能动性，善于思考、敢于创新，运用一切可以运用的资源，挖掘中华优秀传

统文化的社会主义核心价值观元素，将中华优秀传统文化与社会主义核心价值观紧密结合，并用以指导课外实践活动及专业理论学习，将中华优秀传统文化中的科学思维和崇高精神与个人的实际行动有机结合，深刻领会并践行中华优秀传统文化和社会主义核心价值观，牢牢守住中华民族的文化之根。

三、高校中华优秀传统文化教育的基本要求

在全国高校思想政治工作会议上，习近平总书记指出："高校要坚持把立德树人作为中心环节，高校的思政工作要因时而进、因势而新。"注重将中华优秀传统文化融入大学生生活实践，在教学理念、教学内容、教学方式、教学氛围等方面正面发声、积极弘扬。

（一）讲好中华优秀传统文化

在教育理念层面，讲好中华优秀传统文化，要培育一支弘扬中华优秀传统文化的专业队伍，让中华优秀传统文化教育既体现专业化，也体现大众化。开设中华优秀传统文化、社会主义核心价值观、革命精神教育等相关课程，将中华优秀传统文化教育融入高校专业课程教育之中。在专业课程中讲清楚中华优秀传统文化的发展历程，让学生在学习过程中知其然更知其所以然，自觉坚定理想信念，真学真懂真会。在公共课程中，让学生更多接触中华优秀传统文化和马克思主义文化，将中华优秀传统文化学习与专业相结合、与个人生涯发展相结合，并鼓励学生通过课堂内外的各类学习实践活动自觉弘扬和践行中华优秀传统文化，落实"知行合一"教育理念。

（二）建构中华优秀传统文化教学体系

在教育内容层面，高校应当注重中华优秀传统文化教学体系结构科学化，将责任担当引导作为中华优秀传统文化教育的基本落脚点，让学生自觉成为中华优秀传统文化的坚定传承者，从根本上杜绝形式化的中华优秀传统文化教育。有条件的高校应当将中华优秀传统文化分模块、有章法地贯穿学生教育教学全过程，按照全程化的教育思想分步骤开展中华优秀传统文化教育。教师应加强自身

学习，努力挖掘学生实际需求，掌握学生身心发展规律和特点，从学生感兴趣的话题中找到适合的切入点，重构教学话语体系，从正面发声，积极主动弘扬主旋律。

（三）增强中华优秀传统文化传播力

在教育方式方面，要注重优化传播途径，运用多种方式宣讲中华优秀传统文化，增强中华优秀传统文化的传播力，让学生心存敬畏又主动融入，不断端正学习态度，自觉提升文化修养。教师要充分学习领会全国高校思想政治工作会议精神，不断优化高校思想政治教育工作的亲和力和针对性。在教学方式和手段方面，要出奇招、出新招、出高招，调动学生参与中华优秀传统文化学习的积极性，让学生乐在其中。充分运用新媒体平台，充分发挥 QQ、微信、易班等媒介，主动搭建新媒体传播矩阵，精心设计，重点包装，形成传播合力。在教室、学生公寓等区域设置宣传展示架，让学生自发自觉学习中华优秀传统文化，让学生自动自愿传播中华优秀传统文化成果。

四、高校中华优秀传统文化教育实践路径

西南财经大学积极探索新时代中华优秀传统文化教育，不断开拓高校思想政治教育新局面，主动传承、传播和弘扬中华优秀传统文化，培育和弘扬爱国主义精神，由人文（通识）学院承办，开展了丰富多彩的中华优秀传统文化系列活动，探索出特色鲜明的教育体系。自活动启动以来，共计 200 余人次参与"博雅人文"中华优秀传统文化主题体验活动，1000 余人次参与讲座，21315 人次参与线上传统诗词大赛，近万人次通过微信平台谈古论今，超过 15000 人次漫步校园文化新景观"诗词小道"以陶冶情操，更有 3700 余名大一学生通过 100 多场主题班团活动诵经典、学习中华优秀传统文化知识、丰富生活。

（一）优化活动形式，以赛促学增添趣味

办好中华优秀传统文化系列赛事，营造浓厚的学习氛围。面向全校学生招募参赛团队，各年级学生自由组建 109 支队伍、327 名选手参加比赛。初赛和复赛

以笔试为主，题目难度适中。通过层层选拔，6支队伍进入决赛，进行现场答题展示，经历必答题、抢答题、风险题、团队合作题、快速问答题和飞花令等形式进行最后的比拼。决赛现场趣味性和竞赛性相结合，紧张刺激、寓教于乐。

利用新媒体平台开展线上答题活动，营造良好的学习竞赛氛围。创新活动形式，开通西南财经大学传统诗词大赛微信线上答题渠道，通过"西财微通识"微信平台进行宣传推广，答题界面设计精美，背景音乐婉转动听，题目设置侧重趣味性，动态排名激励学生每天参与答题，学生获得良好的答题体验，活动取得较好反馈。

（二）推广体验学习，团体活动促进感知

持续举办中华优秀传统文化主题体验活动，注重针对性和亲和力。学校连续三年举办"博雅人文"主题体验活动。活动旨在弘扬中华优秀传统文化，分为"乐在棋中""风筝奇缘""我手画我心""赏画鉴诗""智慧猜谜""面具彩绘"六个单元。下棋、书法、猜谜、彩绘，近200人次参加了体验活动，现场欢声笑语，气氛热烈、温馨。

发挥社会实践的体验性优势，引导学生在社会实践中找寻文化自信。学生利用寒暑假和课余时间开展社会实践和志愿服务。3700余名学子寒假期间"走基层·看社会"，在浓浓中国年中体会传统习俗文化，在访谈中传承优良品格，在社会实践中感悟中华文化魅力，提升自我修养，强化文化认同，进而提升文化自信。

利用班团主题活动多渠道开展中华优秀传统文化教育。引导学生结合中华优秀传统文化主题开展有意义、有思想、有行动的主题班会和主题团日活动。82个班级（团支部）开展中华优秀传统文化主题活动100余场。在品读经典中明事理，在科普教育中学知识，良好的中华优秀传统文化学习氛围在班级、团支部不断扩散。

（三）创新文化品牌，校园景观涵养品格

坚持贴近学生生活实际，真实自然融入生活。在学校教学楼一侧银杏林间铺设书香气息浓郁的"诗词小道"。672块地砖上刻着中华传统诗词经典名句，丰富校园文化，吸引师生驻足围观，校园媒体争相报道。学生或驻足低头学习，或跳跃合影……为春日的校园增添几分活力。

坚持贴近学生关注的话题，"议程设置"实现话语权引导。在校园内打造"二维码墙"，1800 个二维码背后是全校师生诵读诗词的语音片段和中华优秀传统文化知识普及。新颖的教育形式和"议程设置"，不仅遵循了教育规律，学生在饱含传统文化气息的"二维码墙"前驻足"扫描"，还增强了自主学习的趣味性，也体现了传统文化和现代科技的融合。

坚持贴近学生学习生活，用经典名著点燃学生梦想。将新生入学教育前置，通过微信、易班网等新媒体平台发起"上大学，邀你一起读《大学》"主题读书活动。3700 余名 2017 级新生主动读名著、读经典，提交文本朗读作品、各类书法作品和读书心得 140 余份，开学后举办专题读书交流会 67 场次。

（四）整合资源优势，校院媒体合力传播

整合学校、学院两级媒介力量共同"发声"，"三全"育人弘扬思政主旋律。一方面，做好各项活动的动员和宣传，及时跟进活动进展，不时发布新闻报道。优化和提升宣传稿件质量，提升媒体宣传稿件艺术性和亲和力。另一方面，学校、学院两级媒介平台共同发布报道信息，激发全校师生学习热情，书香满西财的氛围促进了校风、学风建设，全员育人、全方位育人、全过程育人的理念得到较好落实。

讲好西财故事，重点报道有示范作用的好故事。利用西财微通识微信公众平台及时发布传统文化教育相关内容。推出"师说——中华优秀传统文化经典推荐""求学——我的中华优秀传统文化学习经历""动态——走进西财传统诗词大赛"等栏目，邀请校园名师、优秀学生讲述自身学习传统文化的故事。讲好西财故事，引领西财品格，让中华优秀传统文化"看得到、摸得着"，更亲切、更具体。

青年兴则国家兴，青年强则国家强，中华民族伟大复兴的中国梦终将在一代代青年的接力奋斗中变为现实。中华优秀传统文化是中华民族历久弥新的精神财富，在文化自信和大学生社会主义核心价值观教育中有着极其重要的价值。我们应从中借鉴有益的理念和元素，结合现代教育资源和传播手段，让青年学生发自内心的认知、认同中华优秀传统文化，进而认真践行，最终达到学以致用、知行统一的效果。

参考文献

［1］刘吕高，田崇军.中国传统文化对大学生思想政治教育的影响及作用［J］.中华文化论坛，2014（3）.

［2］吴雪.坚定文化自信　弘扬中华优秀传统文化［J］.福建省社会主义学院学报，2017（1）.

［3］李宗桂.试论中国优秀传统文化的内涵［J］.学术研究，2013（11）.

［4］习近平.习近平谈治国理政（第一卷）［M］.北京：外文出版社，2018.

［5］钟俊平.青年学生坚定文化自信的三重维度［J］.中共山西省委党校学报，2017（4）.

深化和推进红岩精神研究需要把握的若干关系[①]

——论历史学视域下的红岩精神研究

周　勇[②]

在中国共产党成立 100 周年之际，党的十九届六中全会系统总结了党的百年奋斗重大成就和历史经验，深刻地指出"党的百年奋斗锻造了走在时代前列的中国共产党"[③]。100 年来，党坚持性质宗旨，坚持理想信念，坚守初心使命，勇于自我革命，在生死斗争和艰苦奋斗中经受各种风险考验、付出巨大牺牲，锤炼出鲜明政治品格，特别是"形成了以伟大建党精神为源头的精神谱系"[④]，保持了党的先进性和纯洁性。党的执政能力和领导水平不断提高，正领导中国人民在中国特色社会主义道路上不可逆转地走向中华民族伟大复兴，中国共产党无愧为伟大、光荣、正确的党。

习近平总书记指出，"在一百年的非凡奋斗历程中，一代又一代中国共产党人顽强拼搏、不懈奋斗，涌现了一大批视死如归的革命烈士、一大批顽强奋斗的英雄人物、一大批忘我奉献的先进模范"，"构筑起了中国共产党人的精神

①　基金项目：国家社会科学基金重大委托项目"《复兴文库》编纂出版"（19ZH002）子课题"《大后方的建设和民主运动的开展》"，子课题负责人：周勇；重庆市社会科学规划项目（抗战文化专项委托项目）"海外抗战大后方档案、文献、影像史料整理研究"（2016-ZDZX01），项目负责人：周勇。原载于《西南大学学报（社会科学版）》2022 年 1 月第 48 卷第 1 期。

②　周勇，西南大学历史文化学院，教授，博士生导师。

③　中共中央关于党的百年奋斗重大成就和历史经验的决议 [N]. 人民日报，2021-11-17（1）.

④　中共中央关于党的百年奋斗重大成就和历史经验的决议 [N]. 人民日报，2021-11-17（1）.

谱系"①。随后，中宣部发布了中国共产党人精神谱系第一批伟大精神，"红岩精神"列于其间，定位于延安精神、抗战精神之后，西柏坡精神之前②。这表明"红岩精神"是居于中国共产党人精神谱系第一方阵的革命精神，是最重要的中国共产党人精神之一，是中国共产党和中华民族宝贵的精神财富，是唯一产生在国民党统治区的中国共产党人的革命精神。这一革命精神在我们面临世界百年未有之大变局和开启全面建设社会主义现代化国家新征程的历史时期，尤显珍贵。我们在研究红岩精神的学术工作中要继承弘扬，守正创新，不断奉献无愧于时代的新成果。

抗战胜利以来，中国共产党的领袖们从不同视角对红岩精神的培育、形成、传承、弘扬等都有过重要论述。尤其是 1985 年以来，邓颖超、江泽民、胡锦涛、习近平等中央领导同志先后就红岩精神发表过重要的论述，涉及红岩精神的时代背景、实践基础、精神本源、理论本质、历史地位、精神传承、时代价值等一系列重大问题，构成了一个一脉相承的科学体系，这是我们研究红岩精神最重要的政治遵循。

深入研究中国共产党人精神谱系，包括其中的红岩精神，是历史学界的重大课题和重要责任。经过几十年的努力，红岩精神的研究成果已经相当丰富，达到了新的高度。2021 年以来，关于红岩精神的研究再次成为新的热点，根据中国知网篇名检索，仅 2021 年的相关文献，截至 11 月 30 日就达到了 110 篇之多，其中期刊文献 53 篇。在最新成果中，比如黄蓉生等论述了新时代红岩精神的爱国主义教育价值③，张朝晖从党的初心角度论述了红岩精神的生成逻辑④，等等。目前研究红岩精神的文章主要出现在历史、文学、思政三个学科领域，虽然各有特色，但深度和广度都还有待提升。在上述三个领域中，"历史研究是一切

---

① 习近平.在党史学习教育动员大会上的讲话[J].求是，2021（7）：4-17.

② 中国共产党人精神谱系第一批伟大精神正式发布[N].人民日报，2021-09-30（1）.

③ 黄蓉生，徐佳辉.新时代红岩精神的爱国主义教育价值论[J].西南大学学报（社会科学版），2021（5）：1-11.

④ 张朝晖.论党的初心与红岩精神的生成逻辑[J].西南大学学报（社会科学版），2021（5）：12-24.

社会科学的基础"①，因此，历史学也是我们研究红岩精神的基础。没有这个基础而去阐发红岩精神的一系列基本问题，就会是无本之木、无源之水②。我的研究视域是历史学，1983年研究国民参政会时就涉及中共南方局和红岩精神。20世纪80年代以来，中央领导同志和南方局老同志都提出了研究红岩精神的任务。我曾担任中共南方局历史资料研究编写工作小组办公室主任、中央党史研究室牵头组织的《中共南方局历史研究丛书》副总主编，承担了国家社会科学基金项目"红岩精神研究"，同时还编写了一部通俗理论著作《红岩精神》③，纳入《弘扬中国革命精神丛书》；撰写了《红岩精神研究的几个基本问题》④、《论"红岩精神"》⑤、《"红岩精神"与"延安精神"》⑥、《再论红岩精神与延安精神》⑦、《红岩精神的历史地位》⑧、《红岩精神与中国革命精神》⑨、《周恩来与红岩精神》⑩等系列学术论文和一批理论文章，有的为党和政府所采纳；策划拍摄了一部电视纪录片《千秋红岩》；对中共南方局历史和中国抗战大后方历史进行过基础性研究，出版了《中国共产党关于抗战大后方工作文献选编》、《中国共产党抗战大后方历史》（上下卷）、《中国共产党抗战大后方工作研究的几个基本问题》等文献汇编和论著。

党的十八大以来，在红岩精神研究领域，最显著的特征是从中国共产党精神谱系的视角去进行研究。当前深化和推进红岩精神研究，仍然需要回到历史

① 习近平致信祝贺中国社会科学院中国历史研究院成立强调　总结历史经验揭示历史规律把握历史趋势　加快构建中国特色历史学学科体系学术体系话语体系 [N]. 人民日报，2019-01-04（1）.

② 周勇. 40年来红岩精神研究综述 [J]. 探索，2019（2）：143-151.

③ 周勇. 红岩精神 [M]. 北京：人民出版社，2007.

④ 周勇. 红岩精神研究的几个基本问题 [J]. 党的文献，2009（2）：53-56.

⑤ 周勇. 论"红岩精神" [J]. 探索，2009（3）：4-10.

⑥ 周勇. "红岩精神"与"延安精神" [N]. 重庆日报，2001-06-27（2）.

⑦ 周勇，张新华. 再论红岩精神与延安精神 [G]// 中共重庆市委党史研究室. 红岩·丰碑——中共南方局成立65周年纪念集. 重庆：重庆出版社，2006：327-338.

⑧ 周勇. 红岩精神的历史地位 [J]. 红岩春秋，2004（3）：3-4.

⑨ 周勇. 红岩精神与中国革命精神 [J]. 重庆社会科学，2011（7）：80-82.

⑩ 周勇. 周恩来与红岩精神 [J]. 重庆社会科学，2016（7）：101-108.

本身，对红岩精神再作历史学视域的考察——从南方局历史研究切入，从中国共产党人精神谱系的历史逻辑出发，厘清研究路径和方法，着重把握好七对关系，即：毛主席、党中央与红岩精神的关系，红岩精神科学内涵中本质与特色的关系，红岩精神与延安精神的关系，红岩精神与《红岩》小说的关系，红岩精神与歌乐英烈的关系，红岩精神本源与时代价值的关系，红岩精神与中国共产党人精神谱系的关系。把握好这七对关系，由此走出从概念到概念演绎、从既有观点到低水平重复的低迷状态，这是深化学术研究、科学宣传推广的着力之点。

一、毛主席、党中央与红岩精神的关系

毛主席、党中央与红岩精神的关系本来不是问题，但近年来常常被人提起，认为过往的研究只关注了周恩来和南方局对红岩精神的培育，而忽视了毛主席对培育红岩精神的伟大作用，因此需要把毛主席参加重庆谈判之行纳入红岩精神研究的范畴，似乎不如此，毛主席与红岩精神便没有直接的关系。这涉及抗战时期党的工作的全局、战略、立场、策略、党建和对南方局工作的评价等重大问题，故今天有专门再探讨之必要。

毛主席、党中央的领导作用、指导之功，贯穿于红岩精神培育形成的全过程，这本是南方局历史和红岩精神研究的题中应有之义，因为南方局是经过以毛泽东同志为核心的党的第一代中央领导集体批准成立的，是中共中央的派出机构，这是不言自明的。20 世纪 80 年代以来，在研究南方局历史和红岩精神的过程中，邓颖超、宋平、陈舜瑶、童小鹏等中共中央原南方局老同志就反复强调过，这有档案和文献可稽。因此，这也成为学界研究南方局历史和红岩精神的一条准绳，早有系统的研究成果，比如中共党史出版社 2009 年出版的中共重庆市委党史研究室编的《中共中央南方局史》①、周勇主编的《红岩精神研究》②两种

① 中共重庆市委党史研究室.中共中央南方局史 [M].北京：中共党史出版社，2009.
② 周勇.红岩精神研究 [M].北京：中共党史出版社，2009.

著作都对此进行了详细论述，胡大牛①和潘洵等②也有专门论述。

抗日战争时期，毛泽东同志是中国共产党第一代中央领导集体的核心。红岩精神就是在毛主席、党中央领导下，以周恩来为代表的中共中央南方局老一辈革命家培育的伟大精神。毛主席、党中央是培育红岩精神的领导者、指挥者和参与者，周恩来、南方局是红岩精神的培育者、创造者、践行者，红岩村是红岩精神的历史源头。

抗战全面爆发后，毛主席、党中央推动实现了第二次国共合作，制定了抗日民族统一战线基本原则，奠定了国共合作之基，决定成立南方局，担负争取抗战胜利和为新中国奠定政治基础的时代使命。1939年5月，南方局成立伊始，就将毛主席关于抗日民族统一战线的若干论述编成《毛泽东救国言论集》，由重庆新华日报馆公开出版。南方局坚决贯彻党中央的决策部署，而毛主席则始终为战斗在大后方的中国共产党人导向领航。在毛主席的领导下，中国共产党把对国民党及其统治区的统一战线工作提升到全党工作的高度，南方局的统一战线实践有了全党中心工作的意义，肩负起高举旗帜、民族复兴的时代使命。

党的六届六中全会决定成立南方局，其任务是"代表中央向国民党及其他党派进行统一战线的工作，以及指导南方和大后方各省党的工作"③。随后，毛主席、党中央授权周恩来领导和加强党在国统区和敌后城市的工作。1940年8月，毛主席指出"过去中央工作方向偏重军事和战区，过去对南方及日本占领区注意很少，今后政治局须用大力加强这个方面"，"中央今后的注意力，第一是国民党统治区"，其后才是"敌后城市"和"我们战区"，这是抗战爆发以来，中国共产党第一次把对国民党统治区域的工作放在"第一"的战略地位，毛主席还明确授权

---

① 胡大牛.毛泽东与红岩精神——从党的建设和群众路线角度所作考察[J].探索，2013（4）：16—19.

② 潘洵，刘小苑.论毛泽东对红岩精神形成与发展的历史贡献[J].西南大学学报（社会科学版），2021（2）：204—211.

③ 刘少奇选集：上卷[M].北京：人民出版社，1981：266.

"国民党区域的党，均由恩来全责管理，以统一党的领导"①。1940 年 9 月 18 日，中共中央成立敌后工作委员会，"由周恩来负总责"，领导与推动整个敌后城市工作，"以重庆为推进整个南方敌后城市工作的中心"。根据这一指示精神，南方局成立了由周恩来兼职主持的敌后工作委员会②。因此，以周恩来为书记的南方局，是代表中共中央负责领导整个国统区和南方敌占区城市工作的领导机构。这种格局的影响一直延续到解放战争时期，当中国人民解放军转入战略反攻的前夕，形成了中国共产党领导的在国统区的大规模群众斗争，配合人民解放军的武装斗争，使蒋介石集团在政治上陷于全面的孤立，毛主席称之为"第二条战线"③。

抗战全面爆发后，毛主席及时指出中国抗战的前景与发展方向，显示出坚持抗战到底、反对妥协投降的坚定立场，这是南方局从容应对艰苦卓绝复杂政治环境、形成"出淤泥不染，同流不合污"政治品格的底气。

毛主席和南方局董必武、吴玉章、邓颖超等受邀担任国民参政会参政员，为此他专电国民参政会，阐述中国共产党对国民参政会及抗战大局的主张："寇深祸亟，神州有陆沉之忧；民众发舒，大难有转旋之望。转旋之术多端，窃谓以三言为最切：一曰，坚持抗战；二曰，坚持统一战线；三曰，坚持持久战。诚能循是猛进，勿馁勿辍，则胜利属我，决然无疑。"④ 1939 年 7 月 7 日，中共中央发表《为抗战两周年纪念对时局的宣言》，提出著名的三大政治口号："坚持抗战到底——反对中途妥协！巩固国内团结——反对内部分裂！力求全国进步——反对向后倒退！"⑤ 南方局在重庆始终以此为遵循，在《新华日报》上和工作实践中，

---

① 中共中央文献研究室. 周恩来传（1898—1976）：上册 [M]. 2 版. 北京：中央文献出版社，2008：524.

② 中共中央文献研究室. 周恩来年谱（1898—1949）[M]. 修订本. 北京：中央文献出版社，1998：478.

③ 毛泽东选集：第 4 卷 [M]. 北京：人民出版社，1991：1224.

④ 重庆市政协文史资料研究委员会，中共重庆市委党校. 国民参政会纪实：上卷 [M]. 重庆：重庆出版社，2016：32.

⑤ 中共中央文献研究室，中央档案馆. 建党以来重要文献选编（1921—1949）：第 16 册 [G]. 北京：中央文献出版社，2011：440.

对三大政治口号进行了集中的多种形式的宣传报道和深入阐释，简洁明确、言简意赅地宣示了毛主席、党中央的战略部署。这个口号后来经过文字上的修饰，简化为"坚持抗战，反对投降；坚持团结，反对分裂；坚持进步，反对倒退"而沿用下来，发挥了重大作用。在实践中，周恩来、南方局一方面既坚决反对汪精卫妥协投降的汉奸行径，另一方面又在 1939 年 1 月 25 日的《周恩来关于一个大党问题给蒋介石的复信》中，坚决拒绝蒋介石把共产党纳入"一个大党"①的图谋，始终争取同蒋介石集团维持国共合作，巩固并扩大抗日民族统一战线。毛主席的指示在南方局共产党人身上显示出红岩精神所具有的"出淤泥不染，同流不合污"的政治品格。

在第二次国共合作的实践中，毛主席制定了在抗日民族统一战线内部"统一为主，磨而不裂"的斗争策略，这是南方局在实践中充分展现"刚柔相济，锲而不舍"的政治智慧之源。

抗战时期的国共合作始终在和而不同中建立，在斗而不破中发展。1939 年，毛主席预见到统一战线内部的矛盾与摩擦不可避免，应在发展抗日运动与抗日高于一切的原则下解决、和缓内部矛盾与摩擦。他指出，统一战线要讲团结，但又要讲斗争，"统一不忘斗争，斗争不忘统一，二者不可偏废，但以统一为主，'磨而不裂'"②。周恩来在重庆把毛主席的这一思想发挥到了极致。即使如皖南事变后形势之凶险，南方局在党中央、毛主席的领导下，既敢于斗争，又镇定冷静、灵活应变，挽救了濒于破裂的国共合作，推动了中间党派的中立并开始向左转。这场国共之间的大斗争，开始成为抗战时期国共关系和中国政治的重大转折，中国共产党作为一个全国性大党，开始进入与国民党最高当局直接对等谈判的新时期，这些都是刚柔相济、锲而不舍的政治智慧的充分展现。1941 年 1 月 18 日，《新华日报》刊登了周恩来为抗议国民党发动"皖南事变"的题词，毛主席得到

① 中共中央文献研究室，中央档案馆.建党以来重要文献选编（1921—1949）：第 16 册 [G].北京：中央文献出版社，2011：34-37.

② 中共中央文献研究室.毛泽东年谱（1893—1949）：中卷 [M].修订本.北京：中央文献出版社，2013：129.

消息，特致信周恩来："收到来示，欣慰之至，报纸题字亦看到，为之神王。"①

毛主席确定了加强党的建设"伟大的工程"，南方局在其领导的广大地区落地生根，成为红岩精神本质"崇高精神境界、坚定理想信念、巨大人格力量、浩然革命正气"的根基所在。

这包括毛主席提出的在抗日战争时期"建设一个全国范围的、广大群众性的、思想上政治上组织上完全巩固的布尔塞维克化的中国共产党"的党建目标，这就是他在《〈共产党人〉发刊词》中所说的"伟大的工程"②；也包括毛主席制定的"荫蔽精干，长期埋伏，积蓄力量，以待时机，反对急性和暴露"③的白区工作方针。南方局把毛主席的上述指示具体化为"三勤""三化"，即"勤学、勤业、勤交友"④和"职业化""社会化"⑤"合法化"⑥的政策，指示地下党的同志们要设法深入社会，独立工作，埋头苦干，通过用共产党员实实在在的行动启发群众、教育群众、团结群众、带领群众。在极其复杂的社会环境中，保持共产党人的理想信念和优良作风，在灯红酒绿的考验中不断锤炼坚强党性，犹如六月风荷"同流而不合污"⑦。由于有周恩来等南方局领导人的率先垂范，战斗在大后方中心城市的共产党人，无论是论辩在会议讲坛还是战斗在龙潭虎穴，无论是政治博弈还是商海经营，无论是身在红岩村中还是隐蔽于社会基层，他们都经受住了严峻考验，坚守住了共产党人的品格。抗战胜利以后，南方局东迁南京，中国共产党成为国统区的公开组织，周恩来仍按照"三勤""三化"的要求，专门部署了隐蔽力量，这种状况一直持续到新中国成立。毛主席提出的党建目标和方针政

---

① 中共重庆市委党史研究室. 中共中央南方局大事记 [M]. 重庆：重庆出版社，2006：149.

② 毛泽东选集：第 2 卷 [M]. 北京：人民出版社，1991：602.

③ 毛泽东选集：第 2 卷 [M]. 北京：人民出版社，1991：756.

④ 中共中央文献研究室. 周恩来传（1898—1976）：上册 [M]. 2 版. 北京：中央文献出版社，2008：568.

⑤ 中共中央文献研究室. 周恩来传（1898—1976）：上册 [M]. 2 版. 北京：中央文献出版社，2008：560.

⑥ 中共中央文献研究室. 周恩来传（1898—1976）：上册 [M]. 2 版. 北京：中央文献出版社，2008：610.

⑦ 宋平. 同流而不合污 [N]. 新华日报团结周刊，1943—05—22（4）.

策，在南方局得到了不折不扣的落实和创新创造的发展，走出了一条在国统区"建设一个全国范围的、广大群众性的、思想上政治上组织上完全巩固的布尔塞维克化的中国共产党"[①] 的新路，也是红岩精神与中国共产党其他革命精神所共有的本质属性的组织基础。

抗战胜利后，毛主席到重庆参加国共谈判，是对建党以来中国共产党在重庆工作和党的建设的一次全面检阅，更是对抗日战争全面爆发以来，以周恩来为书记的南方局工作成效和红岩精神的充分肯定。

毛主席是在抗战胜利后中国向何处去的历史关头，为了实现"七大"路线——建立"联合政府"的路线而亲赴重庆参加国共谈判的。"七大"路线是对国民党一党专政的否定，但联合政府又不是由共产党一党领导的政府，而是包括国民党、共产党和其他中间党派的联合政府。为此毛主席在中央政治局会议上指出："中国如果成立联合政府，可能有几种形式。其中一种就是现在的独裁加若干民主，并将存在相当长的时期。对于这种形式的联合政府，我们还是要参加进去，进去是给蒋介石'洗脸'，而不是'砍头'。走这个弯路将使我们党在各方面达到更成熟，中国人民更觉悟，然后建立新民主主义的中国。""我们要准备有所让步。我们要准备对付最大的困难。"[②] 毛主席所讲的"独裁加若干民主"的联合政府，其性质是"资产阶级领导而有无产阶级参加"的联合政府。应当说，这是党为民族和人民的根本利益而作出的重大决策，是一个从力量对比的实际出发而作出的战略决策。在毛主席领导下，中国共产党针锋相对，有理、有利、有节地把握着政治和军事上的主动，最终签署了有利于中华民族和中国人民根本利益的《政府与中共代表会谈纪要》（即《双十协定》）；通过和各派政治力量的广泛交往，把抗日民族统一战线发展成为人民民主统一战线，为随后三年解放战争打败蒋介石、解放全中国凝聚了力量。通过与外国政府和民间的交流，展现了中共独立开展外交工作的崭新风貌。毛主席重庆之行对南方局工作成效和红岩精神给予

---

① 毛泽东选集：第 2 卷 [M]. 北京：人民出版社，1991：602.

② 中共中央文献研究室，中央档案馆.建党以来重要文献选编（1921—1949）：第 22 册 [G]. 北京：中央文献出版社，2011：650.

了充分肯定，他在《关于重庆谈判》中说："我这次在重庆，就深深地感到广大的人民热烈地支持我们，他们不满意国民党政府，把希望寄托在我们方面。我又看到许多外国人，其中也有美国人，对我们很同情。广大的外国人民不满意中国的反动势力，同情中国人民的力量。他们也不赞成蒋介石的政策。我们在全国、全世界有很多朋友，我们不是孤立的。"① 毛主席以"一身系天下安危"的气概参加重庆谈判，既体现出中国共产党人的时代使命，更集中展现出刚柔相济、锲而不舍的政治智慧，"出淤泥不染、同流不合污"的政治品格，以诚相待、团结多数的宽广胸怀和善处逆境、宁难不苟的英雄气概，是红岩精神在历史转折时期最为华彩的篇章。

因此，深化南方局与红岩精神研究，需要对抗日战争时期毛主席、党中央如何领导南方局争取抗战胜利和建立新中国的业绩，以及指导培育红岩精神方面，进行更系统、深入、细致的研究。例如，南方局的时代使命有两个：一是争取抗日战争的胜利，二是为建立新中国奠基。毛主席、党中央领导南方局取得抗战胜利的历史已经有了较多的研究，但其到底是如何具体领导南方局为新中国奠基的，则研究成果极少，还没有破题。毛主席提出了抗战时期党的建设的目标，南方局具体化为"三勤""三化"，目前的研究仍然比较笼统，还停留在一般政策解读的层面，大有深化研究之必要。我们既要做南方局领导的整个大后方区域的党的建设的研究，也要做某一地域（如重庆）的研究，还要发掘个体案例，从而构成国统区党的建设的立体图景，目前这一研究也才刚刚破题，而已经发掘出来的资料是相当丰富的，可以为深化研究提供支撑。

二、红岩精神科学内涵中本质与特色的关系

多年来，关于红岩精神内涵的表述已经不计其数，但离取得共识还有距离。其表现是：对南方局历史缺乏更为深入的研究，满足于炒冷饭、低水平重复；研

---

① 毛泽东选集：第 4 卷 [M]. 北京：人民出版社，1991：1158.

究的思路和方法程式化，往往从既定的概念出发将中国共产党革命精神的共性简单地作为红岩精神的个性；研究视野不够宽广，对红岩精神个性的研究和概括着力不多，对红岩精神的表述大同小异，似曾相识，甚至循环往复。究其原因，既有对历史研究不够尤其是对南方局历史研究不够有关，更有历史研究与理论研究相结合的方法不当有关。

习近平总书记提出"历史研究是一切社会科学的基础"①，这是我们研究红岩精神的指导思想。离开历史研究的革命精神研究，很容易陷入概念的堆砌、文字的演绎和低水平重复。只有把对包括红岩精神在内的中国共产党人精神谱系的研究建立在扎实深入的历史研究的基础上，才有可能收获经得起时间、历史和人民检验，经得起学理性、系统性商榷的学术精品。

一种精神，特别是革命精神，包括两个基本范畴，一是本质，二是特色。有了共同的本质，若干精神便可归类，形成谱系；有了各自的特色，若干精神才会是星辰大海，星汉灿烂。笔者认为，中国共产党人的精神是一个非常庞大、相当科学的谱系，具有严谨的历史逻辑。具体到每一种精神，其科学内涵（本源）亦包括本质和特色两个范畴。精神谱系研究，本质和特色缺一不可，不可偏废。中国共产党人精神谱系的本质，就是中国共产党的理论基础和核心价值，即共产主义的世界观、人生观、价值观，就是一百年前党的先驱们"坚持真理、坚守理想，践行初心、担当使命，不怕牺牲、英勇斗争，对党忠诚、不负人民"②的建党精神，这是中国共产党人精神谱系之首、之源，是精神谱系的初心。体现在红岩精神的本质上，就是"崇高思想境界、坚定理想信念、巨大人格力量、浩然革命正气"的"四本质"属性。纵观建党精神、红船精神、井冈山精神、长征精神、遵义会议精神、延安精神、西柏坡精神，以及苏区精神、红军精神、沂蒙山精神、太行山精神等，都具有这种"四本质"的共同属性。因此，凡具有这样本质属性的精神现象，都可以列入"中国共产党人精神谱系"之中，本质犹如一条

① 习近平致信祝贺中国社会科学院中国历史研究院成立强调 总结历史经验揭示历史规律把握历史趋势 加快构建中国特色历史学学科体系学术体系话语体系 [N]. 人民日报，2019-01-04（1）.

② 习近平. 在庆祝中国共产党成立100周年大会上的讲话 [N]. 人民日报，2021-07-02（2）.

"红线"，贯穿其间，一脉相承。正是有了这些共同的本质属性，红岩精神才能进入中国共产党人精神谱系，才使"红岩精神同井冈山精神、长征精神、延安精神一样，都是中国共产党人和中华民族的宝贵精神财富"①。

对于规模恢宏、内涵丰富的中国共产党人精神谱系中的若干革命精神而言，仅仅概括其本质属性是远远不够的。这种一般性的研究，容易只见森林，不见树木，不能深入个体。因此还必须研究其特色，即对其独特的表现、独特的价值进行历史学的概括，彰显其精神的个性。只有个性，才是认识精神的真正钥匙。为此，我们在研究提出红岩精神"四本质"属性的基础上，对红岩精神做了"五特色"的表述，即：（1）高举抗日民族统一战线旗帜、为争取抗战胜利和为新中国奠定政治基础的时代使命；（2）刚柔相济、锲而不舍的政治智慧；（3）"出淤泥不染、同流不合污"的政治品格；（4）以诚相待、团结多数的宽广胸怀；（5）善处逆境、宁难不苟的英雄气概②。

我们的这一研究思路得益于宋平同志的指导。抗日战争时期，宋平在重庆担任周恩来的政治秘书、南方局的学习秘书，在红岩村学习、成长，是红岩精神的创造者、实践者、传承者之一。2004 年 4 月 23 日，宋平同志接见中央党史研究室、重庆市委领导同志和南方局、红岩精神研究团队，笔者作为团队一员，亲耳聆听了他的讲话，他从亲身感受中告诉我们："红岩精神与党的其他精神一样，都是党的优良传统中的一种。与井冈山精神、长征精神、延安精神虽有不同，但红岩精神就是延安精神在当时特定历史条件下的体现，它们内在的根本的实质是一样的。要不断地学习，在工作中得到弘扬。"这种"本质＋特色"的研究方法，对于当前深入研究红岩精神的科学内涵具有重要意义。既可从整体上把握其在中国共产党人精神谱系中的地位，更可彰显红岩精神在中国共产党人精神谱系中的独特价值。

今天深化红岩精神科学内涵及本源的研究，不能就事论事，浮在面上，更

---

① 中共中央文献研究室.江泽民论有中国特色社会主义（专题摘编）[M].北京：中央文献出版社，2002：401.

② 周勇.论"红岩精神"[J].探索，2009（3）：4—10.

不能从理论到理论，从概念到概念，以其昏昏，怎能使人昭昭呢？这需要深入下去，要从两个方面努力：一方面，在"四本质"的基础上，概括抽象出更加完整的中国共产党人精神谱系的本质属性；另一方面，对"五特色"的表述也需要一个一个具体深入下去，要让从具体历史资料中抽象、概括、提炼出来的"五特色"（时代使命、政治品格、政治智慧、宽广胸怀、英雄气概），再回到丰富、生动、鲜活、坚实的历史环境中去，形象生动起来，内容丰满起来。通过这样的努力，让红岩精神的研究既科学又充盈，让红岩精神的传播既好听又好看。

三、红岩精神与延安精神的关系

红岩精神和延安精神是我们党在抗日战争时期同时创造的两个革命精神。延安精神是马克思列宁主义与中国革命具体实践相结合的产物，是中华民族优秀传统文化的时代升华，是中国工农红军长征精神的直接继承和发扬，是中国共产党人向中国和世界展示全新精神风貌的集中体现。红岩精神则是中国共产党在白区工作的曲折发展中走向成熟的精神成果，是延安精神在抗战大后方历史环境中的继承和发扬，是中国共产党以全国性政党的面貌走出"山沟"、走向国统区政治舞台中心进而走向世界政治大格局的精神风貌。产生在抗战时期的红岩精神与延安精神，既有同一性，又有独特性。

首先，它们都是我们党的立党宗旨、理论基础、核心价值、精神血脉、作风传承在抗战时期的具体表现。它们的本质都是共产主义的世界观、人生观和价值观，同时都是我们党在政治上成熟起来的重要标志。党在幼年时期，曾犯过右的和"左"的错误，脱离实际，脱离群众，所以屡起屡仆，屡仆屡起。遵义会议以后，党确立了"实事求是，独立自主"的思想路线，才走出了困境，赢得了长征的胜利，形成了抗日民族统一战线，才有延安精神的形成。其中最重要的是实现了马克思主义中国化的第一次伟大飞跃，将毛泽东思想确立为中国共产党的指导思想。周恩来等来到重庆，带来了延安精神，带来了实事求是、独立自主的思想路线，克服了党在白区工作中曾经犯过的一些错误，模范地执行了党的抗日民族统一战线政策，团结争取了大后方进步的政治力量、中间力量和大多数群众。1943 年 8 月，周恩来返回延安参加整风运动的总结阶段，他感慨道："我这三年在外，做的事实在太少了。可是在这三年中间，国际的国内的变化，我们党内的进步，却特别的多、特别的大，我们在外边也看得格外分明。"他说："有了毛泽东同志的领导和指示，在这三年来许多紧急时机，许多重要关键上，保证了我们党丝毫没有迷失了方向，没有走错了道路。""我们党二十二年的历史证明：毛泽东同志的意见，是贯串着整个党的历史时期，发展成为一条马列主义中国化，也就是中国共产主义的路线！""毛泽东同志的方向，就是中国共产党的方向！毛泽东同志的路线，就是中国的布尔什维克的路线！"[①] 这是南方局历史、红岩精神与毛主席、党中央关系最生动的表述，同时也证明了红岩精神是党在政治上成熟的表现，又是对延安精神的执行和弘扬。

其次，它们虽同时产生于抗日战争这个特定的历史阶段，但所处的具体环境又有很大不同，这就使得红岩精神较之延安精神既有共同的时代特征、精神实质，又有具体内涵和独特个性。延安精神产生在抗日根据地中，产生在革命军队之中。而红岩精神则产生在国民党统治的中心城市重庆。较之延安，重庆的政治环境极其复杂，经济环境诱惑很大，文化环境芜杂，既是染缸又是虎口，要想做到"出淤泥而不染""同流而不合污"，绝非易事。这就决定了红岩精神所独具的鲜明个性，是中国共产党在适应城市政治斗争及应对大后方复杂环境中，全面加强党的政治建设、思想建设、组织建设、作风建设，抵制各种政治压迫、经济困境、腐朽思想侵蚀的过程中产生的。从这一角度讲，红岩精神所蕴含的丰富内涵和历史价值在当年独具实践意义，在当代同样十分具有现实意义和实践价值。

1939 年，毛泽东同志在总结中国共产党领导革命斗争的历史经验时指出："统一战线，武装斗争，党的建设，是中国共产党在中国革命中战胜敌人的三个

---

① 中共中央文献研究室.周恩来传（1898—1976）：上册 [M]. 2 版.北京：中央文献出版社，2008：613–614.

法宝，三个主要的法宝。"① 这一时期，延安是全党工作的总司令部，是中国革命的领导中心，是中国抗日战争的政治指导中心；而重庆则是党在抗战大后方工作的前线指挥部。党在延安的工作集中于武装斗争、党的建设；党在重庆的工作侧重于统一战线，积累了抗日民族统一战线实践的重要经验和智慧。毛泽东关于中国革命"三大法宝"的重要论断，特别是将"统一战线"列为三大法宝之首，客观上反映了抗日战争时期中国共产党革命的战略布局，这是对南方局功绩和红岩精神风范的科学总结。中国共产党在抗战大后方的工作，是中国共产党统一战线的杰出表现，是中国共产党领导中华民族伟大复兴事业的重要组成部分和伟大历史功勋，永远写在党和民族的历史上，代代相传。

今天深化红岩精神研究离不开对延安精神的系统、全面的研究，如果没有延安精神，那么红岩精神就是无源之水；而如果没有红岩精神，那么中国共产党在抗日战争时期的精神财富就是不完整、不全面、不系统的。因此，红岩精神和延安精神是中国共产党人精神谱系在抗日战争时期的两条关键性脉络，应该并题研究、比较研究，彰显其各自的精神特色和历史价值。

胡乔木同志曾经就如何研究南方局历史发表过重要意见，他指出："南方局的历史，是党的组织、党员和革命群众共同斗争的历史。""过去搞党史时对这些方面不重视，只侧重在领导同志的言行，这是不行的。""我们搞党史视野要放宽一点，要从四面八方来反映。这样南方局的活动历史就具体了。"② 因此，今天深化对红岩精神的研究，离不开对红岩精神赖以生存的抗战大后方政治环境、经济环境乃至于社会、文化环境在分门别类研究基础上的综合研究。

四、红岩精神与《红岩》小说的关系

《红岩》小说出版于 1961 年，是一部伟大的现实主义作品，产生了巨大的影响，在中国现当代文学史上极具标志性。由于书名叫"红岩"，因此有相当部分

---

① 毛泽东选集：第 2 卷 [M]. 北京：人民出版社，1991：606.

② 《胡乔木传》编写组. 胡乔木谈中共党史 [M]. 修订本. 北京：人民出版社，2015：328-329.

群众把红岩精神误读为《红岩》小说的精神。这是需要认真辨析的。早在 2004 年，著名党史工作者胡康民同志就写下了《此红岩非彼〈红岩〉》一文，认为"把红岩精神当作小说《红岩》中表现的烈士精神"是一种"常识性误解"，需要澄清①。针对当前研究中红岩精神与《红岩》小说相混淆的情况，必须回答红岩精神与《红岩》小说的关系，需要科学地厘清红岩精神、《红岩》小说的性质与界限。

第一，中国共产党革命精神既不是也绝不可能建立在一部小说的基础上，这是常识。不论是建党精神还是井冈山精神、长征精神、延安精神、西柏坡精神，尽管有包括小说在内的诸多文艺作品演绎，但客观真实诉诸历史与主观创作的小说则有相当不同，这些革命精神是用具体革命实践创造的真实历史凝练而成的精神的财富。因此，红岩精神既不是也绝不可能是《红岩》小说主观创造的精神。每一种革命精神都是也只能是特定历史时期的产物。中国共产党的革命精神一以贯之，都是中国共产党领袖集体和千千万万共产党员共同创造的。但是在不同的历史时期则有不同的精神内涵。这是由每个历史时期特定的历史环境、阶级关系、主要矛盾、革命任务、战略策略、工作重点等所规定的。因此，建党时期有"建党精神"，土地革命战争时期有"井冈山精神"，长征时期有"长征精神"，抗日战争时期有"延安精神""红岩精神"，解放战争时期有"西柏坡精神"。具体性的和特色性的革命精神是不能跨越历史时期的，只有本质性的革命精神才可以跨越历史时期，那就是伟大的、彰显中国共产党人初心和使命的"建党精神"。

第二，要科学地、实事求是地把握红岩精神和《红岩》小说的关系。我曾就二者关系进行过专门的论证，提出二者在几个方面的不同，即形态上一史一文、时间上一先一后、主体上一上一下、内容上两者既有联系又有区别、两者关系上前者为源后者为流②。两者不可混为一谈，也不能相互替代，而应各自发挥各自的作用。

---

① 胡康民. 此红岩非彼《红岩》——澄清一个常识性误解 [J]. 红岩春秋，2004（1）：3.

② 周勇. 周恩来与红岩精神 [J]. 重庆社会科学，2016（7）：101-108.

第三，川东地下党和歌乐英烈用鲜血和生命铸就的历史，绝不等同于《红岩》小说创作的情节。川东地下党的历史和歌乐山牺牲的革命先烈是《红岩》小说创作的原型和素材，但二者之间并不能直接画等号。解放战争后期川东地下党的斗争，是一段非常悲壮乃至于惨烈的历史，有着深刻的"血的教训"①。2018年3月10日，习近平总书记在参加十三届全国人大一次会议重庆代表团审议时，就指出"关押在渣滓洞、白公馆的革命先烈在牺牲前用血的教训提出了'狱中八条'"②，这是《红岩》小说故事创作的初衷和历史背景。而小说中最重要的人物、最精彩的故事都是集中概括多个先烈事迹、凝练众多先烈经历，然后以艺术加工的方式典型化呈现出来的，因此具有巨大的感染力。这在文学艺术创作上是必须的，尤其是在历史题材文学艺术作品创作中早已成为一条基本原则。郭沫若先生曾在《历史·史剧·现实》中把历史研究与文学艺术创作的关系表述为"历史研究是'实事求是'，史剧创作是'失事求似'"③。所谓"失事求似"，即不拘泥于历史的真实（失事），而追求准确地把握与表现历史的精神（求似），今天进而被概括为"大事不虚，小事不拘"，即在历史背景、重要史实方面忠于真实的历史，而在具体人物、细节上努力进行文学艺术的虚构和创造，这就是既源于生活又高于生活。所以，即使是最伟大的文学艺术作品也不能够更不应该与真实的历史人物、事件对号入座，这是历史学研究必须遵循的一条基本原则，也是历史学研究与文学艺术创作的根本区别之所在。

五、红岩精神与歌乐英烈的关系

新中国成立以来，人民群众把牺牲在歌乐山渣滓洞、白公馆的革命烈士称为"歌乐英烈""歌乐忠魂"。近年来，习近平总书记多次对重庆工作发表重要讲话，

---

① 匡丽娜.“狱中八条”背后“血的教训”是什么？[N].重庆日报，2019-06-21（3）.

② 习近平.在参加十三届全国人大一次会议重庆代表团审议时的讲话[J].十三届全国人大一次会议简报（增刊），2018（4）：1—8.

③ 郭沫若.沫若文集：第13卷[M].北京：人民文学出版社，1957：16.

在论述重庆历史特别是近代革命历史时多次提到红岩精神，也特别指出了歌乐英烈与红岩精神的关系。我们需要认真研读领悟，以此指导研究。

2010年12月，习近平同志在重庆市党政干部座谈会上讲话时指出，"重庆的光荣革命传统，熔铸了崇高的红岩精神，是激发和凝聚全市干部群众团结奋进的强大精神力量"①，阐明了重庆革命历史与红岩精神的关系。党的十八大以来，习近平总书记多次对重庆的历史文化发表重要讲话，指出"重庆是一块英雄的土地，有着光荣的革命传统"；他特别指出，"解放战争时期，众多被关押在渣滓洞、白公馆的中国共产党人，经受住种种酷刑折磨，不折不挠、宁死不屈，为中国人民解放事业献出了宝贵生命，凝结成'红岩精神'"；他要求"重庆要运用这些红色资源，教育引导广大党员、干部坚定理想信仰，养成浩然正气，增强'四个意识'、坚定'四个自信'、做到'两个维护'，始终在政治立场、政治方向、政治原则、政治道路上同党中央保持高度一致"②。

这给我们在新时代继承和弘扬红岩精神以巨大鼓舞，也是对进一步推进和深化红岩精神研究的激励和指引。习近平总书记的重要讲话是在重庆经历了特殊阶段后，在背景更广阔、历史更深远、体系更宏大、针对更现实、要求更具体的语境中，对重庆革命历史传统、红岩精神与歌乐英烈关系做出的深刻而本质的阐发。重庆革命历史传统是红岩精神的源头之一，红岩精神是在特殊历史时期对包括重庆革命历史传统在内的中国共产党人精神的继承和弘扬；同时，红岩精神又是歌乐英烈英雄业绩、精神的源头，歌乐英烈则是红岩精神的继承者、弘扬者。歌乐英烈们把青春和热血凝结在伟大的红岩精神之中，用自己的生命诠释了伟大的红岩精神。习近平总书记的讲话是对他们的最高褒奖。

当下深化红岩精神研究，还需要更深入地研究红岩精神产生以来的传承和弘扬，以及在这个过程中红岩精神与歌乐英烈、与川东地下党斗争历史的关系等问题。这是过往研究中相当薄弱的一部分。学界在研究红岩精神时，重点往往集中于党中央、南方局这个层面，集中于周恩来等南方局主要领导人，而对南方局的

---

① 黄蓉生.红岩精神大学生读本[M].重庆：西南师范大学出版社，2017：14.

② 习近平.论中国共产党历史[M].北京：中央文献出版社，2021：31—32.

其他领导人和中下层共产党员，包括重庆在内的南方局领导的各省区市组织，特别是基层组织（包括狱中党组织）研究得还很不够。

因此，在确定周恩来、南方局老一辈无产阶级革命家作为红岩精神主要培育者的前提下，我们需要研究在抗战时期和解放战争初期，南方局其他领导同志和南方局直接领导的党组织、基层党员对培育形成红岩精神的贡献。尤其是在重庆解放前夕，英烈们以自己的鲜血、生命而传承、弘扬红岩精神的不朽业绩。

在重庆革命斗争中，有曲折，也有失败，更有教训。习近平总书记指出，"在重庆解放前夕，关押在渣滓洞、白公馆的革命先烈在牺牲前用血的教训提出了'狱中八条'"，这对于"一个政党的思想道德建设是多么重要，一个共产党人的道德情操是多么重要，要特别注意防止领导成员腐化问题"①。

抗日战争胜利后，党中央决定南方局东迁南京。周恩来将四川党组织一分为二：一部分交给了在重庆公开成立的中共四川省委，1947 年四川省委撤返延安后转入地下；另一部分则始终处于隐蔽战线，由他直接领导，这种情况一直延续到全国解放。后一支队伍忠实地贯彻毛主席、党中央"荫蔽精干，长期埋伏，积蓄力量，以待时机，反对急性和暴露"②的白区工作方针，不急躁、不冒进、不争功，在迎接刘邓大军解放重庆、解放大西南中发挥了极其重要的不可替代的作用。这一方面的历史长期湮灭了，近年才开始受到关注，比如从 2018 年起，国家有关部门就开始自上而下搜集整理《中国共产党隐蔽斗争历史资料汇编》。显然，这方面的历史需要及时挖掘出来。

另一支队伍就是川东党组织，曾经遭受了极大的破坏，习近平总书记称之为"血的教训"。这种教训既有外在的原因，更主要的还是内在的原因，二者均沉痛至极。对这一历史教训的系统总结，笔者将另文专题研究，此处不赘。1948 年 4月"挺进报事件"后，川东地下党负责人即开始自发地总结教训，并到香港向中

---

① 习近平. 在参加十三届全国人大一次会议重庆代表团审议时的讲话 [J]. 十三届全国人大一次会议简报（增刊），2018（4）：1—8.

② 毛泽东选集：第 2 卷 [M]. 北京：人民出版社，1991：756.

央有关负责人做了汇报，得到了中央的明确指示①。在此基础上，形成了对川东党组织两年来工作的总结提纲并在党内传达贯彻，组织党内同志反思历史，吸取血的教训。这种总结和反思也在狱中进行，集中地体现在罗广斌在重庆解放后向市委提交的《重庆党组织破坏经过和狱中情形的报告》第七部分《狱中意见》②，已经把其中的"血"说得清楚、明白、痛彻、惊心，八条意见就是八条"血的教训"。烈士的牺牲值得千秋万代景仰，烈士的精神要世世代代弘扬。但其中惨痛的失败历史、"血的教训"，也必须实事求是地作历史学的研究和经验教训的总结，而不是视而不见，笼而统之，大而化之，不了了之。不可否认，这是一个很沉重的话题，也是一个当年的老同志和后来的党史工作者在很长时间内不愿触碰的课题。既要为尊者讳，又要面对党组织曾经犯过的错误，而承认犯过的错误、剖析自身的肌体无疑需要极大的勇气。

以习近平同志为核心的党中央为我们树立了善于运用党的历史的典范，要求"用党的伟大成就激励人，用党的优良传统教育人，用党的成功经验启迪人，用党的历史教训警示人"③。我曾亲耳聆听过习近平同志 2010 年在全国党史工作会议上的讲话，他指出："深入研究党的历史，认真学习党的历史，全面宣传党的历史，充分发挥党的历史以史鉴今、资政育人的作用，是党和国家工作大局中一项十分重要的工作。""新的形势对党史工作提出新的任务，要求党史工作进一步提供历史经验，更好地为现实服务。"④

今天，中华人民共和国已经成立 72 周年，中国共产党已经成立 100 周年，历史研究的接力棒已经传到我们手上，我们应该而且已经有足够强大的自信和能力来面对这一沉重的课题。新时代的历史工作者应该勇敢地、实事求是地直面"血的教训"，研究这段痛史，绝不是要追究个人的责任，而是要珍惜"血的教

---

① 邓照明.巴渝鸿爪——川东地下斗争回忆录 [M].重庆：重庆出版社，1991：154-167.

② 厉华.厉华说红岩：解读狱中八条 [M].重庆：重庆出版社，2014.

③ 中共中央党史研究室.历史是最好的教科书——学习习近平同志关于党的历史的重要论述 [N].人民日报，2013-07-22（8）.

④ 全国党史工作会议在京举行　胡锦涛会见与会代表并向全国党史工作者致以崇高敬意和诚挚问候　李长春参加会见　习近平贺国强参加会见并出席会议 [N].人民日报，2010-07-22（1）.

训"，弄清历史真相，铭记历史教训，把握历史主动，否则，血就白流了。这样的研究，同样应当从对历史的研究出发，从原始的资料入手，从对文本的研究开始，在弄清楚历史真相的基础上，既研究胜利又研究失败，既总结经验又总结教训，用历史研究的成果、"用党的历史教训警示人"，为加强新时代党的政治建设做出基础性学术贡献。

六、红岩精神本源与时代价值的关系

革命精神是时代的产物。具体到某一种精神，一定是那个时代特定时段、特定环境中诞生的产物，无不打上了历史的、时代的烙印。红岩精神也不例外。它是抗日战争时期和解放战争初期（1939 年 1 月南方局在重庆成立至 1946 年 5 月南方局东迁南京），在抗日民族统一战线旗帜下，在抗战大后方特别是战时首都重庆的特殊环境里，在红岩村（含"红色三岩"，即曾家岩、红岩、虎头岩）这个特定的地域中形成的革命精神。因此，其精神的本源只能是也必须从当时历史环境中去准确把握和概括，而不可能随着时间的推移、时代环境的变化而变来变去，也不允许因为时过境迁而以与时俱进的名义任人"拿捏"。

红岩精神又是跨越时空的，它至今仍活在中国共产党人的肌体之中、血液之中、灵魂之中，代代相传。党的历史告诉我们，中国共产党人的精神，包括红岩精神，既是不变的，又是变化的。

说它是不变的，指它的科学内涵，即本质和特色，都是那个时代凝聚的产物，是不变的，也是改变不了的。这段历史已经凝固，其基本面是不会改变的。对其精神的提炼，不论是对其"本质"的概括还是对其"特色"的表述，都应该具有科学性和相对稳定性，不应该轻易地变来变去，让人不知所云。

说它是变化的，主要是指随着时代的进步，红岩精神的时代价值也会焕发出新的光彩，我们对红岩精神时代价值的表述也一定要与时俱进。当然变化也不是随心所欲的，变化也是有其规律可循的。变化的依据仍然是其精神的本质和特色内涵。离开了历史内涵，变化就是无本之木，无源之水。不能准确地把握历史内涵，就不能很好地说明变化之理。在不同的历史时期，学界对红岩精神时代价值的表述一定会有不同的意涵和表达。这种时代价值表述的变化来源于时代的基本要求。或者是对其中的某些价值有所侧重，或者是针对不同人群可以有更具针对性的表述变化，或者是在前人基础上的整体性发展。红岩精神的本源是不会变化的，但红岩精神的时代价值和弘扬红岩精神的研究，则不能仅仅停留在 80 年前，而一定是与时俱进的。今天的研究一定要回到红岩精神的历史之中去，"让红岩精神活在当下，永放光芒"，这正是我们深化红岩精神研究的根据和出发点、落脚点。比如：

——关于时代使命。抗日战争时期，以周恩来为代表的南方局老一辈无产阶级革命家，他们的时代使命是为争取抗战胜利和为新中国成立奠定政治基础。他们已经完成了自己的时代使命。而 80 年后的今天，中国共产党人已经实现了第一个百年奋斗目标，正开启实现第二个百年奋斗目标新征程，红岩精神正是鼓舞中国共产党人在新的征程中砥砺奋进的强大精神力量。这在今天仍然具有全局性意义，需要更深入地论述弘扬红岩精神的时代使命。

——关于政治智慧。我国正处于实现中华民族伟大复兴的关键时期，这是近代以来中国最好的发展时期，同时又处于世界正经历的百年未有之大变局中，两者同步交织、相互激荡。在中华民族前进的道路上，我们面临的重大斗争不会少。今天的共产党人应该从周恩来、南方局创造的红岩精神中，吸取应对国内外挑战的刚柔相济、锲而不舍的政治智慧。宋平同志曾经告诫我们，当年南方局新闻组只有几个人，但却可以调控、引导整个抗战大后方的舆论。这是一个极其宝贵的经验，要好好总结出来。当然，并不止于新闻一业，应当列出一系列课题，需要历史、理论和相关的专业工作者进行深入的研究，总结历史经验，并在此基础上提出具有现实针对性的意见和建议，服务党和国家发展大局。比如：今天仍然是一个需要进行伟大斗争的时代，我们就必须准确认清帝国主义的本质，坚定对西方势力斗争的必胜信心；我们需要科学地分析判断中国与西方意识形态斗争的规律，保持开展斗争的战略定力；坚定斗争的总体方向，以斗争求团结、求合作，而不是以妥协求团结、求合作；要把握时代环境的变化，既敢于斗争更要善于斗争，把握好斗争的节奏；等等。

——关于政治品格。红岩精神留给我们的伟大遗产之一就是"出淤泥而不染""同流而不合污"的政治品格。在周恩来的教育下，南方局创造了一套广交朋友而"同流不合污"的领导方式和工作方法，抗战时期宋平同志曾有过系统的总结①。今天中国共产党人面临最为严峻的反腐败斗争的考验。我们实行的是社会主义市场经济，这是历史性的进步。但是，市场经济中也有"淤泥"和"污秽"。我们的党群关系、政商关系等都发生了很大的变化，我们的领导干部置身市场经济无尽诱惑的"淤泥"之中，如何才能"同流而不合污"？既推动经济繁荣发展，而又保持自身干净清白？这是时代对中国共产党提出的一道大考题。我们完全应该而且也可以从红岩精神所具有的"出淤泥而不染""同流而不合污"的政治品格中汲取力量，红岩精神在当今时代仍有极其宝贵的时代价值。

——关于宽广胸怀。抗战全面爆发之时，中国共产党还是一个刚刚经历了长征的僻处西北的在野党，这是中国革命最可宝贵的火种。但是，就中国主流社会而言，尤其是经过国民党政权的妖魔化宣传，中国共产党被诬为"流寇""山大王"。在国际上，尽管有斯诺《红星照耀中国》的正面报道，但占主流的中共仍然是被污名化的形象②。在这样的背景下进入国民党统治中心重庆，和国民党上层、民国精英们打交道，建立和巩固抗日民族统一战线，对南方局是一个极大的考验。中国共产党没有任何可以支配的行政资源和可以交换的经济资源，真可谓"两手空空"；但有党中央、毛主席制定的"发展进步势力，争取中间势力，孤立顽固势力"的方针和"以诚待人，团结多数"的胸怀，又信心满满。对国民党以斗争求团结，对中间势力广交朋友，求同存异，患难与共，共同进退，得到了国民党民主派的配合，实现了中间势力的中立进而向左转，争取到国际正义力量的支持，形成了最广泛的统一战线，为抗日战争的胜利和中国共产党的发展奠定了坚实的社会基础。今天，中国共产党已经成为中国特色社会主义的核心力量，

---

① 宋平.同流而不合污 [N].新华日报团结周刊，1943-05-22（4）.

② 程玲.美国对中国共产党的早期印象和中国道路国际话语权研究 [J].西南大学学报（社会科学版），2020（6）：166-179.

成为全世界最大的执政党，同时也面对着全球性挑战。因此仍然需要学习和传承红岩精神"以诚待人，团结多数"的宽广胸怀，以"统一战线"的思维，对内画好中华民族繁荣富强的最大的同心圆，对外团结国际上一切可以团结的力量，应对百年未有之大变局，实现中华民族的伟大复兴。

——关于英雄气概。相对于在抗日根据地和革命军队之中，南方局所处的环境则完全不同，可谓天天、时时、处处"逆境"，随时都要面对讨、扣、捕、杀的危险。但南方局的同志们善于应对这些空前严峻的考验。这首先在于他们有强大的心理定力，即有共产主义的坚定理想信念，有以毛泽东同志为核心的党的第一代中央领导集体作为坚强的战略后盾，有"三勤""三化"的工作方针和成功实践，更有周恩来大义凛然的精神感召，因此南方局同志们"向你们（毛主席、朱德——笔者注）保证，无论在任何恶劣的情况之下，我们仍以不屈不挠的精神坚守我们的岗位，为党的任务奋斗到最后一口气"①，从中涌现出叶挺、张文彬、罗世文、何功伟、车耀先、胡其芬、苏曼、张露萍等优秀的共产党人，熔铸成红岩精神中"善处逆境、宁难不苟的英雄气概"。我们今天进行伟大斗争，同样面对风浪艰险，尤其是在国际斗争中，同样需要"善处逆境"的定力和"宁难不苟"的气概。

七、红岩精神与中国共产党人精神谱系的关系

在中华人民共和国成立 72 周年之际，"党中央批准了中央宣传部梳理的第一批纳入中国共产党人精神谱系的伟大精神"②，其中在时间上属于新民主主义革命时期的精神有 16 个：

井冈山精神、苏区精神、长征精神、遵义会议精神、延安精神、抗战精

---

① 中共中央党史研究室科研管理部，中共重庆市委党史研究室，重庆红岩革命纪念馆.千秋红岩——中共中央南方局历史图集 [G].重庆：重庆出版社，2004：150.

② 中国共产党人精神谱系第一批伟大精神正式发布 [N].人民日报，2021-09-30（1）.

神、红岩精神、西柏坡精神、照金精神、东北抗联精神、南泥湾精神、太行精神（吕梁精神）、大别山精神、沂蒙精神、老区精神、张思德精神。

研究红岩精神与中国共产党人精神谱系的关系，可以有三种视角。

第一是红岩精神与伟大建党精神的关系。习近平总书记指出："坚持真理、坚守理想，践行初心、担当使命，不怕牺牲、英勇斗争，对党忠诚、不负人民的伟大建党精神，这是中国共产党的精神之源。"① 从时间脉络上看，伟大建党精神同样是红岩精神的源和本，红岩精神是在抗日战争和解放战争初期中国共产党人对伟大建党精神的继承和发扬；从精神内涵上看，习近平总书记概括的 32 个字的伟大建党精神，是中国共产党的初心，也贯穿在红岩精神的本质和特色之中，是红岩精神的根和魂；红岩精神则是中国共产党人在抗日战争和解放战争初期对伟大建党精神的丰富和发展。当然，红岩精神还赓续了我们民族的精神传统。因此，它既是党的精神的宝贵财富，也是民族精神的宝贵财富。

第二是红岩精神与延安精神的关系。在中宣部梳理的"第一批中国共产党人精神谱系的伟大精神"中，红岩精神列在延安精神、抗战精神之后，西柏坡精神之前。这表明，它的根基在抗日战争时期。本文已有专节研究红岩精神与延安精神的关系，此处不再赘述。

第三是红岩精神与其他革命精神的关系。红岩精神与其他革命精神都具有共同的本质，即表现无产阶级世界观、人生观、价值观的"崇高精神境界，坚定理想信念，巨大人格力量，浩然革命正气"。他们既有从属关系，也有并列关系。建党精神作为中国共产党人精神之源，贯穿于所有革命精神之中。从那以后，经过井冈山精神—苏区精神—长征精神—遵义会议精神—延安精神、抗战精神、红岩精神—西柏坡精神，组成了一个宏大的系统，是历史逻辑、思想逻辑和理论逻辑的展开和伟大实践，显示出红色基因的传承和红色血脉的赓续；而红岩精神与延安精神、抗战精神是并列关系，显示出同在中华民族到了最危险的时刻，中国

① 习近平.在庆祝中国共产党成立 100 周年大会上的讲话 [N].人民日报，2021-07-02（2）.

共产党作为无产阶级革命先锋队、中华民族解放先锋队所担负的各具特色的时代使命和崇高责任。

从红岩精神与其他革命精神的具体比较中，彰显出在不同革命历史发展关头所闪耀的光辉：井冈山精神集中地体现了中国共产党人从实际出发，敢闯新路，努力探索中国革命道路的政治勇气；长征精神集中地体现了中国共产党人不惧艰险，不怕牺牲，敢于胜利的大无畏的英雄气概；西柏坡精神集中地体现了"两个务必"，即"务必使同志们继续地保持谦虚、谨慎、不骄、不躁的作风，务必使同志们继续地保持艰苦奋斗的作风"①，这是中国共产党执掌政权并不断探索执政规律长期执政的伟大起点。

红岩精神则集中体现了中国共产党在抗日战争的历史条件下，在国民党统治区，担当起高举旗帜、民族复兴的时代使命，以及在其中所表现出来的政治智慧、政治品格、宽广胸怀和英雄气概。这是中国共产党人在伟大的统一战线工作的实践中创造的革命精神。

学术研究永远在路上。对红岩精神的研究需要继续深化的领域还有很多，例如：

——在红岩精神的历史地位和作用方面，还需要将红岩精神与中国共产党若干革命精神一个一个地进行比较研究，深化对红岩精神历史地位的科学认识，深化对中国共产党人精神谱系的整体认识。

——对红岩精神科学内涵的研究当然不会一蹴而就，但也不能就事论事。研究红岩精神的科学内涵同样需要从整体上进行观照，这涉及历史内涵、时代背景、实践基础、历史地位、时代价值等重大问题。

——对传承红岩精神的研究也是一个目前很少涉及的课题。从抗日战争时期红岩精神诞生起，对红岩精神的传承就开始了。这既有抗日战争、解放战争时期无数革命先烈的牺牲，还有处于地下斗争的共产党人、仁人志士的奋斗，更有新中国成立以来一代又一代共产党人的发扬光大，到今天"红岩"已经成为一个

---

① 毛泽东选集：第 4 卷 [M]. 北京：人民出版社，1991：1438–1439.

响亮的品牌、一个时代的印记。这彰显了红岩精神确实是"永放光芒"的精神财富。这些都是今天的学术界不可忽视的研究课题。

　　总之，只有用科学精神、科学态度、科学方法去研究红岩精神，才能让我们的研究成果经得起时间、历史、人民的检验，经得起严格的学理性、系统性商榷的考验。这仍然是为了彰显历史上的红岩精神对于当下的巨大的时代意义。

促进人民精神生活共同富裕

魏 锦①

2021 年 10 月 16 日出版的《求是》杂志发表了习近平总书记的重要文章《扎实推动共同富裕》。文章指出，共同富裕是全体人民共同富裕，是人民群众物质生活和精神生活都富裕。

一、精神生活共同富裕的内涵

共同富裕是社会主义的本质要求，是中国式现代化的重要特征。促进共同富裕与促进人的全面发展是高度统一的。"仓廪实而知礼节，衣食足而知荣辱。"随着我国经济社会发展和人民生活水平提高，人民对精神文化生活的期待越来越高，让人民充分获得、共同享有丰富的精神文化生活，促进人的全面发展和社会全面进步，成为扎实推进共同富裕的重要内容。

促进人民精神生活共同富裕，与社会文明程度得到新提高的要求具有一致性。党的十九届五中全会将"社会文明程度得到新提高"作为"十四五"时期经济社会发展的主要目标之一，并提出明确要求：社会主义核心价值观深入人心，人民思想道德素质、科学文化素质和身心健康素质明显提高，公共文化服务体系和文化产业体系更加健全，人民精神文化生活日益丰富，中华文化影响力进一步

---

① 魏锦，重庆市文化和旅游研究院文化发展研究中心副研究员。

提升，中华民族凝聚力进一步增强。这一系列要求，同样也是促进人民精神生活共同富裕在现阶段的目标与要求。

促进人民精神生活共同富裕，与满足人民日益增长的美好生活需要具有一致性。党的十九届六中全会强调，要用高质量发展来破解人民日益增长的美好生活需要和不平衡不充分的发展之间的矛盾。美好生活需要是多层面的，既包括物质内容，也包括精神内容；既要有量的丰富，更要有质的提升。随着生活水平不断提升，人民比以往更加向往美好的精神文化生活。相对人民群众日益增长的文化需求，文化供给"缺不缺、够不够"的问题基本得到解决，但"好不好、精不精"的问题还比较突出。文化发展城乡区域不平衡仍然十分突出，特别是广大农村文化供给数量不足、质量不高、结构不优问题还不同程度地存在。这要求我们必须实施好高品质文化服务与供给工程，着眼为人民群众提供更丰富、更有营养的精神食粮，推动人民精神生活与物质生活都能实现共同富裕。

二、如何促进人民精神生活共同富裕

对于如何更好地促进人民精神生活共同富裕，我们有以下五点建议。

（一）坚持以社会主义核心价值观为引领

社会主义核心价值观是当代中国精神的集中体现，凝结着全体人民共同的精神追求和价值期盼，规约着当代中国文化发展的性质和方向。要坚持以社会主义核心价值观引领文化制度建设，将核心价值观要求寓于宣传舆论、文艺创作、审美教育等工作之中，从国家、社会和个人层面加强爱国主义、集体主义、社会主义教育，推动社会主义核心价值观内化于心、外化于行。实施公民道德工程，深化未成年人思想道德建设，开展志愿服务品牌实践，推动新时代文明实践中心建设提质扩面，推进移风易俗，培育文明风尚。

（二）强化人民群众对精神生活共同富裕的认识

促进精神生活共同富裕是全国人民在精神文化生活领域的全面富裕。要努力推动强化人民群众对精神生活共同富裕的认知与信心。要用宏伟的目标激励人民，深入宣传社会主义现代化强国建设的伟大意义和党中央决策部署，充分展示实现第二个百年奋斗目标、实现中华民族伟大复兴的光明前景，展示全民富裕、全面富裕的美好未来；要用火热的实践鼓舞人民，用有力的宣传报道、文艺创作展现人民群众的伟大奋斗和火热生活，讲好中国人民奋斗圆梦的故事，汇聚同心共筑中国梦的磅礴力量。

（三）建立完善高效的公共文化服务体系

公共文化服务体系建设是实现好、维护好、发展好人民群众基本文化权益的主要途径，对促进人民精神生活共同富裕意义重大。要大力发展公共文化事业，提升公共文化服务水平，推进公共文化服务标准化、均等化，坚持政府主导、社会参与、重心下移、共建共享，提高基本公共文化服务的覆盖面和适用性。推动公共文化设施全覆盖，合理规划建设基层公共文化设施，加强重大公益性文化工程建设。推进公共文化数字化建设，实现公共文化服务走上云端、落入指尖。充分利用公共图书馆、博物馆、文化馆、科技馆、青少年宫等开展丰富多彩、贴近民生的文化惠民活动。推进城乡公共文化服务一体化，创新拓展城乡公共文化空间，将文化创意融入社区生活场景。围绕乡村振兴战略，优化城乡文化资源配置，将乡村文化建设融入城乡经济社会发展全局，融入乡村治理体系，活跃乡村文化生活、提升乡村文化建设品质。

（四）提供多元化高品质精神文化产品

促进人民精神生活共同富裕，要在满足人民群众基本文化需求的基础上，努力提升文化产品的质量、服务和品位，不断提高人民群众的精神文化体验感、获得感和幸福感。要推动精神文化产品生产的结构性改革，培育和促进文化消费，推动多种所有制文化企业共同发展，引导文化企业推进内容创新，打造知名文化品牌。要健全现代文化产业体系和市场体系，深化文化领域供给侧结构性改革，加强文化产品和要素市场建设，开发文化创意产品；深化文化市场综合执法，保证文化市场健康有序发展；要培育新型文化业态和文化消费模式，促进文化与科技、旅游等跨界融合发展，不断提高文化消费的便捷性、丰富性和体验性。

（五）鼓励人民群众自主创造丰盈富足的精神文化生活

精神生活共同富裕强调的是以人民为中心的价值导向，以不断满足人民群众多样化、多层次、多方面的精神文化需求为目标。应当激发全社会对精神生活共同富裕的奋斗意志、必胜信心，将人民对美好的精神文化生活的向往转化为自主创造丰盈富足的精神文化生活、促进共同富裕的实际行动。要推动全民艺术普及，鼓励举办全民艺术节，充分发挥"群星奖"等示范作用，推动创作更多有力量、有筋骨、有温度的群众文艺精品。健全支持开展群众性文化活动机制，引导城乡群众在文化生活中当主角、唱大戏。鼓励和支持人民群众中众多的文化先驱者、文艺爱好者、艺术教育者，成为群众自主创造丰盈富足的精神文化生活的引领者和骨干力量。

弘扬"行千里·致广大"重庆人文精神的实践路径

罗锐华①

城市人文精神是城市文化的精髓，积淀着城市厚重的历史，记载着城市奋斗的历程，反映了城市人民积极向上的精神风貌和精神追求。弘扬人文精神不只是一个理论问题，更是一个实践问题。它是一项以学术性为基础、实践性为主要目标的系统工程。弘扬"行千里·致广大"重庆人文精神，既是培育和践行社会主义核心价值观的具体实践，是进一步把习近平总书记殷殷嘱托全面落实在重庆大地上的文化行动，也是为重庆推动高质量发展、创造高品质生活、奋力书写全面建设社会主义现代化新篇章提供强大精神支撑。

一、始终坚持以社会主义核心价值观为指导

党的十八大以来，我国把坚持社会主义核心价值体系纳入了新时代坚持和发展中国特色社会主义的基本方略。习近平总书记在论述核心价值观和文化软实力的内在统一关系时指出："核心价值观是文化软实力的灵魂、文化软实力建设的重点。这是决定文化性质和方向的最深层次要素。"②"坚持以社会主义核心价值观引领文化建设。"③社会主义核心价值观是我们党依据时代发展要求、结合现实

① 罗锐华，重庆社会科学院文史研究所副所长、研究员。

② 习近平.习近平谈治国理政：第一卷 [M].北京：外文出版社，2018：163.

③ 习近平.习近平谈治国理政：第四卷 [M].北京：外文出版社，2022：310.

国情、吸收人类文明成果、总结社会主义建设的经验教训提出的现代化建设的精神旗帜，符合我国人民的长远利益与整体利益。社会主义核心价值观是社会主义意识形态的本质体现，决定着中国特色社会主义文化的发展方向。人文精神是时代精神和价值导向的体现，是城市形象建设的导向与核心。弘扬重庆人文精神作为社会主义核心价值观在重庆文化建设中的具体落实，要以社会主义核心价值观引领社会思潮，向着社会主义核心价值观所确立的标准不断前进。一是开展形式多样的道德实践活动。大力选树、宣传一批时代楷模、道德模范和重庆好人，以人民群众身边先进典型的模范行为和高尚人格感染人、影响人、转化人，营造全社会崇德明礼、向上向善的良好风气，推进文明新风满山城。二是开展精神文明创建活动。努力实现乡村传统文化与现代文明的融合，营造文明乡风，创建文明村镇；加强重庆人文精神在城市各类人群及人的各个阶段的培育，塑造市民奋发有为的精神状态，创建文明城市；引导全市各行业着力建设诚信文化、责任文化、敬业文化、服务文化，把重庆人文精神融入体现到各种服务守则、行为准则、规章制度、行业规范之中，创建文明行业。三是倡导树立良好的家风。"家庭和睦则社会安定，家庭幸福则社会祥和，家庭文明则社会文明。"① 收集整理并大力宣传以《邹容家书》《聂荣臻家书》等为代表的凝结着重庆人奋发有为价值取向和精神追求的家训家书，引导市民树立以爱国爱家的家国情怀、相亲相爱的家庭关系、向上向善的家庭美德、共建共享的家庭追求为主要内容的新时代家庭观，创建文明家庭。四是建设健康向上的校园文化。采用灵活多样、丰富多彩的形式，抓好儿童和青少年社会主义核心价值观的宣传教育。

二、紧紧围绕进一步把习近平总书记殷殷嘱托全面落实在重庆大地上这条主线来开展

我们要更加坚定自觉地把习近平总书记殷殷嘱托作为推动重庆各项事业蓬

---

① 习近平. 习近平谈治国理政：第二卷 [M]. 北京：外文出版社，2017：354.

勃发展、稳步向前的总号令、总依据、总遵循，引导广大干部群众胸怀"两个大局"，牢记"国之大者"，弘毅致远，知行合一，善作善成。大力弘扬"行千里·致广大"的精神特质，以笃行不怠之实、义无反顾之心、爬坡上坎之勇、久久为功之劲、有容乃大之怀、豪爽耿直之性，把党中央"五位一体"总体布局和"四个全面"战略布局全面贯彻在各项工作中，坚持稳中求进工作总基调，坚持以人民为中心的发展思想，立足新发展阶段，贯彻新发展理念，融入新发展格局，统筹发展和安全，在战略部署上"扣扣子"，在干事创业上"担担子"，在工作落实上"钉钉子"，把各项工作"整巴实、不吹壳子"，坚定不移推动高质量发展、创造高品质生活，坚定不移推动全面从严治党向纵深发展，在发挥"三个作用"上展现更大作为，在重庆全面建设社会主义现代化进程中奋力书写推动高质量发展、创造高品质生活新篇章，奋力书写建设内陆开放高地、山清水秀美丽之地新篇章，奋力书写成渝地区双城经济圈建设新篇章，将习近平总书记殷殷嘱托呈现在 8.2 万平方公里的巴山渝水上，呈现在 3400 万重庆人民心中。

三、着力提高市民素质

现代公共文化服务体系建设是弘扬人文精神的基础工程，有助于市民享有更加充实、更为丰富、更高质量的精神文化生活，使市民在参与和共享各类公共文化服务中陶冶文化情操，提升精神品质。一是用好平台。开展"放歌新时代"、戏曲进校园、社区文化节、文化遗产宣传月、重庆演出季等市级文化品牌活动，采取市级、区县、乡镇（街道）、村（社区）四级联动方式，搭建全市统一的文化活动大平台。二是建设"书香重庆"。继续深入推进全民阅读，开展系列读书活动，举办全市诵读大赛，评选十佳阅读推广大使、十佳阅读示范单位。三是推动全民艺术普及。广泛举办艺术讲座、培训、辅导等，持续推动戏曲进校园、进乡村，组织"文化下乡""文化进社区"，开展市民喜闻乐见的传唱、会演、鉴赏、品读活动，为广大市民提供丰富的精神文化食粮，使其在文化艺术中提高品位格调、感受文化魅力、增强文化涵养。四是深化市民修身行动。将国际化、绿色化、智能化、人文化现代大都市建设与提高市民素质结合起来，从重庆的优秀文化传统和当今所倡导的价值观念、道德意识和行为取向方面着眼，多渠道、多形式提升市民的现代文明素质，厚植市民的责任意识、契约精神、科学观念、人文素养，倡导遵规守约、诚实守信、认真务实、理性自律、尊老爱幼、邻里互助，培育市民热爱重庆、建设重庆的主人翁意识，增强全市人民的认同感、归属感和责任感，引导人们追求高尚的理想和目标，使重庆人文精神成为全市人民的共同信仰和追求，最大限度地凝聚全市人民的智慧和力量，真正把人文精神化为每个市民精神成长的丰厚滋养，化为城市发展进步的不竭动力。

四、不断丰富文化内涵

加强物质文化建设，培育形成良好的城市风貌。重庆历史性、地域性的环境、布局、街道、建筑等空间和景观，是重庆传统文化、地域文化及文化个性的集中体现。应深入挖掘重庆城市的风格特点和文化价值，加强风格特色的保持和维护。在城市建设上尽量不破坏历史风貌，尽量保持原有风格，在城市格局、街巷肌理、建筑形制等方面对重庆文化个性在一脉相承的基础上给予鲜明的体现。加强城市规划和设计引领，塑造注重人情味、体现高颜值、充满亲近感、洋溢文化味的"城市表情"，让城市更有温度、更为雅致、更有韵味。全面提升城市生态环境品质，使绿色成为城市发展最动人的底色。积极践行低碳城市理念，让低碳绿色和生态友好成为山清水秀美丽之地的重要标志。

加强制度文化建设，培育形成良好的城市品格。制度性的城市文化是城市特色活的体现，决定着城市的物质空间的风格和品位。从有利于重庆城市特色生长、城市品位提升出发，对重庆城市的建设和管理及经济和社会活动的制度体系和行为习惯给予深入反思和积极改善，对市民生产生活中蕴含的传统性、地域性的道德风尚、风俗习惯、民间文艺等给予正确引导和积极塑造，让宝贵的优秀文化传统和先进的社会风尚成为重庆文化的主流，使重庆文化品格特色日益鲜明、品位不断提升。

加强观念文化建设，培育形成良好的城市精神。深入挖掘重庆城市发展方式、生活方式所蕴含的形形色色的意识形态、价值观念，从中提炼出最具地域代表性、时代先进性和市民认可的思想观念和城市精神。坚决肃清孙政才恶劣影响和薄熙来、王立军、邓恢林流毒，坚持破立并举、法德结合、标本兼治，营造健康的政治文化生态。坚决抵制"袍哥"文化、码头文化、江湖习气等封建糟粕文化，营造积极健康的社会文化生态。坚持把蕴含优秀传统文化和当代伟大实践的重庆人文精神，在历史、现实到未来的全过程中始终贯穿下去，在城市经济社会建设和生活的全域中体现出来。

五、精心培育文化个性

根据重庆文化发展规律和文化个性形成机理、构成因素及生长发育条件，培育重庆文化个性和城市特色应该坚持因地制宜，立足自然和人文基础，让人文精神与城市的自然景观和人文环境有机融合、和谐共生。以珍爱之心、尊崇之心善待历史遗存，保护传承好巴渝文化、三峡文化、抗战文化、革命文化、统战文化和移民文化，建设管理好历史文化场馆，加快建设长征、长江国家文化公园（重庆段），提质升级一批历史文化街区、红色文化公园、名镇名村和人文景观，留住更多乡愁记忆，让历史文化活在当下、服务当代。坚持尊重重庆历史传统，把重庆历史积淀和历史遗存作为文化发展的深厚基础和宝贵资源，让文化个性从重庆城市的历史性空间和历史性习俗中汲取成长的丰富养分。坚持延续重庆历史文脉，把重庆文化底蕴和文化遗产作为培育文化个性的源泉和根脉，把重庆历史上形成的物质文化、制度文化和精神文化融入先进文化的发展潮流，尊重重庆城市文化发展的内在肌理，从改善文化环境、培固文化基础、优化文化滋养等方面努力，让重庆城市文化在自主生长中形成鲜明的个性。培育重庆文化个性和城市特色的根本，在于搞好重庆文化生态的保护和利用，留住重庆城市的文化记忆和城市自己的故事，努力恢复重庆的文化生态色泽。

六、全力提升文化品位

注重重庆城市文脉的传承和延续。一个城市只有具备文化特色才有文化品质和文化地位，才能提升自己的文化品位。一是要尽可能保存具有典型符号意义的物质文化形态，如城市的古老建筑、民居、街道、广场等。加强对历史建筑、风貌街区、革命遗址、工业遗迹的保护利用，探索传统历史文化更富创意的"打开方式"，推动更多"工业锈带"变为"生活秀带""文化秀带"。二是要挖掘、整理非物质的文化形态，建设城市记忆工程。传承发展戏曲曲艺、民间艺术、手工技艺等非物质文化遗产，努力使典籍中的重庆、文物中的重庆、遗迹中的重庆在穿越时空中活态呈现。只有把积淀的文脉传承和延续下来，才能在城市不断变化中避免"千城一面"，保持自己的特色和风格。

实施讴歌时代的文化精品创作工程。坚持以人民为中心的创作导向，充分挖掘重庆优秀传统文化内涵，推动传统文化创造性转化、创新性发展。聚焦重庆地域特色，以"重庆原创""重庆制作""重庆出品"为主旨，加大对文化"精品、优品、新品"的支持力度，推出一批讴歌党、讴歌祖国、讴歌人民、讴歌英雄，内容精深、形式精湛、制作精良的精品力作，让文化"爆款"和文化精彩涌现，使文化建设在引领当代价值、提升公众素养、提高生活质量、推动经济发展、优化社会氛围、塑造重庆形象等方面的作用明显增强。

打造重庆的文化品牌。加强规划和设计，加大财力投入，建设具有标杆价值和标签效果的标志性建筑物，充分展现重庆人文精神的特色。通过富有创造力的打开方式，让不同文化地标绽放各自的精彩。合理利用历史风貌区，按照其内在发展规律，打造重庆文化品牌，加强有辨识度的城市形象传播。打造与红色文化紧密相连的高光场所。充分用好用活重庆丰富的红色资源，引导人们走进红色旧址遗址和设施场馆，追寻初心之路，感悟理想之光、信仰之力，把红色传统发扬好、红色基因传承好。充分运用改革开放的生动场景，引导人们真切感受发展的变化，深切感悟党的创新理论的实践力量、真理力量，进一步增进对中国特色社会主义的情感认同、价值认同，不断增强奋斗新征程、共筑中国梦的自豪感和责任感。充分运用文学艺术作品中对重庆风貌的描写吸引众多读者，将文本阅读与城市阅读相结合，形成独具特色的重庆文化之旅。将文化产业规划和城市规划相联系，强化文化与经济领域的协调合作，促进文化的多元与包容。通过整合重庆各领域各部分优质文化资源，加强文旅融合发展，大力推动重庆文化数字化资源库建设，广泛打造重庆文化智慧化呈现的街区场景，开发重庆文旅大 IP，不断推出可共享可参与的重庆文化场景体验和文化活动，促进重庆文化与城市日常生活肌理的深度融合。

七、积极打造传播话语体系

塑造城市品牌形象。一是做好研究。组织发动重庆广大社科工作者深入研究重庆人文精神的内涵、探索塑造重庆人文精神的实现途径，形成一批质量高、应用性强的研究成果，为塑造重庆人文精神提供决策参考和智力支撑。社会科学工作者要勇于担当，利用论坛、讲座、课堂等多种线上、线下形式，采取民众喜闻乐见的形式，努力让身边的人和事为重庆人文精神立标杆，树样板，扬正气，建丰碑，大力宣传重庆人文精神。二是充分发挥城市名称与城市人文精神紧密结合在一起的传播优势。一座城市的人文精神与城市名称紧密地结合在一起，水乳交融、自然天成，这并不多见，重庆就是这样一座城市。城市名称使用频率高，知晓面广，以此作为承载城市人文精神的符号载体，有利于城市人文精神的弘扬传播。以"重庆元素"为核心，构筑城市战略品牌，提炼体现独特内涵的重庆城市形象视觉符号体系，精心设计城市地标、城市天际线、城市徽标、城市标语等形象标识，树立一批有口皆碑的新时代品牌标杆。建设重庆城市形象资源共享平台，打造展示重庆城市形象的优秀案例和品牌。三是把对重庆人文精神的宣传贯穿到各级各类媒体传播的内容之中，贯穿到新闻报道、信息传播、知识载体、娱乐审美、社会服务之中，真正实现宣传全方位、舆论全覆盖、媒体全联动。四是讲好重庆精彩故事。在传播话语现代转化、传播形式创新、传播内涵创新阐释的基础之上，打造重庆故事的新叙事、新表述、新内涵，更加鲜明地彰显重庆故事的思想力量和精神力量。打造具有西部、全国和国际影响力的媒体集群。优化成渝双城经济圈传播资源，联合开展交流合作。推进城市、民间和公共对内、对外交往，强教育、文化、旅游、卫生、科技、智库等多领域合作，扩大"朋友圈"；通过设置以"行千里·致广大"重庆人文精神为议题举办的赛事、会展、节庆、论坛等重大活动，讲好重庆成为品质生活和高质量发展的高地、成就梦想的舞台的故事，使在重庆者引以为豪、来重庆者为之倾心、未到过重庆者充满向往。

八、努力完善制度建设

完善机制。一方面，各级政府要充分认识人文精神塑造的必要性、重要性，高度重视弘扬重庆人文精神。建议由市委宣传部牵头负责弘扬重庆人文精神的工作，切实制定战略目标和推进策略，及时组织开展各种宣传和教育活动，把弘扬重庆人文精神的工作落到实处。另一方面，要有效调动各方面力量，加强与弘扬重庆人文精神相关部门和社会力量的联系与合作，形成弘扬重庆人文精神的管理机制和投入机制等。同时，各级党组织要加强思想建设和作风建设，充分发挥党员和干部在弘扬人文精神过程中的模范带头作用，促进重庆人文精神不断深化。

健全法律、法规。世界各国、各地区依法治理的实践证明，加强法治建设，充分发挥法律在弘扬人文精神中的导向作用、保障作用和促进作用，可以以低成本、高效率方式推进人文精神的塑造。一是要建立完备的法律体系。应当在法律授权范围之内制定、完善和执行各种符合人文精神需求的法律规范，通过规则性和强制性，使得人们的行为合乎法律的规范，从而引导社会整体道德和法律意识与水平的提升，促进人文精神的塑造。二是要培育成熟的法律服务市场。法律服务市场是弘扬人文精神的必备要素。法律服务市场为市民的工作、生活提供广泛的法律服务，使市民合理的诉求和法律需求的实现成为可能，从而促进了城市的和谐与稳定。三是要推行法治政府和司法公正。人文精神的弘扬首先要求政府必须是法治政府，依法决策，依法行政。司法公正是维护公民合法权益、使公民权益得以实现的最后屏障，也是体现社会公平正义的显著标志，必须大力推进。

抓实关键保障。党委和政府的组织及导向作用是弘扬重庆人文精神保障的关键。各级宣传部门和文明办应当将弘扬人文精神作为一项经常性的工作，要有一个相对稳定的工作班子，有中长期的规划和经常性的工作安排。具体负责的部门应当有针对性地设计滚动目标和实施机制，制定统一、具体可行的满意度考评标准。

注重激发群众的参与热情。人文精神培育弘扬的主体和动力是人民群众。只有真正做到"从群众中来，到群众中去"，才能真正将人文精神转化为人民群众的伟大实践。而党政领导干部为人民服务的奉献精神和实际行动，是人民群众对社会发展保持信心的重要原因。因此，在人文精神的培育弘扬过程中，必须充分发挥广大人民群众的主体作用和党政领导干部的带头作用。人文精神的动力在群众中间能否喷涌而出，党政部门和干部队伍是决定因素。

巴渝村寨文化景观簇群的特征及活态保护策略[①]

——以土家十三寨为例

肖洪未[②]　王子睿

近年来，随着乡村振兴战略及脱贫攻坚工程的实施推进，少数民族特色村寨因其文化生态具有自然脆弱性特点，而使得其乡土人文生态保护面临巨大压力，尤其通过乡村旅游的推动可持续发展面临巨大挑战。在乡村振兴背景下，少数民族特色村寨乡土景观风貌特色与乡土人文精神逐渐丧失，统一化、标准化的保护手段导致乡村景观风貌趋同，自然环境人工干预过度，公共空间场所精神消失，民俗文化展示不足等现实问题。目前关于村寨保护的研究主要针对空间特征与分布和影响机理[③]、价值保护思路与保护方法[④]、参与式发展的保护途径[⑤]、整体性

①　基金项目：重庆市技术创新与应用发展专项面上项目（cstc2019jscx-msxmX0367）；重庆市社会科学规划项目（2019BS090）。原载于《西南师范大学学报（自然科学版）》2021 年 11 月第 46 卷第 11 期。

②　肖洪未，讲师，博士，主要从事遗产保护与城市更新领域的研究。

③　徐永志，姚兴哲.中国少数民族特色村寨的空间分布格局研究 [J].贵州民族研究，2020，41（1）：51-58；王兆峰，刘庆芳.中国少数民族特色村寨空间异质性特征及其影响因素 [J].经济地理，2019，39（11）：150-158；陈国磊，罗静，曾菊新等.中国少数民族特色村寨空间结构识别及影响机理研究 [J].地理科学，2018，38（9）：1422-1429.

④　寇怀云，周俭.文化空间视角的民族村寨保护规划思考 [J].上海城市规划，2014（3）：44-49.

⑤　周俭，钟晓华.发展视角下的乡村遗产保护路径探讨——侗族村寨田野工作案例 [J].城市规划学刊，2015（1）：54-60.

保护与振兴发展策略^①、保护规划技术和方法^②及基于区域视角在遗产群落、簇群等区域性遗产保护层面展开了讨论，如区域古迹遗址群落活态保护方法^③，城市遗产群落整体保护方法^④，区域历史文化聚落的理论框架、保护范式与保护方法^⑤，城乡历史文化聚落的整体性保护方法^⑥等。而对非物质文化景观与物质文化景观之间的关系及兼顾物质文化景观保护与产业、功能、管理等发展的研究关注较少。未来需要充分利用乡村振兴战略政策，从物质文化与非物质文化及文旅产业、市场运营发展层面进一步改善特色村寨人文环境与其相关的产业、运营等环境，提升活力，搭建整合物质文化景观与非物质文化景观整体保护以适应乡村社会经济发展的研究框架。因此，本研究借鉴关联性的整体保护思路，以村寨文化景观簇群为研究对象，基于少数民族文化多样性保护背景下探究村寨文化景观簇群的活态保护，通过旅游产业的驱动，以完善村寨生产生活功能，改善人居环境，促进文化与产业的共同振兴，推动村寨文化景观簇群可持续发展。

一、村寨文化景观村群概念界定

作为文化地理学界的分支学科和核心主题，"文化景观"在 20 世纪 90 年代得到了普遍应用^⑦。文化景观是由特定的文化族群在自然景观中创建的样式，它

---

① 吕宁兴，范在予，耿虹等.贫困地区民族村寨的整体性文化保护困境与振兴发展策略 [J]. 现代城市研究，2019，34（7）：8-15.

② 王长柳，赵兵，麦贤敏等.基于特征尺度的少数民族特色村寨保护规划实践 [J]. 规划师，2017，33（4）：75-81.

③ 肖洪未，李和平，孙俊桥.关联性视角遗产群落活态保护方法——以香港文物径为例 [J]. 中国园林，2018，34（1）：91-95.

④ 肖洪未，李和平.城市文化资源的整体保护：城市线性文化景观的解析与保护研究 [J]. 中国园林，2016，32（11）：99-102.

⑤ 贾艳飞，李励，何依.区域历史文化聚落的保护研究——以宁波石浦区域历史文化聚落为例 [J]. 华中建筑，2019，37（10）：141-144.

⑥ 张兵.城乡历史文化聚落——文化遗产区域整体保护的新类型 [J]. 城市规划学刊，2015（6）：5-11.

⑦ 汤茂林.文化景观的内涵及其研究进展 [J]. 地理科学进展，2000，19（1）：70-79.

以文化作为动因，以自然地域作为载体，因而文化景观首先是文化作用于自然地域的结果，它在任何特定时期内形成，是构成某一地域特征的自然与人文因素的综合体，它随人类活动的作用而不断变化。其次，文化景观也是人对自然改造的结果，是文化与空间的完美结合[①]。根据文化景观的分类，有机演进类型的文化景观是关于它在当今社会与传统的生活方式的密切交融中持续扮演着一种积极的社会角色，演变过程仍在其中[②]，因此，特色村寨属于有机演进类的文化景观。

若将文化景观视为个体的景观单元，在某一区域范围内若干景观单元相互关联形成的景观群落，即文化景观簇群。文化景观簇群具有系列遗产的内涵与意义，通常文化线路、线形遗产和遗产廊道上的遗产单元构成系列遗产[③]，在空间上分布相对集中，精神和信仰等文化特征、背景环境、空间格局、时间发展等方面具有共性和相似性。本研究的村寨特指少数民族特色村寨，是少数民族人口相对聚集且比例较高、生产生活功能较为完整、文化特征及其聚落空间特征明显的自然村或行政村。少数民族特色村寨在产业结构、民居式样、村寨风貌及风俗习惯等方面都集中体现了少数民族经济社会发展特点和文化特色，集中反映了少数民族聚落在不同时期、不同地域、不同文化类型中形成和演变的历史发展过程，相对完整地保留了各少数民族的文化基因，体现了中华文明多样性。因此，本研究中的村寨文化景观簇群，是以少数民族文化为背景，在产业特色、功能构成、民居式样、村寨风貌及风俗习惯等特征方面具有相似的若干少数民族特色村寨构成的村寨文化景观系列。

二、巴渝村寨文化景观簇群的特征解析

根据文化景观关于文化作为动因、景观作为结果的生成原理及文化景观作为有机演进的活态景观属性，本研究以"时间—文化—空间"为分析框架，整体解

---

① 单霁翔 . 走进文化景观遗产的世界 [M]. 天津：天津大学出版社，2019.

② 杨爱英，王毅，刘霖雨 . 实施世界遗产公约的操作指南 [M]. 北京：文物出版社，2014.

③ 章玉兰 . 系列遗产概念定位及其申报路径分析 [J]. 中国文化遗产，2017（3）：47—57.

析巴渝村寨文化景观簇群的特征，为乡村振兴背景下特色村寨文化保护与旅游融合发展提供理论依据。

（一）时间：历史延续性

土家族是由定居于湘鄂川黔四省接壤地区的巴人经过长期的发展逐步形成为单一的民族。后来，土家族发展过程中也融合了邻近的部分其他民族，包括迁徙进去的少数汉人和其他少数民族成员。总体上，土家族主要分布在湘、鄂、川、黔四省接壤的山川溪谷之间，主要包括武陵山区和鄂西山区。巴渝土家村寨文化景观簇群的形成、发展和演变等过程与土家族的形成、发展及重大历史事件相关，因此，具有共性与相似性特征。以重庆板夹溪土家十三寨为例，重庆黔江地区板夹溪一带历来有少量居民在此安家立业，开始主要集中分布于后坝乡地区，规模较小。清康熙年间，由于川渝地区人烟稀少，田土荒芜，康熙下令大规模进行湖广填川，在此背景下，来自湖北、湖南、江西和广西等地区的人们迁居于此，初具规模。因清朝咸丰六年（1856）小南海镇地震，板夹溪被地震震落山石堵塞，形成堰塞湖，村民们为了生计逆流而上，在板夹溪上游两侧平坝区域，沿板夹溪溪流发源地鸡公山脚下与后坝乡新街学堂湾之间重新选址建设新村寨，村民们伐木建屋，日出而作，日落而息，形成了 13 个不同家族姓氏的寨子，此时每个寨子人口并不集中（图 1）。后因板夹溪两侧修建公路，2006 年政府实施易地搬迁政策，鼓励居住在位置偏僻且海拔高地区的一些人家搬到公路两侧具有一定规模的寨子区域，最终形成了不同大小规模的特色村寨区域。足见，巴渝村寨文化景观簇群，受文化、地理、社会和政策等方面的影响而经历了"小聚集→小分散、小聚集→大分散、小聚集"的演变过程。因此，文化、社会与自然环境的变迁对村寨文化景观簇群的形成、演变、发展具有决定性影响，同时体现了巴渝村寨文化景观簇群以时间为线索，为适应文化、社会、自然环境变化而呈现出动态发展的属性，即历史延续性特征。

（二）文化：价值多样性

1. 历史价值：记载了巴渝土家村寨变迁的重要历史信息

巴渝土家村寨历史悠久，是诸多重要历史事件的见证者，详细记载了巴渝土

图 1　板夹溪土家十三寨空间分布示意

家族历史变迁的重要信息。如土家十三寨是明末清初移民而来与小南海地震导致整体搬迁的保存较为完整的历史聚落，是湖广填四川与小南海地震等重要历史事件的见证者，这种历史变迁与历史见证蕴含了较高的历史价值。

2. 艺术价值：彰显了巴渝土家聚落的山水审美与生活意境

巴渝土家村寨簇群呈现出背山、面水、临田的山水格局，塑造了与山地地形地貌契合的独特景观造型与优美的山水田园风景，刻画了土家族世世代代在此安居乐业的美好生活画卷，呈现出山、林、水、田、寨五素同构的景观格局，展现了巴渝乡土景观的山水审美价值与桃源般的美好生活意境。

3. 文化价值：是武陵山区土家民族文化的集中缩影

巴渝土家村寨簇群，蕴含了丰富的文化内涵，在民族融合与对话中形成了巴渝地域文化特色。湖广填四川社会变迁促进了中原文化与巴渝文化的融合，逐渐形成了兼顾中国宗教礼仪与武陵山区土家族传统人居文化、风水观念与宗教礼仪、信仰、民俗活动、艺术创作等多样性文化。巴渝吊脚楼建筑艺术及音乐（如后坝山歌）、舞蹈（如摆手舞）、手工艺术（如西兰卡普、土家刺绣）和民俗活动（如哭嫁、跳丧仪式）等非物质文化对土家人们在心灵、情感、精神方面的升华，完美诠释了土家少数民族的劳动智慧与勇敢、团结的民族精神。

4. 科学价值：集中体现了山地聚落的营建技术

在天人合一价值理念与传统风水文化影响下，巴渝土家村寨的营建过程充分展现了山地聚落的营建技术。以耕作服务均衡与土地产出效益分配均衡为原则，通过化整为零形成"大分散、小聚居"的格局，结合山地地形陡坡与缓坡的不同地形条件，因地制宜，选取不同节地形式与建筑形态，以主动适应山地地形变化特征。

（三）空间：山地特色性

村寨文化景观是乡村社会、人文要素与传统生产生活方式有机关联与融合的文化景观类型，村寨文化景观簇群，则是以自然生态环境为背景的生产、生活方式等要素极其相似的系列村寨构成的系列村寨文化景观。村寨文化景观簇群的民俗、精神、生产与生活等非物质文化要素与其村寨选址、营建、空间格局、场所环境等物质要素具有内在关联性。以巴渝土家十三寨为例，以文化景观理论为指导，从"文化—景观"内在关联性方面阐释巴渝土家村寨文化景观簇群的空间特征。在传统聚居文化、农耕文化及民俗文化等文化因素驱动下，通过对具有山地特征的耕地、林地、园地等环境要素的适应性改造与利用，在格局、聚落、场所的不同层级要素方面完整体现了巴渝村寨文化景观簇群的山地特色性。

1. 宏观：格局

区域景观格局特征层面，巴渝村寨文化景观簇群与周围群山、农田、江河景观浑然一体，形成了依山傍水与"大分散、小聚集"的景观格局。板夹溪土家十三寨，作为 13 个不同姓氏的独立村寨，一方面，以其血缘关系为纽带，在宗族文化影响下，需要划定并营建适应血缘文化的生活生产空间单元；另一方面，除了因血缘文化影响而需要将不同的寨子在空间上保持独立，同时因板夹溪两侧平坝狭长的空间而不能往纵深无限拓展，再加上农业生产耕作半径要求，只能选择在平行于板夹溪的平坦区域纵向空间拓展，并与两侧群山耸峙，以板夹溪两侧群山为生产生活背景，形成群山夹一溪、依山傍水的串珠式簇群景观格局（图2）。聚落与周边环境的微观景观格局层面，各聚落背靠两侧山体向阳坡，依托板夹溪充足的水源条件，面向山脚开阔的稻作农耕区，形成背山面田、负阴抱阳的景观格局，体现了古人在聚落营建方面天人合一的思想（图3）。

图 2　村寨簇群与群山的宏观景观格局

2. 中观：聚落

聚落形态特征层面，借助聚落边界形状指数方法来分析十三寨聚落形态特征。

$$P = \frac{C}{(1.5\lambda - \sqrt{\lambda} + 1.5)}\sqrt{\frac{\lambda}{S\pi}} \qquad (1)$$

式中，P 为聚落边界形状指数，C 为聚落边界周长，S 为面积，λ 为长宽比。通过对聚落边界闭合图形的长宽比及形状指数的数据综合比较，对聚落形态的分类进行量化界定。其方法是，先通过加权形状指数值来判断是否为指状聚落，若不满足条件，再通过值来区分团状、带状及具有带状倾向的团状聚落。

图 3　村寨与周围环境的微观景观格局

当 $P \geqslant 2$ 时，为指状聚落。其中，当 $\lambda < 1.5$ 时，为具有团状倾向的指状聚落；当 $\lambda \geqslant 2$ 时，为具有带状倾向的指状聚落。当 $1.5 \leqslant \lambda \leqslant 2$ 时，为无明确倾向性的指状聚落；当 $P < 2$ 且 $\lambda < 1.5$ 时，为团状聚落，如周家寨、张家寨、大湾寨；当 $P < 2$ 且 $1.5 \leqslant \lambda \leqslant 2$ 时，为具有带状倾向的团状聚落，如学堂寨；当 $P < 2$ 且 $\lambda \geqslant 2$ 时，为带状聚落，如向家寨、龙须寨、何家寨、摆手寨、女儿寨、瓦房寨、熊家寨、老熊寨和谈家寨（图 4）。

总体上，十三寨边界形态以带状最为常见，且各寨子规模都较小，平均占地规模约 0.42 公顷。除周家寨与学堂寨规模约 0.8 公顷、摆手寨约 0.6 公顷外，其余聚落占地规模 0.2~0.4 公顷不等。因为受小南海镇地震影响，板夹溪被震落的山石堵塞，形成堰塞湖，寨子迁移至板夹溪上游，沿溪水两侧串珠式错落分布，布局形态紧凑、规模较小且与山地环境、耕作服务半径相适应。寨子多位于河谷中平坝与山交汇的山脚处，依山水之势灵活布局，不占良田，利于留置平地以供

聚落形态类型	聚落形态及指数				

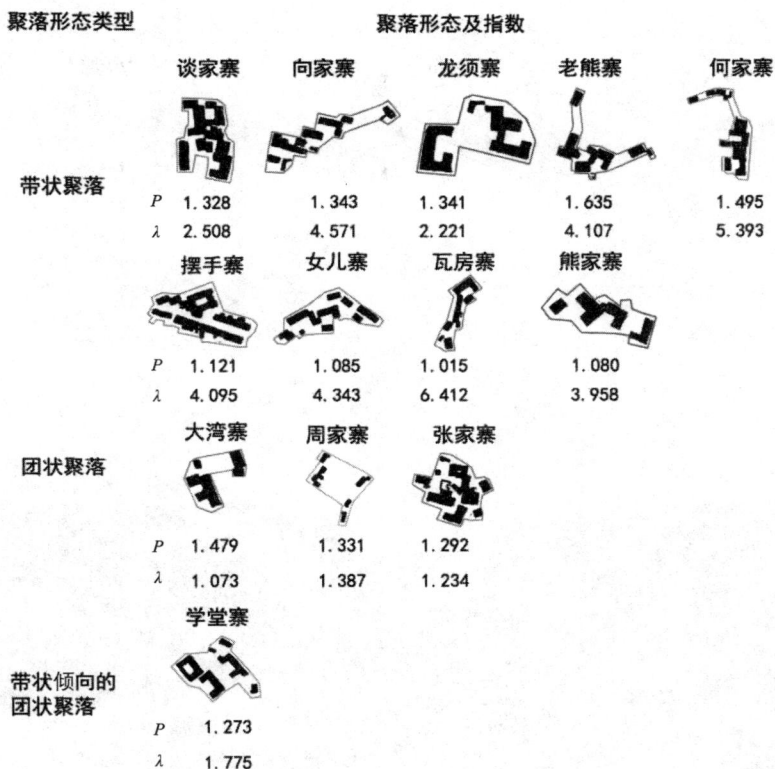

图 4　13 个寨子聚落形态对比

耕种，且距水源较近，取水方便。

　　3. 微观：场所

　　场所竖向特征方面，通过对不同环境、地形进行改造与利用，形成多种场所空间形态，包括沿等高线布局（如张家寨）、沿板夹溪两侧和山脚呈带状布局（如瓦房寨）。另外，由于山地地形的限制，部分村寨建筑选址与营建充分利用山地地形，形成以院坝为单元、台阶为竖向交通联系的多层台地院落，即沿等高线梯状布局的场所形态（如何家寨，图 5）。

　　场所平面特征方面，形成了以寨门为入口节点与适应不同地形的"一字形""L 形"的院坝及"U 形"的三合院、"回字形"的四合院的建筑平面形态（图 6）。"一字形"是土家建筑最基础的住宅形式，一般包括"堂屋""正屋"，根据经济

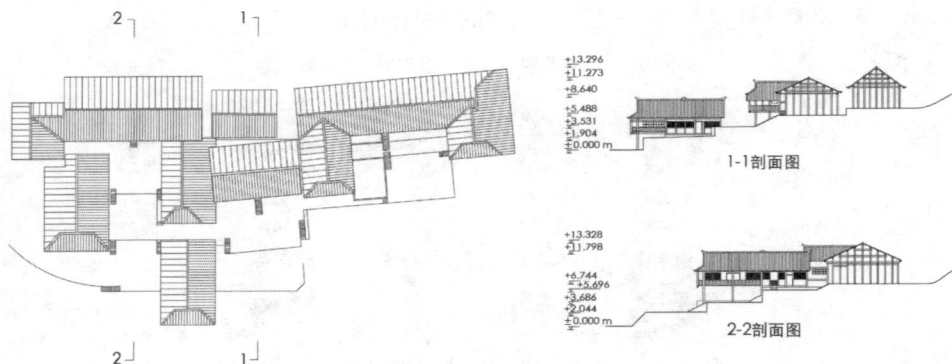

图 5 何家寨场所平面及剖面

图 6 张家寨的场所特征示意

情况及家庭需要，再在此基础上往两侧添加、变化成其他的造型。"L形"即在"一字屋"的一端增加一个厢房，厢房与正屋垂直，而厢房一般结合山地地形设计为吊脚楼的建筑形式。"U形"是在"L形"基础上于正屋另一端再增加一个厢房而成，即一正两横，也称"三合水""撮箕口"，这种房屋的平面一般正屋3间、5间或7间，两边厢房为2~3间。"回字形"，即在"U形"的基础上，将正屋两头的厢房前端相连，形成四方围合的形式，称"四合水"，这种形态的建筑多为家庭人口较多的祖居建筑（如张氏祖居）。

三、保护困境与关联性保护框架

（一）保护困境

尽管巴渝村落文化景观簇群具有时间、文化、空间方面的共性特征，但总体上巴渝特色村寨保护与发展存在诸多不足，如物质历史遗存衰败、民俗文化传承弱、产业发展乏力等问题。物质历史遗存保护方面，木结构建筑部分老化、损坏严重，由于缺乏维修资金而造成大量的危房建筑，景观环境遭到严重破坏；民俗文化传承方面，非物质文化传承乏力，传承方式单一，如吊脚楼技艺缺乏传承人，主要依靠表演进行传承；产业发展方面，土地成为村民维持生计的主要资本，形成了以传统种养业为主导与自给自足的自然经济产业特征，难以融入小南海景区旅游发展体系中。

（二）关联性保护框架

"关联性"是指构成系统各要素间的相互关系及各自的参数和变量与系统的特定功能间的联系[①]。基于发展视角，系统各要素的关联性还体现在历史发展各阶段的相互联系与相互依存，贯穿于历史本身的运动法则之中[②]。由于村寨文化景观作为活态的生命体，具有向外部环境开放与联系的特点，因此，关联性还表现在受外部环境如区域旅游景区发展的影响。因此，村寨文化景观簇群的关联性保护，是关于村寨文化景观簇群在共时性与历时性层面的村寨文化景观簇群系统各要素的相互联系，即空间、文化、时间的相互联系，重新界定了村寨文化景观簇群保护的"整体性"思维与原则[③]。同时，因文化景观作为活态的有机生命体，故需要对村寨文化景观簇群进行有机更新[④]，内部系统关于文化、功能、空间和

① 何新.中外文化知识辞典 [Z].哈尔滨：黑龙江人民出版社，1989：81.

② 蒋大椿，陈启能.史学理论大辞典 [Z].合肥：安徽教育出版社，2000：159.

③ 张兵.历史城镇整体保护中的"关联性"与"系统方法"——对"历史性城市景观"概念的观察和思考 [J].城市规划，2014，38（S2）：42-48，113.

④ 邬东璠.议文化景观遗产及其景观文化的保护 [J].中国园林，2011，27（4）：1-3.

管理等要素方面具有与外部环境旅游发展的调适与融合的潜力，因而需要对其重新激活并创新性利用。总体上，需要从内部系统的物质与非物质文化景观要素及其与外部系统旅游发展、市场运营环境的协调与融合方面重新构建村寨文化景观簇群活态保护框架，即从空间、文化、功能和管理要素方面采取相应的保护与发展途径，以推动村寨文化景观簇群的可持续发展（图 7）。本研究关于活态保护整体性思路是以村寨文化景观簇群的空间为保护对象，即维持聚落与山、水、田、林整体景观格局基础上，进一步保护修缮传统建筑及景观构筑物，提炼公共空间特征以保护与改善公共空间的品质①，以改善村寨的人居环境；通过文化内涵的植入，乡村旅游产业的驱动，功能的创新利用及市场运营与管理的激活，为村寨旅游发展提供持续的动力，以提升民族文化自信，从而促进巴渝特色村寨民族文化传承与乡村旅游发展的融合②。

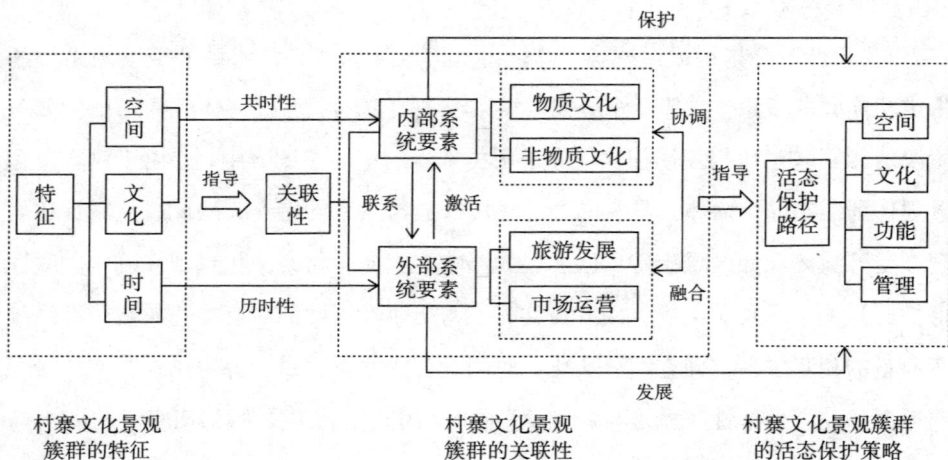

图 7　基于关联性的村寨文化景观簇群活态保护框架

---

① 蔡俐，刘磊，罗皓等. 基于景观图式语言的龙溪古镇公共空间特征与保护研究 [J]. 西南大学学报（自然科学版），2019，41（9）：148–156.

② 张惬寅. 基于文旅融合的巴渝古崖居动态保护与活化利用策略——以永川半山崖居为例 [J]. 西南师范大学学报（自然科学版），2020，45（11）：103–112.

四、关联性视角巴渝土家村寨文化景观簇群活态保护策略

本研究重点以板夹溪土家十三寨为例，针对其保护与发展困境，探讨关联性视角下巴渝土家村寨文化景观簇群活态保护策略。

（一）整治提升：空间整修与环境改善

物质文化景观要素的保护是实现非物质文化景观要素保护的前提和基础，在延续村寨文化景观簇群的格局、聚落、场所特征基础上，增设旅游接待中心与广场，开展建筑风貌的整修、环境绿化整治等人居环境的改善与传统建筑更新、利用的保护措施。如土家十三寨物质文化景观的空间整修与环境改善工程制订了年度计划，分别对 13 个村寨进行保护性修缮，建筑风貌整治、寨门、风雨廊桥、亲水步道景观构筑物建设、民俗博物馆等文化展示工程的建设与修复等（图 8）。

图 8　学堂寨的民俗博物馆

（二）包容多元：文化保护与创新发展

以人文风俗、宗教礼仪、地方建造技艺和生产生活方式等要素为载体，以展示与表演的形式进行保护与创造性利用。在展示方面，从工艺、服饰、民俗和婚嫁等方面进行多元化、多视角展示，并将展示内容复原到每个村寨的原生环境中，每个村寨被赋予不同文化主题，以"文化装裱"的方式对村寨民间、民俗文化加以凸显，如土家十三寨的谈家寨主题为土家民间生活场景展示，女儿寨主题为土家族传统食品制作展示，摆手寨主题为土家民俗活动表演等。以非遗西兰卡普为载体，建立以扶贫与民俗文化展示为目的的西兰卡普扶贫工作坊，展示西兰

图 9　土家十三寨西兰卡普扶贫工作坊

卡普编制的工艺流程（图 9），并将西兰卡普编制技艺结合现代人需求制作西兰卡普的特色文创产品，促进文化传承、原住民就业与增收的"多赢"效应。民俗活动表演方面，组建土家文化演出队，邀请知名编导编排民俗节目，并结合民族节会和民俗表演等活动的举办，如端午粽子节通过包粽子、吃粽子比赛，从而促进了土家民俗活动的创新展示。

（三）兼容并蓄：功能延续与活化利用

为适应乡村旅游经济的发展，村寨文化景观簇群的功能将呈现为多元化发展趋势，自身生产生活功能将与旅游、休闲、体验、展示等现代功能有机融合，形成以民俗文化保护与展示、乡村旅游与观光、休闲度假等功能为核心的土家民族文化生态保护实验区。通过簇群结构的功能优化，重要建筑、场所等要素的更新与利用，促进功能的复合化与价值的多元化，从而提升村寨文化景观簇群的整体价值，即在延续村寨文化景观簇群的核心价值基础上，增强社会价值、经济价值、情感价值、精神价值等衍生价值。如将板夹溪土家十三寨纳入小南海国家地质公园景区的旅游体系中，以原住民与游客的参与为核心，以各村寨及其周围环境为载体，以"一寨一品"与"文化+"为途径，构建以南部综合服务区、中部土家民俗体验区、北部土家原生态展示区为框架的文化展示体系，建立原住民就业与乡村旅游经济发展的共享机制，增加民俗文化表演与体验、旅游接待、文创产品加工与销售等功能，部分更新为土家美食制作与展示场所，并利用农耕区适当拓展休闲功能等。

（四）运营激活：品牌推广与多维营销

村寨文化景观簇群内部系统要素需要外部市场环境的激活，通过文化旅游品牌的推广与多维营销途径的结合可以实现这一目标。采取名人营销手段，邀请知名学者、网络红人来为村寨旅游形象代言，通过报纸、电视、网络宣传、微视频、微信公众平台以发挥名人与媒体效应；采取专题片营销手段，邀请著名央视节目组拍摄文化节目，以发挥广告效应；采取影视营销手段，与著名影视公司合作拍摄影视剧，并在央视频道播放，以发挥影视效应。如板夹溪土家十三寨的品牌推广与营销策略中，邀请了中央4台、7台、8台和10台节目组拍摄十三寨民俗文化节目，2015年重庆市黔江区政府与重庆广电集团、重庆电影集团有限公司合作成功拍摄了都市励志轻喜剧《侯天明的梦》，并在央视8台全国播放，2016年拍摄了武陵山区首部旅游电影《蜜月》，2016年成功策划实施了"十三寨全球征集寨主"活动等①。

五、结语

村寨文化景观簇群，作为持续演进的系列活态文化景观，既是在长期历史发展过程中形成的，而且未来仍然在继续发展与动态变化，在乡村振兴过程中应尊重其发展规律，维护其社会文化多样性。同时，村寨文化景观簇群保护，还需要强调各村寨之间的共性特征与关联性保护思路，因此，通过采取"整治提升""包容多元""兼容并蓄""运营激活"的活态保护策略，以促进村寨文化景观簇群文化的传承与创新发展。在国家乡村振兴战略稳步推进、扶贫攻坚政策加速实施及重庆乡村振兴战略实施的关键时期，巴渝地区土家村寨文化景观处于乡村景观遗产保护与乡村振兴战略实施的焦点，亟待将村寨文化景观的地域特征与活态保护作为关键议题开展深入讨论。村寨文化景观的活态保护议题既符合乡村景观遗产保护科学研究的发展趋势，也将迫切解决以少数民族特色村寨为载体的乡村振兴战略在乡村自然、文化生态保护与社会、经济发展中面临的关键问题，可为其他地区民族村寨保护提供参考与借鉴。

---

① 姚元和.板夹溪十三寨区域性整体保护发展模式研究[J].长江师范学院学报，2017，33（2）：43-48，142.

巴渝地域特色传统民居的建筑美学探究 [①]

龙　彬　路斯奥 [②]

一、引言

建筑文化是中华民族传统文化中最宝贵的财富之一。巴渝地区位于我国西南，长江的上游位置，地形起伏大，且气候冬暖夏热，当地人民千百年来在此生息，在生产、生活中，领悟了"天人合一"的生存之道，并将之应用到了建筑构建活动中，形成了具有地域特色的建筑文化。在既有文献资料中，关于巴渝地方传统民居的建筑形式、结构建筑形式的研究较丰富，而关于其建筑美学内容层面的研究则较少，故对巴渝地方传统特色民居建筑的艺术内容和审美特色进行深入研究具有十分重要的意义。论文主要以巴渝地区特色传统民居的建设特点为主要研究对象，并结合了自然与人文因素等诸多角度，深入探讨了巴渝地域传统民居的建设特点与美学含义，旨在为巴渝地区特色传统民居的理论创新和发展研究提供有力依据。

———————

①　基金项目：基于文化生态的西南民族地区传统村落乡土景观及遗产价值与保护（项目编号：51878085）；基于巴渝地域特色的装配式农房标准化设计与示范（项目编号：2018-0266）。原载于《建筑与文化》2022 年 8 月。

②　龙彬，重庆大学建筑城规学院教授，博士生导师，国家注册城市规划师。路斯奥，重庆大学建筑城规学院博士研究生。

二、巴渝地域特色民居的溯源和特征

巴渝地处山区，渝西大部分地区的地形地貌由高低起伏的丘陵和盘曲的河流水系构成，而渝东地区为密密层层的群山，而且受到周边地形地貌的影响，巴渝地区具有冬暖夏热、雨热同季的气候特征，巴渝人民为了充分地利用可建设的山地空间来自由灵活地布局民居，发展出吊脚、挑檐等特殊建筑方式，以顺应山地地形和气候的变化。总体上巴渝地域特色传统民居主要样式有合院建筑、吊脚楼建筑。在长期的商贸互动中，因水运码头的地理优势，巴渝地区文化的交流与融合更为广泛。在之后的发展中，建筑形式为适应环境被改良成台院形式并穿插各种吊脚楼手法，极大地促成了建筑与山地之间的协调。

三、巴渝地域特色民居建筑美学思想

建筑不仅是生活场所，也是文化的载体，是一定历史文化时期的产物。巴渝人民根据当地自然的特质将自然环境人化后的客观的现实，这是一种美，即中国传统美学所追求的"天人合一"，是集合社会美与自然美的结晶。随着社会的发展和思想的进步，巴渝地域特色传统民居也将有越来越多审美价值被我们所发掘。

（一）融入自然美的主题思想

相比于其他派式的建筑，巴渝传统民居充分认识自然，融入自然及改造自然，与自然的结合更为紧密。根据传统风水理论，巧妙布局，自然而不突兀。地形起伏影响着建筑轮廓线，在融入环境的同时，却又具有层次感分明的效果。建筑与山水共同起伏，纵横延伸，共同形成一幅和谐的景观画面。巴渝人民也会营建理想的绿化环境，树木与民居一起为古镇增添了沧桑的历史氛围和文化气息，是真正自然美的代表。

（二）功能与美感相统一的社会美追求

巴渝地域特色民居建筑的审美特征是和功能结合在一起的，主要属于一种社会美，是当地人民通过生产、生活实践将美的规律特征从自然界提取出来，与建筑功能的结合，既适应功能的要求，又满足审美需求。巴渝建筑平面变化有序，内外结合，层次丰富，轻盈精巧，朴实自然。当地人的审美追求深受当地环境的影响，在代代相传之中，具象化成建筑实体形式。即使是建筑形象中，也呈现出一种动态。飘逸的屋檐翘角，脊尾起伏的屋面，也在形态表现之中表现出一种生命美感。其次是内敛中求开阔的空间追求。巴渝因地形所限普遍扎根在崖壁和江河之滨，占用土地面积较小，所以它们向空中和河面延伸要空间，这就出现了吊脚楼这样的式样。尽量收敛实际占地空间，巧妙利用借景、造阳台、架设楼梯等方式，扩大观赏视线。远远望去，山墙层叠错落有致，墙面或竹编夹泥墙被划分成了一块块方正的格子，或为灰白或为木色，依山而布，随江河而曲折，视角变换可敛可放，有限而不失的宜人空间尺度结合自然风光，层层叠叠蜿蜒到远方的山间雾气中，瞬间得到一种空灵而幽静的心灵感受（图1）。

图 1　西沱山镇

因此，美感与功能兼具的空间追求，反映了巴渝地区地域文化中具有一种类似险峻山崖间生生不息的精神特征，又如奔腾不息的江水一样的动态特征，这也是巴渝文化的整体特征之一。

四、巴渝地域特色民居建筑的美学特点

巴渝地域特色民居建筑的美学形式是自然美和社会美的结合[1]，包含要素：第一，建筑的形态组合；第二，视觉感知，即色彩；第三，韵律感知；第四，均衡，建筑布局和外在环境在总体上的合适[2]。

① 李泽厚.美学四讲[M].武汉：长江文艺出版社，2019.
② 李泽厚.美学四讲[M].武汉：长江文艺出版社，2019.

（一）巴渝地域特色民居建筑形态美

传统民居上的装饰除了实用性外也满足了人们的视觉审美。这种装饰趣味是传统民居审美特征中的重要表现部分，将建筑组合得更富有地域风味，提升视觉感的审美水平。

小青瓦是巴渝传统民居普遍使用的屋顶构件，远远看去，青瓦按组依次排列，繁密而极有组织，形成了一股统一灵动的强大动势，富有表现力和艺术张力并带来极具神韵的视觉与精神趣味享受。老街中的民居屋顶上数不胜数的小青瓦以最直接、最简单的方式铺展开来，无烦琐修饰，集结在屋顶，起伏低昂，凝固的状态却滋生出灵动的波浪。

同时，其民居墙面设计虽然简洁却不简陋，朴实中透着大气，夹壁块面搭配的因地形不同而排布任意的穿斗木结构组装，艺术感受上随性而不失稳重，似画面中的平面抽象分割，颇具美感。众多大块夹壁被穿斗框架束缚在青瓦屋顶之间，好像绘画中分割的几何元素，搭配带有深色方窗点缀，将疏与密的对比呈现出一种艺术性的美感，鲜明又细致。

在各地传统民居中，门窗是装饰的重点，巴渝地区门窗装饰以简洁窗格与窗花夹杂动植物雕刻，幻化出丰富的几何群组，如常见的冰裂纹、八角纹等。房屋的其他构件部位也有雕饰，使得民居极富装饰趣味。雕刻内容的丰富程度以建筑的构件露出部分面积为基准，如山墙、屋脊、挑檐、雀替、柱础、吊瓜，这些地方装饰图案题材丰富，运用质朴的手法只雕刻出基本的纹路，具有鲜明的山地民居生活情调。

巴渝民居装饰最为常见的素材是动植物。其画面生动活泼，体现出巴渝地区古镇居民朴素、直接的审美意识和专注于在自然条件下安宁的生活文化心态。这些生动的形象组合在一起，其率意自由的表现手法结合生动的形象图案，产生视觉美感，增添几分生活气息。

（二）巴渝地域特色民居建筑色彩美

色彩能体现出一个民族的审美追求与人文信仰。巴渝民居建筑充满生活化和自然的审美趣味，选择在自然中衍生出以黑、褐、青色为主，白色为辅的色彩基调，恬静而内敛。在巴山碧水映衬下，仿若丹青水墨，这就是自然美，是"天人合一"的最高审美境界。

彭水的郁山古镇，其青瓦木砖房上，墙面或已斑驳得露出砖块，这些砖石因岁月沉淀而显露出不同层次，各种不同色阶的砖片拼接，表面镶嵌着白灰勾勒的砖缝，使得风火墙色块分明，组合上取得了互补呼应，宛如浓淡相宜的诗般画卷（图 2）。青石板街面、黑瓦和青砖，在时光的变迁中深沉了面目，添加了历史神韵。恬静而深沉的基调，收蓄层叠的建筑簇群在放晴的日子中，所有的色彩元素被激活，一瞬间变得灵动而生机勃勃。金灿灿的光斑打在墙壁上、青石板上，原本朴素沉静的色阶变得更加丰富而有脉动感[①]（图 3）。

图 2　彭水建筑墙面 　　　　　图 3　洪安建筑簇群

（三）巴渝地域特色民居韵律美

人们通过韵律把握音乐的美感要素，进而产生更深层次的美感体验。广义的韵律则可从"韵和律"两个方面来理解。韵包含韵味、神韵，而律则是指律动。

建筑是一种空间的组合，进入建筑内部进行欣赏的过程是一个空间按照时间的顺序展开的过程。一个建筑物的基本构成要素的排列组合方法都与乐曲相同，即一个鲜明的主题下灵活多变的律动。建筑样式中所包含的结构和装饰、色彩在

---

① 黄丽华. 巴渝民居绘画艺术研究 [D]. 重庆大学，2012.

内外空间中对称和错落，正如音乐的对称和错落一样，组成了建筑的节奏韵律，给人带来审美愉悦。

在巴渝，民居院落天井尺度小，规模也存在差异，组合的形式灵活，就好像音乐里不同的节拍。室外空间到室内空间，明与暗，开放与封闭自由交替变化。而且在巴渝院落中，还有一种很有特色的空间形式——抱厅①（图4）。抱厅空间既能遮风挡雨，同时又具有天井通透的特点。抱厅使得建筑的院落立面节奏有了新的变化，宛如"强—弱—次强—弱"的复拍子。厢房构成了围合院子的主题，这是"强"的节拍，抱厅覆盖了部分天井外观，这是"次强"节拍。建筑群里各式各样的流通空间使院落呼吸，这是"弱"。巴渝合院民居正是在节奏鲜明的韵律中达到了艺术和生活完美统一的境界（图5）。

图4　重庆民居1

建筑具有虚实融合的韵律，传统民居的屋顶反翘、屋面举折和飞檐为民居带来了轻灵飘逸的意境，而架空的建筑基底结构所产生的正是那种飞天楼宇之感，从而表现出超脱的艺术神韵；一柱、一窗，又一柱、一窗排列的檐廊，其音律就好比"强—弱—强—弱"的四分之二节拍。在建筑交接处出现许多转折空间，开合随性，绵延纵深，更是增加了建筑空间音律组合的层次（图6）。开敞空间与封闭空间有机结合，转折爬跌之间产生丰富的明暗、光影变化，幽静复古而又带着灵动的

图5　重庆民居2

图6　重庆民居3

---

① 冯维波.重庆民居（下卷）·民居建筑[M].重庆：重庆大学出版社，2017.

活力，这就是巴渝地域特色传统民居独特的空间韵律美感。

（四）巴渝地域特色民居建筑布局美

建筑的布局美是指建筑布局和外在环境在总体上的合适。本质上是要求建筑的空间布局能够很好地适应环境要求，同时满足使用功能。让人产生视觉形式审美的和谐与均衡体验的同时获得舒适感。

巴渝传统民居处在山地环境，大量的建筑排布在狭小崎岖的场地上，却不显得拥塞，自然有独具匠心的布局手段。经过岁月累积而营造出的巴渝地区特有的"迷宫"，其给人最大的直观感受是重屋累居、层次丰富的立体式效果。这个表现方式的主体为重叠，然后根据实际环境用独特的接地手法，将一个个互不相同的建筑组合起来，利用高差排布将屋顶错叠或者套叠起来。同时，身于坡度较为缓和古镇的街巷中，还可以观测到其两侧住宅街区的空间随地形而错叠组合，并随着游客的所处观赏视角而不断变换。街区地形变化将住宅间隙中形成的巷道带入了江景，各种形状的视觉结构产生了各种不断的自然变化和步移景异的动态美，高低错落有致，跌宕起伏，如带着山歌一般具有节奏韵律感。

西沱古城就以特有的街道格局和空间比例尺度的丰富环境景观决定了西沱云梯街强烈的地方特色美学价值。这里的坡地作为整个小镇空间的主要界面，由于建筑物以石头为基础，淡化了传统中国建筑中"尚中方正"元素，注重建筑造型和山地空间景观之间的天然平衡，充分利用了山坡空间构成了随折而直的小镇景观。街道布置为上坡形：整个场镇在江边垂直上升约 5 里，然后直接爬到较平缓的地势，高度 160 多米的镇区以码头为起点，依山直上，以主街"云梯街"为骨架，两侧横向延伸出了一些次要的街巷，垂直等高线布局，形成了比其他场镇更加强烈的视觉冲击，形成了更加立体的簇群空间。爬山台阶以条石砌墙基，或直接以原石开凿，穿斗木建筑，高踞危岩，形成拾级而上的吊脚台；依山建筑相向开敞，植物揳入街道，对于展现出场镇景观中人与自然的和谐统一起着重要的作用。坡度较平缓的空间宽于云梯街的整体宽度尺度，使得整个顶部界面被打开，视线豁然开朗，颇有"柳暗花明又一村"的感觉。抬头仰望，层层的云梯仿佛直通天际，直达隐藏在山间云雾深处层层叠叠的建筑群，烂漫神秘又不失壮观①。转头面江远眺，江面是来往的船只，远处隐隐约约古镇轮廓，形成立体式视觉感受（图7）。

图7　西沱镇顶点

五、结语

建筑文化是一个地区人文基因的重要反映。巴渝地区特色民居建筑也是中华民族传统文化的组成部分。本文根据巴渝地区特色传统建筑地域性特征及对其审美特色方面的理论剖析，探索其中的建筑艺术观念和社会人文内容，并从中感悟丰富独到的建筑艺术思维，有着更重大的现实意义：其一，研究巴渝地区的特色民居建筑美学，诠释其传统建筑特色；其二，对研究巴渝地区特色民居的形态、建筑构造、选材、色调等方面都具有很大的指导意义。把中国传统建筑美学的研究运用于巴渝地区特色民居更新和发展过程中，将使得巴渝地区特色民居中所具有的审美文化价值得以继承与发扬。

---

① 龙彬，陈茜.重庆西沱古镇云梯街保护修复设计研究[J].规划师，2008（02）：31-32.

巴渝佛教建筑装饰中象元素符号运用的文化解析^①

王 鸽^②

一、引言

巴渝地区地势起伏较大，整体呈东低西高，海拔最高接近 2000 米，最低则在 150 米左右。该地区主要以山地、丘陵为主，山地占总面积的 75% 左右，整体地势立体感强烈，为典型的山地区域，素以"山城"著称。佛教传入我国后，其修行方式最早分为洞穴修行和结茅修行两种。从总体的地形地势来看，巴渝地区能够为洞穴修行提供环境基础；从气候的角度来看，该地区夏酷热冬寒冷，在山洞中修行则冬暖夏凉，能够为修行的僧人提供较为舒适的条件，这都在无形中推动了佛教在当地的发展，众多佛教建筑因此得以衍生，并充分体现了人与建筑及环境的有机统一。除了在建筑形制上体现出浓郁的区域特色外，在建筑装饰上也体现了独特的民族和地域特征。其中，象元素符号的应用不仅反映了当地人的审美意识，也体现出了他们的文化信仰，是当地人文内涵和审美特征的重要体现，对当下的艺术设计也具有一定的审美参考价值。

---

^① 原载于《东方收藏》2022 年 4 月。
^② 王鸽，重庆师范大学美术学院硕士研究生。

二、巴渝佛教建筑中象元素符号的装饰特征

巴渝地区佛教建筑装饰元素符号在各个建筑部位中都有所体现，如屋顶、墙面、石基、大木作、门窗、铺地等；装饰题材主要分为祥禽瑞兽、花鸟鱼蟹、几何图案、人物故事等。这些装饰元素以不同的形式和材料进行呈现，充分展现了历代匠人高超的技艺，他们在进行创作时充分融入自己的理解、思考和想象，既增加了建筑的装饰美感，也提升了建筑本身的文化内涵。

巴渝佛教建筑中的象元素符号装饰，大多造型精致，具有丰富的文化内涵，其主要以石雕方式呈现的较多。在表现手法上，其展示了巴渝地区精湛的石雕技艺，采用了深浮雕、浅浮雕、圆雕、透雕等多种手法，虚实对比较为强烈，层次丰富。颜色大多以浅色为主，如白色、浅灰色等。象元素符号大多见于建筑物的下层构件之中，如柱础、石鼓、石牌坊等之上。而在材料的选择上，因巴渝地区盛产青石、花卵石、乌江石等石材，故一般以当地石材为原材料进行雕刻。

三、象元素符号在巴渝佛教建筑装饰中的体现

关于建筑装饰的定义，李砚祖教授在《工艺美术概论》一文中解释为：建筑装饰"以秩序化、规律化、程式化、理想化为要求，改变和美化事物，形成合乎人类需要，与人类审美理想相统一、相和谐的美的形态"。因此，建筑装饰不仅是为美化建筑外观而设之物，并且是一种视觉对象，乃一种具有宗教、地域、民族、习俗、心态等多向度、多功能的概念。巴渝地区佛教建筑装饰均采用了传统的吉祥元素符号，它们与该地区的地域文化及民间技艺相结合，产生了独树一帜的艺术效果。一般而言，巴渝地区佛教建筑装饰主要崇尚欢乐喜庆、风调雨顺、健康平安、对人生美好的向往追求等传统观念，蕴含着当地人的宗教信仰及淳朴的思想情感。象元素作为巴渝佛教建筑装饰的重要组成部分，其应用主要包括以下 3 个方面。

（一）屋面装饰中象元素符号的应用

巴渝地区佛教建筑的屋顶常用石灰、碎瓷等作为装饰材料，每座寺庙都有其不同的装饰特点。笔者在考察宝轮寺建筑屋面装饰中发现，其屋顶出现的较多装饰元素为龙或是鱼、龙等相结合的形式，并未有象元素的出现（图1、图2）。而在罗汉寺的明碑亭中，在走廊与大山门连接的屋面上，笔者发现其是以象元素来进行装饰的，两只造型完整但形象简洁的大象呈对称分布、端直站立，极具威严之感，而略长的象鼻轻微甩动，颇具动感。

图1　宝轮寺建筑中的屋顶

图2　宝轮寺大雄宝殿建筑屋顶

另外，在华岩寺天王殿的垂脊脊饰当中，笔者发现其整体造型的装饰刻画十分流畅，龙嘴向上延伸张开，尾部则往下压，其上吻采用的是"象鼻"，两种不同的动物元素相互融合，极具特色，这种形式尚未在当地其他佛教建筑中有所体现。象在佛教中被认为是十分吉祥的动物，同时作为普贤菩萨的坐骑，象征着圣洁与高贵。在部分地区的佛教建筑装饰当中，象也常与狮、虎、豹三兽并列出现于殿堂的正脊脊肚之上，便是取其祥瑞的寓意。

（二）地雕装饰中象元素符号的应用

在笔者的考察对象当中，地雕装饰的主要代表是位于华岩寺入口处不远的露天金佛前的梯部浮雕（图3）。它大面积地采用丰富多样的祥云纹进行装饰，祥云纹作为佛教经典的代表性纹样之一，体现出古代人民向往美好生活的精神追求和审美情趣。该浮雕的上部为一只完整的大象，大象的脚下则是一条奋力张开嘴巴的长蛇，一旁则是骑着瑞兽的僧人。整幅画面刻画生动、形象逼真。

（三）寺庙门前象元素符号的应用

图 3　华岩寺金佛下的梯部浮雕

大部分寺庙的门前都会摆放瑞兽，一般以狮子、大象居多。如在宝轮寺中（图 4），两只大象呈对称分布于门口，整体形态逼真，装饰较为简洁，主要采用的是象征高尚圣洁的莲花元素，既点缀了大象本身，也烘托出了宗教场所的氛围。而在华岩寺的地藏院前，大象与狮子是同排出现的（图 5），两旁还各站立着一位气宇轩昂的人物。此处的大象形象可亲，与石雕人物共同构成了一幅和谐的画面。

图 4　宝轮寺大殿前的大象石雕

图 5　华岩寺地藏院前的大象石雕

四、象元素符号在巴渝佛教建筑中运用的文化解读

人的宗教信仰与世俗思想是紧密联系的，在古代最原始的生殖崇拜和图腾崇拜的基础上，先人们创造了中国特有的神话传说故事，同时在其中融入了儒释

道，与世俗相结合，形成了广为中国人所接受的信仰。这就意味着在宗教建筑上，也可以找寻到人们对于生活的情感痕迹。而笔者在考察过程中发现象元素与地域文化是紧密相连的，其建筑装饰背后隐藏着深厚的文化价值与艺术价值。

（一）巴渝地区关于象元素符号的宗教譬喻

魏晋南北朝时期，频繁的战乱导致了民族迁移与西域沙门东来。在这种情况下，四川地区的佛教影响力剧增，包括重庆、蓬溪、峨眉、乐山等地。

根据佛教典籍的记载，佛祖就是白象的化身。在大乘佛法中，大乘佛法注重"自渡渡他"，大象不仅可以自己过河，还能帮助他人渡河。《现变品第一》记述能仁菩萨投胎时有七宝导从，其中一宝便是白象宝。"象"同"祥"，在佛教中象征着吉祥，并且佛教也认为大象身体庞大，可以支撑天地，具有无比强大的力量。大象还能通神，也是神灵和人类的信使。大象在佛教中是佛教四大菩萨之首的普贤菩萨的坐骑，具有非一般的神通，在重庆沙坪坝区宝轮寺的般若通道中就有所体现（图 6）。大象还被认为是"德行"的代表，其道场在四川峨眉山，因此大象就自然成了人们心

图 6　宝轮寺大象浮雕

中的神兽。古时巴渝地区的人们都认为象是具有人类一些良好品质的，如机智灵敏、踏实稳重、善良可爱、忠实正直等，故当地佛教中的象元素符号也不断得到人们的喜欢，在建筑装饰及日常生活中以不滞于形而以意表现出来。象在我国古代佛教建筑装饰中通过各种材料而得以体现，以表达巴渝地区人们的崇象思想，寄托人们对于生活及人生等的各种美好愿望。

（二）巴渝地区关于象元素符号的民俗文化

具体来说，大象的民俗信仰体现在"太平有象"的祥瑞象征、象舞表演仪式等方面。原始时期，人类的生产力水平还比较低下，巴渝地区的人们对自然界中

的很多事物或者现象不能做出正确的解释，而大象由于其身体庞大，面目较为特殊，让人们感到十分惧怕，因此产生了象崇拜。之后，象崇拜逐渐渗透到人们的思维习惯和风俗之中。《史记》当中也有相关记载："舜葬苍梧，下有群象常为之耕。又云：禹葬会稽，祠下有群象耕田。"由此可见大象还能帮人们从事农业的生产劳动。此外，还有"商人服象"等记载。因此，象作为一种吉祥的动物，就频繁地以不同材料出现于各种器物的装饰当中，如给老人祝寿时可送上玉雕大象摆件，象征吉祥如意；大象身上背着宝瓶，则寓意着太平宝象，具有社会富裕的意思；把用镀金做成的大象雕塑作品放在家中或者是公司里，则寓意家庭祥和、办公人和财旺。象在部分地区的建筑装饰中，除了以石雕形式出现外，还会与猴元素符号同时出现，"象"与"（宰）相"谐音，"猴"又与"侯"谐音，寓意为"封侯拜相"，体现出人们对于家族兴旺、仕途追求的一种美好向往。象用鼻子吸水，水又象征着财富，象吸水也有招财的内涵。以上都是象元素符号在民俗文化中的重要体现。

五、结语

建筑是文化的载体，建筑装饰是为建筑而产生的视觉对象，是包含宗教文化、民俗文化、地域文化的结合体。巴渝地区佛教建筑中对于装饰的构图较为简练，技法也比较朴实，其既有中国传统装饰艺术特征，又有明显的本土区域面貌，它所蕴含的传统文化、佛教教义及具有巴渝地区本土特色的文化意蕴，完美实现了中国传统文化与地域文化符号的融合。巴渝地区佛教建筑装饰对于象元素符号的应用上，揭示了一个民族的思想观念、价值取向等，对于当代继承中国传统文化具有一定的启示作用和艺术研究价值。

参考文献

[１] 袁玲丽. 重庆华岩寺建筑装饰特征研究 [D]. 重庆师范大学，2014.

[２] 童娜娜. 潮汕寺庙建筑装饰艺术研究 [D]. 湖南工业大学，2017.

［3］查茂盈. 中国象文化研究 [D]. 西北农林科技大学，2012.

［4］黄松. 传统建筑装饰中的人文思想分析 [J]. 华中建筑，1998，（03）：23-25.

［5］梁思成. 中国的佛教建筑 [J]. 清华大学学报（自然科学版），1961，（02）：51-74.

［6］肖花. 湘西乡土建筑装饰中鱼类元素运用及文化解析 [J]. 设计艺术（山东工艺美术学院学报），2017，（02）：38-41.

［7］段玉明. 西南寺庙文化 [M]. 昆明：云南教育出版社，1992.

重庆的码头文化[①]

李正权

一、重庆靠码头而兴盛发展

重庆地处长江和嘉陵江交汇处，水深浪平，乃天然良港。港者，停靠船舶的河汊海湾也。有港口就有码头，重庆的码头也就特别多。

笔者 1950 年出生在重庆城临江门石灰码头。那时，仅仅是临江门，从上往下数，就有大码头、煤码头、粪码头、石灰码头、砖码头。重庆城门九开八闭。九个开门中，朝天门、东水门、太平门、储奇门、金紫门、南纪门、临江门、千厮门等八门临江；闭八门中，翠微门、太安门（今望龙门）、人和门、凤凰门、洪崖门、西水门等六门也临江。"朝天门，大码头，迎官接圣。千厮门，花包子，白雪如银。洪崖门，广船开，杀鸡敬神。临江门，粪码头，臭得死人……"所有临江的城门外都有或多或少或大或小的码头。此外，当时尚不属于重庆城的黄花园、大溪沟、牛角沱、菜园坝、黄沙溪及江北、南岸也还有数不清的大大小小码头。重庆城当年究竟有多少码头，如今可能谁也说不清楚了。

当年，重庆城大大小小的码头都相当的热闹。江边停满各种各样的船舶，真是樯桅如林、船篷相连，挤得密密匝匝，甚至里三层外三层的，把江河都塞满

---

① 原载于《重庆文化研究》壬寅秋。

了。岸边是各种各样的街市，真是店铺相依、人来人往，把那青石板小路磨得光润发亮，日日都是赶场天，天天都是庙会节。天还未亮，码头上就油灯闪闪，炊烟缭绕，卖早食的就呜嘘呐喊叫卖。到深夜了，那小街上的酒馆、茶馆、烟馆、妓女馆还灯影闪烁，招徕着南来北往的行人，久久平息不下来。外来的货物从船上搬到码头，又从码头搬到城里去；城里的货物运到码头，然后又装上船，运往两江沿岸。码头就像重庆城的嘴，不停地吞吐着，重庆城也就在这样的吞吐中逐渐发展起来。

历史上"城"和"市"是两个不同的概念。重庆"城"虽然有两三千年的历史，但真正成为一个"市"，只有几百年的时间。而重庆城能够真正成为"市"，也全靠码头。如果没有这些码头，也就没有后来重庆的发展，更没有今日的重庆。

四川地处我国西南内陆腹地，与全国主要的经济区东有巫山障碍，北有大巴山和秦岭隔离，除了令人望而生畏的秦巴栈道外，只有长江一线与外部相通。这种封闭的自然地理环境，造成了重庆在四川的地理优势。重庆位于横穿四川全境的长江与纵贯盆地的嘉陵江的交汇处，重庆以上的长江和嘉陵江当时都有近千公里可以通航。以重庆为枢纽，几乎整个四川及云南、贵州部分地区都可以沟通。于是，四川盆地和云南、贵州部分地区要向外输出的物资，大都要通过与重庆通航的大小河流来到重庆，然后输出到长江中下游地区；外地输入的物资则相反，运到重庆后才能输送到四川、云南、贵州的其他地方。

但是，一直到清代以前，整个西南地区的经济，除成都平原外，都相当落后，输出输入的物资都相当少，重庆城的区位优势并没有得到充分利用。清初"湖广填四川"后，四川的人口和经济才得到快速发展，有了剩余的粮食。而当时江浙一带因转种经济作物及水旱灾害，粮食匮乏，需要四川输出。大量的川粮外运，都要在重庆来换船，重庆成为"换船总运之所"（乾隆《巴县志》）。于是，重庆的码头就迅速发展起来。川粮的外运加上川盐在重庆的集散，大大刺激了重庆的商业发展，外运的木材、丝绸、夏布、药材、山货、食糖、滇铜、黔铅等，输入的棉花、土布、杂货、百货等，几乎都要在重庆转口。到乾隆初年，重庆已是"商贾云集，百物萃聚""九门舟集如蚁，陆则受廛，水则结舫"（乾隆《巴县志》）。

当然，那时的货物往来数量其实还是很小的。就是抗战时期，重庆所有码头的年吞吐量也不过 100 万吨左右，哪能与现在比！由于当时没有轮船，木船运输一是载重量小，大多不过几吨十几吨而已；二是行程慢，上水还要人拉纤；三是全靠人力搬运上下船，才有"舟集如蚁"的盛况。据统计，1944 年川江木船达到鼎盛时有船 16436 只，总吨位 26 万多吨，其中常年进出重庆的木船有 2 万多只（次）。直到 20 世纪 50 年代，虽然已经有了大量的轮船，还有了公路运输，有了成渝铁路，重庆城的码头都还相当拥挤，沿江四岸的码头都密密麻麻停满了大大小小的船舶，外来的木船进入重庆码头，想找个合适的地方停靠都还相当困难。

有了码头，就有了商人，就有了船工纤夫搬运夫，就有了茶馆、酒馆、饭馆、客栈、货栈，就有了船帮、货帮、轿帮和力行，就有了袍哥、把头、地痞、恶霸，就有了烟鬼、暗娼、叫花、讨口子，于是也就形成一个又一个新的街市。清乾隆初年，仅重庆城临江的城门外就有了 15 厢（厢是清代城门外街道的分区管理机构，相当于如今的街道办事处）之多。一个厢往往管着好几条甚至几十条街巷，如临江厢就包括临江门城外的几十条街巷。按码头一词的引申义，这些厢大多都可以称为码头。到抗战时期，这些城外码头上的人口及城内各种各样的与码头相关的人口加在一起，就有近 30 万人，占当时重庆全市人口的近 30%。码头是重庆的底层社会，码头上的人当然就是重庆底层的人了。

有人就有文化。一个地方的人，其生产生活、衣食住行、休闲娱乐、生育婚丧及人与人的交往，构成了一个地方的文化。码头的地位如此特殊，与码头相关的人如此之多，码头与其他街区的地理条件、人口结构、风俗习惯等方面又不同，于是就形成了特殊的码头文化。这种码头文化的生命力竟然是如此强大，对所有的重庆人都产生了不可忽视的影响，甚至完全渗透到重庆传统文化之中，使重庆传统文化呈现出码头文化的特色。

码头一词的本义是"在江河沿岸及港湾内供停船时装卸货物和乘客上下的建

筑"。重庆城的码头一直是相当简陋的，直到 20 世纪 20 年代后，先是杨森，后是潘文华，才在朝天门等地修建起多少有点像样的码头，如嘉陵码头、朝天码头、太平码头、千厮码头、江北码头、储奇码头、飞机码头等。如今，滨江路一修，当年的码头大多已经连成一线，密密麻麻地摆满了各种各样的趸船，但停靠的几乎都是轮船，几乎再也看不到木船了，早年那"舟集如蚁"的景况也就更不可能看到了。而城外"码头"上的人大多也已迁到城市的其他地方居住，码头的特殊性已经不复存在，但重庆的码头文化却并没有因此湮灭，仍然顽强地表现在重庆人的日常生活中。

码头一词可以引申为"码头附近的街市"，还可以再引申为"交通便利（以水运码头为基础）的商业城市"。从这个意义上说，历史上的重庆就是一个码头，重庆历史上就是一个码头城市，重庆的传统文化就是码头文化。码头文化当然是一种底层社会的文化，可能上不了高雅之堂。虽然重庆也有高雅文化，但从传统角度来看，那样的高雅文化始终不是重庆传统文化的主流。在重庆传统文化中，占主流的毕竟还是码头文化，说重庆传统文化就是码头文化也无不可。虽然这似乎有点贬踏重庆人，贬踏重庆文化，但谁又能否认这个事实呢？

二、码头文化的帮会色彩

的确，码头不是皇宫，不是书院，也不是商场工厂，相对而言可能要低一个甚至几个层次。从前，码头上的人们大多不识字，没有"文化"，他们"创造"的码头文化当然只能是"下里巴人"，甚至有许多反动落后的东西。

重庆的码头不是因资本主义生产方式出现而发展起来的，而是在封建主义的自然经济条件下兴盛起来的，这就决定了重庆码头文化带着相当多的封建主义色彩。

首先是帮会色彩。在自然经济条件下，不管是商人还是下力人，个人力量都相当微小，不足以抗衡恶劣的自然条件，也不足以抗衡外来的竞争。为此，只有联合起来，组织起来，于是就形成行帮。这和如今的各种各样的协会虽然有某种相似，但行帮却是借助于神秘的封建主义的文化色彩和家长制的组织形式建立起来的，"袍哥"就是一种典型形式。行帮头领往往就是"袍哥"大爷，独揽大权，成为压迫者、剥削者，甚至走向反动。而一般行帮成员则只能听任摆布，成为头领的走卒，甚至成为牺牲品。可以说，码头一出现，就有了各种各样的行帮帮会，如商帮、船帮、轿帮、力行等。

以船帮为例，到清朝末年，重庆的船帮就形成了四大系统，达20多个。四大系统是：下河帮，专营长江下游；上河帮，专营长江上游；小河帮，专营嘉陵江流域；揽载帮，专营陆上承揽业务。

据史料记载，清嘉庆年间，朝天门码头就成立了搬运夫行，还制定了九条行规：

1. 推举"年轻精壮、忠实才干"者为领首；

2. 领首每日在码头照管，一遇货物拢岸，随即派拨搬运夫上船，"轮挨次搬运，不得恃强争夺"；

3. 领首负责查点货物；

4. 领首置买雨篷，以备遇雨遮盖货物；

5. 搬运夫所抬货物从码头至各行栈，路途若不远不得歇肩；

6. 运价"原有定规，不得以天时晴雨早晚任意勒索"；

7. 领首不得特权"侵蚀散夫血汗"；

8. 码头每逢官员往来，一切差务仍照旧规；

9. 每日搬运货物不得推诿不运。

开始，这种"领首"还有些管理者的味道，其主要职责还是维护正常的码头秩序。后来，"领首"与"袍哥"帮会搅在一起，便发展为封建把头。再后来，封建把头又与保甲制度相结合，成为恶霸，欺压百姓，坐吃搬运夫的血汗钱，成为国民党反动统治的工具。1946年重庆发生了"较场口血案"，李公朴、郭沫若、施复亮等60余人被国民党御用打手殴伤。这些打手主要就是朝天门码头的封建把头连绍华带领的流氓暴徒。解放后，人民政府枪毙了一大批罪大恶极的封建把头，码头才获得解放。笔者小时候曾住在临江门，后来又搬到朝天门居住，所住的房子都是封建把头留下来的。

在码头上，封建把头的权力是相当大的。且举一例：那时，不管是重庆人吃的粮食还是要转运到江浙去的粮食，都要在各个码头下船或转船。粮食都是散装，需要用木制的斗来过量。过量的人用那斗从船舱里舀起粮食来，要用一块竹片将粮食赶平。那竹片就很有讲究了，一面是凹的，一面是凸的。用凹的一面去赶，那粮食就会冒一部分；用凸的一面去赶，那粮食就要落下去一部分。这样一进一出，一船粮食就会相差几百上千斤。那过量的人都是封建把头控制的。于是，不管是买家还是卖家，都要去贿赂封建把头。那封建把头吃了买家吃卖家，买家卖家吃了亏还不敢说。

"袍哥"可能是典型的码头文化产物。加入袍哥叫"嗨"，袍哥们外出叫"跑码头"，而到了一个地方就要"拜码头"，袍哥里的头领叫作"舵把子"，霸占一个地方叫作"操码头"……其码头色彩相当浓厚。重庆的袍哥势力相当强大，连手握兵权的军阀们都要让袍哥三分。刘湘在重庆时，就曾"嗨"过袍哥。其手下的师长团长几乎都是袍哥的人。范绍增（范哈儿）年轻时就是袍哥大爷，其"辈分"（袍哥的等级称为辈分）相当高。他后来跑到上海去，还和黄金荣、杜月笙之类的封建帮会头面人物打得火热。

帮会文化实际上是家族文化的变种。一个帮会就是一个由异姓人组成的家族，虽然帮会成员之间没有血缘关系，却通过"拜把子""换帖子"之类方式来确定"辈分"和长幼。家族里有族规，族规甚至大于官府的法规；帮会里有帮规，帮规往往比族规更严，违犯者受到的处罚往往更重。在袍哥里，"大爷""舵把子"往往具有绝对权威，一般成员只能听命而已。

重庆的袍哥组织是晚清时候发展起来的，在四川的保路运动及后来的辛亥革命中曾经起到过相当大的作用，但后来却逐渐走向反动，成为国民党反动统治的打手。

那时，谁想在码头上混，哪怕是想在码头上凭劳力找饭吃，当搬运夫，当

"扯船子"（纤夫），都只有加入袍哥才有可能。否则，你就不能"挨轮次搬运"，就没有人敢雇佣你，你即使有点钱要做小生意，也可能要被袍哥们砸了店子掀了摊子。因此，在重庆码头上生活的人，穷也好富也好，大多是袍哥成员。而要加入袍哥，一要有人介绍，二要花钱，加入之后还要承担相应的义务，为"大爷"们无偿提供服务，随时听命。穷人加入袍哥，是相当沉重的负担。

作为帮会的袍哥，其核心理念是讲"义气"。既然大家都是袍哥，成了"一家人"，互相之间就有了相帮相助的义务，也就必须讲"义气"。这种理念不仅成为重庆码头文化的核心，而且浸润了整个重庆传统文化，成为重庆人一大性格特点。如今的重庆人一旦说到自己的优点时，几乎总免不了说自己讲"义气"。讲"义气"虽然不能说是缺点，但不分是非，不讲原则，一味地讲"义气"，过分地讲"义气"，并不是一件好事，很可能被别人利用，甚至与坏人一起滑入犯罪道路。这样的事例只要打开报刊就可以找到，不须笔者多举。

三、码头文化的巫术色彩

重庆远离中原，历史上远离中华文化的中心，受正统的儒家文化的影响相对较少，巫术文化也就相应盛行。重庆有巫山、巫峡，还有巫山县、巫溪县，就是明证。另外，重庆历史上曾经居住过多种少数民族，僰人、僚人、巴人等都曾长期居住，至今还有大量的土家族、苗族等少数民族居住。少数民族的巫术文化对重庆传统文化的影响也就不可忽视。码头文化是一种低俗文化，更加接近下层社会，受巫术文化的影响也就更大。反过来，码头文化对上层文化也产生了不可忽视的影响，从而使重庆传统文化中的巫术成分相对于其他城市就更加浓厚。

川江水急滩险，行船时有危险。且不说三峡险滩，就是重庆城边，也经常打烂船。临江门河边原有一四四方方的大碛石，叫豆腐石。豆腐石上游有砖码头、石灰码头，当年不知有多少木船撞到豆腐石上而粉身碎骨。笔者小时候就多次目睹过那惨祸，至今还时不时做噩梦。有一年发洪水，只见一条运砖的木船从上游来，要在豆腐石上面的砖码头靠岸。十来个船夫一起划桨，号子喊得惊天动地。

可那水太急，船未靠上码头，便撞到那豆腐石上，只听得咔嚓咔嚓几声响，那船顷刻不见踪影。船夫一个个落水，死的死，伤的伤，活着的被冲到千厮门下面，才被救起。

自然条件如此恶劣，人们只好求助于神灵和巫术。管他是哪路神仙，管他是否有用是否显灵，人们见神即拜，见仙即求。儒、道、佛，神、鬼、仙，和尚、道士、观花婆，关公、城隍、观世音，祖宗、墨师、文化人……码头上的人都信，都敬，都拜，都给予香火，都求之于平安。以民国向楚主编的《巴县志》所列为据，仅重庆老城之内，就有各种各样的庙宇 40 余处。至于石刻之类的神龛佛像土地祠，更是无法计数。这种不讲"宗派"（其原义是宗教派别），甚至不讲宗教的做法，实际上就是巫术。龙王庙是什么"教"？镇江寺是什么"教"？丰都鬼城是什么"教"？谁能说得清楚？就连大足石刻，那佛教中也浸润了诸多儒教、道教的内容，可称为"三教合一"。永川就有一个三教镇，其附近的庙宇和石刻就呈现出三教合一的特征。

码头上禁忌特别多。船家忌说"十四"（谐音"失事"），忌说"倒""沉"等，忌打烂碗，忌用汤泡饭，忌煎鱼吃鱼时翻面，船头忌大小便……船帮有"王爷会"，敬祀龙王爷，因而有龙王庙。船帮规定，农历六月初六，任何人不得行船，打鱼的、放排的、驾船的、拉纤的，都要去祭祀龙王爷。农历腊月底，船帮还要请造船的掌墨师在船头杀鸡敬祀，观察凶吉，祈求来年水上平安。

虽说如此，神也好仙也好佛也好，都难以保佑平安。洪崖洞下，嘉陵江边原有镇江寺，本是用来"镇江"保平安的，哪知"大水冲了龙王庙"，反而多次被洪水冲毁。解放后，政府大力整治航道，炸毁了不少江中江边的碛石和险滩，加上轮船增多，木船逐渐被淘汰，才使海难事故大幅度下降。如今，只要认真遵守安全制度，按规定程序操作，是完全可以避免诸如打烂船之类的重大海难事故的。20 世纪 90 年代，我经常乘客船来往于望江厂与朝天门，有一次见那船头上竟然绑着一鸡头，问船老板，说是求平安。可那船偏偏严重超载，那鸡头能保住平安吗？

不过，码头文化中的巫术成分却留存下来，一直影响着当今的重庆人。其表现为：一是见神即拜，见仙即求，也不问是何方神灵，更不知其是否与自己所求对路。二是禁忌特别多，什么话不能说，什么事不能做，自己并不懂得，只要老年人说过就一律遵守。三是信奉化煞之法，买房子搞装修要讲风水，门外要挂"照妖镜"，屋里要供财神。偏偏很多人又不懂，如某朋友家中供一财神（观音），却让其面向厨房面向饭桌，犯了大忌。观音清静无瑕戒荤腥，怎能一天到晚盯着你的大鱼大肉？闻着你的荤腥油烟？

当然，巫术中的一些音乐、舞蹈、图画之类的带有艺术性质的东西留了下来，对重庆文化也产生了良好的影响。土家人的摆手舞和花灯就带有巫术舞蹈的成分，是对巫术舞蹈的继承和发展，如今已经成为重庆重要的非物质文化遗产。

四、码头穷人的坚忍顽强

与重庆城内商业街市的繁华相比，城外的码头却相当贫困、相当破败。码头上也有有钱人，如商人、把头之类，但极少，大多数都是穷人。码头穷人可以分为三大类，一是船工纤夫，二是搬运夫，三是其他贫民。

四川盆地河道纵横，各处水文不同，航道各异，那行驶其间的木船也造得各种各样。有种叫遂宁船的，船体窄而长，适用于小河。涪江自四川遂宁而来，因而又叫遂宁河，经合川而入嘉陵江，航道窄而浅，一般船只难以驶入，遂宁船正好适应。船大多用柏木建造，用桐油浸过，用竹麻扎缝，舱深不足 1 米，桡长可达数丈，大多有篷。船家住船尾处，用鼎锅煮饭，睡船板而已，生活异常艰苦。

船工纤夫是码头上的"流动人口"，居无定所，常年行走于与重庆通航的大小码头。即使在重庆建立了一个家，也很少住在家中。木船缺乏动力，下水可搭流水。如果水流太缓，或者要赶时间，也要人划桨。船老板（不一定是真正的老板）掌舵，满船人（往往是一家人）一齐动员，喊着号子，那桨一起动，才能将船划走。若遇激流，若要闯滩，若欲靠岸，牙齿也要咬紧，脚杆也要蹬直，吃奶的力气也要拿出来才行。"船老板吃的什么菜——咸菜！"这样节奏的号子喊得震天动地。川江号子乃重庆一大文化遗产，后来竟登上了大雅之堂，20 世纪 90 年代初还在巴黎一个民间音乐大赛中得过金奖。殊不知,那是船工们在生死搏斗中喊出的最强音。

最恼火是上水。若有风,扯上篷,自然惬意。若无风,只有拉纤。纤夫是"死了没有埋的人"。夏天,赤裸裸光条条的,蹬一双烂草鞋,搭一根烂头帕;冬日,穿一件疤上重疤的烂长衫(俗称衲坨),连内裤也不穿。不时要下到水中,便将那长衫的前后襟撩起来,搭到肩上,让那冰寒的江水像蛇一样咬那两条赤裸的大腿。若遇险滩激流,纤夫便四肢伏地,巴不得那嘴也能咬住岩石。那纤绳勒进肩胛,把骨头都要勒断,哪像流行歌曲唱的那般"荡悠悠"!

正是这样艰苦卓绝的生活锻炼了船工纤夫,使他们的意志坚忍而顽强。虽然他们"水流沙坝",说话有些下流,甚至酗酒嫖妓,却是他们托起了重庆,使一个边远的军事重镇发展成一个工商业大都市。他们的坚忍顽强甚至影响了后来才有的轮船船工。卢作孚创建民生公司,在外有洋人欺压、内有军阀勒索的情况下发展起来,没有点坚忍顽强精神显然是不可能的。抗战初期,民生公司抢运西迁物资,号称"中国的敦刻尔克",成为重庆历史上光辉的一页。

旧时,重庆城的搬运夫是一个相当庞大的群体,包括码头的货物搬运、肩舆行的轿夫、挑水夫、建筑工人等。如挑水夫,估计就有近万人之多。20 世纪 30 年代后期,重庆才开始有了自来水,但一直供应不足,要靠挑水夫从河边往城里挑水。那时,小什字一带的人吃水用水都要从千厮门河边挑上来,于是就有了水巷子,那水巷子至今还留存着一段。有一幅历史照片,是成群结队的挑水夫在朝天门码头上挑水。那场面令人震惊。笔者父亲也干过挑水的职业,是从临江门河边挑到新生市场(现解放碑附近),180 斤一挑水,挑一次的力钱可以买到三个烧饼。抗战时,徐悲鸿来到重庆,为挑水夫的苦难和精神所感动,还专门画了一幅著名的国画,并题诗:"忍看巴人惯挑担,涉登百丈路迢迢。盘中粒粒皆辛苦,辛苦还将血汗熬。"

笔者父亲、母亲都当过码头搬运夫,笔者小时候也常给母亲"打薄"(搬运工行话,意即帮其减轻一点负担),下过力。从临江门河边挑砖挑瓦进城,那城门洞坡坡一天不知要爬多少回!母亲年轻时力气大,一挑总要挑两三百斤,挑砖就要挑四五十匹（16 匹合 100 斤）。挑到要天黑时，人也累了，肚皮也饿了，那担子似乎特别的重，脚发颤，腰发软，要爬上最后那一坡梯坎，没有点意志力肯定是不行的。

笔者父亲从合川乡下来到重庆，向搬运行帮缴纳了押金（相当于农村的押佃），好不容易才在临江门石灰码头落下脚，当上搬运夫。解放前一年夏天，父亲生病"打摆子"（疟疾），实在不能出工。按行帮规定，如果"轮子"到了不去搬运，便失去一次找钱的机会；若三次不去搬运，便要被行帮开除，要打破饭碗，那押金还要被没收。母亲只好去顶起。那时母亲在大川银行一职员家当保姆，只有抽时间去挑货。晚上不能睡（要照看别人的孩子），白天又匆匆忙忙（还要给父亲熬药），还要去挑货下力，其劳累可想而知。有一次，母亲挑砖进城后返回码头，一脚踩虚，从一梯坎上栽下来，跌得头破血流，直到去世，那头上的疤痕都还在。

码头上还有不少做小生意的人、靠给别人洗衣为生的人，甚至还有不少暗娼、叫花儿、流浪汉。他们和船工纤夫搬运工一样，同样在贫困中挣扎，在生死线上搏斗。旧重庆从事洗衣的人相当多，几乎都住在临江的城门外。洪崖洞就有好几十家。笔者父母从合川乡下来到重庆，就住在洪崖洞一亲戚家里，那亲戚就是靠洗衣为生的，父母也跟着他们洗过衣。那时，洗衣相当辛苦。脏衣物收回来，先在家里洗头道，用肥皂水泡，然后揉搓刷洗，还得注意衣物是否脱色。一字摆开几个大脚盆，肥皂水热气腾腾，那碱味弥漫在陋巷里。一直忙到大半上午，然后用背篼背到河边去清洗。洗衣人的那双手一天到晚泡在肥皂水和江水中，拇指被磨得尖尖的，露出嫩肉来，一碰到就钻心地痛，但还得不停地搓啊洗啊，其滋味可想而知。

最惨的是那些无家可归者。解放前，朝天门外有一条小巷叫黑巷子，黑巷子里有一吊脚楼叫"十二楼"，那楼下有一个大粪坑，竟成为许多无家可归者的栖身之处。1948 年的冬天特别冷，一场大雪，不知冻死了多少人！那时我父母住在临江门，据他们告诉我，那一号桥（当时尚未完工）下，到处是死人，惨不忍睹。

笔者从小住在码头上，与码头上的各种各样的人都有过接触，既知晓他们身上的优点和长处，更了解他们的弱点和短处。勤劳、坚韧、顽强、善良和懒散、胆怯、短视、恶作剧交织在一起，形成一种特殊的性格特征。这种性格特征在大多数重庆人身上也可以找到，可以说他们也是重庆人的代表。

随着经济的发展，机械化程度的提高，木船运输已经从重庆人的视野中消失。从 20 世纪中期开始，重庆的码头就开始衰落。首先是临江门、东水门码头，然后是千厮门、望龙门、南纪门码头，相继荒废。虽然那江边依然停靠着各种各样的趸船，却很少有人来人往货进货出的情景了。滨江路一修，彻底改变了重庆城老码头的面貌。如今，当年的那些码头早已名不副实。随着旧城改造步伐加快，旧日码头街市的遗址也难以寻觅了。

不过，重庆毕竟有这么多通航的江河，不加以充分利用也太可惜了。况且，三峡工程修建起来后，为重庆的航运事业带来前所未有的机遇。事实上，在旧码头破败的同时，重庆已经建起了一大批先进的现代化的码头（港区），并且还将建设更多的诸如寸滩集装箱码头之类的现代化码头。目前，仅一个果园港的吞吐量，就已经是过去重庆所有码头吞吐量的几十倍！

在诸如果园港那样的码头上，你看不到人挑肩扛，你听不见下力人的号子。那才是"大吊车好气派，成吨的钢材轻轻一抓就起来"。码头上，集装箱堆积如山，龙门吊驶来驶去，绞车卷扬机传送带输进输出……现代化的码头当然也有其自身的文化，但那已经不是我们所说的码头文化了。

几百年来形成的码头文化已经浸润了一代代重庆人，已经融入重庆的文化传统中，成为重庆人的一笔财富。特别是码头文化中体现的坚忍顽强的品格，更值得我们继承和发展。今日，当我们漫步在灯火辉煌的滨江路上时，对我们的先辈创造的业绩仍然应当充满敬意，而不可妄自菲薄。

川渝统战历史文化资源保护与利用路径研究[①]

孙德魁[②]

　　2021 年 12 月，中共重庆市委、中共四川省委、重庆市人民政府、四川省人民政府印发《重庆、四川两省市贯彻落实〈成渝地区双城经济圈建设规划纲要〉联合实施方案》，其中明确将整合"统战文化"等特色文化旅游资源作为川渝两省市"共建巴蜀文化旅游走廊"的具体举措之一[③]。在百年历史激荡中，中国共产党在川渝地区留下了统一战线的独特印记和荣耀，积淀形成了丰富的统战历史文化资源。川渝统战历史文化同根同源，既饱含红色基因，又凝铸统战理念，还承载巴蜀文明，彰显川渝一家亲。新时代，以习近平同志为核心的党中央高度重视成渝地区发展，作出了推动成渝地区双城经济圈建设的重大决策部署，为在西部地区打造高质量发展重要增长极提供了根本遵循和重要指引。作为党的统一战线宝库中的璀璨瑰宝和党在川渝地区开展统战工作的重要见证，川渝统战历史文化资源在革命、建设、改革开放时期发挥了独特而重要的作用，理应在新时代为助推成渝地区双城经济圈建设发挥出"更基本、更深沉、更持久的力量"。

　　目前关于统战历史文化资源保护利用的研究越来越受到关注与重视，诸多学者结合各地实际进行了阐释和解读，涌现出一批学术成果。其中有的研究提出

[①]　原载于《统战理论与实践》2022 年第 2 期。

[②]　孙德魁，重庆社会主义学院研究室副教授，《统一战线学研究》编辑部编辑。

[③]　重庆、四川两省市印发贯彻落实《成渝地区双城经济圈建设规划纲要联合实施方案》[N].重庆日报，2021-12-31（3）.

"保护传承统战历史文化资源事关统一战线事业发展和城市文化品质的提升"，并在此基础上对加强青岛统战历史文化资源保护传承提出了对策建议①；有的研究围绕如何加强大连市统战历史文化资源利用，提出了相关对策建议②；有的研究以徐州地区统战历史文化资源为例，分析了做好统战历史文化资源保护与传承的措施③；有的研究从统战文化建设视角出发，对四川统战历史文化资源在对台工作中的价值及运用进行了阐释④；有的研究分析了重庆统战历史遗址保护、改造、利用的现实价值、现状及问题，总结了予以保护、改造、利用的三种模式及经验，提出了加强保护、改造、利用的若干对策建议⑤。然而目前对川渝统战历史文化资源保护利用的研究成果还不够丰富，特别是缺乏将川渝统战历史文化结合起来的系统研究成果。为进一步在成渝地区双城经济圈建设中彰显川渝统战历史文化资源的时代价值，笔者在对川渝 200 余处统战历史文化遗址保护与利用情况进行深入调研的基础上，客观分析当前川渝统战历史文化资源保护与利用中存在的问题与不足，提出加强川渝统战历史文化资源保护和利用的现实路径，以期充分挖掘川渝两地的统战历史文化资源，扩大川渝两地优质文化产品供给，为成渝地区双城经济圈建设增添动力与活力。

一、川渝统战历史文化资源保护与利用成效

近年来，在中共四川省委和重庆市委的高度重视下，川渝两省市统战部门高度重视统战历史文化资源，将其作为百年来党在川渝大地上建立、巩固、发展统一战线的重要历史见证，着力强化政策支持和保障，切实加以保护、管理和运

① 林希玲，王娜娜，徐雪松.青岛统战历史文化资源保护传承的对策研究 [J]. 山东省社会主义学院学报，2018（6）：75−80.

② 孙军.大连市统战历史文化资源利用对策研究 [J]. 大连干部学刊，2020（9）：42−48.

③ 刘怡然.探讨徐州统战历史文化资源保护传承措施 [J]. 中国民族博览，2020（22）：242−244.

④ 谭宏玲.关于我省对台联络工作中统战文化建设的思考 [J]. 四川省社会主义学院学报，2013（2）：42−44.

⑤ 邓义胜.重庆统战历史遗址保护改造利用问题研究 [J]. 重庆社会主义学院学报，2014（3）：47−52.

用，为传承弘扬党的统战文化提供了成功样本和鲜活经验。

一是保护利用机制逐步建立。川渝两省市统战部门牵头组织相关部门，逐步建立了文物保护单位和统战历史文化遗址整体保护利用机制，发挥统战历史文化资源在开展统一战线传统教育中的载体和阵地作用。四川省通过持续开展"四川统一战线中国特色社会主义教育基地"创建工作，陆续通过开发建设统战文化主题园区、打造统战文化特色小镇等方式加强对域内统战历史文化资源的保护利用，凸显统战历史文化价值。重庆市则依托《重庆市抗日战争遗址保护利用办法》，针对保护利用统战历史文化资源，形成了三级保护责任体系，建成以中国民主党派历史陈列馆为代表的"1+4+24"重庆统战历史文化旧址集群。特别是自 2018 年以来，重庆市委统战部推动实施打造了一条景点联线、建设一个交流基地、拍摄一套统战文化专题片、创作一部主题话剧、出版一本统战文化图鉴、制作一张统战文化地图、完成一批重点课题研究、举办一系列专题展览、开设一个统战文化讲坛等"九个一"工程，进一步完善了重庆市统战历史文化资源保护利用机制，取得了良好成效，在全国率先打响了"统战文化"品牌，为重庆文化强市建设提供了有力支撑。

二是数字化水平逐步提高。川渝两省市坚持以数字化技术赋能统战历史文化资源保护与利用，推动有着悠久历史的统战文化与当下人们喜闻乐见的数字化形式融为一体。比如，重庆市积极利用互联网技术，推动统战历史文化专题展览上线，开通中国民主党派历史陈列馆"网上陈列馆"（点击量近 1000 万人次），规划建设数字化展厅，建立完善市、区两级数据库和动态管理机制，以实现统战历史文化资源现状底数地域、领域、形态、管理四个"全覆盖"①。四川省则实施《四川数字统战建设"十四五"规划》，运用数字化、智能化手段，创新发展"数字统战"，建设"云端"服务平台，明确省、市、县三级统战部门和相关单位的职责任务，共同推进统一战线数字化转型，共建大统战"数治"体系。为此，成都市委统战部于 2021 年推出了统战历史文化资源"云导览"电子地图，首批选

① 重庆市委统战部理论学习中心组.高质量推进重庆统战文化建设　着力打造"统战文化之都"[N].重庆日报，2019-09-25（14）.

取成都 58 个特色统战点位，以"图文 + 视频 + 导航"的方式，空间化展示成都统战历史文化资源，不仅方便市民云上游学、浏览，而且创新推动了统战历史文化资源的挖掘、保护和利用，切实做到了让统战文化可观可感、可忆可念。

三是开发潜力逐步挖掘。为满足人们多元化优质化的文化消费需求，川渝统战历史文化资源开发利用步伐逐步加快，逐步实现了资源优势向经济优势的转化，为红色旅游发展奠定了基础，为促进全域旅游事业发展发挥了积极作用。以中国民主党派历史陈列馆为例，自 2011 年 3 月开馆以来，已接待统一战线和社会各界人士 530 万余人次、各类参访团和培训班 5.5 万余个。此外，四川省内的邓小平故里纪念园、朱德总司令和五世格达活佛纪念馆、张澜故居、张澜纪念馆和"刘邓潘"起义旧址等统战历史文化资源的吸引力和竞争力也在逐年攀升。2019 年 9 月，四川省首个统战文化主题园区开建，该项目投资 20 亿元，占地面积 520 余亩，预计 2022 年建成投用，届时将新增 3000 个就业岗位，能同时接待 1000 人以上的食宿，满足 500 人以上教育培训需要 [①]。

四是政策法规体系逐步健全。川渝两省市深入贯彻落实习近平总书记关于用好红色资源、赓续红色血脉的重要论述精神，将加强川渝统战历史文化资源保护利用提升到弘扬革命文化、传承红色基因的高度，推动统战历史文化资源保护利用政策法规体系的逐步完善。比如，重庆市明确将特园、国民参政会旧址、保卫中国同盟总部旧址（重庆宋庆龄旧居陈列馆）、同盟国中国战区统帅部参谋长官邸旧址（重庆史迪威博物馆）等统战文化旧址，纳入《重庆市抗日战争遗址保护利用办法》（2015 年 12 月 1 日起正式施行，系全国首部关于抗日战争遗址保护利用的地方性规章），予以统一规划、整体保护、分级管理、合理利用。四川省则围绕贯彻落实《中共四川省委关于深化文化体制改革　加快建设文化强省的决定》，大力建设统战文化，积极创新统一战线"同心"文化，制定出台《关于加强文物保护利用改革的实施意见》，将统战历史文化资源明确纳入保护利用范畴；同时批复同意乐山、都江堰、广汉、江安、巴中、雅安和西昌等地出台《历史

---

① 罗小平 . 四川省首个统战文化主题园区开建 [EB/OL]. (2019−09−08). http://www.sctyzx.gov.cn/lz/201909/54258423.html.

文化名城保护规划》，打造统战历史文化名城；就《关于加强全省民族地区历史文化名城、名镇、名村和传统村落保护利用的意见（征求意见稿）》广泛征求意见；支持成都等地制定《历史文化名镇名村和传统村落保护条例》，鼓励支持全省各地强化统战历史文化资源的保护利用。

五是文化氛围逐步形成。自重庆市明确将深入挖掘保护"统战文化"纳入"重庆市'十二五'规划"以来，重庆市委统战部牵头举行了一系列以统战文化为主题的调研、座谈、论坛、讲座，制定了《"同心·文化打造工程"实施方案》，成立了重庆统战文化研究基地，打造了全国首个统战文化主题公园——同心园，主管出版了全国首个统战学研究期刊《统一战线学研究》，为广大群众提供了多样多彩的统战文化产品。"统战文化"作为重庆特色文化之一，还被明确纳入重庆历史文化体系之中 [1]。《重庆日报》连续刊发《准确把握重庆统战文化的科学内涵和鲜明特质》《推进重庆统战文化建设　着力打造"统战文化之都"》系列文章，广泛宣传阐释重庆统战文化。2021 年，市委统战部联合《重庆日报》推出"寻访重庆统战地标"系列报道活动，不断加强重庆统战历史文化宣传，高质量推进重庆统战文化建设。在重庆市的影响和带动下，四川省也加大了对统战文化氛围的营造力度。近年来，四川江安县依托"国立剧专"统战历史文化资源，打造了"一馆一园一戏一古街"，不断增强统一战线凝聚力和感召力，进一步提升城市文化品质；中共成都市委统战部则联合人民网，选取了成都已被授牌或命名的部分爱国主义教育基地、统一战线中国特色社会主义教育基地、民主党派党史教育基地和留学报国教育基地等，策划制作"寻访成都统一战线红色印记"系列宣传片，引领广大统战成员和各界人士触摸成都统战文化脉搏。

二、川渝统战历史文化资源保护与利用存在的不足

尽管川渝两省市对统战历史文化资源的保护与利用已经取得了阶段性成果，

---

① 周勇．答"重庆文化之问"——对重庆历史文化体系的探讨 [N]．重庆日报，2018–08–10（7）．

在全国产生了一定影响，但由于各种因素的影响和制约，川渝两省市目前在推动统战历史文化资源保护利用方面还存在不少的问题，应当予以高度重视。

一是对资源内涵和外延的界定不够清晰。由于实践中缺乏对统战历史文化资源的具体认定标准，理论界对统战历史文化资源的关注和重视也不够，因此目前对于哪些是川渝统战历史文化资源、川渝统战历史文化资源包括哪些类型等问题尚无明确解答，这同时带来两方面的问题。一方面，统战工作部门对川渝统战历史文化资源家底的掌握不够精准。比如，许多具有统战标识的历史文化资源未能被纳入《重庆统战历史文化旧址集群名录》之中，特别是见证第一次国共合作的重庆莲花池国民党左派省党部旧址未被纳入其中，而作为国民党中央政治大学研究部所在地和中共中央南方局领导下的"西南学院"校址的彭家大院，虽具有鲜明统战历史文化特色，但目前仅被视为古民居予以保护利用。另一方面，广大群众容易将统战历史文化资源与抗战文化资源等混淆。比如，重庆市作为全国保存抗战遗址数量最多的城市，现有抗战遗址遗迹 395 处[①]，广大市民对其认知也比较清楚。然而由于相当一部分革命遗址，特别是抗战遗址也与党的统一战线实践相关，是党在川渝地区开展统一战线活动的珍贵记录，一些群众很容易将特园等统战历史文化属性鲜明的历史文物单纯地视为抗战文化资源或革命文化资源，而忽略其作为统战历史文化资源的重要意义。

二是资源保护利用机制不够顺畅。川渝统战历史文化资源的保护利用需要统战部门、文物管理部门、产权人三者之间的协调统一，形成合力。目前统计发现的统战历史文化资源产权归属存在显著的多元化、分散化特征。比如，中共中央南方局旧址和桂园、特园等 95 处统战历史文化旧址是国有产权，美军飞虎队司令部旧址、国民党军事委员会参议院旧址等 21 处旧址为私人所有，国民政府军事委员会政治部第三厅暨文化工作委员会旧址（郭沫若旧居）、中共中央南方局外事组旧址、何北衡旧居、孟浩然故居等 35 处旧址为企业所有，此外原全国统战部副部长薛子正避难处旧址、饶国梁纪念馆、国民党中央党部党史资料编纂委员会档案

① 让重庆 395 个抗战遗址活在当下 [J]. 红岩春秋，2020（8）：4.

库等 25 处旧址为集体所有，甚至还有 12 处产权不明或无产权的统战历史文化旧址，这都对统战部门开展相关资源的摸排普查、评估定级及基本保护工作造成困难。此外，由于多头归属，资金投入、人员保障也受到掣肘，不少统战历史文化资源没有固定经费投入和人员保障，难以全面推动修缮保护和日常维护及规范化运转。这其中反映出的是各级统战部门与文物管理部门工作协调机制的缺乏。

三是资源集聚效应还不够显著。这主要是由于目前川渝统战历史文化资源的开发利用水平尚不均衡，企业等社会力量在统战历史文化资源开发利用中的参与度不足，深度开发利用比较滞后，资源开发利用率不高。比如，目前在川渝众多的统战文化场馆之中，仅有中国民主党派历史陈列馆等少数场馆编制了扩容升级项目开发规划，但开发进度比较缓慢；四川省首个统战文化主题园区——"百年护国城·华商同心文化园"自开工建设以来也因疫情影响进度放缓；重庆市 180 多处统战历史文化旧址仅开放 84 处，整体利用率不高，而且展陈单一，存在"一馆管十年"的现象。此外，川渝两省市至今尚未出台具体针对统战历史文化资源保护与开发利用的整体规划，统战历史文化资源与全域旅游的结合还不够紧密，相关旅游线路的链条不够长，制约了统一战线特色文化资源优势的发挥。加上川渝统战历史文化资源的分布相对分散，距离和交通等因素也在一定程度上制约了资源集聚效应的充分发挥。

四是资源知名度影响力不够广泛。这突出表现在川渝统战历史文化资源的知名度和影响力仍主要局限于统战系统内部和党政干部群体之中，且在川渝众多的统战文化场馆中，除邓小平故里、中共中央南方局办公旧址和中国民主党派历史陈列馆等以外，年接待量近百万的并不多。导致这一现象的原因主要是由于以往对统战的宣传力度不够，缺乏对统战历史文化资源的集中宣传和展示。特别是由于文物管理部门和影视制作单位、文艺创作者缺乏对统一战线和统战工作、统战历史文化的了解和认知，因此系统全面地反映川渝统战历史文化的文艺、影视作品不多，影响了其在市民生活中的"可见度"。

五是资源辐射作用发挥不够充分。对于川渝统战历史文化资源保护利用，川渝两省市尚缺乏区域联动、协同发展机制，各职能部门的支持、配合、协作不够，缺乏统一的统筹、议事、协调机构和平台，致使川渝两省市众多统战历史文化资源未能充分发挥互补和辐射带动作用。比如，重庆的周公馆、特园和四川自贡的吴玉章故居、成都的"刘邓潘"起义旧址、南充的张澜故居和张澜纪念馆之间，四川凉山州"彝海结盟"遗址和重庆刘伯承故居之间的历史关联性十分密切，完全具备串联成线、发挥带动的优势和条件，但是至今缺少整体规划，未能以点带线、连线成片。目前，以中国民主党派历史陈列馆为代表的统战历史文化场馆及其他资源的辐射力是具备的，但是囿于区域规划、空间布局等因素，其辐射区域还很有限，仍需进一步开发。

三、加强川渝统战历史文化资源保护与利用的现实路径

进一步加强川渝统战历史文化资源保护利用，需要创造性地整合川渝统战历史文化资源，构建川渝统战历史文化协同发展的新格局。

（一）明晰统战历史文化资源的内涵外延，厘清其与相关历史文化资源的边界

应发挥川渝统战智库联盟优势，组织川渝两省市的专家、学者围绕川渝统战历史文化资源概念的界定开展深入调查和研究，携手对其做出准确概括、精准分类，界定清楚其内涵、外延。特别是要明确统战历史文化资源的界定标准，厘清其与抗战文化资源、革命文化资源的边界，让一般公众都能知晓统战文化与抗战文化、红色文化、革命文化的区别与联系。为此，应加大对国民革命联合战线时期、工农民主统一战线时期和人民民主统一战线时期统战历史文化资源的挖掘力度，引导公众了解统战与抗战的不同之处。还可以面向社会广泛征集与川渝统一战线有关的文献、实物和图片等史料。这样不仅可以加深普通民众对统战历史文化资源的认知，而且能够凝聚川渝人民力量，保护利用好川渝统战历史文化资源。此外，还应协调历史文物主管部门，在文物保护类别中设置"统战文化资源"类项目，明确不同等级统战文化资源保护标准，更有针对性地对川渝统战历史文化资源实施保护和利用。

（二）深耕细作"统战文化共建行动"，完善川渝统战历史文化资源整合工作的保障机制

将整合川渝统战历史文化资源作为川渝统一战线"统战文化共建行动"的重要抓手之一，以川渝省市党委统战部协同参与成渝地区双城经济圈建设工作机制为统领，在川渝统一战线联席会议统筹协调下，组织协调相关部门、团体或研究机构，深耕细作"统战文化共建行动"，共同发挥川渝统战历史文化资源集聚的优势，助推成渝地区双城经济圈建设走深走实。同时，应当建立健全川渝统战历史文化资源资金保障机制，设立专项资金并推动建立文物保护经费据实结算机制，统筹推进统战历史文化资源保护修复和合理适度利用。此外，应遵循把社会效益放在首位，实现社会效益和经济效益相统一，在尊重市场规律和处理好政府与市场关系的基础上，采取政策扶持、牵线搭桥的办法，鼓励、支持、引导、帮助川渝两省市的优秀民营文化企业等社会力量参与川渝统战历史文化资源整合工作，进一步盘活统战历史文物修复、遗址保护资金。

（三）加强川渝统战历史文化资源的普查工作，联合发布《川渝统战历史文化资源名录》

川渝两省市统战工作部门要牵头组织相关单位，共同做好对成渝地区双城经济圈内统战名人故居和统一战线重要旧址、遗址、纪念设施等历史文化资源的普查工作，全面摸清川渝地区统战历史文化资源的底数，共同编制、发布《川渝统战历史文化资源名录》，为人民提供更加优质、丰富的精神食粮。要加快挖掘、整理、研究和开发川渝统战标志性历史文化资源，对濒危珍贵统战历史文化资源要制定翔实可行的抢救性保护和修复方案。同时要结合人民品质化、个性化、多样化的文化需求，有序开放一批具有川渝统战辨识度的重要文物藏品和遗址遗迹，方便群众参观体验，让川渝统战历史文化资源活在当下、服务当代。

（四）深挖川渝统战历史文化资源的价值，打造川渝统战文化IP

IP在广义上是指那些被广大受众所熟知的、可开发潜力巨大的文学和艺术作品。毛泽东等老一辈无产阶级革命家与张澜等民主党派领导人和爱国民主人士在巴蜀大地留下了许多可歌可泣的统战光辉事迹，川渝统战历史文化资源的IP

价值优势显著、储备可观、开发前景广阔。川渝两省市统战工作部门要鼓励引导广大文艺工作者，开发一系列彰显重庆统一战线文化主题的、群众喜闻乐见的影视产品和文化宣传品，综合发挥电视、网络等现代媒体在川渝统战历史文化宣传的主渠道作用①，宣传好、展示好川渝统战历史文化，提升人们的传承和保护意识。比如，应坚持经济效益和社会效益并重，鼓励引导优秀文化企业深挖川渝统战历史文化资源 IP 的市场潜力，推动川渝统战历史文化资源与文创、影视、文学等产业融合，促进其在线上线下出版、影视、音乐等领域的多态呈现。

（五）发挥川渝统战历史文化资源集聚效应，强化川渝统战历史文化资源辐射带动作用

应充分重视川渝统战历史文化资源集聚功能，以统战历史文化资源富集程度和开发潜力、经济发达程度、交通便捷程度为主要标准，在川渝地区布局有优势的文化旅游产业。在顶层规划设计中要遵循"精准施策、有序开发、错落有致、优化格局"的原则，注重发挥成都和重庆统战历史文化资源富集地的龙头带动作用和辐射力。要以统一战线在川渝地区发展的历史进程为主线，以中国民主党派历史陈列馆为龙头，以川渝地区统一战线（传统）教育基地为主体，将分散在川渝各地的统一战线遗址和纪念设施串联起来。应借助全域旅游大发展的契机，实施"川渝统战＋全域旅游"工程，推动川渝统战历史文化旅游市场的开发，完善川渝统战历史文化景点建设，通过大数据基础平台形成"川渝统战历史文化资源云地图"，打造川渝统战文化旅游品牌。要把具有鲜明统战标识的川渝景点全部纳入全域旅游范畴，打造贯通川渝的统战历史文化精品旅游线路，将其打造成为"巴蜀文化旅游走廊"核心文化地标和探索统战历史文化保护利用、研究展示、协同发展的新范本。

---

① 市委党校第六期宣干班文化单位课题组.整合闽台历史文化资源 [N].厦门日报，2008—09—17（20）.

文旅融合背景下巴渝非物质文化遗产保护与传承[①]

——以重庆为例

刘晓锐[②]

《山海经》记载："西南有巴国，太皞生咸鸟，咸鸟生乘厘，乘厘生后照，后照始为巴人。"可见巴人作为族属可追溯至远古。夏商时期，"巴"作为地域、部族和古国名称见诸文献，巴文化起源于鄂西地区[③]。历史学界将"巴文化"定义为在巴国疆域和领土上由巴人创造的具有自身特征的区域文化，它是巴民族物质和精神财富的总和，与蜀文化、楚文化等共同组成中华民族灿烂的古代文明。巴文化横跨川、渝、湘、鄂、黔、陕等地区，拥有完整且独具特色的文化发展体系与传承脉络，根据三峡考古研究成果充分证明了巴人在巴渝地域所进行的伟大创造，证实重庆地区曾是巴人先民的活动中心，亦是现今巴人文化的重要承载地。巴文化是巴渝文化之根，它必然影响巴渝文化的发展，决定巴渝非物质文化遗产所传承的文化主旨和内涵[④]。

当前，文旅融合顺应时代发展潮流，重庆文旅形象历来主打山城名片、火锅文化、革命圣地。近年来，在旅游开发方面强调"网红模式"，一定程度上为重庆文旅发展带来大量客源，但对于巴渝文旅品牌缺乏系统规划，青年群体很少

———————

① 原载于《四川省干部函授学院（四川文化产业职业学院）学报》2022年第3期。

② 刘晓锐，乐山职业技术学院马克思主义学院助教。

③ 杨华. 从鄂西考古发现谈巴文化的起源 [J]. 考古与文物，1995（1）.

④ 曾超. 巴渝古镇非物质文化遗产形态及其影响因素 [J]. 重庆社会科学，2009（4）.

因为巴渝文化这张名片而选择前往重庆。与之相较，四川达州提出打造"巴国故里"巴文化中心，而湖北地区则以"巴楚文化"为鲜明特色，作为长江上游的重庆在巴渝文化挖掘与提炼方面明显薄弱，同四川"蜀文化"相比更是稍逊一筹。因此，将巴渝非物质文化遗产与旅游利用相结合可丰富重庆文旅体验，多元化重庆文旅形象，同时能为巴渝非遗保护与知名度提高注入内生动力。

一、巴渝非物质文化遗产概述

巴文化赖以产生和发展的自然基础属于西南山地区系，其文化类型也必然属于山地文化，这是巴文化的一个显著特点①。重庆作为巴文化重要承载地，形成了具有地方山城特色的传统巴渝文化，留存大量巴渝非物质文化遗产。按照非物质文化遗产十大类别，可将巴渝非物质文化遗产分为以下几类。

传统表演艺术类：包括号子、山歌、巴渝战舞，如祭祀神灵的傩舞、八宝铜铃舞、猪草铁鼓、巫音等；还有巴人祭祀先祖的土家族撒叶儿嗬、酉阳古歌等；土家族作为现代巴人后裔，摆手舞与土家风俗更是巴渝表演艺术类非遗代表。

图腾崇拜类：其中最有名气的当属"血祭白虎"。《后汉书·巴郡南郡蛮使》记载："廪君死，魂魄世为白虎。""巴人尚虎"精神信仰起源于廪君死后，其魂魄化为白虎的传说。古时候，社会生产力极为低下，加上战争和自然灾害频发，人们需要找到精神上的保护神，于是凶猛嗜血的"百兽之王"就成为巴人的文化图腾。巴族还是一个多动物崇拜的民族，史籍和考古发现证明，巴人曾有崇"蛇"、崇"鱼"、崇"虎"、崇"鸟"②及崇"龟"等习俗③。

传统民俗类：包括有自然崇拜形成的如"山神庙"或"山王庙"民间习俗；祈祷五谷丰登，风调雨顺，由请水、护水、俸水、还水四部分组成的万盛区"黑山水龙民俗文化"；此外，巴族先民以盐互市、互通有无，重庆市石柱土家族自

① 周兴茂. 巴人、巴国与巴文化 [J]. 徐州师范大学学报（哲学社会科学版），2007（4）.

② 杨华，丁建华. 巴族崇"鸟"的历史因由 [J]. 重庆社会科学，2009（1）.

③ 王富秋，黄美云. 巴人非物质文化遗产的保护价值分析 [J]. 怀化学院学报，2018（4）.

治县至今仍保留着巴人盐运民俗。

传统体育类：巴人尚武，骁勇善战，以巴渝武术最具代表性。

传统手工技艺类：巴族先民在生产实践活动中掌握了高超的冶炼技术，主要包括柳叶形剑、圆刃钺、直筒有系环的矛和多种形式的戈，均有一定特色。土家族织锦工艺（西兰卡普），巴族酿酒，制茶，陶器漆器，食盐加工等制作技术，都是对巴人手工技艺的传承。

民间文学类：巴人民间文学内容丰富，包括先祖传说神话故事、英雄传说及日常生活中的劳动故事、爱情故事，如历史上南来北往的客商汇聚重庆，交流旅途见闻，口耳相传，形成蕴含丰富历史文化价值的国家级非物质文化遗产走马镇民间故事。这些类型多元，传承久远，深刻烙印巴渝文化特色的非物质文化遗产，不仅是巴渝文化历史传承的见证，更记载这个辉煌民族的光辉过去。

二、巴渝非物质文化遗产保护与传承现状分析

重庆市先后出台《重庆市非物质文化遗产条例》《重庆市人民政府办公厅关于加强我市非物质文化遗产保护工作的实施意见》等条例保护传统非遗，通过建立相关名录排查全市非遗资源，先后公布 6 批 707 项市级非物质文化遗产名录及区、县级非物质文化遗产 4100 多项。但由于非遗数量过于庞大，加之重庆非遗地域分布不均带来的保护差异，非遗保护与传承现状仍不容乐观。

（一）旅游利用商业化，冲击非遗原真性

土家族吊脚楼制作技艺被现代钢筋水泥所代替。哭嫁习俗本是土家族女儿出嫁需要遵循的婚俗习惯，现已成为旅游景区吸引游客，过度商业包装而异化为每日登台的表演，传统非遗原始意趣遭到严重破坏[①]。各大旅游景区售卖的部分非遗文创产品粗制滥造，大同小异，且由于缺乏商标保护意识，仿制低廉的纪念品充斥市场。以重庆磁器口古镇为例，售卖的一些含非遗元素的旅游纪念品缺乏吸

---

① 车冠琼.巴文化生态保护区的构建与管理研究[D].南京大学硕士学位论文，2014.

引力，且多为机器流水线制作，非遗文化内涵挖掘不足。在过于追求利益的商业化打造下，游客难以感受传统非遗魅力，一定程度上损害了非遗原真性。

（二）非遗传承老龄化，后备力量不断减少

巴渝手工技艺制作精细，耗时费力，年轻人难以精心学习。土家族吊脚楼营造技艺，市级传承人 3 位，平均年龄已年过 50 岁，民间传承力量仅为 20 人左右，且多为年长者，该项技艺面临失传风险[①]。近年来，重庆市辞世的非物质文化遗产国家级传承人已达 6 人，健在者平均年龄高达 72 岁，400 余名市级代表性传承人平均年龄达 66 岁[②]，可见巴渝非遗保护与传承刻不容缓。国家大力弘扬优秀传统文化，提倡文化与旅游产业相结合，将助力贫困山区实现振兴发展，这对巴渝非遗传承与发展具有重要意义。

（三）非遗宣传薄弱化，地方保护力度不足

土家语在重庆难觅踪迹；酉阳古歌、巴渠童谣等文学作品鲜为人知；盐运、社火等民俗活动不再兴盛；川北山歌、川江号子、巴象鼓舞、南部傩戏等传统歌舞戏剧无人问津，大量的传统祭祀歌舞表演被现代快节奏的多媒体演出所替代，在现代化冲击下，部分巴渝非遗还没来得及发现就已消逝于历史文化长河中。

三、巴渝非物质文化遗产旅游利用价值分析

非物质文化遗产反映一个地区文化传统和发展变迁。巴渝非物质文化遗产作为优秀传统文化，历经岁月洗礼，享受独特资源禀赋，保护和利用巴渝非遗不仅利于地方文化软实力提高，同时能为地方文旅产业发展贡献非遗力量，巴渝非遗旅游利用价值主要可归纳为如下几点。

---

① 王竞一. 生产性保护模式下传统工艺类非物质文化遗产创业之路研究——以重庆土家族吊脚楼营造技艺为例 [J]. 重庆文理学院学报（社会科学版），2018（5）.

② 黄军. 国家级非遗传承人老龄化严重一半以上超 70 岁 [EB/OB]. 环球网，https://society.huanqiu.com/article/9CaKrnJOWD5. 2015−08−28.

（一）历史价值

历史价值是非物质文化遗产核心价值，是帮助人类认识自身历史过程中所体现出来的独特价值[①]。非物质文化遗产作为口传心授的历史，一定程度上能弥补文献材料研究不足，成为了解地区民风民俗、礼仪信仰的重要方式。游客前往不同区域，往往更渴望了解地方历史文化发展以感受不同文化氛围，因此历史价值成为重要旅游吸引元素。例如，作为巴渝传统舞蹈代表，土家族摆手舞已有千年历史，是在长期生活中创造出的民族艺术文化，与远古传说、图腾文化密不可分，而这些内容往往少见于文献记载，因此成为游客了解土家族历史文化的活化石，游客希望能参与其中，通过感受摆手舞欢快氛围以获得美好旅游体验，深入了解巴渝非遗背后的历史价值。

（二）艺术审美价值

相较物质文化遗产，非物质文化遗产的审美对象是活动过程，人类通过对活动过程的整体（包括其中的人与物）的把握来体验其中的美，审美者参与美的创造活动。重庆蜀绣独具山城特色，以花卉、风景、人物等为创造素材，针法体系严密；同时，以重庆蜀绣为主打造的文创产品具有较高艺术审美价值；此外，荣昌夏布服装、折扇等均为全国闻名的旅游产品。

（三）经济价值

非物质文化遗产应该坚持保护为主，抢救第一，合理利用，传承发展，通过将非遗文化资源转化为生产力从而带来经济效益，以促进非物质文化遗产获得持久、积极的保护。例如，拥有梁山灯戏、梁平木版年画、梁平癞子锣鼓、梁平竹帘、梁平抬儿调5项国家级非遗的重庆梁平区早在2018年就开展非遗展演300余场，直接参演非遗传承人及当地农民达500人，融入非遗元素的旅游产品销售收入达7000余万元。2019年全年接待海内外游客510万人次，实现旅游总收入25亿元，同比分别增长39.72%、89.39%[②]。发掘巴渝非遗经济价值，将助推文旅

---

① 苑利，顾军.非物质文化遗产学[M].北京：高等教育出版社，2009：38.

② 杨贤毅.重庆梁平：非遗进景区游客"慢"下来[EB/OB].上饶新闻网，http://www.srxww.com/html/article/mainland/2019_1142845.html.2019-02-22.

产业不断发展。

（四）文化价值

非物质文化遗产在帮助人们认识民族文化时所呈现出来的独有价值，可通过知识、技术与技艺，如衣食住行、婚丧嫁娶、农耕生产等民间知识与经验累积体现出来①。非物质文化遗产根植地方土壤，自然形成浓厚的区域文化印记。例如，川剧艺术由于地方区域文化特色不同造就川剧表演剧目及表现方式上的些许不同，主要可分为四大流派，因此由重庆、成都两地共同申报国家级非物质文化遗产。独特的表现形式形成巴渝非遗地域文化独特性，同样成为吸引游客感受地方特色的重要因素。

四、文旅融合背景下巴渝非遗保护与传承对策分析

2018 年重庆市文化产业增加值达 632 亿元，国内外旅游收入合计达 4344.15 亿元，累计同比增长 31.32%。重庆市委、市政府高度重视文旅发展，先后出台《关于加快全域旅游发展的意见》《关于推动文化产业高质量发展的意见》等政策，为重庆文化和旅游融合发展奠定坚实基础②。2019 年，"巴渝文脉新撰——重庆非物质文化遗产当代跨界艺术展"在四川美术学院举行，该展览创新艺术形式，通过知名艺术家运用传统巴渝手工技艺创造当代艺术作品，让传统非遗获得新生，受到一致好评。

文旅融合背景下，重庆应力争深挖巴渝文化精髓，凝练巴渝符号，更好地传承、利用重庆巴渝文化，应多维度互动分析确定巴渝文化基因，打造精品巴渝文化景观，提升区域旅游竞争力。对散落的巴渝文化景观构建合理的旅游通道及对出现断点部分区域以文化基因为单体样本通过技术手段合理"延伸"和"克隆"，进而形成文化形态完整的文化生态景观，建设文化旅游示范区，优化巴渝文化传

---

① 苑利，顾军.非物质文化遗产学 [M].北京：高等教育出版社，2009：38.

② 刘绍文.关于重庆市文化与旅游产业融合发展的思考 [J].重庆行政，2019（3）.

承载体以及提升区域旅游竞争力①。此外，非遗利用应坚持原真性与整体性开发原则，避免过度开发导致传统巴渝文化原始内涵被商业化打造所磨灭，从而加速巴渝非物质文化遗产消亡。鉴于此，主要应采取如下对策。

（一）融入研学旅行，打造巴渝文旅环线

对接研学旅行，策划主题线路。传统研学旅行开展往往陷入游而未学的尴尬境地，研学内容与主题枯燥单一，不能充分调动参与者积极性，研学旅行与非遗结合能真正让学生融入课堂，寓教于乐，感知传统文化魅力。四川省成都市郫都区以"蜀绣之乡"为切入点，传承蜀绣非遗文化，在辖区三道堰街道青杠树村打造集蜀绣精品展示、技艺培训、桑蚕丝绸文化、科普教育、休闲观光旅游项目为一体的体验式主题文旅综合体，并挂牌成立研学旅行基地，拍摄制作以蜀绣为主题，面向公众研学团队的首部非遗文化传承双语教程，排演非遗文化传承实景剧，吸引大量研学团队前往沉浸式体验蜀绣魅力。因此，重庆可根据巴渝非遗特色，设计"寻觅巴国"主题旅游线路，打造"巴文化手工技艺之旅"研学旅行路线，将重庆市内各巴文化景点串联起来，在过去与现在的转换中形成一条完整的巴文化旅游走廊，并配套相应研学手册，让各中小学校、高校团体能够通过研学路线将课本知识与实地调查相结合，成为校内课程的校外实践，一方面有助于学生了解巴渝文化发展脉络，另一方面又能保护与传承巴渝非物质文化遗产。

（二）推出旅游演艺，实景再现巴渝非遗风采

中国大型实景演出都是以当地的文化、民俗为主要表现内容，而当地的文化、民俗往往是当地最重要的非物质文化遗产②。将非物质文化遗产与实景演出相结合在各地均有开展，如《圣象峨眉》演出采用音舞诗画艺术形式，将峨眉山水与川剧变脸、峨眉武术、大木偶戏等传统非遗相结合，再现非遗活态本真，成为外地游客前往四川峨眉必看晚会。据统计，《圣象峨眉》《功夫峨眉》旅游演艺

---

① 卢双鹏."旅游+"视阈下巴文化活化研究[J].合作经济与科技，2018（24）.

② 黄环.论中国大型实景演出的发展对中国非物质文化遗产的活化利用[J].艺术评鉴，2019（16）.

项目每年吸引游客 40 多万人次，直接为峨眉山景区创收上亿元①，不仅为传统非遗提供展示平台，同时能促进地方文旅发展，该模式值得借鉴。在四川达州，央视著名导演哈文倾力打造《梦回巴国》实景演出项目，一经推出便屡获赞许。整个剧目分为《寻找巴国》《探秘巴国》《凝望巴国》《梦回巴国》四个版块七幕剧情，以宏大叙事、细腻手法将巴人文化徐徐道来。《风俗通》记载，賨人锐气喜舞，高祖乐其猛锐，后令乐府习之，因名"巴渝舞"。巴人千年历史中有着许多神话故事，而这正是展演舞台中独一无二的素材。目前，重庆还没有能完整反映巴文化的演艺项目。因此，重庆可在深挖巴渝文化资源前提下，打造"巴渝千古情""巴渝赞歌"或者"印象巴渝"等文旅演艺，结合本地特色融入以土家族摆手舞为代表的巴渝非遗，将巴人在重庆扎根开拓、繁衍生息及如何延续至今的故事娓娓道来，定将成为重庆旅游文化新名片。

（三）创建主题公园，塑造巴渝文旅地标

建立"巴渝文化公园"，以各类巴文化为主题，有机融合其他相关系列配套项目，通过人工方式聚合巴族风情、民间艺术或民族建筑于一园，力争从不同角度展示巴族文化，创建民俗风情类、缩微景观类、动物景观类、主题游乐园等个性化、多样化的主题公园②。例如，贵州丹寨万达小镇借力丹寨丰富的非遗资源，打造集旅游、消费、非遗体验、住宿为一体的主题小镇，定期举办"非遗活动周"宣传展示民族非遗技艺，充分展示主题公园文化还原与文化展示功能③。目前重庆市九龙坡区打造了"巴国城公园"，但该项目商业行为过多，巴文化要素挖掘不够，以致模糊文化符号与文旅体验，最终沦为地产项目配套设施。因此，建设真正具有巴文化特色的主题公园需要经过前期细致的文化梳理，在主题园区内力求将相关元素融入巴人文化符号，强化标识记忆，园区内可配套修建巴

① 余如波.代表委员展开热议：让旅游演艺成为"另一道风景线"[EB/OB].新华网，http://m.xinhuanet.com/sc/2019−01/18/c_1124006788.htm.2019−01−18.

② 陈波，曾毓隽.主题公园景观设计的主题体现与文脉的结合——以阳逻长江大桥北岸桥头公园景观设计为例 [J]. 四川建筑，2012（2）.

③ 张洁.流动的博物馆：旅游民俗表演与文化景观的再生产——以贵州丹寨万达小镇"非遗"展演活动为例 [J]. 北方民族大学学报，2022（2）.

文化主题街区，以特色街区形式整合多种非物质文化遗产，将散落各地的非遗集合于一街，便于彼此交流，方便外地游客在较短时间全方位感受巴渝非遗魅力。如巴人传统祭祀表演与宗教活动展示，传统歌舞"女儿会""薅草锣鼓""龙船调""纤夫""摆手舞"，巴文化服饰、刺绣、巴文化手工技艺体验等一系列非遗项目等融入其中，为巴渝非物质文化遗产现场展演提供平台。

（四）构建巴渝非遗博物馆群，创新文创产品

保护传承传统文化及非物质文化遗产最有效的手段之一是博物馆模式。重庆作为巴文化重要承载地，目前只在九龙坡区巴国城中心设立了国内唯一专门展示巴人、巴国、巴文化的中型博物馆。但该馆从开馆以来，参观人数不多，商业化气息较为严重，且相关展示多为静态展陈，不利于巴人传统非遗项目活态展示。重庆可选址建立巴渝文化博物馆，以国家一级博物馆目标进行打造，采用中国三峡博物馆总分馆制度，统筹管理，在酉阳、石柱等地成立巴渝博物馆分馆，将当地濒临灭绝的巴人非物质文化遗产搜集整理于博物馆中保存，既能发挥主城优势，又能带动区县博物馆发展，从而打造巴渝文化博物馆群落，全面展示巴文化在重庆地区发展的历史脉络。打造精品陈列，将原有展陈提质增效，积极开展博物馆社教活动，在静态展示之外运用多种新媒体技术，活化传承，强化体验与互动感。巴渝博物馆可根据自己的特色与重庆中小学课程相结合打造巴渝文化博物馆课程，不仅能够让中小学生了解市情、乡情，了解本土优秀传统文化，也能够让巴人不屈不挠、积极向上的民族精神融入青年一代心中，强化巴人后裔情怀。

同时，相关的旅游商店也可有意识地以巴文化为宣传点，从非遗文化中汲取优秀文化养分，针对非遗中传统图像图案、色彩设色、外观造型进行提取[①]。如以巴族图腾崇拜设计文创产品，以土家吊脚楼为样板设计积木玩具，以巴国武器作为形象元素。通过文创产品让巴渝文化有更好的易于携带的物质载体，从而让重庆巴渝文化形象吸引更多人慕名而来，提升其了解巴人巴国巴渝文化的兴趣。

---

① 王晶，李孟悦，魏亦然.非遗视野下的十堰旅游文创产品设计策略研究[J].传播力研究，2018（28）.

（五）举办节庆展演，提供非遗展示平台

巴人尚武源远流长，巴渝舞作为巴渝武术的萌芽，一直保留到隋唐，是巴人对抗恶劣自然条件和外来入侵的真实写照。从考古出土发现的战国秦汉时期的巴人青铜兵器等可以看出巴渝武术在秦汉、魏晋南北朝时期已经开展。巴渝武术作为巴人骁勇善战的代表性非物质文化遗产，在近年来发展陷入困境。由于巴渝武术流派众多且各自为政，彼此交流较少，在整个西南片区知名度较低，并且现今面临传承困境。渝北区巴渝武术传承人年事已高，且后辈弟子平均年龄五六十岁。同样为川渝地区武术流派代表之一，四川省乐山市政府将峨眉武术与旅游相结合，通过节事展演方式助推峨眉武术提高知名度。峨眉国际武术节至今已举办八届，成为中国武术文化交流的重要场所，对于当地旅游业发展及峨眉武术保护传承起到重要作用。因此，重庆可以巴渝文化为主题，打造巴渝武术节为代表的体育赛事，吸引各地武术流派交流切磋，配合赛事融入各类巴文化主题、巴渝文化展演、巴族非遗体验，且将承办地围绕巴渝文化氛围浓郁的酉阳、石柱等区县轮流举办，不仅能打响巴渝武术品牌，成为全新文旅盛会，同时能带动经济欠发达区旅游发展，更好传承巴渝文化信仰与习俗。

（六）加强文化交流，提升旅游从业人员素质

加强与高等院校合作，力求在已有理论知识基础上进一步加强巴渝文化专题研究。例如，四川文理学院成立了巴文化研究中心。在重庆，重庆师范大学拥有一批研究巴渝文化的名师，可以加强与之合作，成立重庆巴文化研究中心，整合相关科研力量，推动巴渝文化理论研究创新。同时，专业科研团队的引入可用于加强旅游从业人员培训，通过开展巴文化相关论坛与讲座，有意识地融入巴文化知识与巴人神话传说来撰写导游词，丰富导游解说形式，优化讲解内容，通过语言的陈述，让游客直观感受非遗魅力，能够更好了解重庆巴渝文化的故事。

另外，除开展传统非遗进校园等常规活动外，非遗传承可加强与职业院校合作，通过邀请传承人担任校外导师，在校开办工作室，培养相关专业技能人才。在重庆高校体育课程设计中，有意识地开设巴渝武术选修课程，通过这种方式，增强新生一代对传统文化的了解，同时为面临传承困境的巴渝非遗培养后辈人才。

在历史发展脉络中，没有一种文化是孤立存在的，均是在多元融合中传承交流，最终汇聚成光辉灿烂的中华文化，巴文化亦是如此。从其发展脉络中可以了解到巴文化与蜀文化、楚文化相互借鉴与交流，融合各种优势文化在保持本色基础上不断壮大，发展至今。当前，成渝两地相向发展，地方政府先后成立巴蜀文化旅游推广联盟，系列举措将促进巴渝文化保护与传承。借时代机遇，巴渝非遗应主动"走出去"，加强交流与沟通，力求形成发展合力，深化与四川地区合作，通过借鉴蜀文化优秀案例指导发展，或者合力重塑"巴蜀文化"金字招牌，依托川渝文旅走廊建设之际，通过合作办展、合力宣传、主题论坛、共保共建、串联文旅路线等方式提升巴文化知名度与巴渝非遗表现形式。

五、结语

文旅融合背景下，旅游发展更依托于文化繁荣。重庆作为巴文化重要传承地，巴人文化风俗早已融入重庆血脉，塑造了重庆这座城市的灵魂。巴渝非物质文化遗产是一笔宝贵财富，面对经济高速发展及外来强势文化冲击，将非遗与旅游利用相结合，能为巴渝非遗保护与传承注入内生活力，以非遗力量助推文旅融合与产业发展。2022 年，巴蜀文化旅游走廊建设规划正式印发，规划以重庆主城与成都为核心，通过顶层设计加强统筹规划，将助推成渝双城经济区建设，助力实现乡村振兴，为打造国际知名文旅品牌贡献非遗力量。

川渝地区的食辣文化[①]

王　元[②]

一、食辣成为一种文化现象

（一）"辣"成为川菜的一个特色

中国的八大菜系各有特色，而川菜凭借"辣"的特点在公众视野中频频亮相，热度不减。早在清末民初之时，巴蜀地区喜爱辣椒的饮食文化已为全国知晓，形成了稳定的食辣习俗。而麻辣重油厚味的重庆火锅，更是固化了大众对于巴蜀地区食辣文化的认知。火锅成为川渝饮食的典型代表，"辣"也便成为川菜的一个特色。

（二）巨型城市无辣不欢

在欧美社会的现代化进程中，甜味饮食逐渐成为消费结构的主角；但在中国的现代化发展过程中，却是辣味文化不断攀升，高歌猛进。中国的餐饮行业中，火锅是最大、也是最受欢迎的细分品类。据统计，在2020年全国城市火锅店拥有数的前十位中，渝、蓉及北、上、广、深全部入围；北京紧随重庆、成都之后，位列全国第三。根据"淘宝"发布数据，线上购买辣味最多的地区还不是川渝，反而是上海、北京等超大、特大城市。走出川渝，越来越多城市也成为食辣文化的拥趸。

---

① 原载于《文史杂志》2022年第1期。

② 王元，中国传媒大学。

二、食辣文化形成原因

（一）自然环境

四川盆地地理位置独特，山脉和河流将其与周围隔绝。冬季缺少日照，湿润寒冷；夏季多雨多云，湿润炎热。在湿冷湿热的环境中，人体内部积攒了大量的湿气，仅靠葱、姜、蒜等温和的调味品难以祛除，所以很早之前花椒和茱萸等重口味调料就被运用在川菜中。

晋代的《华阳国志》曾记载蜀地人民"尚滋味，好辛香"。辣椒这一味强烈的香辛料，在传入后也理所当然地被巴蜀人民广泛使用。同时在农业技术不发达的时代，自然环境成为影响农作物成长的关键要素。巴蜀地区特有的温暖湿润环境，为辣椒的生长和栽培提供了绝佳的条件。而且与花椒、茱萸相比，辣椒还富含营养元素，能够有效地缓解日照不足带来的抑郁情绪。

（二）社会环境

1. 经济落后

（1）食盐不足的替代。明清时期官府通过盐引制度管控食盐的交易。"天下之赋，盐利居半。"由于探测和开采难度大、运输成本高，西南地区的盐价一直居高不下。落后的经济因素使得大部分人吃不起盐。在辣椒传入之前，人们通过硝酸盐来维持人体内的渗透压与酸碱平衡，常以草木灰滤水代盐或食用腌酸食物。

而辣椒中的辣椒素能够给脑部区域带来和盐一样的刺激，让大脑产生已经食用过盐的错误信息，降低人们对盐的需求。康熙六十年（1721）的《思州府志》记载："海椒，俗名辣火，土苗用以代盐。"此后人们开始将辣椒作为食盐的替代品，辣味菜肴在西南各地逐渐流行开来。

（2）主食短缺的补充。人们为了维持生计，就要开垦更多的土地；为了开垦土地，就要生养更多的劳动力，最终形成了农业内卷：激增的人力被投入有限的农田中，农民不得不以破坏生态和植被为代价，大量种植高产的主食如玉米、番

朱宣咸作品:《辣椒图》

薯等杂粮，但摄入的营养远远不够。在经济落后的社会背景下，巴蜀人民没有多余的钱购买其他有营养的主食，辣椒中富含的维生素就是对膳食营养极有益的补充和平衡。辣椒本身含水量较少，不易发霉腐烂；强烈的抑菌杀菌作用还能帮助加工、储藏食物，延长保存期。因此在主食短缺的压力下，物美价廉的辣椒便成了补充品。

2. 文化包容

辣椒在明代后期最早传入沿海地区，但由于当时沿海地区农业发展更为成熟，食材品种比较固定，所以辣椒一开始只是作为观赏性植物存在。大约在 18 世纪至 19 世纪期间，当辣椒传到西南山地后，由于零散杂居的少数民族的族群文化不成系统，稳定性弱，包容性强，故而对外来作物更容易接受。贵州、湖南的苗族首先将辣椒搬上餐桌，随后巴蜀地区开始广泛食用。

3. 移民浪潮

（1）清前期，由于多次战乱影响，明清易代之际巴蜀人口锐减，出现了"巴蜀中古文化小断层"。为了恢复和发展当地经济，大量的人口从各地迁徙入川，其中大多数来自湖北、湖南、陕西、江西、广东等地，形成历史上轰轰烈烈的"湖广填四川"移民潮。大规模移民入川，一方面促进了经济的恢复与发展，另一方面也推动了饮食文化的融合与交流。

几乎是在移民潮的同一时段，辣椒传入了四川盆地。由于盆地闭塞，交通不便，移民们难以购买到家乡特有的食材和调味料，于是价格低廉、种植容易、营养丰富的辣椒便成为替代选择，进入平民饮食中。

（2）尽管清末西南地区已经普遍开始食用辣椒，但进入民国后在全国范围内，对辣味饮食的认可度还比较低，食辣被视作低级、下等、不上档次。为川渝地区辣味饮食文化真正带来大发展的是全民族抗战前期的第六次大移民。

1937 年后，随着国民政府西迁重庆，大批军事工厂、企事业单位、机关、学校迁移至西南各省，东部和京、津、沪的学生和居民被疏散入川。在人口激增、文化碰撞的社会环境下，川菜一方面保持了麻辣辛香的味型，一方面学习吸收了各地各国的风味美食的长处来丰富自己，使自己在各个社会阶层中广受欢迎。抗战结束后，移民大部分回到原籍，川菜则随之传到中国各个地方，从而奠定了其他省、市人民对于川渝地区食辣文化的统一认知。

三、食辣文化的现代传播

（一）新媒体推动食辣文化的快速传播

成都是中国最早开始做城市营销的城市。据不完全统计，目前共有 9 家 MCN（多频道网络）机构落地成都，占全国总数的 1/7。国内最大的美食垂直类 MCN 机构"瘾食文化"就位于成都，在互联网拥有巨大的粉丝基础和大量忠实观众。因此在社交平台上，关于川菜、火锅及川渝食辣文化的内容随处可见。在新媒体对川渝文化的外向张扬中，川渝人士也乐于强调自己爱吃辣的特点。吃辣遂成为川渝地区的一个身份认同，不断地影响着周边人群的认知。

尽管近些年不断有学者指出，川菜的特点不仅是辣（准确的说法是"一菜一格，百菜百味""清鲜醇浓，麻辣辛香"），但也不能否认，"辣"在川渝以外，最容易被人们识别。"辣"已经成为川菜的一个标签和符号，并且被不断加深。

（二）劳务输出扩大食辣文化辐射范围

随着现代社会的人口流动及大众文化的平民化趋向，不同地区的饮食文化也进入快速传播与融会时期。随着川渝成为中国劳务输出的最多地区，川菜馆也在全国各地随处可见。

辣椒作为重口味调料能够覆盖品质不佳食材的味道，做出下饭的菜品，以较低的消费价格填饱劳动力的肚子；辣味餐馆如火锅、麻辣烫等可以进行批量化生产，无需专业厨师，只要底料一致就能做好品控。因此不仅川渝人爱吃辣味食物，在大城市打工的非川渝人也喜欢吃；不仅川渝人热衷于经营辣味餐厅，其他地区的人也加入辣味饮食的市场竞争中。

（三）社交需求助力食辣文化成为潮流

人们喜欢的辣并不是一种味觉，相反是一种痛觉。辣椒中含有的辣椒素能够刺激大脑产生内啡肽，即"快感荷尔蒙"，因此吃到辣椒时是"痛并快乐着"。心理学家将其称为"良性自虐"：虽然做了使身体"感到危险"的事，但实际上并不会影响自身的安全，反而十分享受。

剁椒鱼头

吃辣正是人们沉迷的一种"找虐"方式。就像一起坐过山车，一起去鬼屋一样，如果双方一起尝试过辣味食物，那么就会因为同样的经历而产生共情，信任也在热烈的气氛中诞生。

除此之外，火锅相较追求食物本味的粤菜、江浙菜而言，价格更加亲民；相较拉面、饺子等北方菜而言，场景更上档次。独行的愁、城市的挤、奔走的忙，都能在一顿热气升腾的火锅里消解。推杯换盏之间，城市中的男男女女围炉共话人生，其乐融融。

因此，吃火锅已成为当下年轻人最为推崇的社交方式，食辣文化于悄无声息中影响越来越多的人。

四、小结

从一开始作为观赏植物传入，到第一次被用以代盐，再到成长为地方饮食文化的灵魂，辣椒在中国的 400 年进阶之路，除了地理环境的影响，还折射出太多的社会发展及社会结构变化的投影。文化功能论认为，文化是一个有机的整体，每个部分都以其独特的功能发生着作用。[①] 川渝地区的食辣文化既反映了传统的农业生产进程，也反映了两次移民浪潮的多元影响；既反映了当代社会的快速生活节奏，也反映了年轻人的社交需求。它结合且融入了历史、地理、社会等多方面物质的、精神的因素，是川渝地域宝贵的文化记忆，属于社会文化的范畴。其特点鲜明，在茫茫人海中一眼就会被认出。

① 张少飞.中国饮食的文化内涵 [J].郑州航空工业管理学院学报（社会科学版），2005（6）.

GONGGONG WENHUA
公共文化

"成渝地区双城经济圈"背景下
川渝公共图书馆一体化建设[①]

李　丹[②]

一、时代背景

（一）"成渝地区双城经济圈"建设的提出

2020 年 1 月 3 日，中央财经委员会召开第六次会议，研究推动"成渝地区双城经济圈"建设，在西部形成高质量发展的重要增长极。这是中央第一次明确提出要建设"成渝地区双城经济圈"，并被定位为国家重大战略。2020 年 10 月 16 日，中共中央政治局召开会议，审议《成渝地区双城经济圈建设规划纲要》，习近平总书记主持会议[③]。这一宏大经济战略的提出与规划有利于成渝地区形成优势互补、高质量发展的区域经济布局，是推动川渝地区公共文化服务体系纵深发展、合作双赢的重要机遇，也是开启川渝公共图书馆一体化建设、体系化服务的根本前提。

---

① 原载于《内蒙古科技与经济》2022 年 2 月第 4 期总第 494 期。

② 李丹（1980—　　），女，重庆人，重庆图书馆馆员。

③ 新华社.审议《成渝地区双城经济圈建设规划纲要》，中共中央总书记习近平主持会议 [N].光明日报，2020—10—17（1）.

（二）"巴蜀文化旅游走廊"规划的启动

当今时代，文化旅游融合发展已经成为时代潮流，文化是旅游的深刻灵魂和厚重底蕴，旅游是文化的传承载体和传播方式。国家高屋建瓴擘画"成渝地区双城经济圈"建设，其中就包含成渝地区文化旅游融合发展这一重要内容。习近平总书记在审议《成渝地区双城经济圈建设规划纲要》时，特别提出要"支持重庆、成都共建巴蜀文化旅游走廊"。因此，川渝两地文化旅游主管部门主动以文化旅游融合发展为契机和抓手，"紧紧围绕成渝地区双城经济圈建设，牢固树立一盘棋思想和一体化发展理念，将协同打造巴蜀文化旅游走廊作为落实习近平总书记重要指示精神的一次生动实践"[1]。

目前，川渝两地省级文旅主管部门已经签署《推动成渝地区双城经济圈建设战略合作协议》，其中就有诸多关于完善川渝两地公共文化服务体系、促进川渝公共图书馆一体化建设、加强巴蜀特藏文献保护研究的重要内容。另外，国家有关部门正在编制《巴蜀文化旅游走廊建设规划》[2]，相信不久之后即可正式出台，从而为促进巴蜀区域文化和旅游健康快速发展提供高水准顶层设计。正是在"成渝地区双城经济圈"建设和"巴蜀文化旅游走廊"规划的重要背景和历史机遇之下，川渝公共图书馆一体化建设即将迈入全新高速的发展平台。

二、推进过程

（一）制定《便捷生活行动方案》，推动川渝公共图书馆一体化服务

2021 年 1 月 4 日，四川省人民政府办公厅和重庆市人民政府办公厅共同印发《成渝地区双城经济圈便捷生活行动方案》（以下简称《行动方案》），通过实施"六大便捷行动"，提高川渝两地人民群众便捷生活水平。该《行动方案》第四项内容是实施教育文化便捷行动，具体包括"率先在重庆图书馆、四川省图书

---

① 刘旗. 协同打造高品质巴蜀文化旅游走廊　全力助推成渝地区双城经济圈建设 [J]. 重庆行政，2020（6）：22-25.

② 陈俊成，白骅.《巴蜀文化旅游走廊建设规划》编制启动 [N]. 中国旅游报，2020-12-16（2）.

馆、成都市公共图书馆实现读者信息馆际互认和图书通借通还，并逐步推广到川渝两地其他公共图书馆，市民凭个人社保卡或身份证在两地公共图书馆享受阅读服务"①。这是推动川渝公共图书馆实施一体化服务的具体政策指引。

（二）签署合作框架协议，建立成渝地区公共图书馆联盟

2020年6月22日，在巴蜀文化旅游走廊建设推进工作会上，重庆图书馆、四川省图书馆和成都图书馆共同签署《建立成渝地区公共图书馆联盟的框架协议》，正式成立成渝地区公共图书馆联盟②。该公共图书馆联盟的正式成立是推动川渝公共图书馆一体化建设的关键性步骤，从而以创新模式探索公共图书馆跨省合作，切实推动成渝地区公共文化服务体系一体化建设与发展。具体而言，成渝公共图书馆联盟将在文献资源建设、图书通借通还、阅读推广活动及馆员业务培训交流等方面展开广泛密切合作与交流。

（三）开展具体业务合作，初步搭建文献资源共享平台

2020年6月12日，"巴蜀·巴渝"地方文献建设与研究座谈会在重庆巴南区图书馆召开。重庆图书馆、巴南区图书馆、四川省巴中市图书馆等14家川渝公共图书馆共同签订《巴蜀·巴渝地方文献资源共建共享协议书》，通过搭建地方文献联合信息查询平台，对川渝特色地方文献进行有效整合、深度挖掘，实现资源共建共享，便于读者远程访问③。这是川渝公共图书馆实现文献资源共建共享走出的实质性步伐，有助于后期搭建内容丰富、技术成熟、服务完善的川渝文献资源共享平台。

---

① 四川省人民政府办公厅，重庆市人民政府办公厅.关于印发《成渝地区双城经济圈便捷生活行动方案的通知》（川办发〔2021〕2号）[J].四川省人民政府公报，2021（1）：5-11.

② 王雪娟.巴蜀文化旅游走廊建设"一盘棋"推进[N].中国文化报，2020-06-23（1）.

③ 巴南区图书馆."巴蜀·巴渝"地方文献建设与研究座谈会在巴图举行[EB/OL].(2020-06-15)[2021-03-10].http://www.bnszwhw.cn/libcn/index.php?m=view&a=xwzx&id=4397.

三、发展策略

在"成渝地区双城经济圈"建设、巴蜀文化旅游走廊建设的重要机遇之下，川渝地区公共文化服务一体化建设是其必然内容，而川渝地区公共图书馆的深度合作与一体化建设，则是推动川渝公共服务一体化建设的基本保障。故此，笔者不揣简陋，兹对川渝地区公共图书馆一体化建设与发展的策略加以探讨。

（一）以成渝合作为重要契机，构建川渝公共图书馆一体化服务体系

公共图书馆的主要职责是均等化、无偿性提供基础公共文化服务。川渝公共图书馆应该以成渝深度合作为契机，构建一体化服务体系，努力打造到馆借阅一卡通，资源检索一网通，图书文献跨省通借通还，参考咨询、文献传递跨省提供等服务内容，以优质的公共文化服务推动成渝经济建设和文化旅游融合发展。目前，川渝两地公共图书馆已着手以社保卡及社保系统为技术突破点，开通馆际读者认证统一服务平台，实现川渝两地公共图书馆阅览服务一卡通。接下来，两地公共图书馆还应联手搭建网络融合服务平台，实现馆藏资源检索服务一网通、参考咨询跨省服务等。

（二）以数字阅读为服务方式，促进川渝公共图书馆资源共建共享

公共图书馆是以提供文献服务为中心职能，因此图书馆要大力加强文献资源建设。在当前信息化、全媒体时代下，数字阅读已经成为大众获取知识的主要方式，因此加强数字资源建设成为公共图书馆业务工作的主要方向。川渝公共图书馆数量多达 200 余家，文献资源丰富，辐射范围广阔，读者群体众多，其中四川省图书馆、重庆图书馆、成都图书馆更是国内知名大馆。因此，川渝公共图书馆应该加强业务合作，以数字阅读为主要服务方式，通过搭建川渝公共图书馆文献资源数据库，促进两地数字资源的共建、共享，方便读者快捷获取文献资源，降低用户使用成本，提升读者满意度。

（三）以巴蜀地方文献为传承载体，打造巴蜀文献保护中心

巴蜀文化是中华文化的重要组成部分，是长江上游独具特色的西南地域文

化，巴蜀地方文献则是传承、弘扬巴蜀文化的重要载体。川渝公共图书馆，尤其是四川省图书馆、重庆图书馆两大中心馆，是巴蜀地方文献的重要典藏机构。因此川渝公共图书馆要联合加强对巴蜀地方文献的整理、保护、研究与开发利用，积极打造巴蜀文献保护中心，保护、传承和弘扬巴蜀文化精粹，服务巴蜀经济、文化与社会建设。

川渝公共图书馆在进行馆藏文献整合、开发之时，还应该将巴蜀地方文献作为重点开发领域，通过挖掘巴蜀特色文献的丰厚底蕴与博大内涵，实现巴蜀优秀历史文化的创造性转化与创新性发展。2021 年是中国共产党成立 100 周年的关键节点，四川省图书馆、重庆图书馆将以馆藏红色文献为挖掘对象，联合举办川渝红色文献大型特展，这既是对巴蜀特色文献的深度挖掘，也是向建党百年重大庆典的隆重献礼。

（四）以文旅融合、阅读推广为主要抓手，开展图书馆"阅读＋旅游＋研学"活动

当前文旅融合是国家为促进文化、旅游事业繁荣发展的一项重要举措，公共图书馆作为公共文化服务主体，自然要主动参与其中，顺势而为。阅读推广则是当前公共图书馆的主体任务之一，是构建书香城市、全民阅读服务体系的重要环节。因此，川渝公共图书馆在一体化建设中，应该以文旅融合、阅读推广为主要抓手，开展公共图书馆领域的"阅读＋旅游＋研学"活动，让诗意和远方有机结合，让学习与休闲相得益彰，让知识与健康共同陪伴。具体而言，川渝公共图书馆不仅要做好传统的文献阅读阵地服务，还应该从馆舍建筑、环境氛围、休闲配套等方面着手，将公共图书馆打造成新兴旅游打卡景点和研学服务重要基地。同时，通过挖掘馆藏珍品，提炼文化元素，合作开发特色文创产品，吸引读者游客消费，拉动旅游市场经济。总之，川渝公共图书馆需要主动融入文旅市场，积极开展阅读推广，提升社会知名度和影响力，联合打造川渝书香城市，促进全民阅读，满足人民对美好精神生活的需求。

四、结束语

川渝公共图书馆应该牢牢把握"成渝地区双城经济圈"建设和巴蜀文化旅游走廊建设的重要历史机遇，以主人翁心态积极参与、推动成渝地区公共图书馆服务体系一体化发展建设，发挥公共图书馆在文献资源建设、公共文化服务、社会大众教育方面的重要职能。川渝公共图书馆应该顺势而为，大展身手，以全面的服务内容，多元的服务方式，优秀的服务效能，不断满足人民群众对精神文化的需求，提升人民群众的幸福感、获得感，为构建书香城市、和谐社会贡献图书馆人的智慧和力量。

基于互适模型的文化云平台运行体系构建[①]

——以"重庆群众文化云"为例

陈　珊[②]

一、研究背景

（一）政策背景

2016 年 12 月 25 日通过的《中华人民共和国公共文化服务保障法》将公共数字文化服务纳入其中，该法律在第三章"公共文化服务提供"第三十三条提到，"国家统筹规划公共数字文化建设，构建标准统一、互联互通的公共数字文化服务网络，建设公共文化信息资源库，实现基层网络服务共建共享"，这一举措也是对第四条提及的公共文化服务"均等性、便利性"要求的积极响应[③]，为公共数字文化服务提供了有力的法律保障。

2017 年 5 月，文化部（现文化和旅游部）印发的《"十三五"时期繁荣群众文艺发展规划》中提到，要"搭建群众文艺交流展示平台""群众文艺网络管理

---

①　原载于《重庆文理学院学报（社会科学版）》2022 年 9 月第 41 卷第 5 期。

②　陈珊（1997—　　），女，四川泸州人，西南大学国家治理学院硕士研究生，主要从事公共政策与公共文化研究。

③　文化部 . 中华人民共和国公共文化服务保障法 [EB/OL]. (2016-12-25) [2022-01-07]. http://zwgk.mct.gov.cn/zfxxgkml/zcfg/fl/202012/t20201204_905423.html.

服务平台建设""加强数字文化馆建设",为人民群众提供更宽广的创作平台,以拓宽公共文化传播渠道①。

"十三五"时期是公共文化服务数字化发展的重要关口。2017年7月,文化部印发《文化部"十三五"时期公共数字文化建设规划》(以下简称《规划》),《规划》强调,要加强公共数字文化服务平台建设,建设综合性、一站式的公共数字文化服务平台,推动平台间互联互通,以提供一站式、普惠性的文化服务,形成公共文化服务新格局②。

2019年4月,文旅部印发《公共数字文化工程融合创新发展实施方案》(以下简称《方案》),《方案》明确要求建设"公共文化大数据平台",最终实现公共数字文化工程平台的统筹管理、创新发展、体系标准、有效整合、共建共享③。

《中华人民共和国国民经济和社会发展第十四个五年规划和2035年远景目标纲要》第五篇第十七章第三节提到,要"全面推进政府运行方式、业务流程和服务模式数字化智能化。深化'互联网+政务服务',提升全流程一体化在线服务平台功能"。第十篇第三十五章第二节提到,要"推进公共图书馆、文化馆、美术馆、博物馆等公共文化场馆免费开放和数字化发展",专栏13(社会主义文化繁荣发展工程)第三点提到要推进国、省、市、县四级融媒平台建设④。

早在2015年,重庆市就提出要"立足'四个创新'加快构建现代公共文化服务体系",其中举措之一就是"创新传播载体平台",通过数字文化服务平台

---

① 文化部.文化部关于印发《"十三五"时期繁荣群众文艺发展规划》的通知[EB/OL]. (2017-05-04) [2022-02-02]. http://zwgk.mct.gov.cn/zfxxgkml/ghjh/202012/t20201204_906374.html.

② 文化部.文化部关于印发《文化部"十三五"时期公共数字文化建设规划》的通知[EB/OL]. (2017-07-07) [2022-02-02]. http://zwgk.mct.gov.cn/zfxxgkml/ghjh/202012/t20201204_906376.html.

③ 公共服务司.文化和旅游部办公厅关于印发《公共数字文化工程融合创新发展实施方案》的通知[EB/OL]. (2019-04-16) [2022-02-05]. http://zwgk.mct.gov.cn/zfxxgkml/ggfw/202012/t20201205_916616.html.

④ 新华社.中华人民共和国国民经济和社会发展第十四个五年规划和2035年远景目标纲要[EB/OL]. (2021-03-12) [2022-02-05]. http://www.gov.cn/xinwen/2021-03/13/content_5592681.htm.

的建设，统筹文化信息资源，拓宽文化资源传播渠道，提升文化资源和文化相关信息的传播能力，实现共建共享，不断提升公共数字文化服务效能①。《重庆市国民经济和社会发展第十四个五年规划和二〇三五年远景目标纲要》第四篇第十一章第三节提到，要"加强数字社会、数字政府、数字孪生城市等建设，提升公共服务、社会治理等数字化智能化水平。适应数字技术全面融入社会交往和日常生活新趋势，推动居家生活、就业创业、旅游休闲、购物消费、交通出行等各类场景数字化，构筑全民畅享的数字生活"；第九篇第二十九章第一节提出要"建设公共数字文化服务平台，实现公共文化资源线上线下互联互通。实施全媒体传播工程，推进媒体深度融合发展，打造具有全国影响力的新型主流媒体。建强用好区、县融媒体中心，巩固壮大主流舆论阵地"；第三十章第一节提出要"推动文化与科技深度融合，大力培育数字阅读、数字影音、VR/AR 游戏、全息展览、绿色印刷、文化智能装备等新业态。参与国家文化大数据体系建设，打造文化专网。推进重庆云上文旅馆、智慧书城、智慧广电数据中心、文化电商物流产业园建设，培育数字文化生产线，创新数字文化消费场景"②。

（二）平台简介

"重庆群众文化云"平台是一个聚焦重庆文化领域，提供公众文化生活服务的交互互联网平台。"重庆群众文化云"平台以现代信息技术为媒介，将公共文化服务信息和资源加以整合，通过线上传播与线下享用结合，形成公共文化数字化服务新模式。以信息技术为载体的文化资源和信息得以在受众人群中传播和分享，实现文化信息资源快速传播，以一种全新的服务方式拓展公共文化服务空间，聚合公共文化服务资源，打破公共文化服务的时间和空间壁垒，进而创造和培育新的文化服务形态。与此同时，云平台还将大数据与公众的文化需求相衔

---

① 马思伟.重庆市立足"四个创新"加快构建现代公共文化服务体系[EB/OL].(2015–04–14) [2022–02–05]. https://www.mct.gov.cn/whzx/qgwhxxlb/cq/201504/t20150414_790583.htm.

② 重庆市人民政府.重庆市人民政府关于印发《重庆市国民经济和社会发展第十四个五年规划和二〇三五年远景目标纲要》的通知[EB/OL].(2021–03–01)[2022–02–05]. http://www.cq.gov.cn/zwgk/zfxxgkml/szfwj/qtgw/202103/t20210301_8953012.html.

接，使得供给方对公众需求捕捉更为敏锐和精确，更大程度上实现供需对接①。

2014 年 11 月，在重庆市委宣传部、重庆市文化委（现重庆市文化与旅游发展委员会）、重庆市群众艺术馆的共同支持下，重庆公共文化物联网服务平台建设完成，重庆市群众艺术馆线上官网与线下体验空间顺利打造，并围绕群众需求，在 2016 年将已有的线上线下平台设备整合，打造了"三网合一"的重庆文化馆（站）数字文化服务云平台。该平台以"1 个主平台 + 40 个区县分平台 + 1100 个乡镇（街道）基层服务点 + N 个群众"为架构，主要有信息发布、活动开展、大数据等 15 个功能版块。2017 年 11 月，"重庆群众文化云"平台上线试运行。其核心理念是以公众为中心，整合文化服务信息资源，通过资源整合、统筹管理，实现信息充分开放、资源充分共享、公众充分参与的公共文化服务新模式②。

"重庆群众文化云"着力向全市群众文化系统的综合性、一站式公共数字文化服务云平台进发，致力于精准了解群众文化需求，实现平台服务便捷化、资源供给多样化、统计分析数据化、决策管理科学化、宣传推广立体化，积极为广大群众提供更加优质的数字化文化服务。"重庆群众文化云"平台主要面向三类核心用户：人民群众、文化管理部门和文化馆（站）。并分别对三类核心用户提出期待：人民群众要结合自身实际和文化需求，积极参与文化建设和文化活动，使自己成为群众文化创作、展示和传播的主力军，在参与中实现自我完善并积极参与群众文化活动；文化管理部门要围绕政府职能，制定出台相关政策、规定和数字文化建设发展规划，了解掌握群众文化发展建设情况和群众需求，检查、督促、指导和考核文化馆（综合性文化中心）各项工作开展情况，积极推动群众文化的繁荣兴盛；文化馆（站）要围绕文化馆（站）业务职能，探索新的服务途径，精确群众文化需求，线上线下结合，不断深化文化服务的普惠性。

---

① 姜雯昱，曹俊文. 以数字化促进公共文化服务精准化供给：实践、困境与对策 [J]. 求实，2018（6）：48−61.

② 陈则谦，刘昱杉，聂曲晗. 我国公共文化云的服务内容与特征分析 [J]. 图书馆，2018（8）：27−31.

平台开展的核心服务主要包括：一是信息发布（文化动态、公告通知、文化礼包、政策法规等）；二是本馆概况（免费开放、馆内外 VR 全景展示等）；三是资源赏析（文学经典、特色文化等）；四是网络课堂（预约报名、视频教学、慕课教学、培训直播、网上咨询、教师展示等）；五是文化活动（活动预告、活动视频、活动投票、活动抽签、在线报名、爱心众筹等）；六是数字场馆（数字展厅、数字剧院、数字体验厅等）；七是直播点播（在线直播、在线点播、视频会议等）；八是大数据服务（数据采集、统计分析、可视化展示等）；九是在线互动（报名、点赞、分享、收藏、评论等）。

此外，"重庆群众文化云"平台还通过"百姓点单，政府配送"的方式，支持志愿参与和政府购买，通过推广文化培训、文化演出、文化讲座、政策宣传、展览展示等数字文化资源及志愿服务、网络教学视频、免费开放空间等其他公共文化服务产品，为用户提供了便捷的公共数字文化服务。

（三）问题提出

随着科学技术的飞速发展，大数据、"互联网＋"、AI 等逐渐进入人们视野，人们的生活、生产和思维方式也随之发生改变。随着移动大数据、互联网等科学技术的进一步发展，将其用于公共文化服务中的实践越来越多，联系愈加深入，打破了文化服务的时空壁垒，缩短了服务主体、资源与目标受众之间的距离，极大地创新了公共文化服务方式，进一步推动了我国公共文化数字化服务进程。

公共文化服务数字化平台的建设是拓宽公共文化服务资源传播范围、提升公共文化服务效能的重要途径。重庆市在公共文化服务数字化方面进行了诸多努力，卓有成效。在信息资源方面，依托数字信息技术，搭建了重庆群众文化云、重庆市数字图书馆等数字化文化服务平台，为推动重庆市公共数字文化建设提供了较为完备的信息网络资源平台支撑体系。在信息传送方面，基层公共文化服务机构通过 QQ 群、微信群、微信公众号等网络手段，向群众推送文化信息，分享文化资源。重庆市借助"互联网＋公共文化服务"的运营模式，线上、线下相结合，以线上整合带动线下共享，更进一步解决公共文化服务"最后一公里"问题。

虽然重庆市在公共数字文化服务中已经取得不少成绩，但数字文化服务工作中仍暴露出一些不容忽视的问题。本研究以"重庆群众文化云"平台为研究视角，分析该平台在建设、管理和运行等环节中存在的不足，并提出针对性的可行对策，以期助力平台建设更加完善，推进重庆市公共数字文化服务效能更进一步提升。

二、研究综述

文化云平台是现代信息技术与文化服务相融合的平台。通过科学技术这一媒介，将整合后的公共文化信息与资源共享给用户，是公共文化服务的创新途径。

王淼、经渊通过了解公共文化服务云平台的前期需求，探究其技术和资源取舍，深入分析云平台的支撑体系后，提出基于 SaaS 构建公共文化服务云平台的构思[①]。马岩、郑建明等认为目前公共文化数字化服务还存在一些不足，诸如推广不足、传播受限、用户交互较差等，针对这些问题提出进一步优化对策[②]。唐义、徐薇以"韵动株洲"云平台为切入点，分析 PPP 模式在云平台中的动力、信息交流、投资回报、监督等机制，探索云平台更多更有效的结合方式[③]。张树臣、陈伟等运用云计算思想，对云平台基础设施、服务平台及软件应用三个层次进行详细设计，构建公共文化服务云平台的总体框架[④]。韦景竹、王元月通过对国家公共文化云平台的相关指标进行测评，得出用户对国家公共文化云平台资源、服务、页面设计等满意度与整体满意度之间呈正相关，用户预期与感知的正

---

① 王淼，经渊.智慧公共文化服务云平台构建研究 [J].数字图书馆论坛，2019（2）：43—50.

② 马岩，郑建明，王翠姣.媒体融合视角下的智慧公共文化服务策略 [J].图书馆论坛，2020（9）：20—27.

③ 唐义，徐薇.公共数字文化服务平台 PPP 模式应用研究——以"韵动株洲"云平台为例 [J].国家图书馆学刊，2020（2）：3—15.

④ 张树臣，陈伟，高长元.大数据环境下公共数字文化服务云平台构建研究 [J].情报科学，2021（4）：112—118.

向差异及差异的大小均和用户满意度呈负相关[①]。韦景竹、李率男在 DEA 模型中运用从网站规模、内容、结构等视角选取的指标，通过计算分析，认为规模效率是制约运营效率的主要因素[②]。

从各学者关于公共数字文化服务理论方面的研究及技术支撑平台方面的具体实践中得知，目前我国在理论基础及科学技术的铺垫下，在公共文化服务数字化平台建设方面已取得一定成效。但关于公共文化云平台的相关研究较少，本文尝试在先前研究基础上，以公共文化服务数字化平台建设为主题，以"重庆群众文化云"平台为研究对象，构建云平台运行体系，就其运行问题及优化路径进行较为深入地研究，以期丰富公共数字文化服务平台相关研究。

三、理论基础与分析框架构建

（一）政策执行互适模型

政策执行互适模型（图 1）由 M. 麦克拉夫林在其《互相调适的政策执行》一文中提出。在该模型中，政策执行者不仅进行简单的动作执行，目标群体也不是被动的接受者，政策执行者与受政策影响者之间会基于政策目标与政策手段进行相互调适，调适的程度也决定了政策执行的最终效果。

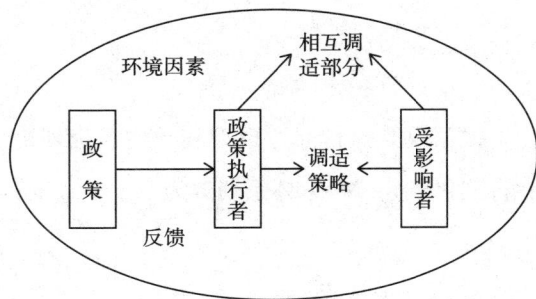

图 1　政策执行互适模型

---

① 韦景竹，王元月. 国家公共文化云平台用户满意度实证研究 [J]. 情报资料工作，2020（4）：30—38.

② 韦景竹，李率男. 基于 DEA 模型的公共文化云平台运营效率研究 [J]. 情报资料工作，2020（4）：22—29.

（二）政治系统理论

戴维·伊斯顿在《政治生活的系统分析》一书中为公共政策分析提供了一个系统性的理论模型，他认为政治活动可以通过由许多过程构成的一个系统去分析理解，政治过程应该被阐释为持续不断并且相互关联的一连串行为。该理论的核心研究问题就是探讨政治过程如何构成一个系统，并且分析该系统是如何具体运作的。具体作用机制如图 2 所示。

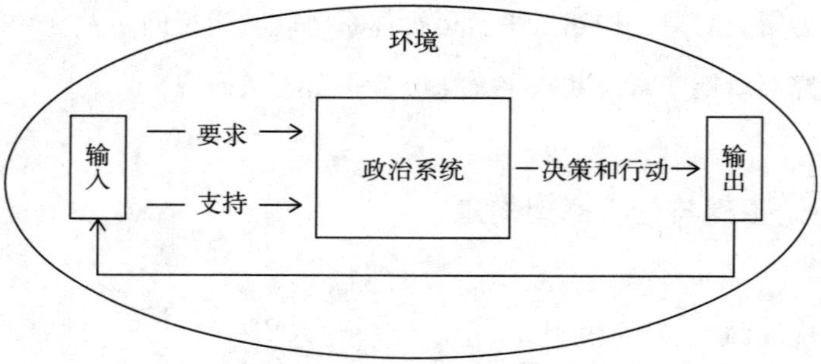

图 2　政治系统理论的简化模型

（三）子系统构建

根据政策执行互适模型和政治系统理论，结合公共文化服务供需实际，笔者将文化服务云平台体系划分为三个子系统：需求子系统、供给子系统和反馈子系统。

1. 需求子系统

需求子系统（图 3）主要发生作用于文化服务供给发生之前。政策执行者了解平台用户的文化需求，从而为精准供给文化资源奠定基础。在该运行体系中，最直观的政策执行者就是云平台本身（包括基层文化机构和人员），用户向政策执行者传递自身文化需求，根据政策互适理论，政策执行者对于用户的文化需求并非照单全收，用户对于政策执行者的反馈也并非全盘接受，两者之间存在不断协商、交流、妥协的过程。协商结果取决于需求的合理性、政策执行者职能范围、可利用政策资源等。协商一致（并非绝对一致）后，政策执行者将用户的最

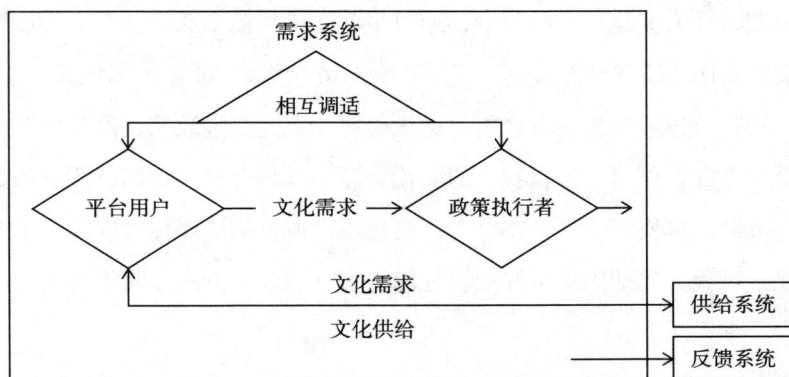

图 3　文化服务云平台需求子系统

终文化需求传递至供给系统。

2. 供给子系统

文化资源供给是公共文化服务中最重要的环节之一，供给子系统（图 4）在公共文化服务中意义重大，云平台从外在形式上看就是一个供给子系统。供给系统中接收到的文化需求有两个来源：需求系统和反馈系统。通过政策执行，文化需求由需求系统传递至供给系统，供给系统的主要功能在于进行资源获取和资源整合。公共文化服务需要可持续、高质量，其供给主体也需要多元化，云平台应当统筹社会、市场、政府三大主体进行资源获取，在文化服务云平台的供给子系统中，基础文化资源保障来源于政府职能部门、文化事业单位、文化企业、其

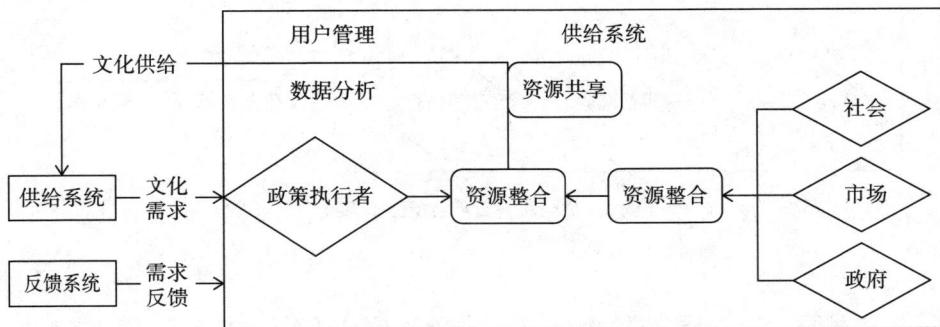

图 4　文化服务云平台供给子系统

他社会组织及个人文化资源的整合,通过主动上传与被动抓取等双向途径得以实现①。市场文化资源供给方式主要是由政府向市场购买;社会主体包括社会组织、个人等,通过有偿或无偿的方式提供文化服务;政府通过政策、财政、基建等方式提供文化资源。供给系统将获取的文化资源加以整合并进行用户管理和数据分析,建立资源共享机制,并将整合后、满足用户需求的资源传输回需求系统,此为文化供给过程,包括用户偏好推荐、用户需求回应等方式。紧接着这一连续的过程进入反馈系统。

3. 反馈子系统

反馈子系统(图 5)与需求子系统紧密联系,其功能和过程存在重叠之处,无法完全区分开。二者的主要区别在于:反馈子系统发生作用于文化服务开展之后,而需求子系统在文化服务开展之前运行。接收到供给系统提供的文化资源(服务)之后,平台用户通过满意度问卷、留言、评论、直接交流等形式将其感受、评价、意见、建议等形成新的文化需求反馈至政策执行者,与需求子系统相似,这一过程也是用户与政策执行者相互调适的过程。协商一致后,政策执行者将最终的文化需求传递至供给系统。

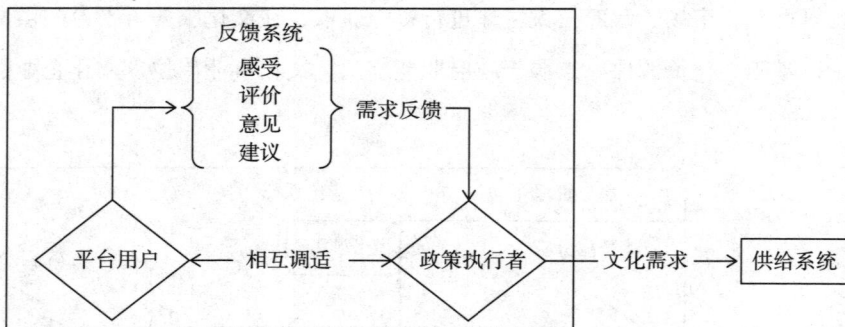

图 5 文化服务云平台反馈子系统

---

① 张树臣,陈伟,高长元.大数据环境下公共数字文化服务云平台构建研究[J].情报科学,2021(4):112−118.

（四）运行体系构建

云平台运行过程，实质上是需求、供给、反馈不断循环发生的过程。整体上看，这一过程符合政治系统理论，该系统的外界环境压力是用户文化需求，运行体系（图6）的核心——供给系统相当于理论中的政治系统，而输出的文化供给即系统理论最终输出的政策。不可忽视的是，在需求、供给、反馈三个子系统中，"监督"是无时无刻不存在的，完善的监督机制应当渗透在整个云平台体系运行过程中，以保证每一个环节都得以落实执行。至此，一个以云平台为载体、数字资源为主要形态、数字服务为渠道的互联互通、资源共享的公共文化服务云平台运行体系得以建立。

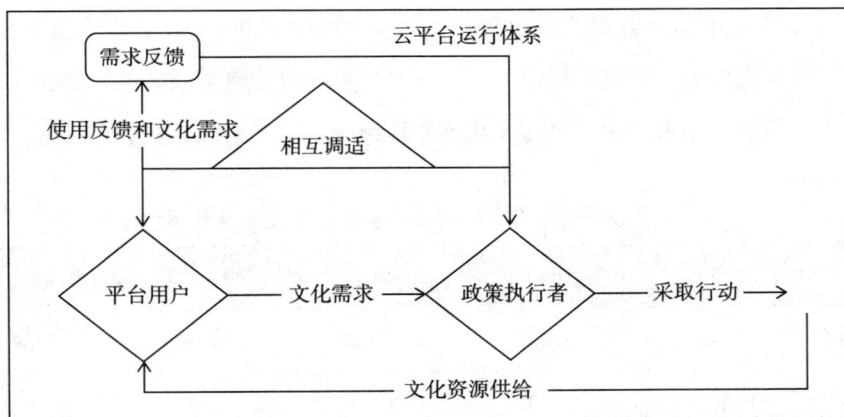

图6　文化服务云平台运行体系

四、"重庆群众文化云"平台存在的不足

（一）效能有待进一步提高

平台效能可理解为平台功能实现的程度，在运行体系中体现为供给子系统所提供的文化资源使用情况、群众参与情况和公共文化服务目标实现程度。文化云平台实质是文化资源的载体和传输渠道，通过技术支撑摆脱了公共文化服务对

物理空间的硬性要求，打破群众使用公共文化信息和资源的时空壁垒，使公共文化服务更加便捷，但"重庆群众文化云"平台在使用效率方面还有待进一步提升。部分区县分平台浏览量寥寥无几，发布的活动、信息等鲜有问津；云平台首页设置有"数字体验""数字剧院""数字展厅"等按钮，但"数字体验"中的内容仅包含数字书法体验机、互动舞蹈体验设备、舞蹈体验机、数字体验馆等设备设施的一张图片，无使用演示图示或示范使用教程、群众使用视频，也无群众进行亲身数字体验的内容；数字剧院、演播厅、艺术中心等文化场所的"场馆活动""精彩回顾"等版块均无内容。网页上大部分培训、演出、展览等活动只是呈现在平台上，无法通过平台了解活动的主要内容及预约，相比公共文化服务，更像是文化工作记录。此外，各种类型的活动在平台发布后，活动预约率（演出类活动）仅有 47%，更有部分类型的活动预约率仅有 9%（表 1）。在这一层面，显然平台只是作为一个资源展示的窗口，并未发挥其应有的通过技术连接文化资源与人民群众，用数字手段进行文化资源供给、开展公共文化服务的功能。

表 1 "重庆群众文化云"平台各类型活动发布量和预约率

活动类型	演　出	培　训	讲　座	其　他
活动发布量 /（场 / 次）	3759	1689	1000	1889
活动预约率 /%	47	19	36	9

数据来源：由笔者整理自"重庆群众文化云"平台。

（二）区县间文化供给差距过大

各区县公共文化服务情况受财政、领导重视程度等因素影响存在一定差距，并在云平台上有所体现。如平台上的活动室发布量，江津区发布活动室数量达 285 间，但綦江区仅发布了 90 间。根据平台"你点我送"功能，笔者进行统计计算之后，发现不同区域之间文化服务的物联网配送情况差距较大：在"你点我送"版块，主城区各区县平均每 163 人方可享受一次文化配送服务，而渝东北需要 371 人才可享受一次，渝东南和渝西分别需要 307 人和 308 人。此外，各区县供给主体之间尚未进行文化资源的整合，仍旧按照传统的方式孤立地进行资源供给，未能充分发挥云平台优势。主城各区县在文化资源供给上更加富有优势，如渝北区云平台中各种类型活动丰富供给，但城口县等区县所享受的大多为演出性活动，缺少培训阅读展览等类型的活动。云平台主要通过提供文化信息、文化资源等为群众服务，但"重庆群众文化云"部分区县在活动发布和更新方面存在不及时更新甚至不更新，导致不同区县群众享受文化信息存在差距的状况，如城口县"配送要闻""政策法规"等版块内容稀少且陈旧，最近一次更新时间在2018年；渝北区"政策法规"等版块无内容；双桥经开区网页仅有通知公告等内容，培训等活动内容最近一次更新在2019年，且艺术专栏中大部分版块无内容；江北区"党群建设"版块更新为2019年。

（三）资源配置丰富性、均衡性有待提高

供给与需求之间有效衔接，才能最大限度地发挥文化资源的效用。目前云平台供给错位、缺位情况凸显，如平台部分活动群众参与爆满，而一些活动则无人问津，供不应求、供非所需等情况均有所体现。根据发布活动情况统计，平台发布的活动（表2）中，培训类活动占活动总数的52%（免费开放培训41%＋其他培训11%），演出类活动占23%，讲座类活动仅占6%；在平台发布的数字文化资源（表3）中，培训类资源占48%，演出类资源占20%，讲座类资源占11%。从活动和数字资源的发布情况看，云平台所提供的文化信息和文化资源类型较为单调，且缺乏当地特色，主要是培训类，其他类型的活动和资源偏少，由于各种原因存在供给偏好。根据统计，平台用户中男性用户占据大多数，拥有70.54%的比例，女性用户仅为29.45%；其中退休人员占38.55%，在职人员占27.51%，学生群体占18.45%；其中"90后"占41.22%（"90后"35.72%＋"00后"5.5%），"80后"占16.67%，其他年龄层占42.09%。云平台并未根据不同活动或资源的群众喜爱程度进行调整，也未根据不同性别、不同群体或不同年龄阶段进行不同的文化资源供给，而是为所有受众提供同质化的服务，这在一定程度上降低了服务的可用性。此外，平台仅提供群艺馆相关的文化资源，其他文化机构和其他类型的资源在平台中无法触及，资源配置较单一。

表 2 "重庆群众文化云"平台发布活动类型及其占比

活动类型	免开培训	演　出	其　他	培　训	讲　座
所占比例 /%	41	23	12	11	6

数据来源：由笔者整理自"重庆群众文化云"平台。

表 3 "重庆群众文化云"平台发布数字文化资源及其占比

资源类型	资源数量 /（场 / 次）	资源占比 /%
文艺培训	8680	48
文艺演出	3653	20
文化讲座	1910	11
政策宣传	1631	9
展览展示	1196	7
其　他	892	5

数据来源：由笔者整理自"重庆群众文化云"平台。

（四）群众互动性和参与度有待提升

在平台运行过程中，用户与平台间互动较少，平台发布的数字体验、数字展览、艺术专栏、爱心众筹等版块浏览人数较少，大部分内容浏览累计人数仍处于较低水平，活动、培训、特色文化等内容"想去""点赞""收藏""分享"等互动较少或几乎没有，说明群众参与情况及供需之间的契合程度有待提升。各种类型活动预约率均不高，演出类活动预约率占 47%，其次是讲座类预约率占 36%，培训类活动预约率仅占 19%；黔江、长寿、铜梁等多区县场馆预约率均为零；万州、秀山、涪陵、北碚等多区县活动预约率低于 10%（表 4）。与此同时，平台未建立意见反馈、评价或留言版块，用户对于云平台的意见和建议不能得到及时反馈，群众文化需求和使用感受未知，服务效果无从得知。从一定程度上看，用户在平台建设过程中的参与度降低，无法表达用户的文化需求和使用感受，这也不利于平台建设决策的科学化。

表 4 "重庆群众文化云"平台部分区县活动发布量和活动预约率

区县名称	活动发布量 /（场 / 次）	活动预约率 /%
璧山区	1045	70
巴南区	874	43
沙坪坝区	763	55
万州区	664	1
荣昌区	646	61
江津区	482	10
永川区	455	56
秀山县	385	2
涪陵区	384	0
渝中区	328	32
大渡口区	322	36
南岸区	289	0
石柱县	273	9
巫溪县	265	7
渝北区	242	23
北碚区	226	0

数据来源：由笔者整理自"重庆群众文化云"平台。

（五）建设实际与目标之间存在较大差距

云平台建设目标是满足群众在公共文化服务方面的新要求和新期待。根据平台建设之初的目标，要精确了解群众文化需求，匹配具有针对性的、优质的文化服务。到 2018 年底，各区县分平台年访问量达到 20 万人次，注册用户达到 5000 人；到 2019 年，平台将联通国家、市、区县、乡镇（街道）、村（社区）五级平台，通过有线和无线覆盖全市所有居民，区县平台年访问量达到 40 万人次，注册用户达到 10000 人。但截至目前，仍有部分区县（如巫溪、酉阳等）累计用户尚未达到 5000 人（部分低于 2000 人）；一些区县（如彭水、城口等）半年访问量不到 10000 人；云平台目前仅联通市—区县—乡镇（街道）三级，尚未将国家云平台进行联通，村（社区）云平台还未建设完善；同时，云平台在群众反馈方面的功能还须加以完善，以缩小群众文化需求与平台文化供给之间的差距。

五、"重庆群众文化云"平台问题的成因分析

（一）平台功能不完善

平台功能不完善，"供给系统"的供给尚不健全，尚未建立起完整的云平台运行体系，最终影响受众对平台的使用意愿和使用体验。云平台是公共文化资源的载体，通过云平台，利用数字手段将文化资源向受众传输，提高公共文化服务便捷性，而不仅仅作为一个"展示"平台。目前"重庆群众文化云"平台的功能更多的是"资源展示"，而非"资源供给"，云平台有无法体验真正的"数字化"、无法预约线下活动等漏洞，无法将用户吸引到云平台中来，也进一步导致平台用户预约率、使用率不高，平台效能未能得以完全发挥。此外，云平台功能不完善还表现在各区县之间交集甚少，大多是孤立地使用云平台，云平台之所以区别于线下政务系统，在于它是互联互通的一个整体系统，区域之间、区县之间的文化资源不应该因为行政、距离等原因加以分割。文化资源共享机制和功能的不完善，也是资源配置单一、不均衡的重要原因。

（二）部分区县领导重视程度不高

区县间文化供给差距的产生，原因之一是不同区县领导重视程度不同，具体表现为公共文化服务财政投入不同和基层文化工作人员重视程度不同等，在云平台中表现为各区县分平台建设完善和维护程度不同，平台供给的文化资源不同。笔者在重庆市各个区县开展实地调研过程中发现，不同区域、不同区县间财政状况，尤其是投入公共文化服务的财政存在较大差距，领导重视文化服务，则文化支出占区县财政的比例就大，反之文化支出占比较小。充足的财政投入是公

共文化服务顺利开展的首要前提，财政差距直接对公共数字文化服务产生影响。同时，区县领导对数字文化服务的重视程度不够也对其产生直接或间接影响，领导重视并进行各方面资源的投入，有利于增强平台建设和管理层的积极性和主动性，促使基层文化工作人员重视数字文化服务，重视云平台建设和线上资源供给。

（三）平台资源供给主体单一

云平台资源配置不均衡形成的原因在于资源供给不足和未对受众群体进行科学合理分析。供给子系统中，主体多元化有待加强。平台当前供给主体多为政府和市场（表现为政府购买社会服务），社会主体相对缺位，供给的多样性和丰富性不足。同时，平台用户管理和数据分析不足，尚未建立用户个性化推荐机制即根据用户个人偏好和需求推荐不同的内容，每位平台用户接收的信息资源均相同，不利于满足不同用户的不同需求，也不利于筛选出真正适合用户的文化资源。当前云平台提供的文化资源仅包含群众艺术馆相关资源且大多是由政府财政负担，缺少其他供给主体的加入，财政负担大，加剧区域供给差距和资源供给偏好的形成。除了受财政因素的影响，还受活动开展难度等因素的影响，演出、展览类活动需耗费大量的人力、物力，统筹各方面资源，故开展频次较低；反之，培训类活动开展频次相对较高。不同的受众群体有不同的需求偏好，但云平台并未对受众性别、年龄等情况进行客观分析，而是统一提供不加分类的数字文化资源，不符合大众群体的偏好，这也是导致群众参与云平台程度低的原因之一。

（四）群众文化需求反馈机制不健全

提升云平台使用效能，重在将平台供给与用户需求加以衔接。在云平台"供需不对接"的源头中，最突出的是需求传递和反馈传递的阻隔。平台未设立需求收集或意见反馈版块，用户意见和使用感受无法及时有效反馈，加之参与度不高，平台对于用户需求也无法有效接收，供给需求对接难度增加。在当前的云平台运行体系中，需求子系统和反馈子系统在一定程度上缺失，导致用户与平台（政策执行者）之间的双向调适转变为平台（政策执行者）对用户的单向输出，且用户需求无法向供给者传递，出现供需不匹配、不均衡等情况。同时，新平台、新功能的普及，离不开满足群众需求的宣传推广。宣传推广不到位、不能满足群众需求或人民群众不知道平台的存在、不清楚平台的功能，浏览量、用户量自然上不去。另外，吸引用户之后，平台实际功能和能提供的文化资源是留住用户的重要抓手，丰富的、特色化的、高质量的、符合群众需求的平台内容是用户参与的前提，"人无我有，人有我优"是平台吸引新用户、留存老用户的法宝[①]。

（五）相关部门执行力有待提高

平台建设实际与建设目标之间差距，归根结底是对平台的本质和功能认识深度不够，没有摸清群众真正的文化需求，没有深刻认识到云平台的最终目标是为群众提供更优质、更普惠的文化服务所致，从而导致技术攻克进程放缓、技术提升出现懈怠、平台建设和管理的疏忽且目标提出后执行力不够等问题。平台建设不够完善、内容不够丰富、宣传推广不够广泛等原因导致了访问量、用户量不高，针对这一现象，平台有关部门未采取相关措施督促区县实现目标，也未对建设目标进行调整，使其可达性更高。与国家文化云、村（社区）云平台联通，完善平台各版块功能和内容，精准了解群众需求等可通过技术手段联通的目标被搁浅，归根结底在于相关部门执行力不够高。

六、云平台的经验借鉴

（一）国家公共文化云

国家公共文化云是由文旅部主导打造的公共文化服务数字化平台，旨在提升公共文化服务供给效率，实现"菜单式"公共文化服务（即群众"点单"，政府"配送"）。该平台整合了全国范围内的文化活动资源，是当前文化信息、文化资源、文化服务汇聚最广泛的基础服务平台。平台共包含汇资讯、看直播、享活动、顶场馆、学才艺、读好书、赶大集等十大版块。

国家公共文化云的最大优势在于其资源的丰富性，将全国各地的文化资源纳

---

① 韦景竹，李率男.基于 DEA 模型的公共文化云平台运营效率研究 [J].情报资料工作，2020（4）：22—29.

入其中。使人们更集中、更便利地享受文化饕餮盛宴，真正意义上实现文化资源共建共享，其可借鉴的先进经验主要包括四个方面。一是资源丰富。国家公共文化云平台是国内目前最大规模的文化云平台，它汇集了全国各地、各种类、各行业的文化资源，在资源整合方面有较大优势，用户足不出户即可共享千里之外的文化资源，最大程度上实现了资源共建共享。二是目标明确。该平台的文化资源丰富、分类细致，群体特征明确。广场舞、音乐、舞蹈、读书推荐、培训等各方面的文化资源分类整理，有利于用户精确寻找自己需要的文化资源，同时根据用户特征及偏好进行个性化推荐，更大程度地满足用户文化需求。三是功能齐全，向供需双向开放。如开放汇文采版块，采购需求、产品供应等功能，各单位可发布自己采购需求，用户也可将自身拥有的产品在云平台发布，经平台审核之后即可进行自由"交易"或共享；开设"赶大集"版块，链接全国公共文化和旅游产品交易平台，供采购商和供应商进行交易，将地方特色产品与电商相结合，通过平台进行售卖，助力地方发展和乡村振兴；设置游乡村和非遗展示版块，为地方发展起到很好的宣传效果。四是落实群众文化需求反馈。在网页设置国家公共文化云满意度调查问卷，及时收集用户使用感受和反馈的意见。

（二）上海"文化嘉定云"

上海市嘉定区"文化嘉定云"平台是上海市嘉定区文化和旅游局运用云计算、云存储、大数据等技术建设的公共数字文化服务门户网站，立意在于利用数字技术，整合文化资源，形成公共数字文化服务平台集合。该平台设计有"文化活动""文化众筹""文化赛事""文化场馆""网上书房"等十个版块。

"文化嘉定云"公共数字文化服务平台的先进经验主要包括以下四个方面。一是使用效能较高。发布的活动均可通过平台进行预定，活动预定、众筹等用户参与率均较高。二是落实群众文化需求反馈机制。部分活动附有参与者年龄建议，有利于用户群体参与和享受更适合自身的公共文化服务；发布的每一项文化活动末尾都设立留言区，用于用户发表活动评价和活动留言，这有利于及时收集掌握用户真实感受和文化需求。三是设立"云豆积分"兑换机制。"云豆积分"通过用户登录网站、参加活动等进行获取，预约活动、使用文化资源则用积分兑换，同时对多次预约而不参加的用户进行一定的惩罚（如订票成功后未入场票数达一定数额，将被取消当年预订资格），通过这样的方式，提升用户的参与感和积极性。四是整合多方资源，凝聚社会主体。除了政府购买和志愿提供的文化服务外，平台为社会力量提供平台网络空间、技术服务和支持等，使社会力量参与到文化资源当中来，由有需求的用户有偿消费文化众筹项目（如小提琴、书法等课程），使得供需精准对接，丰富用户可享受的文化资源。平台还提供了中国知网、维普、万方等数据库的检索和资源享受入口，同时还与博物馆、美术馆、艺术院等文化场所联手，提供这些文化场所的数字版文化资源，真正实现了"数字展馆"和线上共享。与社会主体合作开发优质的文化产品和服务，消弭文化资源分布不均等问题。

七、优化"重庆群众文化云"平台对策及建议

通过对当前"重庆群众文化云"平台运行过程中存在的不足及其成因进行分析，结合前文构建的云平台运行体系，借鉴"国家公共文化云"和上海"文化嘉定云"建设的先进经验，提出以下云平台提升策略。

（一）完善平台功能，优化用户体验

要深刻认识到平台的宗旨在于向用户提供文化服务，要攻克技术难题，尽可能完善平台功能，满足用户需求，优化用户体验。首先，应当对已有版块功能加以完善。如"数字体验""数字剧院""数字展厅"等版块，可以利用 VR 等先进技术，让用户更切身地体会到"数字化"；将相关数字设施设备使用教程或示范视频通过平台呈现给大众，为用户创造良好的环境，吸引用户使用平台的同时使得用户深入了解相关文化设施设备。其次，可建设类似国家文化云平台的"赶集"功能。将地方非遗产品、特色文化产品等通过平台进行售卖，一方面吸引地方用户，促进文化消费和当地经济社会发展，另一方面实现对地区特色的宣传推广，助力乡村振兴。同时要提升研发水准，要充分利用大数据和互联网的功能与优势捕捉公众文化喜好，进行定向推送，实现精准供给，提高用户黏性。依托大

量用户行为数据，预测用户感兴趣的信息，深度挖掘用户需求，面向不同层次、不同类型用户实现服务和内容的精准供给，提供精细化服务，避免同质化的统一供给，从而提高用户体验。对不同层次、不同年龄的用户，进行人性化设计，如针对所有用户的数字资源收藏功能，针对残疾人的网页浏览辅具，针对老年用户群体提供便捷的"放大镜"和"手写输入"功能等。此外，要发挥互联网的优势，建立健全和创新互动机制：一方面是用户间互动。平台利用互联网为用户设立便捷的交流模块，以供用户相互交流浏览内容和心得体会，用户也可以上传自己认为有价值的文化资源，经平台审核通过后供其他用户浏览和使用。开启平台间的推送和分享功能，扩大平台在其他社交平台的知晓率和影响力。另一方面是平台与用户间互动，增强用户与平台（需求与供给）的相互调适。平台可以通过开展各种活动吸引用户参与，还可创新平台互动方式，参照"嘉定模式"运用积分等虚拟物品，设定相应的规则吸引用户。要完善尚未建设的功能，构建统一的需求反馈平台，及时收集用户文化需求和意见并完善落实，使平台功能更加完整，如"留言""互动""意见反馈"等功能目前平台尚未开展，应当加以完善，以优化用户平台使用体验。

（二）加强宣传推广，扩大平台影响力

"重庆群众文化云"平台已初步成型，但从实地调研来看，大部分群众均不知道文化云平台的存在及其功能，一些基层文化工作人员也反映平时使用得较少。加强对文化云平台的宣传推广，不仅有利于扩大需求者范围（用户增长），同时也有利于供给者知晓供给途径，从而增强对文化资源的投入，要加强对平台的宣传推广力度，使平台具有更广的覆盖面和普惠性。如对社区等人口集中单位进行集中推广，把握社区居民文化需求偏好，根据居民需求优化平台功能，参照"嘉定经验"设立相关的奖惩机制，利用积分等虚拟资产换购实体物资等，吸引居民使用和关注平台；拓宽可触达渠道，通过微信、微博、QQ 等进行多方位宣传，引导用户聚集，同时可与其他平台联动（如音乐、娱乐等平台），互相开放浏览链接，拓宽云平台分享路径；与相关文化企业合作，引入优质文化资源，并借助其庞大的用户群体开展推广宣传；还可以完善文化活动开展流程，丰富传统的文化活动开展形式，线上与线下结合，增加直播、录播等功能，尤其是在当前疫情反复的关键时期，线上文化活动的开展不仅提升了文化资源的共享程度、使人们自主地享受文化资源，还助力疫情防控，保障群众生命财产安全。

（三）多元主体供给，提高资源配置能力

以多元供给解决供需难题。一方面加强平台资源整合能力，探索多元主体供给、可持续的长效发展机制，鼓励企业、社会组织、个人等多元主体主动参与平台资源供给和管理全过程，拓宽文化资源获取渠道，正确处理公共文化服务的"公"与私营部门的"私"之间的矛盾①，并在主体间建立相关交流互动机制以形成新的服务途径和思想。加大云平台与国家及系统外其他资源的共建共享，参照"国家公共文化云"和"文化嘉定云"的运作模式，将国家至村社各级文化服务单位及图书馆、文化馆、博物馆等相关文化单位纳入云平台统筹范畴，丰富资源类型；丰富平台功能，完善审核机制，鼓励拥有文化资源的社会组织、个人等主体在云平台上传输相关文化资源，拓宽文化资源吸纳途径，采用自愿众筹和购买等方式丰富文化资源。同时"深化社会化运营工作，鼓励和支持社会力量参与公共数字文化服务，探索更合理有效的公共数字文化服务新模式，实现项目的自我造血功能"②。另一方面因地制宜地进行创新，提高资源整合能力，将当地特色嵌入文化资源，打造一批独具特色、价值与使用价值高、附加值高的公共数字文化资源，提供让公众喜闻乐见的公共数字文化服务③。此外，健全公共数字文化财政投入稳定增长机制，并设立数字文化发展专项资金，加大统筹资金对公共数字文化基础设施建设的投入比例，探索多渠道的资金投入方式。

（四）完善监督机制，强化政策执行

一方面要完善云平台监督机制。数字文化服务的落实需要强有力的监督机制

---

① 唐义，徐薇.公共数字文化服务平台 PPP 模式应用研究——以"韵动株洲"云平台为例 [J]. 国家图书馆学刊，2020（2）：3–15.

② 周永来.地市公共数字文化服务建设刍议——以"文化淮安"项目为例 [J]. 内蒙古科技与经济，2020（8）：111–112.

③ 完颜邓邓，胡佳豪.公共数字文化服务有效供给问题与对策——以湖南为例 [J]. 图书馆学研究，2019（17）：32–39.

予以保障实施。首先对建设目标、建设情况和使用效果进行监督，如针对"联通国家、市、区县、乡镇（街道）、村（社区）五级平台"这一目标而言，要对平台联通情况是否到位进行监督，若联通未完成，要及时了解情况、创造条件，以促进建设目标保质保量完成。其次是对建设情况进行监督，如需求、供给、反馈等子系统所需要的功能（如留言功能、需求反馈功能等）是否完善，文化资源供给是否丰富、充足。参考"国家公共文化云平台"在网站首页设置满意度调查问卷，随时了解群众文化需求，接受群众监督，监督部门应当定期对平台功能和使用平台的用户进行抽查，了解功能建设完善情况，这也是云平台运行体系中相互调适的过程。此外，要对平台的用户参与情况、满意度情况等进行监督，并定期进行政策执行效果的阶段性反馈，便于及时发现与纠正政策执行偏差，提高政策执行实效。另一方面要强化政策执行。相关部门可以根据数字文化政策执行的特点建立起完善的包括考核评价标准、实施过程、评价结果及处置办法等在内的考核评价机制，通过引入平台用户和第三方专业评价机构相结合的考核评价手段，将平台建设政策执行的效果与政策执行主体的绩效考核挂钩，督促相关主体严格落实。

重庆图书馆馆藏西南大区时期文艺类文献研究[①]
——以馆藏文学艺术类图书为中心

周　黎[②]

一、西南大区的成立及西南人民图书馆的创建

中华人民共和国成立初期，曾在全国实行大区一级行政区划。西南大区辖云南、贵州、西康三省，川东、川西、川南、川北四个行署及重庆和西藏。西南大区仅存在短短 4 年多时间，从 1949 年解放大西南战役发动开始，到 1954 年 11 月西南军政委员会撤销结束。

1949 年，随着刘邓大军进军大西南，西南 7000 万人民迎来了新社会，并在中共中央西南局、西南军政委员会和西南军区的直接领导下，开展了剿匪肃特、减租退押、抗美援朝、土地改革、镇压反革命、三反五反、民主建政、恢复与发展工农业生产等一系列轰轰烈烈的斗争和建设。

伴随火热的斗争及建设热潮，西南大区的文艺创作也迈入了一个崭新的时代。与全国其他地区一样，西南大区在文艺战线上，坚决贯彻毛泽东《在延安文艺座谈会上的讲话》精神，执行文艺为工农兵服务的方针，以饱满的热情尽情歌颂新时代、新生活和工农兵大众。

---

① 原载于《新闻研究导刊》2022 年 3 月第 13 卷第 5 期。
② 周黎，馆员，研究方向：图书资料、信息服务。

1950 年 4 月 25 日，根据西南军政委员会文教部的指示，"国立罗斯福图书馆"更名为"国立西南人民图书馆"，不久又去掉"国立"二字，更名为"西南人民图书馆"，后经核定，命名为"西南图书馆"。

1954 年，随着全国的发展形势大好和各行业的蓬勃发展，西南大区撤销后，西南人民图书馆的领导关系先后转交四川省、重庆市。

1955 年 5 月，为了适应图书馆事业发展的需要，原来的西南人民图书馆、重庆市图书馆、北碚图书馆合并成立新的"重庆市图书馆"。

1987 年，重庆市图书馆更名为"重庆图书馆"[①]。

二、重庆图书馆馆藏西南大区时期文艺类文献概况

重庆是中共中央西南局、西南军政委员会及西南军区的驻寓地，是西南大区的政治、经济、文化中心，而重庆图书馆的前身就是西南军政委员会文教部直接领导的"西南人民图书馆"，得此天时地利之便，该馆收藏了大量的西南大区文献。

据统计，馆藏西南大区时期《重庆日报（1952）》《四川日报（1952—1954）》《西康日报（1950—1954）》《新黔日报（1950—1954）》《川东报（1952）》等报纸 17 种，《西南卫生（1951—1952）》《财经通报（1949—1950）》《贵州商情（1951—1953）》《学习通讯（1953—1955）》《青年生活（1950—1951）》等期刊 98 种，各类图书 853 种，其中文艺方面的图书过百种，散存于民国文献书库、基藏书库及地方文献书库。

这些文献多角度地反映了西南大区时期的文艺创作、发展情况，能够为从事西南当代文艺史及新中国文艺史研究的学者提供丰富的史料依据和参考。但令人惋惜的是，这些文献长期束之高阁，无人问津。资料挖掘整理的匮乏，也直接导致了学者研究的困难和成果的稀少。

---

① 重庆图书馆.重庆图书馆馆史（1947—2007）[M].北京：北京图书馆出版社，2007：12.

三、相关文艺图书分类研究

整理研究重庆图书馆馆藏西南大区存续期间（1949—1954）所产生的反映西南大区文艺发展状况的图书。根据馆藏实际，按照内容对文献进行分类整理研究，并为重点文献撰写提要。

（一）党的文艺政策、文艺理论及工作方针文献

中华人民共和国成立以来，由于工农群众在政治上翻了身，物质生活改善，他们对文化艺术的需求也日益迫切。为了适应劳动人民的要求，有步骤地在统一计划下开展文化艺术工作，迎接即将到来的文化艺术高潮，中央人民政府文化部《一九五〇年全国文化艺术工作报告与一九五一年计划要点》指出，解放一年以来，全国文化艺术工作总方针是普及与提高人民新的爱国的文化，而以普及为第一位的任务。在文化上的新旧统一战线与公私兼顾原则下，一方面巩固和发展新的文化、艺术事业，另一方面有步骤、有重点地改革旧有文化艺术事业；一方面巩固和发展国家经营的文化艺术事业，另一方面领导私人经营的文化艺术事业，并有重点地扶助这些事业，使其更有计划性，能与国营的文化艺术事业取得良好的配合。在整个文化艺术工作中，首先选择那些对于开展普及工作最为重要，在广大人民群众中间最有影响力的部门作重点来进行[①]。

重庆图书馆馆藏由重庆市人民政府文化局办公室编印的《文化工作手册》分为第一辑（1952年）、第二辑调查研究专刊（1953年）和第三辑文化馆工作专辑（1953年）。

第一辑分两部分，第一部分主要收录中央人民政府文化部关于电影发行放映工作、戏曲改革等的指示及对当前文化艺术工作的总结和经验；第二部分是中央人民政府政务院颁发的对珍贵古迹、文物、图书、建筑等的保护办法及对出版业、印刷业、期刊登记、电影院、剧场、广告等文化艺术行业的管理条例。

---

① 重庆市人民政府文化局.文化工作手册：第一辑[M].重庆：重庆市人民政府文化局办公室编印，1952：7.

　　为弄清重庆市文化工作的基本情况，1952 年 8 月，重庆市文化局成立了重庆市文化工作调查研究委员会，就 1950 年 1 月到 1952 年 10 月的全市电影、艺术、社会文化、出版发行等工作做了一次深入的调查，并分情况进行总结整理，形成了《文化工作手册第二辑·调查研究专刊》。该辑专刊经过 2 个多月，调查了全市 7 个区、5 个县（市）的文化事业单位、群众团体、工厂矿场和重点乡村，直接动员群众 300 余人，对重庆市电影院放映情况、各剧团演出情况、戏曲班社艺人情况、工人文化艺术活动情况、戏剧活动发展情况、群众文化艺术活动情况、各区文化室情况、印刷厂情况等作了详尽统计①。

　　第三辑文化馆工作专辑收录的是重庆市文化局文化馆工作报告及文化馆音乐工作、美术工作、幻灯工作和农村图书馆推广工作的开展情况。

　　《文艺工作参考资料》第一辑、第三辑、第四辑，西南军区政治部编印，1950年发行。这是一套汇集领导干部关于文艺工作的讲话和文艺工作者关于文艺创作、理论、经验的小册子，包括《在延安文艺座谈会上的讲话》（毛泽东）、《新的人民的文艺——在全国文学艺术工作者代表大会上关于解放区文艺运动的报告》（周扬）、《文艺创作的问题》（茅盾）、《戏剧创作中的几个问题》（贺敬之）、《文艺作品必须善于写矛盾和斗争》（何其芳）、《民歌与中国新兴音乐》（冼星海）等。

　　《一九五一年下半年全军区文艺工作者学习文集》，西南军区政治部编，1951年发行。该文集是为了有计划地执行总政关于全军文工团队干部学习的规定，帮助部队文艺工作干部提高思想，特别是提高创作思想，进一步明确文工团工作方向而编印。

　　馆藏此类文献还有《关于〈武训传〉的讨论和批判》（西南人民出版社编辑部编，1951 年，西南人民出版社）、《应当重视电影〈武训传〉的讨论》（中共重庆市委宣传部编，1951 年）、《关于〈红楼梦〉的讨论》（中国作家协会重庆分会、重庆市文学艺术工作者联合会编，1954 年，重庆人民出版社）等。

---

　　① 重庆市人民政府文化局.文化工作手册：第二辑·调查研究专刊[M].重庆：重庆市人民政府文化局办公室编印，1953：48.

（二）西南人民迈入新时代

1. 新社会的讴歌

西南解放后，工人阶级带头，全社会各行各业文艺创作热情高涨。他们通过解放前后的切身体会、新旧社会的鲜明对比，表达解放的喜悦和对未来寄予的期望。馆藏代表作品有邓小平同志题写书名的报告文学集《解放一年》（中华全国文学工作者协会重庆分会，1951 年）、《我向毛主席宣誓（工人文艺创作）》（重庆市总工会筹备委员会，1951 年）、《西南人民胜利大歌舞》（西南军政委员会文教部文艺工作团，1950 年）等。

2. 旧思想的转变

这类文艺作品主要反映了在《婚姻法》的宣传和农业互助合作化运动中，表现出的新旧两种思想价值观念的矛盾和冲突，描绘了在新的社会环境中出现和成长的新人形象及他们身上体现出的新的思想境界和道德面貌。这类作品有独幕话剧《桂枝和大有》（王肇瀚，1953 年），短篇小说《喜期》（石果，1952 年）、《王大萝卜》（毛锦生，1952 年）、《社务委员》（扬禾，1954 年）、《热爱祖国的人》（遥攀，1951 年）、《姜老三入党》（李南力，1950 年）等。

（三）军旅题材文艺作品

1. 人民解放军进军大西南文艺作品

1949 年 11 月—1950 年 4 月，中国人民解放军第二野战军及第一、第四野战军各一部，采取大迂回、大包围的作战方针，迅速歼灭了残存于西南的国民党军，解放了四川、云南、贵州三省及西康省大部地区。随着解放军进军大西南，涌现出了一大批文艺作家，他们创作了诗歌、小说、散文、音乐、美术等诸多优秀文艺作品。重庆图书馆藏有报告文学集《进军西南实录》（穆欣，1950 年）、《战斗纪程》（杜炳茹，1950 年）、歌曲集《进军大西南大合唱》（陈大荧等，1949 年）、美术集《进军西南木刻集（美术作品集）》（艾炎等，1951 年）等。

2. 和平解放西藏及其建设文艺作品

为了完成祖国大陆的最后统一，人民解放军在 2 年多的时间里，跋涉 2000多公里，翻越十几座 4500 米以上的雪山，跨过几十条大小冰河，穿越渺无人烟的原始森林和沼泽草地，克服重重困难，付出巨大牺牲，终于在藏族人民积极支持和热烈欢迎下，在祖国的边疆筑起了一道钢铁长城。

反映战士们进军西藏的战斗和生活的馆藏文艺作品有《康藏高原上的开路先锋》（新华社重庆，1950年）、《进军西藏的第一仗——记西南军区工兵部队英勇修建新（四川新津）、甘（甘孜）干线》（《人民日报》，1950年）、《与雪山冰河搏斗，向西藏坚决进军》（新华社重庆，1950年）、《突破空中的禁区——记人民空军在进军西藏中的空运工作》（新华社，1950年）、《梅里雪山的日日夜夜》（1952年）、《雪山进军》（中国人民解放军西南军区政治部，1953年）、《康藏高原诗选》（吴忠，1952年）等。

3. 抗美援朝文艺作品

20世纪50年代初，中国人民志愿军为了保家卫国赴朝参战，在极其艰难的条件下，用血肉之躯打破了美军不可战胜的神话，为新中国赢得了胜利和尊严。同时，一系列抗美援朝战争题材的小说、诗歌、歌曲应运而生。馆藏代表作品有表现普通民众对抗美援朝的热情支持、送子上前线的短篇小说《归来》（沙汀，1951年）、《这就是力量》（吴恩楠，1952年），抗美援朝歌集《保卫和平力量大：川东军区创作歌集之一》（重庆联合图书出版社印行，1951年）等。

（四）生产建设题材文艺作品

1. 产业工人乐观精神

解放初期，西南原本就落后的工业生产在遭到国军溃逃时的破坏后变得奄奄一息，很多工厂都只剩残垣断壁。但是经过勤劳智慧的工人群众2年来的努力，西南工业得到了一定程度的恢复和发展。

独幕四川方言话剧《老当家》（李兴荣，1953年）、独幕话剧《咱们是主人翁》（吕融，1953年）、纪实散文《在九龙坡的码头上——记第一部整体客车的起卸》（邱秦，1952年）、小说《找到了窍门》（杨建民，1952年）与《我是一个泥水工——一个青年工人的笔记》等从不同角度反映出解放初期大西南的工人群众对于社会主义建设与生产的极大热忱及青年知识分子参加工业建设后的心理转变过程，表现了新社会的工人群众一种特殊的感情，当困难带给人极大的压力时，人反而会表现出钢铁般的意志。

2. 重点基建工人忘我精神

成渝铁路和宝成铁路作为解放初期西南的两项重大交通工程，是在极其艰难的条件下兴建的，它们的建成对西南地区的资源开发和物资运输具有非常重要的战略意义。

纪实散文《征服》（张晓，1952 年）、《当隧道打穿的时候》（刘沧浪，1954年）、《老工长》（雁翼，1954 年）、《老许》（李敏、四维，1954 年）、《红旗落在刻印组》（胡锡纯，1954 年），诗歌集《战斗在千山万水间——宝成铁路工地诗歌集》（铁道部第二工程局政治部宣传部，1954 年），通讯集《战斗在宝成铁路工地上的英雄们》（匡于中，1954 年）、《在胜利前进中的宝成铁路》（铁道部第二工程局政治部宣传部，1954 年），图片集《修筑宝成铁路的人们（宝成铁路工地素描集）》（吕琳绘，刘沧浪作诗，1954 年）等以成渝铁路和宝成铁路建设为背景，描写了劳动人民在和平建设时期面对困难热情高涨，积极学习各种技术，凭借自己的智慧和力量提高了工效，顺利完成工期，为社会主义建设贡献出自己的力量。

3. 农业生产新发展

这类作品通过新中国成立前后农民生活的对比，表现和歌颂农村新生活、新气象和农民群众新的精神面貌。《贵州农民翻身影集》（贵州省文学艺术工作者联合会、贵州省人民政府文化局美术工作室，1953 年）、四川方言话剧《芭蕉头》（杨奇，1953 年）、短篇小说《新的孔村》（李南力，1946 年）等表现了翻身农民在自己的土地上辛勤工作，努力把日子越过越好。

（五）少数民族题材文艺作品

1. 民族同胞迎来新生

中华人民共和国成立后，西南边疆少数民族彻底摆脱了压在身上的重重大山，实现了民族的解放，他们不仅在政治上翻了身，经济生活也得到了改善，并开始追求文化上的进步和提高。短篇小说《当芦笙吹响的时候》（彭荆风，1953年）、通讯集《两年来的西康省藏族自治区》（王甸，1954 年）与《活跃在祖国边疆上的西康青年》等生动地介绍了中华人民共和国成立以来少数民族地区发展的轮廓，展现了少数民族同胞在政治、经济、文化生活各方面的新面貌。

2. 民族融合的新面貌

西南是我国少数民族最为集中的地区，解放初期，西南 7000 多万人口中，少数民族有 1000 多万。在当时的几个大行政区中，西南是民族问题最突出的区，而且情况相当复杂①。时任中共中央西南局第一书记的邓小平提出，"民族工作的中心任务是搞好团结，消除隔阂"。在进军西南的过程中，解放军积极团结少数民族，在少数民族同胞的支持和共同努力下，西南得到了解放。中华人民共和国成立后，中央及地方政府又派遣民族工作队，组织教师、医生及农林牧等各方面的人员进驻少数民族地区，帮助少数民族群众发展生产，改善生活②。散文《西康藏民支援我入藏部队》（新华社，1950 年）、《访问康北》，短篇小说《第一次医治》、《牛》（李乔）、《为了生命》（洋溢）、《一面锦旗》（梁劲冲）、《夺嘎吉运军粮》（王伟）等文艺作品真实、朴素地反映了边疆少数民族军民的生活，体现了边疆人民的高度觉悟精神，表现了汉族和少数民族互相信任、互相帮助、团结友爱的民族情谊。

（六）西南传统文艺的传承与发展

西南地区民族众多，山川纵横，在漫长的历史长河中孕育了包括歌谣、舞蹈、服饰、语言、乐器、建筑、手工艺等在内的丰富多彩又别具一格的传统文化艺术。重庆图书馆所藏此类文献资料主要有地方戏曲、四川竹琴、云南民歌、民间剪纸艺术和少数民族图案等。

地方戏曲：《白毛女：川剧》（胡裕华改编，1951 年）、《柳荫记：川剧》（西南川剧院，1954 年）、《望娘滩》（李明璋，1954 年）、《四川戏曲曲艺音乐选集》（重庆市人民政府文教局，1950 年）等。

四川竹琴：《四川竹琴·第一集》（重庆市人民政府文化局，1954 年）选择了

---

① 谢撼澜 . 建国初期邓小平对西南少数民族工作的开创性贡献 [J]. 重庆理工大学学报（社会科学），2014，28（9）：101–106.

② 张晓琼 . 建国初期党在西南边疆少数民族地区的分类指导政策 [J]. 云南民族大学学报（哲学社会科学版），2010，27（4）：15–20.

其中较有特色的三国故事唱段，大部分是根据艺人的底本和口述本整理而成，还有一部分是根据收集的坊间刻本整理而成，基本上保持了原来的面貌。

云南民歌:《云南民歌·第一集》(昆明文联、音协，1951年)分上、下两辑，上辑是汉族民歌，共99首，包括山歌和小调两类，下辑是少数民族民歌，包括18个少数民族地区的歌曲75首，内容主要是歌唱爱情、赞美劳动、歌颂民族光辉历史。《云南民间音乐：花灯·第二集》(昆明音乐工作者协会，1952年)是花灯调和少数花灯里面的舞曲，包括昆明、玉溪、弥渡、滇东北四个地区的150多首花灯音乐材料。

民间剪纸艺术:《四川民间剪纸刻纸集》(成都艺术专科学校研究室、四川人民出版社编辑部，1953年)收集了在四川广大农村流传的民间装饰艺术中最受劳动人民喜爱的"钻子花"和"剪纸"共118幅。这些作品是民间艺人用高度的智慧创造出来的，流露出农民对于劳动生活的热爱。

少数民族图案:《西南少数民族图案集》(西南美术专科学校实用美术系，1954年)所介绍的少数民族图案是根据西南民族学院(现西南民族大学)搜集的西南少数民族文物摹绘的，包括服饰花纹、刺绣、挑花、编织、蜡染等，其中以苗族的图案最多，布依族、羌族、彝族、傣族、藏族、壮族、侗族等的图案数件。图书为彩色印制，具有浓郁的民族特色。

四、结语

从文艺史的角度而言，中华人民共和国成立初期的文艺作为新时期文学的开端，是中华人民共和国文艺史链条上承上启下、不可或缺的环节；西南大区文艺作为中华人民共和国成立初期文艺的一个重要组成部分，是中国文艺从新民主主义文艺向社会主义文艺过渡的一个区域缩影，值得文艺界和学术界深入整理与研究。

群众文化活动理念的创新与科学发展对策[①]

兰采勇 张 勤[②]

就群众文化活动而言，其是以广大群众为主体所开展的形式多样的娱乐文化活动，活动的目的在于使广大群众的精神文化需求得到充分的满足，并让他们在潜移默化中养成积极健康的生活态度。随着社会的不断发展进步，我国群众文化活动也在不断创新发展，但是由于受到传统理念的影响，其发展过程中还有诸多不足之处。因此，相关群众文化工作者应打破固有的思维模式，在活动理念上进行不断创新，创新群众文化活动的内容和形式，丰富群众文化活动的内涵，以此推动群众文化活动的蓬勃发展。

一、群众文化活动理念创新的重要意义

（一）理念创新是群众文化活动开展的动力

先进的理念不仅是群众文化活动创新的力量源泉，也是一个民族高度智慧的体现。现阶段，我国在文化创新上已经更加趋向于服务党政方针，并以此为基础开展多样化的群众文化活动，这不仅能够使群众的文化素养得到有效提高，还可以推动文化强国目标的实现。群众文化活动理念的创新，能够指导群众文化活动

---

① 原载于《群文在线》2022 年 12 月。

② 兰采勇，重庆市綦江区文化馆副研究馆员，研究方向：群众文化；张勤，女，重庆市綦江区文化馆馆员，研究方向：群众文化。

朝着正确的方向发展。

（二）理念创新是确保群众文化先进性的必然要求

就先进理念而言，其是群众文化活动朝着现代化方向发展的重要支撑。而先进理念又是在先进文化的基础之上得来的，可以在一定程度上推动社会的和谐发展，使群众文化活动能够紧跟时代发展步伐。也就是说，在开展群众文化活动的过程中，要以先进理念为指导，并将先进文化成果作为核心，在充分借鉴传统文化优势的基础之上使其富有鲜明的时代特色，创造出既能够反映社会发展规律，又能够适应新时代社会生活的文化活动，这样可以让群众文化活动焕发出新的光彩，使其更加具有吸引力，使广大群众能够积极参与到活动中，从而为和谐社会的构建提供助力。

（三）理念创新是推动精神文明建设的有效保障

社会的全面发展必须依托于社会主义精神文明建设的基础之上，群众文化活动是其重要组成部分，在引导群众树立正确价值观、充实群众精神文化生活及规范群众思想行为等方面都起到了不容忽视的作用。为了更好地达成目的，就要对群众文化活动理念进行创新，在大力弘扬社会主义核心价值观和宣传优秀传统文化的情况下，对落后的文化活动理念予以改进，加大力度推动文化活动的创新发展，开展形式多样、内容丰富的群众文化活动，进而推动社会主义精神文明建设。

（四）理念创新是提升文化竞争力的重要基础

文化是一个国家软实力的象征。在新时代背景之下，国际竞争激烈，而文化已经逐渐发展成为提升竞争力的一个重要优势所在。如果失去了文化这项优势，则会对自身的竞争力极为不利。特别是在这个物质日益丰富、社会环境变化快的形势下，有很多新的文化理念不断涌现，为群众文化活动的改革创新提供了力量源泉。因此，为了使群众文化得到更好的发展，提高国家在文化方面的优势，文化工作者就要改变传统思维模式，创新群众文化活动理念，以此使群众文化活动焕发出新的活力。

二、群众文化活动理念创新与科学发展的策略

（一）树立线上服务理念

随着互联网时代的到来，网络化技术手段得到了普遍应用，为此，群众文化活动也应紧跟时代发展潮流，在线上服务理念上进行创新，开通线上预约等服务内容，为群众提供便捷的服务。此种服务理念的优势主要体现在三个方面。首先，打破时空的限制，让群众可以随时随地了解群众文化活动的内容、形式及培训场地等信息。同时，网上预约服务还具有公平、透明等特点，每个人都可以在网站上报名参加活动。其次，线上预约操作简便，这样群众就不用花费过多的精力，工作人员的工作效率也会得到有效提升，人力成本也缩减了不少。最后，线上预约服务还可以将群众文化活动是否受欢迎的情况体现出来，并可以适时地对活动内容进行优化调整，以此使群众的多元化需求得到满足。现阶段，已经有不少文化馆开设了线上预约服务，就其功能和特点来说主要表现在以下三个方面。

一是项目分类功能。文化馆可以将举办的各类群众文化活动内容上传到线上，并以此推出美术辅导、技能培训等诸多免费的服务内容。同时，以群众文化活动的主题为依据，对其类型进行合理分类，群众可以根据自身的喜好、需求来查找和参与相关活动。其特点体现在信息化体系的有效构建上，能够更好地为广大群众服务，优化调整群众文化活动的形式和内容。其还具有菜单化特点，信息化系统在为广大群众提供服务的过程中，将菜单式服务贯彻始终，这样不仅可以使服务效率得到有效提升，还可以获取群众的充分认可。再就是定制化特点，相关文化部门可结合本地区的文化特色和群众的个性化需求为群众提供定制化的服务，以此使群众文化活动的开展更加具有吸引力。

二是将网络平台的多元化优势发挥出来。通过网络平台将互联网传播速度快、覆盖面广等优势发挥出来，使信息化平台得到不断的优化，并在网络化平台的多元化优势之上加大力度进行宣传推广。也就是说，可以充分利用多种新媒体平台将与群众文化活动相关的信息推送出去，从而使宣传范围得到进一步的扩

展。另外，文化馆还应与一些优质的短视频平台合作，将与群众文化活动相关的图片、视频等上传到平台，让群众可以更好地掌握相关信息。

三是大力推动多渠道合作。要想使线上服务品质和水平得到有效提升，文化馆还应与不同机构进行沟通合作，吸引多方面社会力量加入群众文化事业建设中，为其创新和推广提供助力。特别是要与一些具有良好信誉的商业机构合作，改变以往的文化消费方式，使群众拥有更加丰富的文化产品。另外，文化馆还应与科技馆、博物馆等机构进行合作，对群众文化活动的形式、内容进行不断创新，将各方面力量联合起来形成合力，优化整合各项资源，使其得到有效利用，在使不同群体的需求得到满足的同时，各机构之间也能够协同发展。

（二）树立数字互动墙应用理念

文化馆组织开展各种形式的群众文化活动，是其服务于群众的一种重要方式。一般来说，群众文化活动是以实体的形式开展的，需要一定的空间才能够更好地展现其特色，同时配有相关的文字介绍，这样可以使群众对活动有更为直观的了解，但仍有一定的弊端。也就是说，文化馆展馆不能够将与作品相关的所有物品展示出来，这是由于群众文化活动在道具、服装等方面有所不同，文化馆必须进行适时更换。虽然说有些文化作品以实体的方式进行展示，可以将作品的细节多层面、全方位地凸显出来，但要想将完整的信息在短时间内传递给广大群众并不容易。文化馆会将活动内容按照主题、类别来进行划分和排列，然而有时会因为活动开展频繁，使得有些活动在内容上不能有效地衔接，让群众难以对作品有全面的了解。此外，以实体的形式进行静态展示，无法将群众的积极性调动起来，特别是对年轻群体缺少足够的吸引力，群众与展品互动性不强。现阶段，文化馆开始尝试着在作品展览中应用数字化技术手段，这样就减少了实体展示带来的诸多不便。如数字展示墙，利用数字化设施设备将产品转变成数字化形式进行展示，这样可以缩减展品的用地面积，使展览活动更加具有趣味性和互动性。另外，群众还可以对数字化的展品进行缩小或放大，以便于观察。文化馆还可以为展品设置多种介绍形式，提供数字产品下载服务等，让群众能够从中感受到文化的魅力。

（三）打破固化思维，树立创新理念

近年来，群众文化活动的发展规模越来越大，然而许多人对群众文化活动的认识仍然存在偏差，未能意识到其重要性，因此，并没有积极参与到群众文化活动中来，这对于群众文化素养的提升极为不利。而随着社会的不断发展进步，尤其在"文化强国"理念提出后，各地区已经对群众文化活动所能起到的重要作用有了更为深刻的认知，并积极推进各项工作内容的开展。将眼光放长远，对传统群众文化活动进行重新规划的同时，对发展理念进行创新，并对群众文化活动的深度及广度进行挖掘和拓展。同时，还根据本地群众的实际文化需求，在理念上紧跟时代步伐。群众文化活动的创新主要表现为活动多样性、思想先进性及群众积极性等方面，也就是说深度挖掘群众文化活动的内涵，使其焕发出新的生机和活力，进一步推动和谐社会的构建。

（四）打造具有特色的群众文化活动

通过开展丰富多彩的群众文化活动，不仅能使群众的文化素养得到进一步的提升，还可以为区域经济发展提供有效助力。随着时代的发展，许多群众喜闻乐见的，具有鲜明特色的文化作品在各地广泛传播，并取得了非常好的效果。所以说，应该将特色文化融入活动当中。首先，文化和旅游部门应充分发挥组织作用。文化馆等相关部门应定期组织群众参与到读书、绘画及摄影等多种类型的群众文化活动当中，从而使群众的文化素养得到提升，思想情操得到陶冶，使群众置身于一个良好的文化环境中。与此同时，在开展群众文化活动的过程中，应与群众的实际生活相契合，激发群众的参与热情，以使活动取得良好的效果。其次，要高度重视基础设施建设。群众文化活动的顺利开展，与完善的基础设施是分不开的。那么，相关部门就应充分结合群众文化活动的实际情况，投入充足的资金，使活动室等基础设施更为完善，这也是打造特色文化品牌的一个重要方法。最后，要在保持传统文化活动的基础上不断创新。群众文化活动理念要在充分借鉴传统活动优势的同时，使其富有时代的特征。传统群众文化活动一般都是以唱歌、跳舞为主，工作人员要在此基础上将先进的科技手段运用其中，利用新媒体平台来开展网络文化活动，这样既可以扩大活动的传播范围，还可以使群众的审美水平得到提升。

（五）积极推动群众文化活动前进的步伐

群众文化活动要想实现持续健康的发展，就要推动群众文化活动前进的步伐，使群众文化活动的导向作用真正地发挥出来，为构建良好的文化环境打下基础。首先，群众文化工作者应在文化馆、博物馆等场所对群众文化活动进行宣传，以使群众对群众文化活动的重要性有更加清楚的认识，将广大群众凝聚在一起。其次，文化和旅游部门应统筹全局，将群众文化的深远发展作为核心内容，将文化事业服务社会和群众的优势发挥出来，并定期组织开展群众文化活动，让群众能够在长期的文化熏陶之中拥有更加积极健康的心态。再次，为了使群众文化事业能够朝着持续稳定的方向发展，就要做好文化阵地的建设工作，并寻求相关部门、社会力量等多方面的支持，获取广大群众的积极配合，创建起相应的长效机制。最后，创建一支能力过硬的群众文化队伍。通过组织培训、交流会等方式，组建一支素质过硬的群众文化工作者队伍，保证其在组织、创新等方面都有卓越的表现，使群众文化事业能够拥有充足的人才储备。另外，在人才引进方面，要选拔能够紧跟时代发展步伐、对文化事业极度热爱、有专长的人，为群众文化事业输送新鲜的"血液"，使群众文化事业能够保持长久的活力。

三、结语

总之，群众文化活动作为文化事业发展中的一项重要工作内容，其对于群众文化素养的提升和社会的健康发展都有着一定的推动作用。随着社会的不断发展进步，群众文化活动已经开始朝着多元化的方向发展，而在这一过程中也面临着诸多问题，需要文化工作者对其发展理念进行不断创新，对群众文化活动的内容、形式进行丰富，这样才能充分满足群众的文化需求，推动群众文化事业的持续稳定发展。

参考文献

［1］洪小渌 . 文化产业视域下群众文化活动的创新分析 [J]. 文化产业，2022（17）：68−70.

［2］程继权 . 群众文化活动的时代价值及其管理思考 [J]. 参花（上），2022（06）：131−
133.

［3］周宇梁 . 群众文化活动的时代价值及其管理创新 [J]. 牡丹，2022（10）：120−122.

［4］蔡志青 . 群众文化活动理念的创新与科学发展对策 [J]. 大众文艺，2022（03）：4−6.

［5］尹寿松 . 群众文化活动创新发展的思考与实践 [J]. 中国文化馆，2021（01）：20−24.

［6］欧阳茜 . 群众文化活动的时代价值及其管理创新 [J]. 艺术品鉴，2021（17）：197−198.

［7］董国志 . 群众文化活动创意理念的形成 [J]. 戏剧之家，2019（36）：244.

［8］王敬东，江晓冬 . 浅谈群众文化活动理念的创新与发展 [J]. 文化创新比较研究，2019，
3（07）：153−154.

乡村振兴　加数前行[①]

——重庆数字乡村建设的探索与实践

栗园园　张永霖[②]

编者按　数字乡村既是乡村振兴的战略方向，也是建设数字中国的重要内容。

近年来，重庆立足大城市、大农村、大山区、大库区特点，聚焦现代山地特色高效农业发展方向，加强顶层设计、注重示范引领，瞄准乡村振兴所需，大力推进数字乡村建设。

据《2021 全国县域数字农业农村发展水平评价报告》，目前我市农业农村数字化水平达到 43.3%，位居西部地区第一位、全国第七位，涌现出了一批示范性数字乡村项目，为西南丘陵山地地区普遍存在的农业产业发展、农产品销售、基层治理等难点、痛点问题提供了有益借鉴。

一、新技术为产业发展提质增效

乡村振兴，产业兴旺是基础。数字乡村建设的一大任务就是要加快农业产业数字化转型。

8 月的重庆，气温"高烧"不退。

走进渝北区大盛镇青龙村，偌大的果园内十分安静，没有工人灌溉、抗旱保

---

①　原载于《重庆日报》2022 年 8 月 24 日。

②　栗园园，重庆日报社记者；张永霖，重庆日报社实习生。

水的忙碌与喧嚣。

仔细观察，只见果园里布满了一根根黑色管子，水流透过细管上的小孔，为果树根部精准送水。管理员罗光全边盯着大屏幕上滴灌系统运行情况边介绍："如果采用人工浇水，这么大的果园，上百号人忙一天也浇不完。而通过滴灌系统，2个小时就能把2350亩的果园灌溉完毕，还可节约用水、用电30%以上。"

青龙村是典型的丘陵地貌，土地分散且不规整，不具备耕作优势，一度是个"空心村"。

"地被撂荒，没办法的事情。"60多岁的村民杨三全说，早年他还种些玉米、谷子维持一家人生活，可随着儿女都进城工作，再加上他和老伴儿年纪大了，繁重的农活确实也干不动了，只能看着土地慢慢荒芜。

在山区农村，随着人口老龄化，加之耕作条件制约，这样的无奈比比皆是。如何把土地利用起来，成为青龙村面临的一大难题。

在数字乡村建设中，渝北成为我市首批纳入国家数字乡村试点的地区之一。2018年，该区提出在统（景）大（盛）路沿线建设柑橘产业带，村支书黄志看到了破题的可能。

青龙村开展整村土地整治，把一块块"巴掌田"整合到了一起，陡坡变缓，各种农机慢慢下了地，全国首个丘陵山地数字化无人果园逐渐成形。通过5G、大数据、人工智能等技术，果园管理平台实现了对果园湿度、气温、果树长势等情况的实时掌握，进而达到无人化管理。

"撂荒的土地被利用起来了，收入也提高了，既省心又省力。"杨三全扳着手指算起账，"土地入股和资金入股，现在每年都有分红，加上偶尔在果园务工，一年能挣个4000多元。"

大盛镇副镇长张何欢表示，尽管项目前期亩均基础设施投入达1万元，但目前果园管护费用降低50%以上，亩均节约化肥使用量10公斤以上，商品果率从30%提高到90%、一级果品率提高40%以上，村集体经济收益稳步提高，去年达到180多万元，村民亩均分红800元。

画外音：重庆茶业集团5G+智慧茶园、天友乳业数字化全产业链项目、大足黑山羊智慧养殖项目……近年来，我市充分立足现代山地特色高效农业发展需求，开展智慧农业技术攻关，截至目前全市已建成市级智慧农业试验示范基地252 个，智能化与产业发展融合不断深化。

二、新应用破解农产品"出圈"难

产业发展起来后，扩大应用成为当务之急。近年来，淘宝村、微商村、直播村等不断涌现，无一不是数字乡村场景扩大化的体现。

8 月 20 日，酉阳土家族苗族自治县花田乡何家岩村，层层梯田上，稻谷金黄一片，即将丰收。

要搁往年，此时村干部和种植户们必定为大米销售发愁，一是担忧能否卖出去，二是担忧卖价低。

反观今年，何家岩党支部书记江皇甫气定神闲，没有丝毫愁色："要说担心，也是怕大米不够销。"他打趣道。

变化要从一场"云"认养实验说起。

花田水稻种植历史悠久，品质好，但长期以来销售困难且价格不高。

"两斤谷子打一斤米，谷子每斤收购价 3.5 元，再加上设备、人工等成本，每斤米成本价就在 9 块钱左右，只有卖到 10 块钱才有利润空间，但这个价格消费者是很难接受的。"江皇甫说，以往，村民只能看着企业将优质稻谷收走，一番包装、营销后，赚走大部分利润。

今年，酉阳县与中国农业大学及腾讯公司开展合作，共同发起了一场"重庆酉阳共富乡村"建设试点，创新打造了"何家岩云稻米"智慧认养项目。

这一创新，不仅增加了消费者与产品间的互动体验，还能在产品上市前帮农户锁定收益。

5 月 16 日，"何家岩云稻米"小程序正式上线，短短 30 个小时，何家岩村3.8 万平方米稻田就被迅速认养一空，全国 5597 位网友成为农场主，每斤大米卖价高达 20 元。

3 个月过去后，项目的社会效应仍在释放，江皇甫说："何家岩出名了，来旅游的人越来越多，农家乐的生意都很火爆，询问稻谷收购价的人也比以前多了。"

画外音：近年来，我市以电子商务进农村综合示范创建为引领，积极发展订单数字农业等新业态新模式，建设了市级农村电商综合服务平台"村村旺"，打造了江津石佛村"乡村振兴直播电商第一村"等，着力破解农产品"出圈"难。2021 年，全市农产品网络零售额 153.6 亿元，同比增长 17.5%。

三、新模式调动群众参与积极性

数字乡村建设与乡村治理相结合，同样能在发展集体经济、民主监督、移风易俗等方面发挥积极作用。

"这两天太热了，你家多肉长得咋样？""还可以，反正管理上得精心点。"

炎热夏季，荣昌区龙集镇抱房村的村民晚上会聚在一起歇凉闲聊，话题集中在多肉种植管理上。

一盆小小的多肉，丰富了居民生活，拉近了邻里感情，这让抱房村综合服务专干贺敬感到十分欣慰。

"现在农村地区人情往来没有以前紧密，平时大家很少坐在一起交流。"贺敬说，随着农村常住人口的减少，村民住得更加分散，不利于情感交流，也让乡村活力衰减。

为了充分激发乡村活力，近年来荣昌着力打造以"新风小院"为品牌的院落自治示范创新实践，而龙集镇根据抱房村部分村民喜爱种植多肉的情况，摸索打造了"多肉小院"，把乡村治理与产业发展结合起来，引导在家的老人、妇女广泛参与，增加交流、凝聚人心。

今年，龙集镇被确定为荣昌区全域数字乡村试点镇后，在"多肉小院"基础上，贺敬开始尝试做直播带货，用党建引领＋数字化＋产业的模式，进一步激发村民参与乡村振兴的积极性。

"我去做直播，很多村民都觉得新鲜，也很配合我拍摄。"贺敬说，通过慢慢摸索，几个月下来直播账号积累了一定粉丝量，还引来不少游客前来参观、游玩。

看到人气旺了，村民们积极性也被调动起来，连交界的四川隆昌市石碾镇村民也前来"串门"，纷纷参与种植。

"我是今年开始种的，不用花费太多精力，还能多挣一份收入，挺好的！"村民刘贵说，种植多肉后，大家更注重环境卫生，把自家院落收拾得干干净净，"村子里漂亮多了"。

"接下来将进一步加大直播销售的力度，将更多村民吸纳到多肉产业中，发展经济的同时，提振群众精气神。"贺敬说。

画外音：农村地区人居分散，管理不便，近年来我市积极探索"互联网＋乡村治理"，强化智治支撑，还开展了全市农民工数据库台账系统、服务"三农"科技特派员云平台等一批数字治理项目，让数字化贴近、方便每一个人的生产、生活，激发乡村振兴内生动力。

对话　构建农业产业链条　数字化要发挥黏合剂作用

近年来，重庆大力推动数字乡村建设，不断补齐农业农村数字化发展短板、缩小城乡"数字鸿沟"，用数字化为乡村振兴赋能，不少农村地区"科技范儿"也越来越足。

放眼全国，重庆的数字乡村建设与其他地区有何不同？在农业发展上扮演着什么样的角色？还有哪些短板亟待弥补？近日，《重庆日报》记者与中国农业大学信息与电气工程学院副教授、博士生导师李想进行了对话。

《重庆日报》：重庆集大城市、大农村于一体，丘陵山地面积超 90%。这样的市情下，重庆数字乡村建设的现实需求、建设路径上与其他地区有何不同？

李想：重庆以丘陵山地为主，农业主体经营规模偏小、分布散，优质农产品往往"藏在深闺"，运不出、卖不掉。此外，村民散居，交通相对不便，农民很难享受到优质的生活服务。这都是重庆特殊地理条件下，广大乡村的普遍需求，也是数字乡村建设努力的方向。

因此，在重庆乡村地区提供数字化服务的综合成本要高于平原地区，不仅需要建好数字化系统，更要提高数字化服务的能力。

在农业产业数字化方面，不同于在产业链配套完善的发达地区，数字化主要起辅助作用，重庆农业产业主体经营规模普遍偏小、分布散，数字化应成为构建农业产业链条的核心黏合剂，着力发挥要素配置和"接二连三"的作用。

《重庆日报》：打造现代山地特色高效农业，数字乡村建设在其中应发挥什么作用？

李想：以数字化技术打通产业链条，才能最大限度消减地形地貌对生产带来的不利影响，让生产、加工、流通、销售各环节各要素更好协同配合，产业整体效益更加凸显。从生产端看，通过农田改造，加上小型农机，特别是智能农机的使用，能够大幅提高劳动生产效率。另外，将工业先进的管理理念引入农业领域，让生产管理更加规范，进一步降低成本、提高收益。

在销售端，数字化工具不仅能帮助进行精准的市场分析，还可以助力品牌的推广、产品的售卖，在当下的消费趋势中，电商、直播带货等新型售卖形式是不可忽视的力量。

《重庆日报》：重庆数字乡村建设还存在哪些短板？怎样弥补？

李想：一是乡村数字化人才缺乏。数字乡村的成败，关键在服务，持续服务的核心是有一支能够扎根乡村、持续服务的人才队伍。重庆需要尽快建立相关培训培养体系，用好人才激励措施，为乡村输送并留住数字化人才。

二是重建设、轻运营。前期建中，为了形成示范效应，部分数字乡村项目往往重建设、重示范。随着这项工作的深入推进，需要逐步向重运营、重推广、重服务效益和效果转变，在项目建设时要充分考虑项目效果，让老百姓真正享受到便捷。

三是需要加强组织领导。数字乡村是一个综合性工程，涉及诸多部门，各区县建立一个指挥得力、调度有方的领导机制和部门协同机制尤为重要，能够让数字乡村建设目标明确、协同高效、少走弯路。

乡村振兴背景下推进乡村文化建设的困境与对策[①]

周　兴[②]

习近平总书记指出，"乡村振兴，既要塑形，也要铸魂"[③]。乡村兴则国家兴，乡村衰则国家衰。全面建设社会主义现代化国家，实现中华民族伟大复兴，最重要的支撑来源在农村，最繁重的任务在农村，最广泛的基础在农村，最优秀的传统文化也在农村。习近平总书记在党的十九大上提出了"乡村振兴战略"，并指明了战略的总体要求。《中共中央　国务院关于做好 2022 年全面推进乡村振兴重点工作的意见》更为做好"三农"工作，为接续全面推进乡村振兴指明了方向。进入实现第二个百年奋斗目标新征程，"三农"工作重心已历史性转向全面推进乡村振兴。而乡村文化是乡民创造的精神财富，是满足乡民精神需求的方式。在乡村振兴中，乡村文化是全面推进乡村振兴之根，传承农村传统文化是实现乡村振兴战略的要求。正如习近平总书记所强调，要推动乡村文化振兴，加强农村思想道德建设和公共文化建设，以社会主义核心价值观为引领，深入挖掘优秀传统农耕文化蕴含的思想观念、人文精神、道德规范，培育挖掘乡土文化人才，弘扬主旋律和社会正气，培育文明乡风、良好家风、淳朴民风，改善农民精神风貌，提高乡村社会文明程度，焕发乡村文明新面貌。

---

① 基金项目：重庆市社科规划项目"'村改居'社区党建格局的变化与创新研究"（项目编号：2021NDYB019）阶段性研究成果。原载于《重庆行政》2022 年第 4 期。

② 周兴，中共重庆市委党校研究生部。

③ 十九大以来重要文献选编（上）[G]. 北京：中央文献出版社，2019：150.

一、乡村振兴背景下加强乡村文化建设的重要意义

习近平总书记指出："农村精神文明建设很重要，物质变精神、精神变物质是辩证法的观点，实施乡村振兴战略要物质文明和精神文明一起抓，特别要注重提升农民精神风貌。"[①] 从一定意义上讲，乡村振兴是新时代中国式现代化在当下中国乡村的具体实践，而乡村振兴中的乡村文化是乡村的特有呈现和鲜活表达。如果乡村振兴战略的推动实施仅仅在于追求物质经济的高速发展，这就背离了中国社会主义本质的发展要求，乡村文化建设是乡村振兴战略推进实施过程中尤为重要的部分。亿万农民对美好生活的需要日益增加，满足农民过上美好生活的新期待，必须提供丰富的精神食粮。同时，乡村振兴战略背景下的乡村文化建设与乡村经济建设是相辅相成，缺一不可的，乡村文化建设离不开经济建设作为物质条件的支撑，乡村文化建设也会为经济建设提供源源不断的人才支撑和思想保障。

从乡村文化建设的根本目的来看，乡村文化建设有益于乡村传统文化的传承和发扬。习近平总书记指出，"农耕文化是我国农业的宝贵财富，是中华文化的重要组成部分，不仅不能丢，而且要不断发扬光大。"[②] 乡村文化是传统农业社会在经年累月中积淀形成的，是在改革开放中发展创新的，是中华优秀文化传承和发展的根脉。毋庸置疑，优秀的传统文化将会对乡民们的思维方式和认知价值观产生积极的引导作用，为巩固脱贫攻坚成果起着至关重要的作用，为实现乡村人心的凝聚、精神的振奋提供强大的内在动力和源源不断的精神支持。在推进乡村振兴中尊重村民的风俗习惯、保护并善于利用乡村固有的文化传统，可以推动乡村经济健康发展，收到事半功倍之效。

从乡村文化建设的发展未来看，《中共中央 国务院关于做好2022年全面推进乡村振兴重点工作的意见》再次强调要确保农业稳产增产、农民稳步增收、农

---

① 十九大以来重要文献选编（上）[G]. 北京：中央文献出版社，2019：165.

② 十八大以来重要文献选编（上）[G]. 北京：中央文献出版社，2014：678.

村稳定安宁。我国乡村人民具有淳朴、仁厚和善良的优良品质，这就决定了乡村文化建设针对的主体拥有和自然相贴近并符合的特质，但在一定程度上缺乏应有的创新视角和发展理念。而乡村文化建设是从多方面、多角度、多维度的整合，利用现有传统乡村本地文化资源并对其进行优化配置，从而真正地使传统朴素的乡村文化得到创新和发展，戴上新时代的、现代化的"帽子"。也就是说在保持乡村特质的基础上，将现代性因素融入乡村文化之中，取其精华、弃其糟粕，找到新的生长点，以重塑的方式留住与农业生产、生活相关的文化记忆和文化情感，切实满足民众精神需求。

从乡村文化建设的主体对象特质来看，加快乡村文化建设是满足农民美好生活的需要。乡村文化成体系的建设有助于系统全面地提高乡民们对本土传统文化的认识程度。乡村文化建设属于意识形态的建设，属于心灵层面的建设，虽无形无相，但是从客观分析，大力推进乡村文化振兴，才能更好地满足农民对精神文化的渴求，把农民群众精气神提振起来。只有激起乡村的文化活力和内生动力，促使乡民们对本土传统乡村文化有了新高度的理解、认知和认同，才能使乡村主体真正地从心理上和行动上自觉地开启乡村文化的维护和建设，才能从发展的角度主动认同党中央提出的构建现代乡村的产业体系，才能有益于重塑乡俗民风、构建集体人格，进而营造良好的社会集体氛围，并对维护社会的稳定起到关键性作用。

二、影响新时代乡村文化振兴的因素分析

习近平总书记强调，"农村绝不能成为荒芜的农村、留守的农村、记忆中的故园。"[①] "中国要强，农业必须强；中国要美，农村必须美；中国要富，农民必须富。"[②] 文化是乡村的灵魂，文化兴，乡村兴。必须看到，进入新时代以来，乡村文化建设取得了长足的进步，乡村人民的文化生活发生了较好的变化。当下，

① 十八大以来重要文献选编（上）[G].北京：中央文献出版社，2014：682.

② 习近平关于社会主义经济建设记述摘编 [M].北京：中央文献出版社，2017：169.

我国正处于乡村振兴的重要阶段，"乡风文明，是乡村振兴的紧迫任务"，必须要正视影响乡村文化建设的各种因素。

一是乡村文化的衰落趋势加剧。在中国特色社会主义的伟大实践中取得重大成就的背景下，我们随处可以感受到乡村所发生的翻天覆地的变化，现代化的发展理念和国家各类优惠政策的落地生根，使乡村的生活水平和生活质量得到了显著的提升。但是，不可否认的是，乡村常住人口较少，致使很多乡村地区传统的文化形态和基础设施在减少，很多传统的公共文化生活也逐渐消失在人们的视野和脑海中。同时，乡村社会的传统价值观念也被各种因素打破，即便是在春节这样阖家团圆的重大传统节日的时候，也很少有其他传统的文化活动了，使得许多富有乡土气息的乡土文化逐渐式微、贫瘠甚至消失，并且这种趋势正在急剧加速。

二是文化传承的断裂严重。随着经济社会的快速发展，乡村中外出读书、务工、落户的青壮年人数逐渐增多，老人和留守儿童成为驻守乡村社会的主要力量，致使乡村"空洞化"严重。同时，乡村现有的文化建设工作者的年龄普遍偏大，主动挖掘新鲜事物的能力较弱，贴近百姓、热心文化工作、长期扎根农村的文化能人更是少之又少，无法合理挖掘和规划当地的文化资源，更无法把本地同周边的传统文化进行合理的资源整合形成可持续发展的文化产业链促进经济消费等。就连日常村务工作的开展都常常面临着人手不够、人力不足的窘境。人才的严重匮乏使得乡村文化建设难以为继，并严重制约着乡村文化的发展。

三是乡村文化与产业融合不足，乡村文化相对缺乏时代性。乡村文化建设是乡村社会的稳定关键性因素。因此，保护、继承和发展传统乡村文化尤为重要。同时，由于乡村社会经济发展水平的相对严重滞后，致使乡村文化的发展缺乏闪光点、缺乏创新性、缺乏时代性，以至于在城乡互动的浪潮中逐渐消失在人们的视线和脑海中，也加剧了乡村社会主体的隐性流失。此外，在之前的乡村脱贫攻坚体制中大多"重经济、轻文化"，更注重经济建设，而忽视文化传承，乡村文化与产业融合亟须提升。因此，这使得乡村文化发展遭受冷落而流于形式，乡村文化建设陷入内外交困的境地。

三、在乡村振兴中推进乡村文化建设的着力点

习近平总书记指出，"新农村建设一定要走符合农村实际的路子，遵循乡村自身发展规律，充分体现农村特点，注意乡土味道，保留乡村风貌，留得住青山绿水，记得住乡愁。"[①] 乡村文化建设的根本目标应是满足农民的精神需求，乡村文化建设的目标不仅仅是乡村外在形式的变化，更是内部结构的变化。习近平总书记还强调，"我们要深入挖掘、继承、创新优秀传统乡土文化"[②]，既要补文化"短板"，也要促文化发展。繁荣发展乡村文化事业和文化产业，不断提高乡村文化效益，使其具有文化生产力，不断提高乡村社会文明程度，让历史悠久的乡村文化在新时代展现其魅力和风采。

一是增强乡村文化自信。没有乡村文化的高度自信，没有乡村文化的繁荣发展，就难以实现乡村振兴的伟大使命。"文化自信，是更基础、更广泛、更深厚的自信。坚定文化自信，是事关国运兴衰、事关文化安全、事关民族精神独立性的大问题"[③]。乡村文化是中华优秀传统文化的重要组成部分，是农民的精神家园和心灵寓所，更是增强文化自信的重要资源。正如习近平总书记强调，"从中国特色的农事节气，到大道自然、天人合一的生态伦理；从各具特色的宅院村落，到巧夺天工的农业景观；从乡土气息的节庆活动，到丰富多彩的民间艺术；从耕读传家、父慈子孝的祖传家训，到邻里守望、诚信重礼的乡风民俗等，都是中华文化的鲜明标签，都承载着华夏文明生生不息的基因密码，彰显着中华民族的思想智慧和精神追求。"[④] 可以说，推动乡村文化振兴是增强农民群众对乡村文化的高度认同感和强烈归属感、弘扬和传承中华优秀传统文化、厚植文化自信根基的必由之路。因此，在新时代乡村文化建设的过程中，务必要充分了解、尊重当地

---

① 习近平关于社会主义生态文明建设记述摘编 [M]. 北京：中央文献出版社，2017：61.

② 十九大以来重要文献选编（上）[G]. 北京：中央文献出版社，2019：151.

③ 习近平关于社会主义文化建设记述摘编 [M]. 北京：中央文献出版社，2017：16.

④ 十九大以来重要文献选编（上）[G]. 北京：中央文献出版社，2019：151.

乡村文化特有的文化内涵、文化风俗和文化自然属性，切不可一意孤行地开展文化创新。在发展过程中逐步建立起乡村文化的自信，立足乡风文明，深入挖掘农耕文化中蕴含的优秀思想观念、人文精神、道德规范，赋予其新的时代内涵，充分发挥其在凝聚人心、教化群众、淳化民风中的重要作用，从而增强人民群众参与乡村振兴的认同感和归属感，从根源上将乡村振兴战略落到实处，还可以让越来越多的人感受到中国农耕文化的魅力。

二是引导农民群众自觉做社会主义核心价值观的坚定信仰者、积极传播者、模范践行者。乡村文化建设的目的是满足人民群众日益增长的美好生活的需要，从本质上讲，社会主义核心价值观是中国特色社会主义文化自信的灵魂和主心骨。习近平总书记指出，"一种价值观要真正发挥作用，必须融入社会生活，让人们在实践中感知它、领悟它"。[①]振兴乡村文化，就必须转变核心价值观在我国乡村的传播途径与方法，在充分了解把握农民的心理、行为习惯、思维模式、现有价值观念的基础上，采取适合乡村特点的各种有效形式，激发农村传统文化活力。把社会主义核心价值观融入农村社会发展的各个方面，转化为农民的情感认识和行为习惯，吸收城市文化乃至其他民族文化中的积极因素，形成积极、健康、向上的社会风气和精神风貌。也就是要引导农民群众自觉做社会主义核心价值观的坚定信仰者、积极传播者、模范践行者，把提倡的与人们日常生活紧密联系起来，在落细、落小、落实上下功夫，让核心价值观的理念自然而然地融入农民日常的生产、生活，使社会主义核心价值观的影响像空气一样无所不在，无时不有，成为农民日用而不觉的行为准则，将社会主义核心价值观的价值体系与行动体系结合起来，使大主题在小活动中真正落地生根，用富有时代气息的中国精神凝聚中国力量。

三是多措并举促进乡村文化建设。由于文化建设既"虚"又"实"，"虚"是指文化建设不像经济建设那样可以立竿见影，通常需要多年的耐心培育才有效果；"实"是指文化虽然看似无形，但实际上可以发挥凝聚人心、塑造乡村共同

---

① 习近平谈治国理政（第一卷）[M].北京：外文出版社，2018：165.

体的强大功能。因此，要把乡村文化振兴贯穿于乡村振兴的各领域、全过程，为乡村振兴提供持续的精神动力。乡村文化建设离不开各级政府的宏观调控，同时离不开人民群众的协同共进。各级政府要把握好发挥市场决定性的作用，要在深入挖掘本地文化特色后，强化乡村文化建设优先投入保障，建立"三资"与各类文化建设项目对接机制，将农业、生态、旅游、文化等资源优势进行有机整合，打破发展瓶颈，打通文化脉络，促进乡村文化产业朝着规模化、特色化的方向发展，深入开展文化惠民活动，提供更多更好的农村公共文化产品和服务。积极推行"按需制单，百姓点单"服务模式，让乡村公共文化服务更为符合乡村居民的需求、更受乡村居民的欢迎，按照有标准、有网络、有内容、有人才的要求健全乡村公共文化服务体系，更好满足乡村居民的基本文化需求。同时，在乡村文化产业建设中，鼓励农民、乡贤、社会力量参与其中，始终坚持农民的主体地位，增强农民文化认同感，给农民充分的话语权、自主权，让农民群众真正成为乡村文化产业的创造者、参与者、受益者。从而形成乡村文化建设的强大合力，促进乡村文化的发展繁荣。

文化景观视角下重庆后工业景观更新
实践解析、反思与建议[①]

肖洪未　朱玲玲　刘欣悦　罗依然[②]

一、引言

工业遗产是由城市孕育，并且随时代不断迭代演进而形成的城市文化资源。由于具有历史、文化、精神、社会、经济、艺术、科技等方面的综合价值[③]，工业遗产成了我国城市发展过程中不可或缺的物质和精神财富。现代化进程加速与城市存量挖潜背景下，对于工业遗产的认知与保护越来越受到国家、社会、行业等的高度重视，工业遗产的保护与利用也日益成为地方经济发展的动力与实现文化自信的重要路径[④]。

我国工业遗产保护起源于2006年无锡会议颁布的首部工业遗产宪章性

① 基金项目：重庆市社会科学规划项目"乡村振兴背景下重庆渝东南少数民族地区传统村落活态保护研究"（2019BS090）。原载于《重庆建筑》2022年5月第21卷总第223期。

② 肖洪未（1981—　），四川资中人，博士，主要从事遗产保护与城市更新方面的研究；朱玲玲、刘欣悦、罗依然，西南大学园艺园林学院。

③ 单霁翔.关注新型文化遗产——工业遗产的保护[J].中国文化遗产，2006（4）：10-47+6.

④ 苏志华.国内工业遗产近十五年研究进展——基于定量与知识图谱的分析[J].现代城市研究，2020（6）：87-94.

文件^①。近年来，我国关于工业遗产保护的研究产出了大量学术成果，如俞孔坚等梳理了中国近现代工业发展历程及工业遗产类别^②，刘伯英等提出了国际和国内关于工业遗产的认知、评价和保护方法^③，阮仪三提出了工业遗产要注重原真性保护的观点^④，朱晓明从历史角度探讨了工业遗产的文化价值^⑤，李蕾蕾等提出了工业遗产保护的旅游开发方法^⑥，季宏、刘抚英等探索了工业遗产的价值评价与更新方法^⑦。

重庆工业遗产是我国工业遗产体系的重要分支，具有时间延续性强、价值完整的特征，对重庆工业遗产的保护研究具有重要的意义与价值^⑧。但当前重庆工业遗产保护存在价值认识片面、保护意识滞后的问题，保护时仅保留部分价值较高的遗产，而忽略价值较低的遗产及相关联的历史环境的保护，或更新后失去了真实性的历史记忆等诸多现实问题。因此，有必要对重庆工业遗产进行重新认知，并结合国际前沿理念对重庆后工业景观更新实践进行反思。

① 《无锡建议》首倡工业遗产保护 [J]. 领导决策信息，2006（18）：18.

② 俞孔坚，方婉丽.中国工业遗产初探 [J]. 建筑学报，2006（8）：12-15.

③ 刘伯英.对工业遗产的困惑与再认识 [J]. 建筑遗产，2017（1）：8-16；刘伯英，李匡.工业遗产的构成与价值评价方法 [J]. 建筑创作，2006（9）：24-30.

④ 李先元.建筑保护：阮仪三谈坚持"原式样、原材料、原工艺" [J]. 新民周刊，2018（50）：16-19.

⑤ 崔燕宇，朱晓明.基于"身体—意象"理论的遗产保护立场差异研究——以上海杨树浦发电厂工业遗产为例 [J]. 建筑技艺，2020（11）：109-111.

⑥ 李蕾蕾.逆工业化与工业遗产旅游开发：德国鲁尔区的实践过程与开发模式 [J]. 世界地理研究，2002（3）：57-65.

⑦ 季宏.近代工业遗产的真实性探析——从《关于真实性的奈良文件》《圣安东尼奥宣言》谈起 [J]. 新建筑，2015（3）：94-97；刘抚英，赵双，崔力.基于工业遗产保护与再利用的上海创意产业园调查研究 [J]. 中国园林，2016（8）：93-98.

⑧ 肖洪未，郭欣，刘磊.重庆工业文化景观遗产的特征、内涵及价值传承研究 [J]. 新建筑，2021（6）：116-120.

二、重庆工业遗产的文化景观特征

（一）时间连续

重庆工业是近现代中国工业发展历程最完整的代表[①]。自 1891 年重庆开埠以来，重庆的近代工业发展史从未间断，总体上经历了开埠时期到"三线建设"时期等连续历史过程中的重大历史事件，这使得重庆工业文化不断发展而逐渐形成连续的工业遗址型文化景观，体现出重庆工业遗产发展的时间连续性。如开埠时期第一家近代工业企业森昌火柴公司，抗战时期汉阳铁厂内迁重庆，"一五、二五"时期长寿狮子滩水电站，"三线建设"时期西南铝加工厂等都是具有工业历史进程代表性的实例[②]。重庆工业遗产记录和见证了城市变迁的历程，对于当今人们学习重庆城市发展变迁历史具有重要意义。

（二）空间多维

重庆工业遗产是特殊类型的文化景观遗产，既具有文化景观遗产的一般特征，也独具重庆近现代城市文明和山水环境的特征[③]。其因地制宜，依山就势，依托山地城市地形地貌选址，形成了多维的景观结构、层次及形式。例如，洋务运动时期，汉阳兵工厂依山而建；抗战时期，国民政府兵工署第一兵工厂利用自然树林隐蔽，在半山腰形成了生产洞；国民经济发展时期，军工厂衰落，生产岩洞保留形成了军工厂遗迹。重庆工业遗产以山水城市空间为背景，形成了具有空间多维性的景观特征。

（三）文化多元

重庆工业遗产深刻蕴含着抗战时期的军工文化、备战文化等文化内涵，映射着匠人精神和爱国主义精神，这些文化与精神的延续在当代具有重大意义[④]。在

① 许东风.重庆工业遗产保护利用与城市振兴 [D].重庆：重庆大学，2012.

② 蒲培勇.三线建设城市工业遗址文化景观研究 [J].开发研究，2017（4）：91-96.

③ 赵万民，李和平，张毅.重庆市工业遗产的构成与特征 [J].建筑学报，2010（12）：7-12.

④ 谢怀建.浅析巴渝文化精神内涵与重庆文化景观建设 [J].探索，1999（2）：92-94.

时间和空间的延续中，重庆工业遗产文化也在不断发展中注入新的元素，新旧文化交融，产生了重庆工业遗产多元的文化形态，典型如钢城文化、天台文化成为当地文化印记的一部分。

三、文化景观视角下重庆后工业景观更新实践解析

后工业景观是后工业时代背景下的产物，意指对工业废弃地进行景观改造后生成的景观①。后工业景观来源于工业文明，是一种地域文化性景观，是对工业发展完成后待重生的遗留场地进行的保护性处理手段②。因此，后工业景观是工业遗产生命延续和功能再利用的活态景观形式。21世纪以来，随着重庆城市经济转型，产业结构调整和城市更新发展，传统工业日渐衰落，重庆工业遗产面临闲置或被拆除的现实困境。重庆后工业景观正是基于以上背景，在对原工业遗产的保护和利用中逐渐形成的。重庆后工业景观的更新发展具有其特殊性，受政策、市场、社会等多因素影响，并且随着城市发展，其更新模式也在不断演变③。本文根据文化动因的不同进行分类，将重庆后工业景观更新模式分为艺术创作型、文化创意型、政策驱动型和科普教育型四类，结合文化景观理论关于文化与景观要素内在作用机制的论述，对以下四种更新模式进行一一解析。

（一）艺术创作型：川美坦克库

四川美术学院的坦克库是重庆工业遗产艺术创作的典范，其融入艺术类高校师生的思考与创作，深受高校艺术文化的影响，是重庆具有代表性和典型性的艺术创作型后工业景观。

---

① 黄晨楠，张健.上海工业遗产再利用为后工业景观浅析 [J].华中建筑，2017（8）：78—83.

② 范昌达，韩沫.浅论后工业景观对周边环境的影响与干预 [J].房地产世界，2022（1）：55—57.

③ 尹添枫，李和平.工业遗产保护规划与控规的冲突情况及应对策略——以重庆市工业遗产保护为例 [C]// 活力城乡美好人居——2019 中国城市规划年会论文集（09 城市文化遗产保护），2019：555—568.

1. 文化动因

川美坦克库的更新主要受罗中立先生个人情怀的影响，借助位于川美校园内的特殊地理优势，川美坦克库成为学校办学特色的一部分。川美坦克库是川美的艺术展板，它的存在激发了川美师生的艺术创作活力，彰显了校园浓厚的艺术底蕴，激活了坦克库的艺术价值与社会价值。

2. 景观表征

川美坦克库的更新实践保留了原有的军工文化，同时以坦克库自身空间为核心，注入艺术创作元素，置入了涂鸦墙等艺术景观形式与符号。另外，更新中对建筑的外立面进行粉刷、涂鸦等装饰，强化场地本身的历史背景，将建筑内部改造成为艺术工作室，使内部空间得以重新利用，提升了空间的功能利用价值（图1）。

| 军事仓库建筑 | 艺术街区 | 仓库室内 |

图1 川美坦克库实景

（二）文化创意型：重庆印制二厂文创园

重庆印制二厂文创园是重庆工业遗产向新时期文旅商融合模式转型发展的典型[①]，带动了地区文创产业的发展，也吸引了电影拍摄等众多文艺活动在此取景，是重庆作为魔幻网红旅游城市的标志之一。

1. 文化动因

重庆印制二厂文创园，是以社会力量为主导，由企业团队、政府、社区组织等多主体共同参与更新的文创园区。文创园整体保留了大部分既有建筑，文创商

---

① 陈玥在.白纸精神——老厂房改造工程的缘起与灵感[J].重庆建筑，2017（6）：40-42.

业投资商签下厂房租约正式进驻厂区。设计团队远赴伦敦，吸收国外工业遗产转型经验，邀请艺术空间建筑设计师以文创为主题进行更新设计，着力使更新后的园区成为年轻人的文化艺术创业中心①。各类社区艺术组织如机车俱乐部、混沌星球商学院等在重庆印制二厂更新发展中对业态引领和商业运作起到了重要作用。

2. 景观表征

重庆印制二厂文创园更新实践保留了原有的工业遗存，彰显了其独有的历史风貌特色，采用了"寄宿式"改造的概念，即在保留老厂区原有风貌的情况下，不破坏一砖一瓦，依托原有房屋主体结构、框架进行改造。设计师仅在建筑外部添加连接，运用彩色镂空钢板，新旧交织，利用类似"屋塔房"的建筑思路，减少对老房子历史印记的破坏，让游客亲身感受历史氛围。场地利用轮胎、自行车、老电视机等元素设置文化景墙、艺术小品，供游客拍照纪念（图 2）。另外，园区主要通过博物馆、立面文化标志、标识牌等景观元素的注入及老厂房、老物件的留存展示讲述故事，游人可于二厂记忆博物馆中了解其前世今生（图 3）。

图 2　重庆印制二厂文创园内部实景

图 3　重庆印制二厂文创园文化展示实景

---

① 夏小萍.渝中之巅鹅岭之上 6 月贰厂文创公园盛大开园 [J]. 今日重庆，2017.

景观与建筑融合，使重庆印制二厂焕发了新的生命力 ①。

（三）政策驱动型：重庆工业博物馆

重庆钢铁厂是大渡口区经济发展的重要资源，也是重庆工业发展历史的重要见证。重庆工业博物馆是在重庆钢铁厂原址上进行保护更新的后工业景观，也是政府主导的工业遗产转型为艺术博览园的代表，肩负着"记载重庆工业历史，丰富城市文化内涵"的使命。

1. 文化动因

重庆钢铁厂的搬迁影响了大渡口区的经济发展，后工业时代的城市发展亟待转型 ②。在重庆市政府的支持下，利用原厂址框架建设文化博览园，并带动周边土地开发建设，从而推动地区经济与文化发展的双赢。因此，重庆钢铁厂遗址更新是在政府主导下，市场经济发展驱动下，依托原厂址空间开展的"文化＋旅游＋房地产"更新模式 ③。

2. 景观表征

对重庆钢铁厂原有遗址采取保护修缮与合理利用的更新方式，将工业遗产打造成为艺术展览馆。更新中保留了部分原有老钢铁厂厂房车间框架形成主要展馆，展示工业行车、炼钢厂高炉烟囱等工业记忆。工业博物馆的主展馆以"无边界博物馆"为设计理念，以主题场景再现和"重庆之眼"等艺术装置创新展览模式，意在唤醒重庆工业的"百年风华"，启封城市记忆。另外，场地内的布置主要为工业设备小品组合，多座工业主题雕塑展现历史片段，如钢铁迷城主题雕塑等，同时利用双缸卧式蒸汽原动机等珍贵机器设备拉近游客与工业文化之间的距离（图4），深化其文化价值的塑造。

---

① 李未韬，陈玥在. 在旧的记忆土壤种一棵新生的树 [J]. 重庆建筑，2017（06）：18-24.

② 中国城市规划学会，重庆市人民政府. 活力城乡　美好人居——2019 中国城市规划年会论文集（02 城市更新）[C]// 中国城市规划学会，2019：11.

③ 赵星宇，徐煜辉. 混合思想视角下的重庆工业遗产更新探究——兼论重庆特钢厂更新策略 [C]// 活力城乡　美好人居——2019 中国城市规划年会论文集（02 城市更新），2019：215-225.

博物馆外景　　　　　　　厂房内部建筑里面　　　　　　　厂房内部

图4　重庆工业博物馆

（四）科普教育型：重庆建川博物馆

重庆建川博物馆是在重庆第一地下兵工厂遗址基础上更新改造形成的，是中国首个洞穴抗战博物馆聚落，是防空洞里的民族记忆，其建馆初衷为"收藏民族记忆，让历史说话"，同时也是爱国主义教育示范基地。

1. 文化动因

重庆建川博物馆是由建川博物馆馆长樊建川牵头，以社会合作和政府支持为主导，收集社会各界收藏品，在政策支持下利用原有的防空洞改造成的民间博物馆。博物馆的主体是依山体和自然岩洞建设的防空洞，其在战争时起到了隐藏重要设备和保护重要生产序列的作用①，具有较高的历史文化价值。

2. 景观表征

重庆建川博物馆更新实践，主要利用室外场地地形优势和防空洞的博物展览空间，连通各独立生产洞，形成层次多样、体验丰富的系列历史陈列馆；利用鹅公岩大桥的桥下空间，美化周边景观，为游人提供休闲活动场所（图5）。建川博物馆更新还通过室内实景还原，展示重庆在抗战时期制造兵器的场景，重庆故事博物馆、票证博物馆中老重庆的一些街市、招牌老店场景等都通过情景再现的方式得以重现，使游客感受到关于那个时代的鲜活工业历史印记（图6）。另外，建川博物馆还设置了历史浮雕墙讲述历史故事，增强了科普教育意义。

---

① 杨帆.重庆军事工业遗产地景观更新设计研究 [D].重庆：重庆大学，2013.

防空洞式博物馆　　　　　　　　　　　　吊脚楼式构筑

图 5　建川博物馆室外景观

图 6　建川博物馆室内景观

四、重庆后工业景观更新的反思

以上四处具有代表性和典型性的后工业景观更新实践案例，延续了重庆工业遗产的历史价值、文化价值、艺术价值、科学价值，创造了社会价值，同时也融入了一定的情感价值与教育价值。工业遗产是活态的文化景观遗产，后工业景观更是工业遗产生命的延续，其更新实践应该以文化景观的价值传承为核心，延续工业遗产自身文化内涵，并通过外部景观表征进行文化展示。然而，在更新实践中重庆后工业景观仍存在文化展示与价值传承不足、地域景观表达较弱、与周边环境发展的适应性不足等问题。

（一）文化展示与价值传承不足

重庆后工业景观更新侧重于物质空间的改造，但对工业文化的挖掘与展示不足，历史信息也未能得到很好保留与再现，存在展示的主题弱，线路不清晰，展示的方式单一等问题。例如，川美坦克库仅将一架坦克作为室外展示，没有对有关坦克库场地历史环境的信息进行保留，展示的方式也比较单一，且坦克与场地关联性较差，没有做到有机统一。而重庆印制二厂的外部环境虽然采用了形态丰富的景观小品，但其风格不协调，原印制厂的历史信息也几乎丧失，景观小品与公共空间缺乏文化内涵，历史事件缺乏展示空间。

工业遗产本身具有历史、艺术、科技、情感、教育等多元价值，而更新实践中较重视历史、艺术、科学价值的传承，情感、教育价值传承不足。例如，重庆印制二厂更新中外部环境景观与其内在文化内核存在割裂，使得人们无法了解到印制二厂的历史信息，缺乏沉浸式体验，难以引起共鸣。另外，工业遗产是多元文化累积形成的，更新过程中容易对其中某一方面内容断章取义，如建川博物馆虽以各个主题展馆来展示各方面的历史信息，但对于原军工厂完整的历史信息解读还不够深入。

（二）地域景观表达较弱

1. 景观表达的真实性扭曲

重庆后工业景观更新实践中景观要素创造性表达方面不够准确，尤其是微观层面景观细部的设计考虑欠妥。如在重庆印制二厂更新实践中，景观要素表达并不符合印制厂的文化真实性与历史真实性，而在"网红打卡地"商业包装下，掩盖和扭曲了历史环境中景观的真实性。

2. 景观载体表达片面

重庆后工业景观更新实践中较多强调工业遗产建筑创新设计，而忽略对景观要素的创新设计表达。例如，重庆建川博物馆更新实践中，博物馆的造型立面富有"防空洞式"强烈的工业遗址气息，但对于外部环境的铺装、植物设计等则与场地工业主题性关联较弱。

（三）与周边环境发展的适应性不足

1. 社会环境：缺乏公众参与互动

重庆后工业景观更新实践中缺乏更新设计方案的公示与反馈，公众参与不足，与社区互动性较弱。从更新主体层面来看，未能反映社区及广大市民的意愿。例如，重庆建川博物馆的位置较偏僻，业态发展还未完善，游客接待量较小，且展示形式多为室内的图片、文字，可停留、游憩的户外空间较缺乏，公众参与性较弱。

2. 功能环境：功能业态缺乏与城市发展的整合

重庆后工业景观与城市、社区发展的协调性不足，部分业态单一，缺乏与周边功能的整合。如重庆印制二厂的业态过于集中，针对游客群体的业态类型较缺乏；建川博物馆的业态发展不完善，部分空间几乎空置；重庆印制二厂与重庆工业博物馆均将业态定位于艺术工作室、文创产业园等，招商并不理想，未能与周边城市功能进行有机融合。

五、重庆后工业景观更新实践发展的建议

针对重庆后工业景观更新实践的现存问题，基于文化景观遗产保护的真实性、完整性、延续性原则，笔者认为，重庆后工业景观更新实践应加强文化传承，提高后工业景观与山水环境的适应性及与城市的协同发展，促进公众参与等。

（一）加强文化的价值传承与创新

每一个场地都具有特定的文化内涵和场所记忆，这也是激发人们归属感和场地文化认同感的关键点[①]。因此，要更加充分发掘场地的工业历史沿革，挖潜特定场地的工业文化内涵，并对场所中能够体现历史文化的元素进行一定的保留，进行适当的更新改造；同时，为加强后工业景观历史信息的传达，其历史元素转化成的景观语言应该具备可识别性和趣味性。

（二）加强景观与山水环境的适应性

文化景观具有与周边环境相适应的特征，重庆后工业景观依山傍水，在空间环境处理上应当因地制宜，顺应山地和滨水空间地势，同时预估未来工业景观的发展趋势，做出一定的预留空间。此外，可利用植物景观来塑造场地的精神文化内涵，使后工业景观与山水环境更好地融为一体。如重庆钢铁厂依水而建，在进

---

① 汤茂林. 文化景观的内涵及其研究进展 [J]. 地理科学进展，2000（1）：70-79.

行生态修复的同时，还可以注重生态植物景观对重钢精神文化的体现。

（三）加强与城市的协同发展

文化景观具有动态发展的时代性特征，重庆后工业景观在特定的历史时期形成了特定的文化。因此，重庆后工业景观更新在传承特定文化的同时，也要适应当代文化景观的功能，利用文化景观的动态发展特点，将工业景观更新与周边用地功能发展有机融合，从而激发周围片区或地段的整体发展潜力。

（四）加强周边社区居民参与互动

文化景观是文化与景观互动的结果，而人作为文化景观发展的主体，应当尽可能地参与其中，公众参与对文化景观演变与发展具有重要作用。重庆后工业景观更新应当以人为本，充分考虑周边居民的生活需求与游客的体验需求等，通过植入互动性的小品设施，塑造具有教育科普意义的文化场所，让本地居民切身感受到历史的演进和场所蕴含的精神文化内涵，从而产生强烈的认同感和文化自豪感。

六、结语

文化景观既是活态遗产保护的一种视角，也是关于活态遗产整体保护的方法论，在后工业景观更新中承担着联系工业遗产文化内涵与景观表征的桥梁角色，对于工业遗产价值传承与景观特征延续具有重要意义。《实施世界遗产公约操作指南》第 79～95 条内容强调了遗产的真实性、完整性概念，即判定保护对象价值信息源的"真实、可信性"及"完整、无损性"[①]，这充分表达了工业遗产的更新不仅是外在环境的重塑过程，本质上更是文化的价值传承过程，使历史与现代产生连接。后工业景观更新在开展动态保护与利用的同时，不能忽略工业文化景观遗产的真实性、整体性、可持续性、可识别性原则，只有以后工业文化景观的价值传承为核心，才能更科学地开展后工业景观更新实践。

---

① 李震，李仁斌. 2005—2014 年《实施世界遗产公约操作指南》的演变与发展趋势 [J]. 西部人居环境学刊，2015（2）：49—53.

WENHUA CHANYE

文化产业

成渝双城文旅产业一体化融合发展研究[①]

李后卿[②]

2020 年 1 月 3 日召开的中央财经委员会第六次会议提出，要推动成渝地区双城经济圈建设，在西部形成高质量发展的重要增长极。2020 年 10 月 16 日，中共中央政治局召开会议，审议《成渝地区双城经济圈建设规划纲要》。2021 年 10 月 20 日，中共中央、国务院印发《成渝地区双城经济圈建设规划纲要》。《成渝地区双城经济圈建设规划纲要》指出，"加强顶层设计和统筹协调，牢固树立一体化发展理念，唱好'双城记'，共建经济圈，合力打造区域协作的高水平样板，在推进新时代西部大开发中发挥支撑作用，在共建'一带一路'中发挥带动作用，在推进长江经济带绿色发展中发挥示范作用。"成渝地区文旅资源丰富，既有相似性又各有特色，各自在区域内壮大成长，在国家双城经济圈大背景下，如何实现一体化融合发展，是必须要回答的现实问题。

一、成渝双城文化旅游产业合作现状

成渝原本一家，山水相依，同气连声，文化同脉同源，1997 年行政区划调整后，虽然川渝分治，各自谋划发展，但双方交流合作依然频繁，经济社会文化

---

① 原载于《决策咨询》2022 年第 1 期总第 67 期。

② 李后卿（1967—　），重庆云阳人，中共四川省委党校哲学教研部主任、教授，中共四川省委、四川省人民政府决策咨询委员会委员（教育文化组），主要研究方向：哲学、文化产业。

仍然存在紧密联系。

（一）宏观政策层面

早在 2009 年，川渝两地开启更深层次的合作，以"好耍"为纽带联结四川和重庆，"四川好玩、重庆好耍"打出对外吸引游客的双子牌组合拳。2016 年，川渝两地达成共识，在旅游等多产业加强合作，一齐发力，采取多种措施为打造国际知名旅游目的地协作并进，签署了《成渝地区文化旅游公共服务协同发展"12343"合作协议》《建立成渝地区公共图书馆联盟的框架协议》《推动成渝地区双城经济圈广播电视发展战略合作协议》等。目前，成都与重庆之间正在构建区域性旅游战略合作联盟，意在利用两地互联网线上和线下旅游的资源，结合两地的资源特色，在传统旅游路线基础上，积极开拓新旅游路线，根据市场和游客需求，进行新旅游产品研发，将两地的优势特色旅游资源整合，以形成旅游经济共享的全新局面。

（二）微观操作层面

巴蜀文化是川渝合作联结的纽带。川渝两地合作交流进一步深化，互动越来越多，举办了"巴蜀文化旅游走廊自由行""巴山蜀水文创联展""成渝双城记·非遗云聚会"系列活动。2020 年 6 月 22 日召开的巴蜀文化旅游走廊推进工作会议，议定了第六届中国诗歌节、推动编制巴蜀文化旅游走廊建设规划、将巴蜀文化旅游走廊打造成为世界知名文化旅游品牌等事项。重庆市成立了以巴蜀文化为核心的旅游走廊建设专项工作组，并且设立联合办公室，定期召开联席会议。重庆的大足区、南川区和武隆区联合成都市、乐山市、阿坝州六城共同发起组建"巴蜀地区世界遗产联盟"，共享六城在区域品牌创建、世界遗产保护、精品旅游路线发布等方面的资源优势和市场开发，共同谱写双城共赢合作新篇章。

二、成渝双城文旅产业一体化融合发展面临的问题

（一）行政壁垒难以逾越

1997 年重庆成为直辖市，这对于川渝两地来说是质的改变，两地由一棵大

树的分枝，变成了同一大区域内的竞争对手，各自在自己的行政区划内独立实施发展规划，合作与共同发展由于行政壁垒而增加困难。四川以成都为发展核心，重庆则由主城区带动，文化旅游业被行政区域割裂，这样川渝间就出现了巨大的发展塌陷区域、断裂带，一体化、融合发展严重滞后于现实需要。

（二）协同性不够导致的同质化

一是跨区域协同性不够。跨区域间的协调始终是横亘在川渝两地的巨大鸿沟，行政区划严重阻碍了市场经济基础作用的发挥，各方无法在经济、社会、文化等方面协同规划、齐头并进，合作共赢的支撑体系脆弱而艰难。单纯从文化旅游业来看，促进文化旅游发展的相关政策法规等没有及时配套，统筹文化旅游产业发展的管理体系亟需建立健全，涉及两地的旅游发展没有形成步调一致、无缝衔接的措施，在迫切的人才流动、信息互通上也存在巨大盲区。

二是开发及营销同质化。成渝地区原本地缘相近，文化相亲，在旅游资源禀赋、营销手段、旅游产品的开发、市场的开拓等方面区分度弱，同质化程度高，相似性导致识别性模糊和市场吸引力降低。成渝各自属于本区域内的龙头老大，两地间无论官方及民间层面，仍然以各自城市为核心节点和首位考虑出发点，以自身利益为标准，视对方为自己的潜在"对手"。在文旅方面主要表现为：在旅游资源开发上，大量重复开发，虽然在一定程度上丰富了区域内的旅游产品，但创意撞车，产品雷同；在旅游线路设计上，以本地景点为主，闭环路线方案设计中欠缺从对方旅游特色出发的统筹考虑。

（三）非核心节点城市文化旅游开发不足

成渝地区旅游资源类型丰富、数量多，高级别、高水准景区的密度远远高于全国平均水平，整体来看成渝地区属于国内旅游较为发达的地区。突出问题表现在旅游资源的核心点位集中于成都、重庆及其周边地区，其他区域旅游资源较弱。众所周知，四川省旅游资源集中于成都以西的川西地区，盆地内旅游资源相对欠缺，重庆市旅游资源除市区外，亦集中于主城及东北部、东部区县，而成渝两城之间广大地区为传统旅游塌陷地区，旅游资源乏善可陈，文化旅游产业发展基础较为薄弱，基础设施建设不充分，公共服务设施等方面还不够完善，有待进一步开发。

（四）旅游管理服务高层次人才短缺

整体来看，成渝地区文化旅游产业发展还面临人才资源总量不足，旅游从业人员文化素质偏低、稳定性较差、流失率较大等问题，亟需培养或者引进对口外语人才和高水平的经营管理人才，文化旅游产业队伍的质和量均需要进一步提升。

三、发展模式及路径探讨

（一）文化与旅游的内在一致性

"千里之行始于足下""读万卷书行万里路"，自古以来文化与旅游天然一体，只是古人尚未发明"旅游"这一专有词语来叙事。如今交通发达，行万里路已经是数小时之内就可以实现的事情，吸引游客的资源，既有沿途的自然风光，又有目的地的人文风韵。无论是自然风光还是人文风韵，内核永远都是蕴含其中的文化本质。文化是旅游的灵魂所在，旅游的深层次驱动力就是文化之魂。国家在顶层设计中于 2018 年将文化部和旅游局进行了整合，这标志着现代意义的旅游再次完美地与文化深度联结。文化旅游的结合是产业升级的重要组成部分，是实现满足人民美好生活的重要途径，是提升国民文化自信心，提升国家形象的重要举措。

文化旅游的融合也是现代文化、旅游产业的升级，二者的深度融汇、系统发展、互相联结，是产业发展的必然趋势。目前，文化旅游的融合还有相当大的缝隙，契合度低，存在着"两张皮"的情况，"宜融则融，能融尽融，以文促旅，以旅彰文"有待深入。文化与旅游是内容与形式的关系，也是引力与驱动的关系，讲究软融合。新时代下，互联网技术、数字技术、各种平台媒体为文化旅游融合发展提供了多样手段，但是根本还是要挖掘文化旅游同质共性点，异质关联点，探索文旅融合新路径。

（二）成渝双城文旅一体化需处理好两种关系

中央明确提出成渝双城经济圈建设，标志着两地合作进入快车道。各方积极行动，2020年3月17日，第一次四川重庆党政联席会议顺利召开，全方位部署工作，开启建设经济圈"一中心两高地"新征程。双城文旅一体化发展，关键点是打破既有的行政壁垒，包括就业、创业及直接关系民生的医保、公积金等，连接点是最大程度吸引国内外游客，共同把文化旅游产业做优做强做大。在文旅一体化的强力推动下，两地同质景区大联合，可谓"宽窄巷子洪崖洞，新区天府和两江，官宣双区齐联动，唱响成渝新篇章"，呈现出市场相互支撑的良好局面。

1. 把握文旅融合基本原则

一是坚持"宜融则融，能融尽融"原则。充分利用文化与旅游融合的可能性，寻找最大的公约数，实现最大程度的融合。二是坚持"以文促旅，以旅彰文"原则。这是充分发挥文化旅游各自的功能，为对方提供发展动力，文化与旅游互相融合又联动，既合二为一又相互赋能，各自独特性得以充分发挥。三是坚持"市场导向，项目带动"原则。兼顾好市场与项目这两大核心经济因素，市场有需求，项目有保障，市场和项目共存共荣。项目要满足市场需要，市场给项目提供方向。四是坚持"统筹协调，互补共赢"原则。文化旅游的融合要统筹发展，互补联动，各自发挥自身最大优势，形成综合实力，产生综合效益。五是坚持"特色创新，质量发展"原则。高水准、高质量是文旅发展的必然要求。

2. 明确文旅融合重点方向

文旅融合是一项复杂的系统工程，为更好地推进文旅融合，必须明确主要任务，突出工作重点。一是文化保护的基础上实现文化与旅游发展有机结合。文化丰富旅游内涵，旅游拓展文化传播，二者有机结合，协同发展。旅游大发展必须是在尊重文化、保护文化的前提下，二者的融合才是"1+1>2"。二是文化旅游产业和文化旅游事业有机结合。文化的传承性、旅游的市场性，要在融合中实现平衡协调，保证文化旅游产业可持续健康发展。三是继承优秀文化传统与创新发展有机结合。传统的保护意味着文化根脉的传承，创新的基础是保护文化原汁原味，不能随意杜撰、哗众取宠、博人眼球。四是抽象文化传承传播利用与具体文化创意产品有机结合。文化的抽象性决定了其传播和利用需要具体产品来表现，研发原创的文化产品是将抽象文化具象化的重要途径。五是本土文化与异地文化有机结合。文化在传承基础上借鉴，不同地域间文化的同与异，彰显了不同地域旅游资源的独特风姿，本土文化与异地文化实现有机结合，促进文化交流，实现文化旅游的多元融汇。

（三）成渝双城文旅一体化模式与路径探讨

1. 发展模式

通常情况下，一体化是将两个或者多个区域内文化旅游相融合，以实现更大综合效益的发展模式，发挥能量聚集效应。成渝双城通过建立健全协同发展机制，出台各项有力的鼓励支撑政策、规划、指导建议，从顶层设计层面增强一体化进程，发挥政府的行政保障作用，推动一体化的深入发展。成渝双城经济圈文旅一体化的整体思路是构建以成都、重庆为双中心，以成渝交通通道为主轴线，以周边城市为重要组成成员，以发展协同为核心理念，以自然生态、历史遗迹、民俗文化、都市观光、乡村休闲为核心内容的一体化融合发展模式，构建具有重要国际、国内影响力和吸引力的"大成渝旅游圈"。

成都与重庆，这两座具有重大影响力的超大城市协同并进，积极实现双城经济圈的"圈"效应。成渝双城文旅产业的一体化融合具备多重先天优势，首先是双城各自的综合实力旗鼓相当，发展同步性极强，这样就为文旅产业一体化融合奠定了基础。其次双城可谓兄弟手足相连，地域界限不存在强烈的割裂性，文化同质程度高，城市间的交通通达性好，游客流动性极强，巴蜀文化作为双城的文化纽带，紧密联结了双城的文旅产业。此外，两个极核同时辐射资源，形成了两个特大型文化旅游辐射圈，互相促进、互相补充，具备值得期待的远景，必将成为地域合作的又一个典型案例。

不同地域间文化旅游产业想要实现一体化融合，一般需要经历两个阶段。初期，要有足够的行政保障。同地域属于不同行政区划，因而就有不同的行政环境，这就需要政府间的协作，政策层面的互相协调，对于产生的经济利益、社会影响等予以客观合理评估和分配，拿出最大的合作诚意。不同地域间的运作方式、优秀人才培养、发展规划等都需得到行政支持。下一步就是深化旅游企业与其他旅游组织的一体化进程，充分发挥旅游企业主体性，实现企业与企业之间的协作共赢，包括企业发展各种市场资源、人才、品牌等 ①。

2. 发展路径

成渝双城经济圈文旅一体化实施层面上，建立利益补偿机制、强化市场平衡机制是关键，整体布局、整体规划、水乳交融、资源共享是具体路径。要强化问题意识，以问题为导向，拓宽对外合作，积极学习先进经验。坚持以环境为保障，积极开拓市场，引进资源，全方面、多层次参与竞合，做好以下五个协同。

第一，政府管理与服务协同一体化。川渝两地要摒弃狭隘的地方观念，逐步推动实现两地政府文化管理与服务协同一体化。一是建立川渝旅游发展联盟。由省级政府出面，建立成渝双城文旅合作发展联席会议机制，探索建立川渝旅游发展联盟。联席会议定期召开，并常设工作专班机构，聚集双方省级及市（区）各级单位协同推进，建立完善规划统筹机制，共同研究制定区域旅游发展战略，形成两地党政统筹、齐抓共管的文旅长效合作发展工作新格局。二是加强旅游部门与企业间沟通协调。为旅游产业发展培养优秀人才、协调内部矛盾等。

第二，文旅资源开发利用协同一体化。高水准的旅游资源多数呈聚合状态，而更多的旅游资源则分散性占多数，如何利用这些分散旅游资源就成为一个比较现实的问题。要充分推动分散的文化旅游资源变成聚合体，则线—团—片是其能够发挥最大作用的基本聚合形式。对于成渝两地来说，巴蜀文化是文旅产业融合发展的灵魂，资源整合势在必行。一是要加强文化旅游资源的整合。二是要注重文化旅游资源错位开发。实现两地文化旅游资源扬长避短，形成错位发展的旅游开发格局。三是要构建系统的旅游产品体系。要在上述资源整合与错位开发的基础上，从结构、布局、市场多角度切入，进一步完善提升旅游产品体系的系统性。

第三，文旅产品营销与推广协同一体化。由于川渝地区地缘相近，人文相亲，旅游资源同质性较强，难以区别出各自鲜明特征，不可避免地存在目标市场交叉。两地要加快构建跨区域文化旅游大市场，共同开发包装旅游线路，打造特

① 付洪利. 成渝经济区旅游协同发展的研究 [J]. 中国商贸，2014（22）：183–185.

色旅游品牌。一是要构建区域一体化旅游营销系统。要积极引导川渝两地协会、民间组织、企业等共同研究制定区域整体旅游市场开发策略，通过创建旅游电子商务服务平台，在线路设计和推广等形式进行市场联合开发共享、营销上实施整合促销推广，形成发展合力，力促"互为旅游目的地、互为旅游市场"的基本利益格局形成。二是要统一区域文化旅游形象。打造成渝文化旅游的形象代言品牌。三是抓好旅游市场监督管理和服务质量改进，让游客有宾至如归的体验。

第四，交通设施建设与提升协同一体化。川渝地区地处我国西南，区域可进入性落后于东部地区，要大力完善交通等基础设施，尤其是川渝之间的互联互通，补齐跨区域交通路网短板。一是航空方面，发挥好成都天府国际机场作用，加快重庆第二机场论证，支持西昌、绵阳、宜宾、泸州、南充、达州、广元、九寨黄龙、万州、黔江等地机场改建提升。二是铁路方面，在既有成渝高铁提速运行的基础上，加快成渝中线高铁推进。三是高速方面，继续推进成资渝高速建设，尽快启动老成渝高速改建拓宽工程。四是公路方面，继续加密区域间路网，提高路网质量，具备条件的 5A 级景区、国家级旅游度假区实现二级及以上公路全覆盖。

第五，考核激励与扶持政策协同一体化。一是要完善考核机制。把涉及成渝双城合作的文化和旅游发展项目纳入考核体系。对于两地间跨区域投资发展的文旅企业，享受本地企业同等支持待遇。三是要保障用地支持政策。及时安排用地计划需要，尤其是成渝双城中间腹地，文化旅游产业发展基础相对薄弱的各地市，要从省级层面平衡用地指标，加大用地倾斜和支持力度。

巴蜀一家亲，成渝一盘棋，文化旅游的建设是成渝双城文化旅游产业一体化融合发展的具体表现。成渝山水相依，巴蜀文化同脉相通，在国家大力推动下，成渝植根于国内，同时面向世界，全面打造国内超级旅游双子城，以塑造世界级旅游目的地为远景发展目标，共同谱写新时代的双城交响曲，共同开启协作共赢的新篇章，共同为我国经济第四级发展作出新的贡献。

西南民族地区传统文化与旅游产业
融合发展的模式研究[①]

陈红玲　　陈彩雁[②]

一、引言

　　旅游以传统文化为载体，而传统文化需要借助旅游来传承，传统文化博大精深、源远流长，传统文化的传承与发展是中华民族树立文化自信、实现文化强国的重要途径。因此，推动传统文化与旅游产业高质量融合发展已然成为国家及各民族地区的新趋势。2021 年 5 月 6 日，文化和旅游部印发的《"十四五"文化和旅游发展规划》明确提出要推进文化和旅游融合发展，促进文化产业和旅游产业深度融合、创新发展[③]。西南民族地区主要是指重庆、四川、云南、贵州、西藏，是多民族地区，有壮族、彝族、傈僳族、朝鲜族、纳西族和藏族等少数民族，其传统文化丰富多样，具有形式各异的习俗，但是由于现代文化的涌现和西方文化的不断融入，传统文化受到了极大的冲击，正在逐渐被淡化、被西化，甚至被商

────────────

　　① 　基金项目：广西哲学社会科学规划项目"广西康养旅游发展的影响因素与提升路径研究"（20FJY043）。原载于《广西经济》2022 年第 3 期总第 453 期。

　　② 　陈红玲，博士，广西大学工商管理学院副教授，南宁师范大学旅游与文化学院副教授；陈彩雁，广西大学工商管理学院硕士研究生。

　　③ 　陈红玲，郑馨. 城镇化与文旅融合发展的动态关联研究：基于产业融合视角的 PVAR 模型分析 [J]. 生态经济，2021，37（8）：112−117，125.

业化。因此，如何传承发展传统文化则越来越受到国家和各个地区的重视。在习近平新时代中国特色社会主义思想指导的背景下，如何促进西南民族地区传统文化与旅游产业融合发展成为一个亟须解决的现实问题。

二、西南民族地区传统文化与旅游产业融合发展的意义

（一）文旅融合资金投入加大，经济效益良好

我国是统一的多民族国家，各民族地区通过多种方式弘扬和发展当地传统文化。近年来，西南民族地区在注重保护民族传统文化资源的同时，积极发展当地具有民族特色的传统文化旅游产业。从西南民族地区文化和旅游事业费（表1）上看，其费用的投入正逐年增加。2020 年《中国文化文物和旅游统计年鉴》的相关数据显示，截至 2019 年末，西南民族地区投入文化和旅游事业费用居于前二位的分别是四川 472219 万元、云南 388802 万元。云南省文化和旅游厅数据显示，截至 2019 年底，云南文旅总收入达到 12291.69 亿元，较上一年增长了30.9%。可见，西南民族地区响应国家文旅融合号召，推动传统文化与旅游产业融合发展，从总体的市场发展和资源利用等方面来看，其融合发展的步伐正在不断加快，形成了良好的发展态势。

表 1　西南民族地区文化和旅游事业费（单位：万元）

地区	2005 年	2010 年	2015 年	2016 年	2017 年	2018 年	2019 年
云南	42036	86881	191211	218727	241003	299680	388802
贵州	18731	53676	119936	151128	193288	177391	185675
四川	44523	143902	395788	403685	413220	430242	472219
重庆	17505	77350	169727	204828	207405	212048	241452
西藏	8003	21050	57816	72824	83889	100867	102479

（二）少数民族众多，传统民族文化多元

西南民族地区具有丰富多彩的传统民族文化，也是少数民族分布最多的地

区，主要有藏族、白族、傣族、水族、佤族、苗族等民族。截至 2019 年末，西南民族地区内居住着的世居民族，贵州有 18 个、四川有 12 个，云南除汉族以外，人口在 6000 人以上的民族有 25 个[①]，其中最具有云南民族地区特色的少数民族有 15 个，分别是哈尼族、白族、傣族、傈僳族、拉祜族、佤族、纳西族、景颇族、布朗族、普米族、阿昌族、怒族、基诺族、德昂族、独龙族[②]。重庆少数民族人口最多的两个民族分别是土家族和苗族。近几年，西南民族地区抓住了旅游产业发展的机遇，利用民族特色的资源优势，通过"旅游＋民族传统文化"或"民族传统文化＋旅游"的发展模式，将民族多元的传统文化与旅游产业深度融合，开发了形式多样的文化旅游路线和文化旅游产品，吸引了越来越多的海内外旅游者前往旅游，在弘扬当地民族传统文化的同时，促进了当地旅游业的发展，提升了文化旅游产业的经济地位。

（三）形式多样的民族传统文化与旅游融合发展

相对于我国东部沿海经济发达的地区，西南民族地区大多是山地丘陵，当地少数民族主要居住在高山和林地。由于其地理位置、地形特征和传统习俗，西南地区创造了由传统体育、服饰文化、节庆歌舞和民族语言等单个或多个传统文化项目与旅游资源融合的文化旅游产业，主要按照传统节庆、体育、歌舞和习俗四大类型展示具有代表性的文化资源（表 2，笔者归纳整理）。如果游客到拉萨旅游，恰逢"望果节"期间，则可以到乡间观看赛马、"斗风筝"；在贵州旅游可以看到苗族姑娘穿着多彩的传统苗族服饰，云南、贵州等地的射箭和陀螺；蒙古族、藏族、彝族和哈萨克族等多个民族所喜爱的赛马。可见，西南民族地区发展了以民族传统文化项目为旅游资源发展旅游产业的新模式，如贵州西江苗寨充分发挥其多项国家级非物质文化遗产的民族文化资源优势，巧妙地将服饰、饮食、婚俗和建筑等传统民族文化融入旅游产品中，开发出了具有观赏性、娱乐性和知

---

① 李宇军.中西部民族地区的文旅融合发展：现状、问题与对策分析 [J].贵州民族研究，2020，41（7）：121—125.

② 向丽红，胡先奇.云南高原特色农业发展探讨 [J].现代农业科技，2013（16）：322—324.

识性的文化旅游产品,形成贵州西江苗寨特有的文旅"西江模式"①。传统文化产业与旅游产业的融合充分发挥了西南民族地区传统文化旅游资源优势,带动了当地传统文化的发展,也使得传统文化多元的内涵在旅游产业中得以释放②,对深化西南民族地区传统文化与旅游产业融合发展具有推动作用。

表 2 西南民族地区传统文化资源概况

资源类型	代表性资源
传统节庆文化	苗族"苗年"和"四月八";藏族"新年和酥油灯节";白族"三月街";瑶族"盘王节";布依族"六月六";侗族新婚节、斗牛节;傣族泼水节;彝族火把节;贵州凯里国际芦笙节
传统体育文化	斗牛;赛龙舟;摔跤;射击;赛马;打花鼓;苗族捞油锅、上刀梯、引火烧身、武术和舞狮子;踩鼓
传统歌舞文化	云南傣族"孔雀舞""象脚鼓舞";苗族"摆手舞";侗族"芦笙舞";布依族"铜鼓舞""织布舞""狮子舞""糖包舞"、唢呐、月琴、洞箫、木叶、笛子;侗族"大歌""拦路歌";瑶族"蝴蝶歌"
传统习俗文化	摩梭人"走婚";布依族"同宗或同姓严禁通婚";土家族和苗族"哭嫁";纳西古乐和古文字;彝族的"抓娃子";佤族的"猎头祭谷";苗族"吃油茶"

三、西南民族地区传统文化与旅游产业融合面临的困境

西南民族地区的文化旅游产业虽然有了长足的发展,对社会、经济和文化都产生了积极效应,但是当地在文化旅游融合发展的过程中,仍存在着文化旅游产业融合发展不平衡、不充分现象,其大多是针对某一民族传统文化项目与旅游融合,文化旅游资源整合不足,传统文化与旅游融合的商业气息较重,缺乏品牌意识和创新意识。

① 吴忠军,宁永丽.民族乡村经济振兴的"西江模式"研究 [J].广西民族研究,2018(6):115-121.

② 李宇军.中西部民族地区的文旅融合发展:现状、问题与对策分析 [J].贵州民族研究,2020,41(7):121-125;吴忠军,宁永丽.民族乡村经济振兴的"西江模式"研究 [J].广西民族研究,2018(6):115-121.

（一）文旅融合发展意识薄弱

在西南民族地区，很多青年人出外务工，在家乡的主要是年老的长者和年少的孩童，年长者受传统观念影响，对文旅融合发展的共生理念淡薄[①]。受传统文化和旅游产业是各自独立发展的传统观念影响，一些人认为旅游的开发会对文化遗产造成破坏，不利于传统文化的传承和保护，对传统文化与旅游产业融合发展的积极性不高，由此导致民族传统文化资源的活化利用程度不足，传统文化传承的方式较为单一，民族传统文化没有真正融入旅游产业。民族歌舞表演主要体现的是观赏性，没有突出传统音乐舞蹈的民族意义和民族文化内涵，一定程度上阻碍了传统文化与旅游产业的融合发展。

（二）部分民族传统文化项目被边缘化，濒临消逝

在开发文化旅游产品的过程中，经营者往往是迎合旅游消费者的口味单方面地对某一文化旅游产品进行开发和营销，如民族歌舞表演、特技表演、民族服饰展示等。为了消除与旅游消费者的沟通障碍，促进旅游消费，当地居民逐渐汉化，用普通话进行日常沟通交流，往往忽视了具有民族地方性的少数民族语言。近些年来，少数民族语言由于使用人口逐渐减少，代代相传的意识弱化，有些少数民族语言濒临消逝，如云南阿昌族仙岛语和蒙古族卡卓语。此外，随着国家实力的增强和国家政策的开放，劳动者可以在城市与城市之间多个区域流通，人们的工作和生活方式也逐渐发生变化，不再依赖传统的文化项目和技能生存，通过手艺、口耳代代相传的传统节庆体育文化、传统服饰刺绣工艺等则日渐式微，在西南民族地区旅游看到的杂技表演者、绝技大师、刺绣者大多年事已高。王希恩研究者提到在 20 世纪 80 年代末，诸多少数民族中的一些民族歌舞、曲艺和民族传说等民族传统文化失传的现象已经开始出现[②]。可见，有些民族传统文化面临失传的危机。

---

① 熊海峰，祁吟墨. 基于共生理论的文化和旅游融合发展策略研究：以大运河文化带建设为例 [J]. 同济大学学报（社会科学版），2020，31（1）：40–48.

② 王希恩. 论中国少数民族传统文化现状及其走向 [J]. 民族研究，2000（6）：8–16，105.

（三）文旅资源开发整合意识不强，缺乏创新

从近几年相关旅游学者对文旅融合的研究和当地推出的文化旅游产品来看，西南民族地区部分传统文化产品在与旅游产业融合时呈现出商业化、同质化现象，文旅产品之间连贯性、互动性不足，难以满足旅游者更高层次的旅游需求。在旅游景区，开发者往往侧重于传统文艺歌舞、高难度杂技表演，产品单一，从互动性和体验性上难以满足旅游消费者切身体验的需求，导致观赏性大打折扣，再加上缺乏系统完整的旅游资源，致使游客逗留时间缩短。旅游市场上具有民族文化元素的旅游商品，有些手工技术一般，样式简单无创意，容易被模仿，这些缺少创新的旅游产品，难以激发旅游消费者的购买欲望。

（四）政策资金投入不足，基础设施薄弱

西南民族地区少数民族大多数居住在山区，区域之间发展不平衡，相关部门的政策支持和资金投入较少。部分偏远的民族地区沿线的交通基础设施不完善，导致当地的文化旅游资源对旅游消费者的吸引力不高，旅游者来一场"说走就走的旅行"难以实现。再者，一些景区旅游厕所和旅游住宿的基础配套服务设施不完善，旅游者到当地旅游只能选择民宿或者是和当地居民一起居住，旅游消费者的旅游体验未能达到预期；景区里基础餐饮设施少有配备，旅游者逗留时间短，致使旅游消费者的满意度不高。由此可见，西南民族地区在传统文化与旅游产业融合建设的过程中，基础旅游服务设施薄弱成为其文旅融合发展的阻碍，亟须提升景区、景点等地的旅游基础服务设施。

四、民族传统文化产业与旅游产业融合发展模式

传统文化产业与旅游产业融合模式是一种互惠共存、可充分发挥彼此优势的经济文化共同体，两种产业在融合发展的过程中会产生不融合现象，面临资源整合、产业转型升级等问题，要适应文化旅游市场的需求，相互渗透发展。针对上述所提到民族传统文化与旅游产业融合发展存在的问题和文旅不融合现象，本文认为当前文旅融合切实可行的融合模式有政府导向模式、民族传统文化带动旅游

模式、旅游带动民族传统文化模式和其他产业与文化、旅游融合的文化旅游一体化模式[①]（图1）。

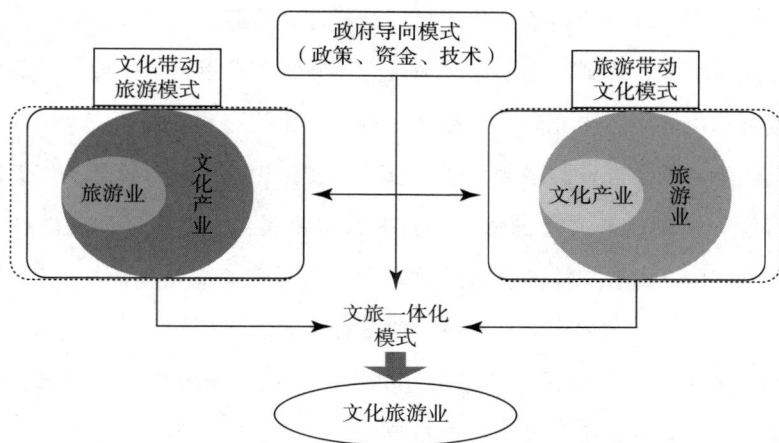

图1 文旅融合发展理论模型

（一）政府导向模式

政府在传统文化与旅游产业融合的过程中担当着重要的角色，贯穿于文化旅游融合的全过程，起到导向作用，因此政府要为传统文化与旅游产业融合发展提供更多的政策支持和指导，各民族地区要根据国家文化和旅游部出台的相关政策和指导性意见积极采取因地制宜的文旅融合措施，正确处理好传统文化与旅游产业融合的关系，创造良好的民族传统文化与旅游产业融合环境。在西南民族旅游基础设施相对薄弱的地区，政府应大力支持或干预来弥补市场及自身发展的不足，如加大优惠政策扶持力度，给予技术和资金支持，改善当地旅游环境，完善旅游基础服务设施。此外，旅游行政管理部门要大力提倡和加以引导，形成传统文化与旅游产业深度融合的共识，不断强化当地文旅融合的意识，打造文化旅游服务平台，扩大传统文化旅游市场，提升文化旅游供给和促进文化旅游消费，提

---

① 邢启顺．西南民族文化产业与旅游融合发展模式及其社会文化影响 [J].云南民族大学学报（哲学社会科学版），2016，33（4）：122-127.

升文化旅游服务质量^①。

（二）民族传统文化带动旅游模式

"以文促旅"是指在传统文化浓厚的地区，以发展文化产业和弘扬民族传统文化为主要目标，从民族传统文化产品逐渐延伸到旅游产品，在旅游产品中融入民族文化元素的融合模式。西南民族地区文化旅游产业融合层次较低，其独特的文化旅游资源优势仍然未充分发挥出所应有的文化效应和旅游效应，可以通过民族传统文化驱动旅游产业的融合发展，以传统文化为文旅融合依托，以旅游产品为传播媒介，实现传统文化创意和民族地方文化活化，逐渐带动旅游产业的发展。20 世纪 90 年代末，韩国在金融危机后积极采取"文化立国"的国家战略，建立以文化为主导的文化产业与旅游产业融合发展模式，最终使韩国的旅游业焕发出商机，吸引了大量旅游消费者前往旅游，推动了旅游产业的发展。由此观之，文化产业在发展旅游产业中发挥着举足轻重的作用，西南民族地区可以充分发挥其民族传统文化的独特优势，开发具有民族特色的文化产业，利用举办文化旅游节、民间节庆、文化旅游展和博览会，如云南大理白族"三道茶"，四川彝族火把节、傣族泼水节，贵州凯里国际芦笙节等方式大力宣传推广，拉动民族地区旅游产业发展，让民间文化旅游节庆会展活动成为民族文化拉动文旅高质量融合发展的引擎。

（三）旅游带动民族传统文化模式

西南民族地区可以基于自然景观、名胜古迹、山间田园风光、古镇村寨等有形资源发展旅游业，主动与本民族传统文化融合发展，通过大众旅游的热潮，传承和发展民族文化产业。西南民族地区旅游胜地众多，如云南泸沽湖、玉龙雪山和丽江，贵州黄果树瀑布，四川九寨沟和峨眉山，西藏拉萨布达拉宫等，不胜枚举。这些旅游胜地一直以来是不少旅游者的主要选择，因此这些景区可以作为带动民族传统文化发展的引擎。一般观光型的旅游产品不再是旅游消费者的需求，旅游消费者追求的是满足观光、休闲体验和学习的更高层次、更有内涵的旅游体

---

① 曾博伟，吕宁，吴新芳.改革开放 40 年中国政府推动旅游市场优先发展模式研究 [J].旅游学刊，2020，35（8）：18-32.

验，相关旅游行政管理部门可以将一些富有民族文化内涵的文化资源转化为旅游产品，提升旅游产品的质量和层次，吸引旅游者慕名而来，推动民族传统文化和旅游产业的深度融合发展。

（四）文化旅游一体化模式

文化旅游一体化指的是文化产业与旅游产业在一定的空间范围内，通过产品、服务、市场等一体化措施[①]，积极将其他产业与文化、旅游产业融合，实现文化与旅游产业互动互融的一体化发展模式，如打造文旅名城、文旅名镇名村、文旅博物馆和文旅演出等多种新业态发展模式。各个民族地区要根据当地的环境、经济、文化和市场特征，进行市场定位和产品定位，开发文化旅游一体化产品；借助国家、地方政府的政策扶持和保障措施，改善本民族区域的文化旅游发展环境，营造民族传统文化与旅游产业一体化的发展氛围；通过旅游宣传服务平台拓宽文化旅游推广渠道，加快民族文化与民族旅游一体化发展的步伐，创造文旅一体化深度融合发展的文化旅游积极效应。

---

① 邢启顺. 西南民族文化产业与旅游融合发展模式及其社会文化影响 [J]. 云南民族大学学报（哲学社会科学版），2016，33（4）：122-127.

增强国家物质凝聚力目标下
健全现代文化产业体系研究①

蔡扬波②

党的十九大报告指出，要将文化产业发展成为"国民经济支柱性产业"，为了实现这一目标，要"健全现代文化产业体系和市场体系，创新生产经营机制，完善文化经济政策，培育新型文化业态"。中共中央在"十四五"规划中，把健全现代文化产业体系作为文化建设三个重点任务之一。我国经济正从高速增长阶段向高质量发展阶段转型，文化产业经济发展也同样如此。所不同的是，文化产业除了具有一般产业的经济属性外，还具有明显的意识形态属性③。国家物质凝聚力是国家凝聚力的首要构成部分，是在满足人民的物质需要基础上，人民对国家形成的向心力④。任何一个国家必须要把为人民群众提供生存和发展所需的物质保障作为本国最重要的任务。大力发展文化产业经济，把文化产业经济作为重

① 基金项目：本文为 2021 年重庆市教育委员会人文社会科学研究重点项目"建成文化强国目标下新时代中华民族凝聚力研究"（21SKSZ044）、2021 年重庆市社会科学规划年度一般项目"新时代文化强国视阈下提升中华民族凝聚力研究"（2021NDYB009）的阶段性成果。原载于《文化软实力研究》2022 年 12 月第 6 期第 7 卷。

② 蔡扬波，博士，重庆三峡学院马克思主义学院副教授，主要研究方向为思想政治教育、马克思主义中国化。

③ 杨伟民．推动高质量发展的途径是什么 [EB/OL]. (2018−12−13) [2022−04−30]. http://www.cfen.com.cn/rwcj/sxh/201812/t20181213_3092351.html.

④ 刘学谦，刘玉成，何新生．当代中国国家凝聚力研究 [M]. 北京：当代中国出版社，2020：80.

要的国民经济支柱，有利于进一步提升国家物质凝聚力。新时代，需要科学发展文化产业，充分发挥文化产业在增强国家物质凝聚力方面的重要作用。

一、内在关系：文化产业为国家凝聚力增添经济支柱

（一）文化产业的发展促进物质经济的增长

文化产业与其他产业不一样，它兼具"文化"和"产业"的双重属性和内涵。既然将文化作为一种产业，就表明文化在作为一种精神需要的同时，也能作为一种物质资本进行投资和生产，并创造出利润价值。把文化视为促进经济增长的生产要素是实施文化产业的战略要求。文化作为一种无形资产，一旦渗入产业之中，对推进内生型经济增长具有重要作用。自然资源与人文因素相结合，其经济效益会呈几何级数增长。例如，旅游产业中的自然资源经过文化打造，释放独具特色的文化元素，就会给旅游者带来精神快乐，从而促进旅游者消费。传统产业和文化因素相结合，可以明显提高产品的附加值，如传统手工艺产品如果蕴含民族文化特色，再通过新媒体技术进行宣传，其升值空间就会大大提高。文化产业的创意性和辐射性能推动其他产业的发展，文化产业的发展也能推动其他产业经济结构的自发性调整，可产生远远大于文化产业本身的直接市场经济收益和社会效益。

文化产品与其他产品区别的关键在于它的意识形态属性表现得更加明显，在某种程度上反映着思想道德、人文艺术和科技水平等重要文化因素。文化产品实现文化思想的渗透后，一旦得到广大消费群体的认同，就会在一定领域内占领经济市场。正是因为如此，文化产品在特定时期会表现出自然垄断的属性。文化产品的垄断竞争性具有高收益的特征，许多文化投资者会瞄准这些高盈利领域。文化产品的初期创意成本需要投入较高的固定成本，但制作完成后的复制成本就会相当低廉甚至可以忽略不计。文化产业的规模效应及部分文化产品的非竞争性促使其产品的相对成本会大幅下降，而总收益却会迅速上升。如一张 CD 的初期制作成本很高，一旦制作完成，后期大规模复制生产的成本不会成比例地随之增加。同时，随着文化产品种类的增多和市场规模的扩大，文化产业链就会不断延伸和拓展。

（二）大力发展文化产业能激活劳动力就业市场

劳动力就业涉及国家的民生工程，劳动力就业情况直接影响人民的幸福指数，进而影响到国民凝聚力的强弱。我国原文化部于 2017 年 4 月 19 日发布的《"十三五"时期文化产业发展规划》提出，到 2020 年让我国的文化产业成为国民经济发展的支柱性产业，并通过文化产业带动相关产业的发展，进一步促进劳动就业规模的扩大和就业结构的科学化调整。目前已经取得了明显的成效，大大激活了劳动力就业市场。

1. 拓宽劳动就业渠道，文化产业大有可为

从国际上看，特别是西方发达国家，都把文化产业看成最具发展前景的朝阳产业，其主要原因之一就是该产业能创造出大量的就业岗位，能吸纳众多的高、中、低端人才。在网络化、数字化的信息社会，能够为大量的高精尖端人才提供合适的技术岗位和管理岗位。因此，我国也把文化产业作为重点扶持的战略性产业。文化产业的本质是经济和文化的一体化生产，对于一些服务性的文化产业，能够形成一条龙式的产品服务，为广大人民群众拓宽就业渠道，吸纳更多体力劳动工作者。例如，旅游文化产业除了需要大量的管理人才、专业的网络信息人才和历史文化故事解说员等文化层级较高的服务者以外，还需要大量的向导工作者、餐饮服务工作者、垃圾清扫工人、司机、保安等一线服务者。

文化产业发展蕴含着广阔的就业前景。在新技术、新理念、新政策的支持下，文化产业分工更加细致灵活，既可以是规模化的企业生产，也可以是个体化生产，把现代技术和传统行业有机结合起来，不受地域、空间和时间的限制，为文化消费者提供了多样性选择，同时为解决不同人群的就业岗位提供了千载难逢的机遇。近年来，我国文化产业逐渐成为推动实体经济和为广大群众提供就业的重要领域，同时世界文化产业总体市场规模也不断扩大，为不同国家文化交流人员提供了就业机会。

2. 新兴文化产业衍生新的岗位需求

新兴文化产业主要包括：文化创意、影视制作、出版发行、广告宣传、乡村旅游、演艺娱乐、文化会展、网络作家、数字内容和动漫游戏等重点文化行业。

行业种类的拓展和分工的细密能够为相关专业人员提供充足的就业岗位。文化产业政策的出台和文化体制的改革为学员提供了大量文化相关专业的学习和培训机会。民间艺术团体和官方艺术团体的数量显著增加，演出市场的繁荣与发展为艺术人才增加了就业机会。在乡村文化振兴的大背景下，文艺演出与乡村旅游相结合，也为当地的人们直接或间接地提供了就业岗位。我国的数字内容和动漫游戏产业正处于高速发展期，从创作、制作、发行、授权到产品的销售，具有较长的产业链，需要多个部门协作配合才能完成，能为动漫及相关专业的学生提供大量的就业岗位。而且，我国具有庞大的动漫消费市场，但目前国产动漫产品质量参差不齐，在国际上受认可的精品数量极少，大量的消费需求未得到满足，仍需要大量产业相关人才去进一步推动产业发展。此外，我国还缺乏懂管理、懂市场、懂艺术的高端文化人才和综合素质较高的文化艺术类人才。

3. 发展文化产业可带动其他相关产业，促进劳动就业

文化产业中某一行业的发展往往会带动其他相关产业的发展，从而产生就业岗位上的乘数效应，创造更多的就业机会。例如，文化旅游产业作为密集型产业，其产业链涉及"食、住、行、游、购、娱"等多个方面，可以带动交通、建筑、商铺、餐饮、娱乐和住宿行业等多个相关行业的发展。文化旅游产业就业空间非常广阔，具有打造成本相对较低、就业门槛较低、重复使用率高、消费大众化明显等特征。新时代，文化基础设施建设正在大力推进，为解决城镇和乡村的剩余劳动力就业提供机会；广播电视业的发展给音像制品、影视制品、家电产品、通信设备等行业创造就业岗位；广告业的发展促进了咨询、公关、印刷、装饰、设计和服务等行业的劳动就业。

文化产业的发展与劳动就业形成了共栖、融合、衍生和促进的辩证关系。我国目前文化产业的发展还不成熟，加之社会经济的发展还不充分、不平衡，文化体制改革和相关制度的完善还有很长的路要走。我国文化产业的发展和壮大还处于多层次、多形式、多格局的阶段，集约型、高科技的生产经营手段和粗放型、传统式的生产服务方式并存。高智能文化产品能够为专业知识强的人员提供劳动就业岗位，大众式的生产经营与服务能够为普通劳动者提供就业机会。随着文化

产业市场的不断成熟，劳动者素质的不断提高，文化产业中知识密集和科技密集行业也会不断增多，其分工也会更加细密，其劳动就业空间就会不断扩大。反之，随着居民经济收入的增长，对具有智能化、艺术化、生活化等特征的文化产品的需求越大，也会进一步促进劳动就业。

（三）科学发展文化产业有助于满足文化消费与需求

文化消费是人们对文化产品和服务的物质支出活动与精神享受过程。新时代以来，随着国民经济收入的提高和文化产业科技化水平的不断进步，人们对文化产品和服务的需求出现多样化、高质量、高品位特征，文化产业的多门类、多层次的服务体系满足了人们快速增长的文化需要。文化需求的满足为国家凝聚力的提升提供了必要的物质基础。但目前文化产业发展不平衡等问题制约了大众文化消费与需求，只有科学发展文化产业，为公众提供更多、更好的文化产品和服务，才能为国家物质凝聚力建设增添新的动力。

1. 文化产业发展不科学会导致文化消费与需求的结构错位

首先，受文化产业不均衡发展的影响，基本文化消费和发展型文化消费的增长受到制约，而享受型文化消费却超前发展，消费结构明显失衡；享受型文化消费配置了大量高档娱乐设施，虽然能满足少数富裕阶层的文化需求，但是容易造成文化资源在某段时期的大量闲置，而普通大众进行文化消费所需的文化资源却不能得到完全满足。其次，不同地区消费格局的不平衡现象突出，表现在经济发达和欠发达地区，大众文化消费内容、消费需求与消费能力相互错位。目前，我国城市文化市场正在快速健康地发展，而农村文化市场建设却相对滞后。乡村居民文化消费意识淡薄，在一定程度上抑制了文化消费需求的快速增长。最后，我国文化产业市场化程度与发达国家相比仍显不足，加之文化资源分散、缺乏有效的整合，难以将大量的优质文化资源转化为文化精品，抑制了大众更高的文化消费需要。

2. 重视乡村文化产业发展，能拉动文化消费需求增长

近年来，国家对乡村文化产业建设方面投入了大量资金，但是乡村文化产业发展仍然与城市相差很大。首先，为了促进城乡文化产业协调发展，需要加大乡村文化产业的投资力度和政策保障力度。我国农村贫困人口比城市更多，农村地

区的经济发展水平不高决定了农村文化产业投入长期不足的现状。政府需要设立支持乡村文化产业发展的专项资金，在财政上加大向乡村文化产业倾斜的力度。其次，找准乡村新型文化消费目标和消费内容。对农村文化产业结构进行调整优化，根据农民文化消费的实际需求和重点需求，有针对性地提供文化产品和服务，不断填补乡村人民对文化产品需求的缺口。同时，把重心放在卫生体育、文化教育等方面，以更好地满足城乡居民日益增长的文化消费需求①。最后，要大力加强农村文化基础设施建设，培养当地文化引领人才。把主要资金用在兴建和改造适应村民文化消费需求的硬件建设方面，包括文化活动室、公共卫生室、图书阅览室、小型舞台剧场等。加大对文化专业人才和管理人才的培育和扶持，鼓励大学生为乡村文化产业发展服务，并通过"一揽子"政策留住本地中青年，激发他们为乡村文化发展献力献策的信心。

3. "文化消费意识和需求意向"与"文化产品质量和效益"相互影响

居民收入水平的提高促进了人民生活水平的改善，在文化消费意识和需求意向方面有所提高。但是，居民对物质文化产品消费的结构仍然不尽合理。这与文化产品质量和数量有关，也与消费者需求意愿、消费习惯和消费意识相关。近年来，居民精神文化消费水平得到明显提升，但是受传统物质文化产品匮乏等因素的影响，部分居民不习惯于把个人资金用在精神文化产品的消费上。相关部门可以通过多种媒体加大正确消费意识的宣传力度、倡导绿色文化消费观念，培养良好的消费习惯，引导居民把闲置资金用在有益于身心健康、有利于社会治安良性运行、有利于推动经济社会发展的消费项目方面。文化产业部门应关注消费潮流和趋势，生产出符合主流文化的文化产品，提供能激发居民消费热情的文化服务，不断提高消费市场的活力和吸引力。例如，智能手机、电脑、数字电视等电子产品的不断更新大大促进了消费需求②。要根据消费潮流确定文化产品的生产

---

① 祁宇婷，单怡芹，赵星.我国消费需求变化与文化产业发展的辩证关系研究 [J]. 当代经济，2017（30）：11-13.

② 祁宇婷，单怡芹，赵星.我国消费需求变化与文化产业发展的辩证关系研究 [J]. 当代经济，2017（30）：11-13.

方向和项目规划，努力开发出受群众喜爱的新的文化项目，为群众文化消费提供新的动力源泉。善于对传统文化进行深度挖掘和创新，不断提升文化产品或服务的质量，培育文化消费新的增长点。整合文化资源，打造一批能吸引消费者眼球的文化品牌，充分利用地方的特色文化资源满足异地消费者的好奇心。要善于根据不同时期、不同地域、不同民族的变化特征对消费者心理进行针对性的研究，为消费者提供高质量的文化产品和服务，不断提高文化产品和服务所带来的经济效益，进一步增强国家物质凝聚力。

二、问题分析：现代文化产业体系不健全制约了物质凝聚力

（一）文化产业体制机制不完善影响了文化产业的竞争力

1. 文化产业的网络化治理与行政化体制现实之间的矛盾

计划经济时代，国家和社会高度一体化的政治文化对我国文化管理体制产生了重要影响，使得文化产业管理表现出高度的行政依附性。文化产业内含的社会效益性质与价值理念等与意识形态高度相关。因此，我国文化产业在发展过程中政府主导特征明显，以教科文卫组织为代表的事业单位和机构在文化产业发展和文化产品提供中承担了大量的工作，而这种行政化体制与现代市场机制存在着一定的冲突。近年来，网络化推动了大众文化需求的高涨，在市场经济不断走向成熟的背景下，更多的社会资本和非公有制企业加入文化产业的投资和治理之中，极大地挑战了利维坦式的管理理念，自媒体时代和数字化时代下文化产业的市场发展与政府主导下文化产业的规范化发展之间还没有实现完全契合。大数据时代文化产业的创意元素不断增强，推动了网络经济的发展和多元治理思维的出现。公共文化资源、公共文化产品和服务的供给模式在互联网技术平台的支撑下不断转型升级，政府在文化产业的发展战略上也必须做出适当的调整以缓解二者之间的矛盾和冲突①。

---

① 姜雯昱，曹俊文.以数字化促进公共文化服务精准化供给：实践、困境与对策 [J].求实，2018（6）：48-61，108.

2. 中国特色文化产业发展路径与国际化发展方向之间的矛盾

文化产业兼具文化与经济的特征，在"构建人类命运共同体"的现代语境中，文化产品与服务不能与文化产业的国际化方向相对立，文化产品的消费市场必须实行走出去战略，才能获得更多的经济效益。在"互联网+"的新媒体时代，文化产品和服务的国际化发展思维更加明显，其更新的速度较之过去是一日千里。改革开放的浪潮也冲击着我国文化产业发展的国际化转型与创新速度。但同时，如果文化产业在发展中只是一味地模仿其他国家而没有民族特色和中国风范，就不能凸显文化的多样性、特殊性和互补性。中国五千年的文化和多民族文化决定了中国文化产业发展有其自身鲜明的中国特色。同时，中国需要通过富有特色的文化产品和服务在国内实现文化共享，同时通过文化产品输出向其他国家传播正义、公平和民主的社会主义意识形态，让西方国家在潜移默化中接受中国正能量，从而更好地实现文化产业的社会效益。当然，如何处理好文化产业发展的中国特色和国际化发展之间的冲突的确是个棘手的问题。

3. 文化产业发展政策法规、监管体制滞后与产业竞争力之间的矛盾

目前，我国文化产业需要提升核心竞争力和文化产品的创新能力，需要加快拓展文化产业的投资和融资渠道，不断形成完整的产业链。但是，我国文化产业发展的制度环境和监管体制相对滞后制约了我国文化产业的快速发展，导致我国文化产品与发达国家相比存在着技术层次较低、吸引力和创新力不足的问题，产品的文化附加值和科技含量不高，较多文化产品还处于中低档次和初级加工生产阶段。对传统文化的挖掘不够且保护不力，文化产品不能很好满足目标人群，导致文化产品的消费市场受限、经济收益不高。我国文化行业单打独斗现象导致了文化产业链难以形成，各行业之间缺乏必要的合作和联动，文化产品的品牌效应不强[1]。我国文化产业的投资和融资渠道还比较单一，缺乏市场化的投资机制和权威性的资产评估机构，大型企业和国有企业也主要依靠政府投资和银行贷款。中小型文化企业投（融）资渠道门槛较高，很难通过资本市场投资、融资[2]。

---

① 陈萍.文化软实力的经济学分析[D].长春：吉林大学，2010：150.

② 姚红.中国文化软实力提升研究[D].长春：东北师范大学，2017：45.

我国文化产业竞争力还不强大，现有的政策法规还不足以为文化产业的发展提供良好的保障。虽然，近些年以来我国相继出台了《文物保护法》《非物质文化遗产法》《著作权法》《广告法》等一些法律、法规，但到目前为止还没有出台文化产业的根本大法，电影法、广播电视法、演出法等这些文化产业的基本法律在我国目前仍停留在行政法规的层次。多数地区还没有建立统一高效的文化产业监管体制，各自为政、管理混乱、多头执法和上级领导部门过分干涉等问题突出，上级文化行政管理部门对文化市场知识产权保护不力[①]。监管机构受政府部门指示和命令，其独立性难以得到充分保障，文化产业监管部门的管理职能和监督职能相互交叉经常导致"多头监管"的局面。过多运用行政许可、行政处罚等强制性传统监管手段也导致了文化企业缺乏核心竞争力和市场活力[②]。

（二）文化供给与文化需求结构不对称影响了文化生产力

我国文化产业领域发展的不平衡和不充分的问题凸显，无法满足人民文化产品的多样化需求，我国文化产品结构失衡和总体质量不高的现象依然突出，文化消费实力同发达国家相比还有很大差距[③]。随着我国个人收入的提高，人们的精神生活需求日益多样化和高质量化，但文化供给不足、文化产品质量不高等问题制约了人民群众的文化需要，文化消费与文化生产之间结构性错位影响了文化生产力的发展。与发达国家相比，我国文化产业收入在国家 GDP 总量中的占比较低，文化消费规模较小，文化产业的生产力不强导致了潜在消费规模总量严重不足。文化产业总体供应不足，需求侧缺口巨大。文化产业供给侧与需求侧之间结构性不匹配问题非常明显，低端供给、过剩供给、低俗供给占比较多，"僵尸"供给和"呆滞"供给挤占了文化市场空间。中低端文化产品积压严重，文化产品的生产过剩限制了文化生产力。人们所需的高质量、高科技文化产品却生产不足，不能满足人民的实际需要。近些年，虽然陆续出现了一批精品良作和"拳

① 沈红宇. 当代中国文化软实力问题研究 [D]. 北京：中共中央党校，2013：76-78.

② 陈萍. 文化软实力的经济学分析 [D]. 长春：吉林大学，2010：141-142.

③ 吴一波，陈俊. 新时代我国文化产业发展的现实挑战与路径选择 [J]. 中共南京市委党校学报，2019（1）：71-75.

头"产品，但高质量文化产品数量不够。文化产品总体上内容单调，原创力不足，人们对高质量文化产品的需求无法得到满足。

受国内文化产业结构性失衡影响，文化产品需求外移倾向明显。我国人口基数庞大，在出境旅游方面消费总量和客源市场规模居全球第一，国外的大量文化奢侈品成了我国富人文化需求的内容，资金的大量外移影响了我国高质量文化产品的生产。相反，我国文化产品"走出去"的效果不佳，我国在创意产品、新闻产品和图书出版等方面明显落后于发达国家，影视制作、动漫游戏等文化产品打入世界市场的较少。我国文化企业总体实力不强，文化产业集团多以行政手段为主导，缺乏市场活力。中小微文化企业的总体实力普遍较弱，无法在国际市场上占有一席之地。此外，我国文化产业区域发展不平衡，创意产业主要集中在东部城市，中西部虽然具有独特的文化资源优势，但是由于受经济、地理和交通的限制，难以形成规模化生产。

在公共文化供给与需求方面，政府主导下的文化供给对公众实际需求考虑较少，更多强调硬性指标的完成，如大量的农家书屋存在场地无人使用、书刊无人借阅的现象。很多文化基础设施闲置浪费，而居民需要的有效供给产品又相当匮乏。政府很少与农民进行深入沟通，很少调查访问了解农民真正的文化需求。农村文化项目结构单一、地域文化色彩不明显，政府举办的文化下乡活动次数偏少、辐射面不广、缺乏连贯性，难以满足村民的多样化需求。贫困地区存在一定程度的文化供需错位现象，文化服务设施利用率不高，没有实现文化的"精准供给"，供给的灵活性和弹性度不高，文化供给的内容和方式更新慢，未能充分运用现代科技手段让人们便捷地获取所需的文化服务。不同地区群众文化需求呈现多样化特征，如果文化供给更新缓慢，必然会导致文化产品的吸引力不足。随着人们生活水平的提高，文化需求层次也在不断提升，很多人在文化需求的选择上更愿意通过移动互联网获取信息服务，而较多地区"互联网＋文化"服务平台明显不够。

（三）传统文化资源现代转化与创新不够影响了文化增值力

传统文化资源是相对于现代文化资源而言的，是人们在生产、生活实践活动中积累和保持下来的物化形态、行为形态和精神形态，包括人化自然、器物、文献、艺术、传统节日活动、传统礼仪和风俗习惯等具体内容，既有物质文化遗产又有非物质文化遗产。新时代，要让文化产业成为国民支柱性产业，就必须高度重视对传统文化资源进行现代性转化与创新，让传统文化资源的社会效益和经济效益得到全面彰显。文化新业态对传统文化业态的生存空间不断挤压，导致了传统文化产业的创新驱动力不足。为了让现代文化产业和传统文化产业并驾齐驱，有必要对传统文化资源的开发和利用作深入研究。在传统文化资源的现代转化与创新方面，还存在诸多问题与不足。

传统文化资源除了具有丰富的文化价值外，还具有重要的经济价值。但是，目前更多的是关注如何管理和保护传统文化资源，而对如何科学合理地开发利用传统文化资源还做得很不够。我国各民族传统文化资源非常丰富，地域特色非常明显，但这些丰富多彩的传统文化资源还没有形成较为系统的文化产业。没有将传统文化资源中的精华与糟粕进行科学甄别，优秀传统文化的创造性转化和创新性发展明显不足，传统文化资源潜在的经济价值没有充分挖掘出来。现代文化产业和传统文化产业没有发挥优势互补、各取所长的作用。

在对传统文化资源的开发和利用上，没有充分与时代需要相结合，创造出新的文化产品和服务。由于没有充分认识到社会效益和经济效益之间的辩证发展关系，部分地区在开发和利用上为了追求短期的经济效益忽略了长远的社会效益，最终导致无法获得长远的经济效益。对传统文化资源开发思路狭窄、创新能力不强，为追求经济利益显得盲目和庸俗。对传统文化资源进行破坏性、掠夺性开发与利用，忽视了对传统文化资源的保护。在开发的过程中，要么是不开发、要么是乱开发，没有做到天人合一、因势利导、顺势而为，粗放和简单的开发造成了人、财、物的大量浪费。

在对传统文化资源的内容创新方面，没有充分发掘文化产品或服务所承载和表达的精神价值，没有通过对传统文化资源的整理进行原创性的构思设计和时尚型创作，对民俗文化、地域文化等特色文化的保护性创新力度不够。没有将传统文化与现代科技有机结合起来推陈出新，满足消费者的文化追求。在内容创新方面，没有贴近群众生活与实际需求。传统文化资源现代转化的关键是创意创新，但由于创造力和想象力欠缺，在传统文化资源的开发和利用中，相互模仿、简单复制、千篇一律的问题较为突出。没有找到如何进行情景设计、故事讲述的关键点，导致很多文化产品质量不高。为了追求娱乐性和休闲性，一些传统文化资源通过加工和改造，成了品位不高、低俗化、媚俗化和庸俗化的文化产品或文化服务，这种文化产品或服务虽然能在短时间内受到部分消费者的欢迎，但很难在国内、国际带来巨大的经济效益。

在对传统文化资源的转化和创新过程中，没有体现不同民族、不同地区、不同行业文化的差异性和个性化，特色不鲜明、异质性不明显、吸引力不够。在形式的创新上，没有将现代的声、光、电等多媒体技术与传统文化资源相融合，没有将传统文化资源与数字技术、智能终端、三维动画和特技制作等相结合，以加强文化产品的艺术表现力和感染力。在对传统文化资源创新过程中，缺乏跨界融合的思想，没有实现从传统的单一文化产品向多元、立体、高科技文化产品转型升级。没有将传统的杂技、魔术、舞蹈、音乐、电影等艺术巧妙地融为一体，增强传统文化自身的感染力、吸引力和震撼力，以提升传统文化产业链价值。由于受科技水平和创意能力的限制，传统文化资源的转化形式较为单一，创造性不强，传统文化的资源优势到资本优势、产品优势到产业优势的转变缓慢，传统文化产业的增值效益还不高。

三、路径措施：增强物质凝聚力目标下健全现代文化产业体系进路

（一）加强供给要素的融合创新与转化提升文化生产力

1. 促进文化、科技、网络和数字融合创新

2017 年 7 月 14 日，我国原文化部印发的《文化部"十三五"时期文化产业发展规划》指出："落实创新驱动发展战略，促进演艺、娱乐、动漫、游戏、创意设计、网络文化、文化旅游、艺术品、工艺美术、文化会展、文化装备制造等行业全面协调发展，以重点行业的跨越式发展助推文化产业成为国民经济支柱性

产业。"一是增强文化产业科技创新能力。以中国特色自主创新为主，注重新技术研发，大力推进原始创新和集成创新。充分发挥社会主义制度优势，依靠文化产业创新战略联盟，集体攻关重大科研项目，重点突破关键核心技术。利用数字化、互联网和人工智能等高新技术对工艺、技术和装备等文化领域平台加强研究。二是力促科技文化成果落地。主要通过企业主体在市场中的具体作用，将理论上的科技成果转化为现实的文化生产力[①]。政府和文化部门应为文化科技成果转化提供服务平台，为了激发企业主体的文化产业活力，要引导研发主体根据市场需求进行技术研发和产品创新。通过构建绩效评价指标体系促进文化科技成果转化，并为科技成果转化提供孵化场地和投融资对接等服务。三是促进文化产学研深度融合。政府需要提供政策性指导和制度性安排，高校和科研院所充分发挥自己的研究优势，文化企业围绕市场需求加强技术生产和推广应用，金融机构为文化产业的发展提供必需的资金支持。只有聚合相关机构和文化部门的力量并协调推进，才能实现文化行业的产学研一体化发展[②]。

2. 推动中华传统文化创造性转化和创新性发展

中央高度重视中华优秀传统文化的传承与发展。我国优秀传统文化源远流长，文化艺术内容宏富，道德文化内涵深透，需将中华民族的历史文化资源优势转化成文化产业的高质量发展优势。现阶段我国文化产业发展中，仍然存在优秀传统文化元素体现不足和创新动力弱的现象，中国传统文化产品的国际表达能力还非常有限。伴随着我国综合国力的强大，需要进一步提升国民对本国文化的认同感。中华传统文化题材产品的生产和消费能力还比较弱，其满足人民需要的增量空间还比较狭窄。因此，需要加大对传统文化资源的产业化开发和利用。可以通过文化创意手法，以产业思维激发市场活力，为"保护好、传承好、利用好"历史文化遗产提供动力，注重对非物质文化遗产的开发和创新，以活化传统文化、促进现代文化产品的审美价值和经济效益。深入贯彻执行《关于推动文化文

① 丁元.推动新时代文化产业高质量发展路径初探[J].行政与法，2018（11）：71-79.

② 李培峰.新时代文化产业高质量发展：内涵、动力、效用和路径研究[J].重庆社会科学，2019（12）：113-123.

物单位文化创意产品开发若干意见的通知》等文件精神，推动优秀传统文化和文物、文化创意相融合，博物馆、文化馆、非遗传承中心等部门应主动与文化创意企业在文化产业方面交流合作，可以通过联合开发、政府购买、艺术传授等多种手段推动传统文化资源转化为高质量文创产品。

3. 创新文化资本和文化人才的供给方式

文化产业的发展需要大量的资金扶持，除了增加财政资金外，各类非营利性和公益性文化项目离不开社会各界的捐资兴建。创新金融体制、引导信贷资金、调动社会资金及吸引外国资金，通过共同参与发挥各类投资基金的作用。政府通过项目补贴等方式为文化企业的发展提供坚实的资金支持。在创新文化资本供给上，通过探索互联网众筹等融资模式创新文化无形资产融资模式，采取商业贷款贴息、项目资助和股权投资等多种方式加大对中小微文化企业的融资支持，不断加强财政资金、金融资本和社会资本的协同合作，为文化企业的全方位、全流程提供资金帮助①。在创新文化人才供给方面，首先要对文化产业进行科学分类，根据新型文化业态合理设置相关专业和课程。注重培育学生创意创新理念和宽厚的学术基础。其次要围绕市场需求采取"订单式"人才培养，加强文化企业与高校之间的对口与合作，通过建立文化产业教学基地将高校学生定期输送到文化企业接受系统的实践学习，不断完善"嵌入式"人才培养，高校专家也可以定期对文化企业员工进行专业知识培训。最后，注重复合型人才的培养。在文化全产业链的模式下，人才需求结构往往容易失衡。因此，需要培养学生跨界融合的思维方式，文化管理人才与文化创意人才的培养同时并重。通过对选人用人机制、激励机制和高尖端人才引进机制等一系列改革，进一步优化文化企业的人才供给和流动。

（二）优化文化产业结构实现经济效益和社会效益高度统一

1. 优化文化产品结构，提升品牌效应

文化产品的结构优化需要从以下几个方面着手：一是注重提高文化产品内容的社会效益。文化产品不同于其他类型的商品，其主要功能在于发挥社会影响

---

① 安娜，张文松. 新时代中国文化产业供给侧结构性改革探析 [J]. 西南民族大学学报（人文社会科学版），2018，39（9）：153-160.

力，具有明显的意识形态成分。因此，文化产品必须以内容为"王"，通过内容价值影响人的精神和塑造人的灵魂，体现新时代中国人的精气神，释放出激浊扬清、风清气正的正能量。减少消极、落后的低端文化产品供给。将中华优秀传统文化中的丰富资源和创意元素与现代互联网、人工智能、数字技术等高科技形态相互融合渗透，打造出艺术品位和科技含量高、思想道德精深、制作技术精良的精品力作。二是突出文化产品的区域特色、民族特色和时代特色。文化产品要体现不同地域的文化特色，包括区域著名的历史人物、人文景观和风土人情等文化资源，通过深入挖掘区域特色文化资源，将人文底蕴融入影视作品、动漫游戏等现代文化产品之中。注重少数民族非物质文化遗产的开发和利用，通过民俗民间艺术活动、竞技比赛、互动体验等方式与乡村旅游相结合，增加当地文化产业经济效益。三是打造和做强高端文化品牌。所谓文化品牌，就是指消费者对文化产品的一种高度认同，是文化产品和企业文化的映射，是影响文化企业发展的无形资产。品牌产生的价值和效能与其拥有网络的正外部性、消费节点和传播维度相关，文化企业品牌、版权等无形资产对企业来说是急需保护、管理、应用和拓展的。在立足本土文化的基础上充分借鉴国外先进经验提升品牌培育能力，加大品牌技术研发和创新力度，借助国内的新技术、新业态和新模式打造出享誉中外的文化品牌。加强与"一带一路"沿线国家文化产业的合作，把国内的优秀文化作品输送到他国，提高文化品牌的认知度和影响力并获取经济利益。加大对"中国艺术节""民俗交流节""中国北京国际文化创意产业博览会""上海国际电影节""国际运动会"等大型活动的宣传和推广力度，使其成为促进中国文化品牌走向世界各国的重要平台。

文化产品的品牌效应可以大大提高文化产品的附加值，从而提高文化产品市场竞争力。因此塑造出成功的文化产业品牌，可以为文化企业提升荣誉度并创造出更大的利润空间，如电影界的知名导演和知名演员给电影票房带来的高附加值和高利润。一旦消费者认可某一文化品牌内在价值并满足自我需要，这个品牌就会成为消费者乐意接受的对象。从近几年来看，游戏、影视、新闻出版和网络文化成为我国文化产业中颇具品牌优势的行业。文化品牌独特的文化价值在于不受国界、民族甚至意识形态的束缚，绝大多数文化产品能吸引全世界人民的共同消费。国外文化品牌不断涌入我国，对我国文化产品"走出去"产生了巨大的冲击并形成了激烈的竞争。文化市场竞争日趋激烈，倒逼我国文化产业的改革与发展，我国必须全力打造自主的文化品牌，以推动文化产品的高质量发展。针对我国国情和国际文化市场，充分吸纳中国传统文化元素和民族风格，创建具有自主知识产权的文化品牌。通过实地考察和科学论证，设立文化创意产业园区，组建文化产业集团和产业链，发挥文化产业的集成规模效应和联动效应，进一步增强我国文化企业核心竞争力。

2. 优化文化业态结构，激发市场活力

在文化产业创新驱动的过程中打造新业态，是新时代文化领域供给侧结构改革的目标和方向。《"十三五"国家战略性新兴产业发展规划》提出："到 2020 年，数字创意产业应该成为重点培育的五个产值规模达 10 万亿级的新支柱产业之一。"可见，"文化 + 数字"产业已经成为新时代文化产业发展的新趋势，除原有的"文化 + 科技"业态以外，"文化 + 互联网"新业态已被众多的文化企业主体广泛使用，通过"文化 +"与互联网、信息技术的有效融合造就了具有经济活力的新领域，这种内生驱动力必然成为各地区经济转型发展的新动能，给文化市场带来了无限的商机。例如，通过互联网推出与动漫形象相关并深受年轻人喜欢的商品就产生了较好的经济效益。此外，根据不同地区经济发展状况和地理位置特征，将因地制宜和因时制宜相结合，推出"文化 + 制造""文化 + 信息服务""文化 + 教育""文化 + 卫生""文化 + 体育""文化 + 农业""文化 + 养老"等多种形式，还可以通过"文化 + 餐饮""文化 + 景点""文化 + 纪念品"一体化形式打造文化旅游名镇名街名村，将运动休闲、农耕体验、田园风光和文化创意融为一体，成为新的经济增长点。充分依托当地文化遗产带动经济发展，借助古建筑群、历史遗迹和古文物等硬件设施，通过民俗节日庆典、乡村巡回演出、艺术展览等多种具体表现形式不断优化文化业态结构，实现地区特色经济的发展[①]。

---

① 丁元. 推动新时代文化产业高质量发展路径初探 [J]. 行政与法，2018（11）：71-79.

3. 优化文化区域结构，整合文化资源优势

优化文化区域结构需要不断整合不同地区的文化资源优势，一是推进全国东、中、西部文化产业的聚合发展。特别是中西部地区，应充分利用自身民族文化特色、原生态绿色资源和气候特征，注重相邻地缘文化产业的互补和联动，形成文化产业集群。找准自身文化特色和竞争优势，加强文化产业化整合和空间化聚集，形成具有相互支持的文化产业带。要抓住"一带一路"和长江经济带发展契机，开发利用好本地区文化资源特色，推进文化产业向善向好不断发展。二是打造中西部文化产业信息服务和文化资源共享平台链。文化产业的区域联动效应离不开互联互通的平台支持。近些年，中西部地区道路交通更加方便快捷，为跨区域经济的发展提供了良好的外在环境，推动了不同地区文化资源的共享和互赢。互联网时代，还需要借助电子商务等方式广泛开展线上跨区域营销。构建创意研发设计平台开展文化技术合作，通过资源配送和社交平台加强媒体合作、文化交流和学术往来，不断规范投（融）资和交易平台，促进文化企业规模的扩大和文化资源优势的互补。

（三）完善文化产业体制机制为产业发展提供制度保障

文化产业高质量发展需要良好的制度环境，通过深化文化管理体制改革进一步释放社会活力，推动文化产业持续健康地发展。文化管理体制的改革要以培育文化企业市场主体地位和规模化生产为目标，政府应在税收、金融、财政、土地、人才等方面给予宏观政策支持。通过逐步完善市场机制，提高资源的配置效率和使用效率，构建金融资本、社会资本和专项资金相结合的投（融）资体系。重新整合、调配文化行政管理权力，进一步降低行政成本和提升文化管理效率，加强文化管理多部门之间的统筹联动，提升文化产业跨界融合能力。通过优化制度供给激发市场新动能，让市场在各类文化资源配置中发挥决定性作用。通过制度集成的有效设计，推动旅游、生态农业和文化类制造业等相关文化产业深度融合。通过营造良好的政策制度环境，积极发展新业态、新模式、新服务、新消费，生产出形式多样、内涵丰富、满足群众不同需要的文化产品。最终形成文化产业高质量发展的新格局。

1. 优化文化企业的内部治理机制

一是建立中国特色现代文化企业制度。把党的领导意志贯彻到公司治理的各个环节，充分发挥企业党组织在公司治理过程中的作用，建立健全"双向进入、交叉任职"的领导体制。进一步深化文化企业人事、用工、分配等人力资源制度改革，建立符合绝大多数职工利益的激励机制、考核机制和监督约束机制，充分激发职工工作的积极性、主动性和创造性。完善党委政府监督管理国有文化资产相关制度，实现监事会、董事会、股东会等各机构之间相互制衡。切实提升政府和企业决策的科学性、严密性和有效性。二是进一步优化文化企业的生产经营机制。完善文化企业目标考核评价体系和"双效统一"的协调机制，制定企业经营目标任期考核机制、领导任期聘用机制、业务能力培训机制和薪酬多元分配机制等，并逐步探索新业态股份分红和相关激励机制。

2. 完善文化产业的行政管理体制

不断完善文化产业行政管理制度，一是深入推进政府部门由办文化向管文化的职能转变，政府部门应当明确自己的管理职能和权力定位，不能事必躬亲管理文化企业营销的具体细节。根据新时代文化业态和文化模式的转型，撤销与现阶段文化产业发展不相适应的职能部门和相关机构。同时，根据文化产业发展的新变化组建与之相匹配的新的职能部门，尽量减少不必要的管理层次，避免多头管理问题，适当增加管理幅度，形成按职能划分的横向部门组织结构。政府部门要敢于和善于放权，合理、有效地将部分行政管辖权让渡给其他文化归口部门，更好地解决文化产业跨界融合发展中的管理难题。二是逐步探索新型文化业态的监管方式和手段。传统的行政管理方法很难适应新时代文化产业发展方向，需要运用互联网、云计算和大数据等信息技术手段提升新型文化业态的监管效力，通过搭建智能监管平台、健全信用评价体系抓好事前、事中、事后全过程监管。

3. 完善文化产业的政策法律支撑体系

近年来，我国文化产业发展非常迅速，成为国民经济支柱性产业的趋势日益明显。但文化产业发展中仍存在一些问题，如文化产业经济政策和法治环境亟需进一步完善。完善文化产业政策法规体系，一是完善统领性文化产业发展法。根据我国文化产业发展需要抓好顶层设计，科学制订战略规划和配套政策，加快推进国家层面的《文化产业促进法》出台。2019 年 12 月 13 日，司法部发布关于《中华人民共和国文化产业促进法（草案送审稿）》公开征求意见的通知。草案送审稿聚焦"促进什么""怎么促进"两个核心问题，着力加强对文化产业发展方向的引导，将保障国家意识形态和文化安全作为贯穿本法的"红线"，并在内容、技术、投资等方面做出了制度性安排。2020 年 8 月 8 日，第十三届全国人大常委会第二十一次会议对《中华人民共和国著作权法修正案（草案二次审议稿）》进行了审议。此次《著作权法》修改完成后，《著作权法实施条例》《著作权集体管理条例》《信息网络传播权保护条例》《计算机软件保护条例》等配套的行政法规也应该及时进行修订和完善。近年来，未成年人沉迷网游、直播等网络产品和服务不能自拔造成悲剧的事件时有发生；网络暴力、色情、涉毒等不良网络信息更对未成年人健康成长造成极大的负面影响。目前，中国在未成年人网络保护的立法方面仍存在很大空缺，尽管在《未成年人保护法》和《网络安全法》中做了相关的原则性规定，但随着网络对人们生活的不断渗透和未成年人网络沉迷现象的复杂化，现行管理办法的针对性、操作性有限，越来越不能满足当前未成年人网络保护的需要[①]。

（四）培育新的消费模式和消费业态拉动文化产业发展

为了贯彻党中央、国务院提出的"扩大文化消费"战略决策，应当实行"增强文化产品供给质量、调整文化生产与消费结构、完善文化消费政策体系、引导公众文化消费意愿、合理配置文化消费资源"等策略。文化供给管理和消费管理同时并重，文化消费内需市场和国际市场有机结合，实现文化消费市场双循环效应。不断解决城乡之间、文化消费和生产结构之间的不平衡问题，通过科学的财政税收政策调整文化产品和服务价格虚高现象，对部分较为困难的群众和农民工提供适当补贴以刺激其文化消费意愿。对文化消费结构性错位方面进行及时调整，通过市场和政府促使文化资源与要素合理配置。把文化消费同乡村文化振兴

---

① 安娜，张文松 . 新时代中国文化产业供给侧结构性改革探析 [J]. 西南民族大学学报（人文社会科学版），2018，39（9）：153—160.

有机结合起来，充分发挥文化市场监管的力量，防止低俗文化在文化消费中的泛滥现象，倡导文明、绿色、低碳的消费模式。建立扩大文化消费需求的长效机制，进一步释放城乡居民的消费潜力。

进入新时代以来，我国文化消费特征出现了新的变化，我国城乡文化消费差距逐步缩小，男性消费群体比例有所上升，不同年龄阶段文化消费的差异化特征更加明显，特别是"90后""00后"的青少年对文化消费需求非常旺盛，成为新时代文化消费的主力军；高学历人才特别是研究生以上学历的人群，文化消费需求指数明显提高；部分消费者更加青睐体验性文化产品和服务；个人和家庭文化消费需求支出比例明显提高[①]。新时代文化产品和服务消费出现了多样化、品质化、个性化、定制化的发展方向，需要不断提高文化产品质量和规模，进一步促进文化产业结构升级，实现线上、线下相融合的消费模式，供给更多的优质文化消费体验，通过创新文化业态探索扩大和引导居民文化消费的跨界融合模式，如"文化＋"农业、工业、服务业，更加深入地激发居民文化消费潜能[②]。一方面，不断扩大中高端文化产品和服务的生产与供给，促进国内文化产品和服务参与有序市场竞争，鼓励跨境电商、外贸综合服务、市场采购贸易等文化新业态发展。另一方面，必须为群众文化消费营造良好的市场环境。防止文化市场中的恶性竞争，严厉打击制假、造假和欺行霸市的行为，执法部门需要加大文化产品和服务的质量监管，全面推进文化信用体系建设[③]。此外，我国文化产品和服务必须跨出国门，获得国外文化消费者的认同，不断扩大中国文化的海外渗透力和影响力。只有吸纳更多的国外消费者，才能获得更多的经济效益。例如，日本动漫、韩国游戏和美国的好莱坞电影等在全球的发展模式为中国文化产业发展提供了较好的借鉴。

---

① 范建华，黄小刚.新时代中国文化产业理论体系构建的思考[J].出版发行研究，2019（7）：29-33，28.

② 李培峰.新时代文化产业高质量发展：内涵、动力、效用和路径研究[J].重庆社会科学，2019（12）：113-123.

③ 牛家儒，张晓明.新时代我国文化产业发展探析[J].社会科学家，2018（10）：154-160.

重庆文化产业助力乡村振兴研究报告

陈　莉　黄亚玲　刘　好　王成尧[①]

乡村振兴是一项涉及经济、政治、文化、生态、社会的系统性工程。重庆广大乡村地区文化资源丰富，具有鲜明的地域文化特色和产业优势。如何将重庆乡村文化资源优势转化为经济动力，发挥其产业价值，拓展产业空间、创新产业形态，加快乡村一、二、三产业融合，促进城乡社会一体化均衡发展，是文化产业助力乡村振兴亟须研究的重要课题。本研究报告将从战略意义、基础条件、面临问题和对策建议四个方面探讨如何有条不紊地推进和落实文化产业赋能乡村振兴，重构和促进乡村振兴低碳发展。

一、战略意义

实施乡村振兴战略，强调按照"产业兴旺、生态宜居、乡风文明、治理有效、生活富裕"的总要求，建立健全城乡融合发展体制机制和政策体系，加快推进农业农村现代化。2019 年，《国务院关于促进乡村产业振兴的指导意见》指出，"产业兴旺是乡村振兴的重要基础，是解决农村一切问题的前提"。在乡村产业振兴过程中需要持续地培育壮大乡村产业、优化乡村产业空间结构、增强乡村产业聚合力、增强乡村产业持续增长力、增强乡村产业发展新动能、优化乡村产

---

①　陈莉、黄亚玲、刘好、王成尧，重庆市文化和旅游研究院。

业发展环境，各个方面都需要文化产业的助力和赋能。

（一）是乡村产业振兴提升文化附加值的有效手段

乡村产业振兴离不开乡村文化赋能。加快乡村产业振兴，需要深入挖掘乡村优秀传统文化，推动乡村文化振兴，提升文化附加值。推进乡村产业振兴，应在追求经济效益的同时注重乡村文化的保护，将乡村文化理念融入产业发展定位中。一是促进乡村一、二产业的创意提升。乡村振兴中解决"三农"问题是重中之重，加快推进农业农村现代化是主要目标。运用文化创意赋能，使乡村的产品更具有文化附加值和地域文化属性，有利于讲好乡村文化故事，推进产品开发和设计，从而实现乡村农业、工业、旅游产品创新和提档升级。乡村振兴战略背景下，农村特色小镇、乡村旅游、电子商务、创意农业、特色文化产业等新型文化产业的发展，可以更好地实现农村一、二、三产业的融合发展。二是加快乡村旅游的文化融入。推动乡村文化旅游提质升级，打造文化内涵丰富、地域特色鲜明、生态环境优美、服务品质优良的乡村文化旅游目的地，是乡村振兴"铸魂强根""富民兴业"的重要途径。通过在乡村旅游中植入农耕、历史、地域等特色文化元素，发展具有鲜明的地域性、民族性和差异性的乡村旅游产品，能够加快推动地域性文化资源的利用和保护，增加旅游的文化底蕴，打造和培育文化旅游特色品牌。三是推动文化产业成为乡村经济新增长点。积极发展文化产业，有助于扩大产业规模，促进乡村文化繁荣，有利于乡村治理和文明建设，从而进一步缩小城乡差距。积极发展乡村文化产业，既能吸引村民回乡就业创业，也能吸引城市市民和旅客前往体验消费。文化产业生产的乡村旅游产品、农村商务文化产品，形成的特色村镇和文化产业聚集区等项目将为乡村经济发展带来新的增长点。

（二）是乡村环境改善中提升文化品位的重要途径

党的十九大报告提出，要开展农村人居环境整治行动。中央农村工作会议也强调，推进健康乡村建设，持续改善农村人居环境。文化产业将有力推动美丽乡村建设，提升村民的文化品位和文化素养。一是有助于新农村风貌的打造。文化创意和设计将为新农村风貌的打造助力，打造和建设更有生活品质和品位的乡村生产生活空间，提高农民审美水平，缩小城乡认知差距。利用文化产业多业态助力乡村振兴，深入挖掘地方特色元素，因地制宜、因村施策，以美丽乡村新景象融入乡村风貌建设，提升乡村风貌水平，努力打造农民生态宜居、文明和谐的生活家园，在新农村风貌打造过程中提升文化品位。二是有助于新农民面貌的塑造。在农民进行生产生活劳动，提高一、二产业经济发展之余，满足农民的精神需求，就需要文化产业有效介入和多业态融合发展，为乡村注入丰富多样的文化产品，使村民的精神生活更加丰富，吸引有能力有知识的人回乡创业，带动村民共同富裕，提高收入。

（三）是推动产业经济有效介入乡村文化保护和弘扬的有力举措

乡村文化是我国传统文化的重要组成部分。开发利用好乡村文化资源，促进乡村传统文化的保护和弘扬，需要文化产业发挥积极的能动作用，将乡村文化资源进行有效的转化，以适应市场化需求，实现经济价值。一是有利于运用市场化开发手段和经济效益反哺乡村。打造良好市场和营商环境，运用市场化手段和经济效益对保护和弘扬乡村文化具有积极的推动作用。通过发展文化产业，运用信贷、债券等金融产品工具，完善促进乡村发展的金融市场，鼓励支持企业对乡村文化产业项目进行投资，积极引导和鼓励社会资本参与农村产业发展，建设文化产业聚集区、特色小镇等产业聚集区，并将非物质文化遗产和传统工艺产品进行市场化开发，有利于促进乡村文化的可持续发展，在乡村文化保护和弘扬过程中，推动产业经济的有效介入，反哺乡村。二是有利于满足人们对"他乡"的向往及对"故乡"的怀念需求。乡村振兴要让乡村"望得见山、看得见水、记得住乡愁"。深挖文化底蕴，才能慰藉"迷茫"、留住乡愁。让乡村"活"起来，需要提高地方经济水平，提高当地村民的收入和生活水平，让村民对乡村生活有认同感和自豪感。文化产业门类丰富，容易转化利用，是留住原住民，吸引新住民的有效手段。让村民参与到乡村的文化建设和产业发展过程中，可以让乡村发展更具个性化和独特性，在乡村振兴过程中独树一帜，避免同质化发展。

二、我市文化产业赋能乡村振兴的基础条件

（一）乡村振兴政策的出台为乡村振兴战略提供政策支持

1. 乡村振兴是新时代党和国家的重大战略部署

实施乡村振兴战略是党在十九大作出的重大战略部署，党的十九届五中全会审议通过的《中共中央关于制定国民经济和社会发展第十四个五年规划和二○三五年远景目标的建议》，对新发展阶段优先发展农业农村、全面推进乡村振兴作出总体部署。实施乡村振兴是决战全面建成小康社会、全面建设社会主义现代化国家的重大历史任务，是新时代"三农"工作的总抓手。

2. 市委、市政府各级部门对乡村振兴战略积极响应

按照中央部署，重庆市委、市政府下发《重庆市实施乡村振兴战略行动计划》（渝委发〔2018〕1号）、《重庆市实施乡村振兴战略规划（2018—2022）》，制订我市实施乡村振兴战略行动计划。2019年重庆市政府印发《关于促进乡村产业振兴的实施意见》（渝府发〔2019〕38号），农业产业结构进一步优化。财政、人力、金融等相关部门也聚力乡村振兴，2021年重庆市文化和旅游发展委员会发布的《重庆市"十四五"文化产业发展规划》中提出，实施文化产业赋能乡村振兴行动，推动乡村可持续发展，为文化产业助力乡村振兴指明了方向。

（二）文化产业的蓬勃发展为乡村振兴奠定产业基础

1. 我市文化产业发展稳中向好

到2020年为止，我市文化产业市场主体数量达到12.82万家，其中规模以上文化企业1045家。有国家级文化产业示范园区1家，国家级文化产业示范基地7家，市级文化产业示范园区31家，市级文化产业示范基地81家。2020年文化产业增加值实现969.37亿元，占GDP比重的3.9%。

2. 现行的模式及经验

一是乡村休闲旅游业蓬勃发展。我市乡村依托当地地理环境优势，因地制宜发展农作物规模化种植、特色农作物种植、生态养殖、生态休闲观光农业和乡村

旅游等产业。全市拥有全国乡村旅游重点村 29 个；全国休闲农业和乡村旅游示范县（区）12 个，全国休闲农业和乡村旅游示范点 23 个。2020 年我市打造乡村旅游线路 200 余条，全市乡村旅游综合收入 658 亿元，同比恢复 81%。2021 年仅渝东南武陵山城镇群文旅融合项目全年接待游客 8673.7 万人次，旅游总收入达到 841.2 亿元。

二是文化创意产业介入乡村风貌改造。我市各大艺术院校和机构、艺术家群体、各类艺术协会通过文化创意设计，挖掘提炼地域文旅品牌，参与乡村创意设计和建设，将文化创意设计介入进乡村建设，把文化创意强渗透、强关联的效应注入乡村的田间地头。积极推行农村空间再生产，重构兼具独特性与地方性的"地方空间"，优化当地自然人文地理环境。如渝北区兴隆镇牛皇村和四川美术学院艺术与乡村研究院开展校地共建协作；北碚柳荫镇已形成"乡村艺术、艺术乡村"的发展模式；沙坪坝区三河村土窑旧址艺术加工改造；璧山区七塘镇莲花穴村落的"重构乡土与都市日常想象"为主题的乡村艺术集等。

三是文化企业助力品牌打造提升。文化企业作为文化市场主体，自觉参加进乡村振兴项目中，挖掘市场商机，将品牌效应转变为经济效应。如重庆万物有灵（重庆）文化创意有限公司针对现在许多优质农副产品无品牌、无规模，附加值低等问题，以大数据为基础，打造"绿娃娃"动漫文创农特品牌，将农特产门店覆盖重庆各个消费区域，用动漫文创的模式，为农特产品提档升级，提高销量。将粉丝经济变成了消费经济。文化企业通过转变经营思路，使城乡、产业间实现共同融合发展，起到了良好的示范带动作用，为乡村振兴助力添彩。

（三）农业产业化发展、基础设施不断完善为文化产业下沉提供可能

1. 农业产业化已形成较好发展基础

我市出台"一县一策"支持 4 个国家乡村振兴重点帮扶县发展；创建 3 个国家级农业现代化示范区和 2 个国家现代农业产业园，"巴味渝珍"授权农产品累计达到 637 个，农产品加工业产值、网络零售额预计分别增长 12%、15%。2020年，全市农业产业化龙头企业已达到 1354 家，其中国家重点龙头企业 24 家。全市拥有 128 个全国"一村一品"示范村镇（共十一批次），市级智慧旅游乡村示

范点 82 个，"三峡橘乡"田园综合体试点建设项目更是全国首批国家级田园综合体试点项目之一。"十三五"以来，我市十大现代山地特色高效农业产业集群综合产值达到 4500 亿元。

2. 乡村人居环境全面改善

我市为改善乡村人居环境，启动农村人居环境整治提升五年行动，新改建"四好农村路"3330 公里、新完成农村公路安防工程 4011 公里，改造农村危房 5097 户，农村卫生厕所普及率、生活垃圾分类示范村占比分别达到 84%、40.5%；"三变"改革试点扩大到 2234 个村，"三社"融合发展提速，基本消除集体经济"空壳村"。农村自来水普及率达到 82.5%，建成美丽宜居村庄 300 个、绿色示范村庄 1500 个，实施 3000 公里农村窄路基路面加宽改造，逐步消除制约乡村发展的交通瓶颈。

（四）乡村文化资源得到有效保护和深入挖掘，转化成效初显

文化要素是文化产业发展的核心要素，我市的农业文化遗产错落分布，绝大部分乡村拥有文化或农耕遗产。截至 2021 年，我市共有 110 个村落入选中国传统村落名录。中国历史文化名镇 23 个，中国历史文化名村 1 个。中国民间文化艺术之乡 18 个，少数民族特色村镇 26 个；我市拥有国家级非物质文化遗产代表性项目 5 批次共 53 项，市级非物质文化遗产代表性项目 6 批次共 707 项，覆盖全市各个区县。

2018 年起，我市在贫困人口较集中的深度贫困乡镇举办非遗传统技艺培训班，截至 2021 年 4 月，已举办 49 期鲁渝非遗扶贫培训班，培训贫困户 1500 多名，帮助参训学员就业，人均月增收 500～3000 元。以本地传统文化为基础，依托各类非遗项目，将非遗手工艺品变为独具特色的重庆文化商品，有效实现了传统文化资源转化。

（五）返乡下乡就业创业为文化产业发展提供人才基础

重庆作为劳务输出大市，市外务工人数常年保持在 300 万人左右。我市出台各类支持返乡下乡人员创业创新鼓励政策，返乡就业创业人员不断增加，逐步形成乡村振兴与务工人员回流相互促进的良好循环。截至 2019 年底，全市共回

引农民工返乡就业创业 36.3 万人，返乡创办实体经济 38.4 万户，带动 172 万个城乡劳动力就业。大量农村青壮年劳动力返乡就业创业为文化产业发展提供人力保障。

三、存在的问题

总体来看，我市文化产业在乡村振兴战略实施过程中，"乡村、文化、创意"融合发展较为明显，初步形成了以文旅融合、传统工艺开发和艺术创意融入的主要特色，但同时也存在一些尚待解决和改进的问题。

（一）政府统筹层面，引领、服务、监督、推动作用不足

需要进一步厘清各地区自身发展的基础条件、发展基础，区位、交通、自然生态环境、人文文化资源，从而找准定位、做好顶层设计，引领形成整体特色，避免同质化发展。统筹各相关部门协调服务，协调优势资源引入、技术引入、人才引入、开发商引入及商户引入，有效安排基础设施建设和互联互通。调节引导资金和劳动力流向，对参与乡村文化产业建设的资本提供政策优惠和配套扶持，打造良好的营商环境和营销推广渠道，推动产业发展。

（二）市场资源对接层面，乡村文化市场体系未能建立

重庆地域广阔，乡村作为传统文化的主要发源地和保存地，对工商企业和民间资本等社会资源吸引力较大。乡村的自然资源、土地资源、特色资源、人力资源、文化资源与市场主体间信息沟通渠道不多，未能形成有效的信息链接、有机融合；文化产业是以市场为导向，盈利为目的，要充分了解市场需求，根据需求进行文化产品的创作和提供，遵循市场发展的规律进行运作发展，建立起与市场经济体制相对应的乡村文化市场机制。部分地区由于盲目规划、格局低下，文化产品、文化服务要么缺乏文化含蕴，要么运用新媒体资源不够，未能将产业链打开，把文化的作用发挥出来，把乡村文化从保守、封闭的环境下解放出来，积极地面对市场、融入市场。

（三）发展策略层面，合作机制、市场定位、持续发展理念不够清晰

乡村、资本、技术、人才的合作机制不够完善；农户和基层组织的自主经营，工商资本的参与带动，多元主体管理、联动机制未能建立；产品和服务的监管机制有待提高。市场分析选择、目标市场定位、产品、价格、渠道及促销等市场策略有待完善。持续发展理念不强，乡村生态面貌被摧毁、在地文化在保护和挖掘的过程中被破坏，令人难以割舍和忘怀的乡土味道被遗失等现象时有发生。

四、重庆文化产业助力乡村振兴的建议

落实中共中央《关于制定国民经济和社会发展第十四个五年规划和二〇三五年远景目标的建议》、文旅部《"十四五"文化产业发展规划》《关于推动文化产业赋能乡村振兴的指导意见》、市文旅委《重庆市"十四五"文化产业发展规划》等文件精神，实施文化产业赋能乡村振兴行动，推动文化产业全面融入城乡发展，丰富乡村文化业态，开展试点示范项目建设，推动乡村可持续发展，提升文化产业对乡村经济社会的带动作用。

（一）构建业态赋能体系

以乡村产业为基础，以文化产业赋能为核心，以文商旅融合为主要方向，以业态赋能为着力点，以文化创意设计赋能、文化消费赋能、数字文化产业赋能、文化制造业赋能为重点领域，全面推进文化产业赋能乡村振兴工作。

1. 文化创意设计赋能

推动"创意下乡"，引导文创企业、工作室、艺术院校等与乡村集体经济组织、合作社、农户等开展合作，打通农业与文创设计领域的链条，推动农业生产、农产品加工等向创意设计的转化，鼓励发展特色农业和创意农业，加强农产品包装、设计和营销，提升农业产业链的文化附加值。鼓励各地发挥农业的多功能性，丰富农业的生态涵养、休闲娱乐、文化传承等功能，提升乡村多元价值，调整和优化农业结构，拓展产业增值空间。

鼓励创意设计、建筑设计等单位积极参与乡村建设，结合地方特色，发挥文

化创意设计优势，提升乡村人居环境的美观度、宜居度和文化气息，建设宜居、宜业、宜游的美丽乡村。鼓励艺术院校积极组织参与乡村文创实践活动，推广多元公共艺术项目，吸引当地居民参与，推动乡村文创空间、创意空间建设。

培育打造乡村文创 IP 品牌、乡村文创地理标志等。搭建文创企业、工作室、艺术院校等单位参与的文创 IP 孵化平台，鼓励平台成员围绕乡村文化挖掘、乡村文创 IP 设计和推广、乡村文创地理标志设计和打造等环节与乡村组织开展合作，共同培育乡村文创品牌。

2. 文化消费业态赋能

引导乡村旅游经营单位在乡村旅游项目中加大"文化植入"力度，丰富演艺、展陈、节会、美食、文创产品等业态，提升乡村旅游的文化内涵。搭建高校、研究机构、文化企业与乡村旅游经营单位之间的合作平台，为乡村旅游发展提供智力支持，挖掘地方文化资源，讲好地方文化故事。引导文化企业与乡村旅游经营单位开展深度合作，拓展合作领域，培育文旅融合新业态新模式。

创新文化消费业态。推动艺术院校、美术馆等与乡村间的合作，打造乡村写生创作和展示基地、乡村摄影基地。依托乡村非遗资源，支持乡村非遗企业、工作室、传承人开发民间文化艺术研学游、体验游等产品，培育一批乡村非遗旅游体验基地。鼓励各地根据乡村资源禀赋和民俗活动传统，因地制宜开发特色主题节庆活动，培育乡村特色节庆品牌。引导扶持乡村产业与健康养生、信息技术等跨界融合，培育大众康养、线上云游等融合业态。

丰富文化生活消费。以服务乡村居民、丰富乡村文化生活为目标，拓展乡村文化生活消费场景，开发面向居民日常生活的文化消费业态。培育书店、演艺、娱乐等文化属性强的生活消费业态，扶持文化类企业开发实用性强、性价比高的文化产品。推动鼓励各地方管理部门制定出台面向乡村居民的消费优惠政策，结合文化旅游惠民消费季策划举办乡村文化惠民消费活动。

3. 数字文化产业赋能

实施乡村文化数字化工程，建立乡村文化数字化平台，组织各区县开展乡村文化资源摸底调查和数字化采集收录工作，形成乡村文化数字化资源库。通过开放授权等方式向社会提供服务，为文化企业及个人利用开放资源进行文创开发提供便利，促进乡村文化数字化保护和开发。

加大数字文化企业招商引资力度，布局数字文化体验项目落地乡村，丰富乡村数字化消费场景。鼓励数字文化企业发挥数字技术和平台优势积极参与乡村文化建设，培育开发沉浸展览、智慧旅游、特效电影、VR 游戏、在线逛展、直播带货等业态。推进智慧乡村建设与乡村文旅产业的融合发展，加强智慧旅游基础设施建设布局，培育乡村智慧旅游品牌项目。

加快构建乡村文化的数字化传播矩阵，支持有条件的乡镇建立自己的官方推广平台，或依托区县官方文旅平台，开展宣传营销和推广工作，提升乡村文化品牌的知名度。加快培育农村电子商务主体，建立起支撑乡村产业发展的销售服务体系，培育壮大网络销售市场。

4. 文化制造业赋能

推动非遗工坊建设，支持各区县打造传统工艺产业化发展基地，引导形成"一镇一品""一村一品"发展格局，培育一批具有较强影响力和市场竞争力的乡村文化制造品牌。

深化实施传统工艺振兴计划，推动地方特色传统工艺向品牌化和规模化发展，培育乡村传统工艺品牌，开发传统工艺产品。发展乡村美术产业，扶持传统美术创作，提升传统美术品牌知名度。扶持发展民间乐器制造业，促进传统乐器制造技艺的规模化生产。依托乡村产业基础开展试点，扶持培育一批以节庆用品、礼仪用品制造为主的乡村文化制造业基地。

（二）实施赋能计划试点示范

建立文化产业赋能乡村振兴试点示范机制，确定一批试点示范单位，支持试点示范地区积极创新、大胆实践，推动形成文化产业赋能乡村振兴的有效经验模式，发挥试点示范引领作用。

1. 建立试点示范机制

建立文化产业赋能乡村振兴试点示范机制，坚持全面推进和试点示范相结合，根据各地发展基础遴选一批先行试点示范地区，由当地文化主管部门加强统筹协调和扶持引导，扎实推进文化产业赋能乡村振兴工作。总结各地文化产业赋能乡村振兴的成功经验，形成可复制、可推广的典型示范。

2. 构建试点空间格局

统筹推进文化产业赋能乡村振兴试点示范工作，加快推动试点示范工作在区县、乡镇和村落的开展，形成试点示范空间布局，促进试点示范工作的整体联动和分类推进。

根据各地文化产业发展基础和资源禀赋，遴选培育一批有代表性的文化产业特色乡镇、文化产业特色村，创建一批文化产业赋能乡村振兴试点区县，发挥带动作用，打造乡村振兴样板。根据各地文化特色和产业优势，培育建设一批乡村文化产业集群，通过集群发展帮助乡村文化产业做大做强，加快产业升级，构建现代乡村文化产业体系。

3. 培育赋能重点项目

加快培育文化产业赋能乡村振兴试点示范重点项目，以重点项目建设为抓手，发挥引领带动作用，推进乡村产业的转型升级，打造乡村文化品牌。

加快推进文化产业赋能乡村振兴重点项目建设，培育建设一批田园综合体项目、农旅融合项目。深入挖掘各地产业特色和潜力单位，培育乡村文化品牌，培育巴渝特色文创品牌、特色民宿品牌等。扶持乡村文化企业的发展，培育乡村文化企业品牌。

（三）构建赋能发展的有效机制

为保障文化产业赋能乡村振兴工作的持续开展，应顺应经济社会发展的新阶段和新趋势，全面把握乡村振兴的实际需要，发挥统筹作用，加强有效的制度供给，构建有利于文化产业赋能乡村振兴的长效发展机制。

1. 搭建主体对接和培育平台

建立文化产业赋能乡村振兴企业库和重大项目库，搭建主体对接平台。制定出台面向乡村文化企业的优惠扶持政策，加快培育骨干文化企业，扶持小微文化企业和工作室等发展，形成完善配套的市场主体分工协作体系。广泛引导社会资源和各方力量参与乡村文化建设，积极引进文化企业、投资方、文化产业机构等深入乡村对接帮扶和投资兴业。围绕乡村发展定位，加强顶层设计和宏观引导，推动要素集聚和产业集聚，加强资源整合、要素聚合和政策集成，扶持发展主导产业与关联产业，构建完备的乡村文化产业全产业链，引导乡村文化产业集群化发展。

2. 建立人才下乡返乡激励机制

实施文化产业赋能乡村振兴人才发展支持计划，建立乡村文化人才专项政策和下乡返乡激励机制，建立文化产业赋能乡村振兴人才库，实施文化产业特派员制度，营造良好的创新创业环境，引导企业家、创客人才、文化工作者、高校师生、返乡创业人员、乡土人才等参与乡村建设。联合高校、研究机构等建立文化产业赋能乡村振兴智库，为产业发展提供智力支持。充分利用好乡村现存人才力量，完善乡村文化人才培养体系，发挥非物质文化遗产传承人、民间艺人、民间团体等的作用，加强对下乡返乡人员的培训和交流合作。

3. 创新普惠融资机制

推动出台金融机构支持文化产业赋能乡村振兴的专项政策措施，建立完善政府相关部门、金融机构与文化企业的重大项目融资信息共享机制和文化金融专场对接会机制。加快对乡村文化企业、文化产业项目等的数据整合和面向金融机构的数据共享工作，畅通融资渠道。指导金融机构设置文化产业赋能乡村振兴重点金融支持领域，加大金融资源向乡村特色文化产业、农旅融合项目、乡村旅游等项目的倾斜力度。鼓励金融机构开发面向乡村小微文化企业、工作室等经营主体的专属贷款产品，创新文化产业小微信用贷款等产品。培育一批文化产业赋能乡村振兴融资项目开展债券融资。推动金融机构创新农村数字普惠金融服务，加强乡村数字金融基础设施和网点建设，提供移动银行、方言银行、流动银行等特色服务，搭建线上服务渠道，深化乡村金融产品供给力度和覆盖面。

4. 引导建立高效合作经营机制

引导各地结合地方实际，探索创新合作经营机制。充分发挥非遗传承人、民间艺人、文化企业、文化机构等的带头作用，推广"公司＋农户"经营模式。培育一批以特色文化产业为依托的合作社主体，加强合作社主体与龙头企业的交流合作，指导建立"龙头企业＋合作社＋农户"的有效联结机制，推进农业产业化联合体建设。鼓励条件成熟的地区探索土地合作经营模式，整合土地、资金、人力资源，实行土地统一管理和市场化运作。建立完善农民入股、保底收益、按股分红等多种利益联结方式，保障农民增收。

5. 优化市场对接机制

搭建文化产业赋能乡村振兴市场对接平台渠道，促进企业与企业间、企业与地方政府间、企业与乡村组织间的有效对接。深入推进农商对接互联，搭建农商对接服务平台。引导乡村市场主体、乡村合作社等乡村组织与周边旅游景区、旅行社、中小学等建立合作关系，指导建立在产品销售、客源输送、推广宣传等方面的合作机制。引导各地广泛开展产销对接活动，鼓励举办对接会、展览会、交易会等各类形式的活动，搭建线上线下产销对接平台，推动乡村市场主体与各类电商大平台的低成本精准对接。支持乡村电子商务主体发展，加强乡村农村电商服务网络综合服务平台建设。

6. 统筹村庄规划和资源保护利用

统筹区县城镇和村庄规划建设，加强对乡村产业的合理布局和宏观引导。探索建立乡村文化资源保护与开发并举的有效机制，避免对文化资源的浅层次开发、低水平开发和不恰当开发。在国土空间规划和年度用地计划中加强对文化产业赋能乡村振兴项目的用地支持，鼓励通过开展城乡建设用地增减挂钩、工矿废弃地再利用、"点状供地"等方式建设文化产业赋能乡村振兴项目。加快推进农村集体经济改革，推进土地集约利用，提高土地利用效率，做好土地流转工作，为乡村产业发展提供用地保障。

现代产业体系的特征与发展趋势研究[①]

——以重庆为例

李 权[②]

　　加快发展现代产业体系是我国深刻把握当前全球产业发展规律和趋势提出的科学论断，为我国未来产业发展道路指明了方向。当前，全国各地按照党中央的要求，纷纷提出构建富有特色的现代产业体系，推动经济实现高质量发展。借鉴国内外产业发展经验，总结现代产业体系发展的一般规律和趋势，结合产业发展基础，有针对性地提出现代产业体系发展路径，有利于加快重庆经济高质量发展进程，开启社会主义现代化建设新征程。

一、现代产业体系发展的趋势和规律

　　我国对现代产业体系发展的认识不断深化。党的十七大首次提出"发展现代产业体系"，党的十八大以来先后提出"构建现代产业发展新体系""加快建设实体经济、科技创新、现代金融、人力资源协同发展的产业体系""加快发展现代产业体系，推动经济体系优化升级"等论述，每次论述都是对产业发展规律认识的深化，更加突出了实体经济在产业发展中的主导地位，更加注重现代产业体系

　　① 基金项目：2020 年度重庆市社会科学规划一般项目《重庆壮大现代产业体系　着力推动经济体系优化升级研究》(项目批准号：2020YBZX08)。原载于《现代商业》2022 年第 18 期。

　　② 李权，重庆市综合经济研究院技术经济研究中心副主任，高级经济师。

发展的关键要素及其互动关系。总的来说，现代产业体系是指产品生产流通、产业分工组织、产业技术发展等代表未来发展方向的新型产业体系，动力上表现为创新和融合等特征，空间上表现为开放和集聚等特征，以转变经济发展方式、实现可持续发展为重要目标，具有产业结构优、质量效益好、协同发展水平高、国际竞争力强等特点。从国内外产业发展历程看，现代产业体系发展具有四大突出趋势和规律。

（一）水平先进性

现代产业体系代表产业未来发展方向，也是经济高质量发展的重要支撑，更是现代化经济体系的核心体现。现代产业体系一定是高水平的，技术层面上要体现创新引领特点，发展模式上要体现融合带动特性。随着一个国家和地区自主创新能力的提升，驱动产业体系调整的创新、劳动力、投资、全要素生产力等主要因素将持续发挥作用，促进区域产业结构加快改造升级，推动产业体系不断迈向更高水平。美国通过产业技术的高端化、现代化，将信息技术产业培育成为主导产业，实现了从后工业化时代向知识经济时代的迈进。日本通过支持科技创新，大力发展微电子、生物工程和新材料等高技术产业，产业体系实现了服务业和知识产业占比不断提升。从美国、日本等发达国家的经验看，每一次的产业体系重构都实现了技术水平的迭代和发展模式的创新，推动现代产业体系发展不断迈向更高水平。

（二）阶段适应性

一个国家和地区现代产业体系的发展会随着经济发展阶段、发展要素作用变化而不断动态调整，要与本地发展阶段相适应。当一个国家和地区处在中低收入发展阶段，产业体系调整更加注重规模壮大和数量增加；在高收入发展阶段，产业体系协同关系开始转向注重质量提升和配置效率，产业链、价值链更加注重向高端行业和环节升级。随着城市竞争力的提升，纽约、伦敦、东京等国际化大都市更多依赖要素的质量提升向高端化迈进，金融、商务等生产性服务业得到快速发展，服务经济逐步取代工业经济，形成了以高端服务业为主导，专业服务、文化创意、咨询服务等多元融合发展的现代产业体系。随着产业规模的壮大和创新生态的形成，我国深圳市从 20 世纪 90 年代开始加快发展高新技术产业和生产性服务业，实现了由电子信息产业等为主导的产业体系向先进制造业和现代服务业双轮驱动的现代产业体系转变。

（三）区域差异性

由于资源禀赋、发展基础、制度条件等不同，各个国家和地区的现代产业体系发展呈现出差异性。突出表现为各个国家和地区的三次产业结构、要素配置等没有统一固定的标准形态，特别是在实体经济、科技创新、现代金融、人力资源协同方式上也存在一定差异。因此，现代产业体系的评判标准也不能完全统一，要看是否结合了区域发展基础条件，是否符合产业发展趋势，是否在原来的产业体系上实现了升级。韩国从出口导向的轻工业为主，到出口导向型重化工业为主，再到汽车、电子、半导体同步发展，实现了产业体系的转型升级。新加坡则是由劳动密集型产业经过技术密集型、资本密集型产业进而向知识密集型产业转型，实现了现代产业体系的升级。从全球来看，后发国家和地区并没有完全遵循发达国家或地区现代产业体系的发展路径，而是选择了适合自己国情的现代产业体系发展之路。

（四）开放互动性

经济全球化背景下，一个国家和地区的现代产业体系发展会受到全球产业分工、国际间资源配置、产品要素流动等影响，与其他国家和地区形成一定程度的开放互动关系。特别是国际间的创新成果、人力资源、金融资本等要素资源的国际流动，会加速全球产业分工和协作，进而影响一个国家和地区的产业结构调整和产业发展方向。"二战"后，日本通过出口导向发展战略，提升了技术装备的现代化水平，推动产业实现了规模化发展；德国通过贸易立国战略，加大产品出口力度，实现了产业的跨越式发展；美国则通过经济全球化机遇进行产业战略性布局，把制造环节转移到发展中国家，牢牢掌控关键行业和核心技术，确立了产业技术发展的领导地位。总体来看，美国、日本、德国等发达国家均是抓住了开放发展契机，在国际贸易中提升自身产品国际竞争力，并在相关领域保持了技术领先地位，实现了产业的现代化、高端化发展。

二、重庆壮大现代产业体系的基础

近年来，重庆努力用好区位、生态、产业、体制四大优势，聚焦高质量、供给侧、智能化，大力发展先进制造业、现代服务业、现代山地特色高效农业，三次产业结构由 1997 年的 20.1∶43.2∶36.7 调整为 2020 年的 7.2∶40.0∶52.8，服务业占地区生产总值比重稳步提升，农业占比逐年下降，工业占比相对稳定，为构建现代产业体系打下了坚实基础。

（一）制造业高质量发展态势日益巩固

近年来，重庆以"引链补链强链"为重点，以大数据智能化为引领，加快制造业转型升级步伐，逐步建立起汽车、电子产业双轮驱动，装备、生物医药、材料、消费品等共同支撑的制造业体系。一是制造业规模不断壮大。重庆作为国家重要的老工业基地之一，全市制造业涵盖国民经济统计门类 31 个大类，2020 年规模以上制造业实现总产值约 2.13 万亿元，成为带动重庆经济稳步增长的重要力量。二是高技术和战略性新兴制造业贡献不断提升。集成电路、新型显示、物联网、新材料、新能源和智能网联汽车、高端装备、生物等战略性新兴产业集聚集群发展步伐加快，2020 年全市高技术制造业和战略性新兴制造业增加值占全市规模以上工业增加值的比重分别提升到 19.1% 和 28.0%。三是高技术工业产品产量增长迅猛。2020 年，全市集成电路产量达到 41.29 亿块，智能手表产量增长 64.6%，笔记本电脑出口量、贸易值均居全国第一，分别占同期全国笔记本电脑出口量、贸易值的比重为 28.2%、36.3%，智能手机产量占全国 26.2%。四是产业创新能力不断提升。全市现有国家级企业技术中心 34 家，规模以上工业企业中有 14.9% 设立研发机构，国内 20 余所科研院所在渝设立研发机构，正在加快建设国家新一代人工智能创新发展试验区。五是产业园区平台支撑有力。全市已构建形成"2+6+6+36"① 产业园区架构体系，2020 年全市园区规模以上工

---

① "2"代表两江新区、重庆高新区，第一个"6"代表 3 个国家级高新区和 3 个国家级经开区，第二个"6"代表 6 个综合保税区，"36"代表 9 个市级高新区和 27 个市级特色工业园区。

业总产值 1.88 万亿元、占全市 84%，园区成为全市制造业高质量发展的主平台、主引擎。

表 1　重庆制造业主要产业发展概况

产业	发展概况	2020 年产业规模
电子	实现了"芯屏器核网"全产业链发展，形成了以笔记本电脑、手机、手表等智能终端为主，新型显示、集成电路、电子元器件等为配套的电子产业集群，已成为全球最大的笔记本电脑生产基地、国内第二大手机生产基地。	规模以上电子制造业产值超过 6200 亿元，占全市规模以上工业总产值比重为 27.2%。
汽车	已形成"整车+配套+研发+认证"的研发生产体系，车型包括重、轻、微、轿车等，产品线涵盖了乘用车、商用车、专用车较为齐全的产品谱系，形成了以长安体系为龙头，北京现代、上汽依维柯红岩、东风小康等整车企业为骨干，上千家配套企业为支撑的"1+10+1000"产业集群。	汽车产量 158 万辆，占全国 6.2%，规模以上汽车产业产值超过 3700 亿元，占全市规模以上工业总产值比重为 16.3%。
摩托车	拥有隆鑫、宗申、力帆、银翔等一批摩托车整车企业，其装备水平、制造能力、生产规模处于国内领先，产业链较为完整。	摩托车产量 489 万辆、占全国 28.7%，规模以上摩托车产业产值约 850 亿元，占全市规模以上工业总产值比重为 3.8%。
装备制造	形成了风电装备、轨道交通、输变电装备、数控机床、机器人、内燃机、船舶、环保装备、国防装备等多个特色产业基地。	规模以上装备制造业产值超过 2100 亿元，占全市规模以上工业总产值比重为 9.2%。
材料	主要包括钢铁、铜、聚氨酯材料、水泥及制品、玻璃、陶瓷、装配式建筑部品部件等领域，先进轻合金材料和玻纤及复合材料等新材料产业发展较快。	规模以上材料产业产值超过 3300 亿元，占全市规模以上工业总产值比重为 14.6%，其中新材料产业总产值突破 900 亿元。
消费品	产业门类较为齐全，已形成 15 个主要消费品产业，其中造纸、塑料、皮革制品、家具、照明器具、印刷 6 个产业突破百亿元。	规模以上消费品工业产值超过 3300 亿元，占全市规模以上工业总产值比重为 14.6%。
生物医药	已形成生物药、化学创新药及高端仿制药、现代中药及数字医疗器械产业链群，化学药品、中药、医疗器械等细分产业在全国具有一定影响力。	规模以上医药工业产值超过 600 亿元。

（二）服务业发展动力更加强劲

近年来，重庆出台了一系列政策文件促进服务业加快发展，服务业发展规模迈上新台阶，生产性服务业和战略性新兴服务业发展迅速，服务业高质量发展态势显现。一是服务业规模稳步提升。全市服务业占GDP比重由2015年的47.7%提高到2020年的52.8%，对全市GDP增长贡献率提升到2020年的72.9%。二是服务业集聚发展步伐加快。全市现有国家级、市级服务业发展平台接近30个，解放碑、江北嘴、弹子石、化龙桥等金融商务集聚区加快发展，中心城区及区县核心商圈不断集聚发展现代商贸，主城都市区、长江三峡黄金旅游带、"大武陵"地区文化旅游实现蓬勃发展。三是生产性服务业快速发展。金融业占GDP比重达到8.9%，支撑服务实体经济能力显著增强；物流业综合竞争力不断提升，2020年中欧班列（渝新欧）、西部陆海新通道铁海联运班列分别开行2431列、1297列；电子商务迅速发展，2020年全市网络零售额达到1350亿元；软件及信息技术服务业规模迈上新台阶，2020年全市软件企业约2.5万家、营业收入超过2000亿元。四是生活性服务业稳步发展。国际消费中心城市建设加快推进，2020年全市社会消费品零售总额达11787亿元；文化旅游业蓬勃发展，文化产业、旅游产业增加值均接近千亿；大健康服务业取得长足进步，健康管理、互联网医疗、智慧养老、健康大数据等新型业态不断涌现。

（三）山地特色高效农业发展特色突出

近年来，全市大力推进农业现代化，农业的产业体系、经营体系和生产体系逐渐完善，山地特色高效农业已经成为重要的支撑产业。一是农业规模不断提升。2020年全市农林牧渔业增加值实现1837亿元，粮食生产、畜牧业产量稳定发展，柑橘、榨菜、柠檬、生态畜牧、生态渔业、茶叶、中药材、调味品、特色水果、特色粮油等十大现代农业产业集群综合产值达到4500亿元。二是乡村旅游、农村电商等新产业新业态蓬勃发展。2020年，全市休闲农业与乡村旅游收入达到920亿元，"巴味渝珍"入选新华社民族品牌。三是农业经营体系不断完善。农村集体产权制度改革试点成效显著，全市集体收入10万元以上的村占比达到21%，农村集体经济"空壳村"基本消除。四是现代农业支撑体系加快健全。2020 年，全市累计建成高标准农田 1301 万亩，农田灌溉水有效利用系数 0.5037，良种覆盖率 98%，农作物耕种收综合机械化率 52%，农业科技进步贡献率达到 60.2%，农业物质技术装备水平日益提高。

三、重庆壮大现代产业体系的路径

壮大现代产业体系是重庆加快经济体系优化升级、推动经济高质量发展的必然要求，也是构筑全市产业竞争新优势、积极融入新发展格局的重要举措。当前，重庆需要把握好"五个注重"，加快壮大现代产业体系，推动经济体系优化升级。

（一）注重创新引领，增强重庆壮大现代产业体系的动力

创新是现代产业体系发展的核心。对比国际及国内东部地区，重庆产业创新能力还不高，具备国家重大战略支撑能力的高端产业创新平台比较缺乏，产业核心技术掌控力还不强，产业链创新链融合程度有待进一步提高，创新的体制机制有待完善，必须要把增强产业创新能力作为重庆壮大现代产业体系的重要抓手。一是要加快关键核心技术攻关。大力建设产业创新中心、产业技术创新联盟等一批产业创新平台，以"卡脖子"攻关工程为牵引，着力突破重庆产业发展中的核心技术和关键环节，加快提升全市产业核心技术掌控能力。二是要突出重点领域创新。重点加快新一代信息技术、新能源及智能网联汽车、高端装备、新材料、生物技术、节能环保等高技术和战略性新兴产业创新，前瞻布局生命健康、未来通信、前沿材料等未来产业创新，着力推动先进制造业、现代服务业、现代农业的关键领域加快创新步伐，增强产业发展的动力。三是要强化体制机制创新。用开放创新的思维积极推动产业发展体制机制创新，加快破除束缚产业发展壮大的藩篱，着力营造良好的营商环境，鼓励产业发展中的新模式、新技术、新业态不断涌现。

（二）注重协同推动，夯实重庆壮大现代产业体系的基础

产业协同、要素协同是现代产业体系发展的关键。近年来，重庆在推动三次

产业协同、传统和新兴产业协同、产业发展要素协同等方面已取得较大成效,但离现代产业体系发展要求还有一定差距,需要进一步加大协同推动力度,促进产业、要素形成发展合力,夯实全市产业发展基础。一是要推动产业协同发展。科学把握不同产业的发展特性,抓住成渝地区双城经济圈建设机遇,共同培育一批具有国内外影响力的产业集群,加快打造国家重要先进制造业中心、国家级现代服务经济中心、现代山地特色效益农业基地,实现一、二、三产业协同发展的新局面。二是要推动传统产业和新兴产业共荣。正确处理好传统产业和新兴产业的发展关系,一手抓战略性新兴产业培育,一手抓传统支柱产业转型升级,形成新旧动能共同支撑全市现代产业体系壮大的局面。三是要推动产业发展要素协同。强化人力资源、金融、土地、数据等要素保障能力,有针对性出台举措推动各类产业发展要素协同联动,实现与实体经济深度协同,全力保障重庆加快壮大现代产业体系。

（三）注重融合带动,激发重庆壮大现代产业体系的活力

当前,全球产业呈现融合发展新趋势。重庆生产性服务业发展不充分,服务型制造业还处于起步阶段,农村一、二、三产业融合发展还不够,产业融合发展水平总体不高,必须要加大产业融合、数字经济发展、军民融合等举措力度,进一步激发全市现代产业体系发展壮大的活力。一是要积极推动产业融合发展。大力发展服务型制造、大旅游、大健康等融合型产业,支持具有融合特点的新业态、新模式、新产业加快发展,为全市产业发展增添新动能。二是要大力发展数字经济。加快推动数字经济和实体经济深度融合,利用大数据、物联网、区块链等现代信息技术,加快建设工业互联网,推动制造业智能化改造,大力推进数字产业化、产业数字化,为实体经济赋能续航。三是要积极推动军民融合。依托重庆良好的军工发展基础和技术实力,以建设国家军民融合创新示范区为突破口,加快体制改革创新,积极发展军民融合产业,助力全市壮大现代产业体系。

（四）注重因地制宜,打造重庆壮大现代产业体系的载体

产业平台是现代产业体系发展的重要支撑。经过 20 多年的快速发展,重庆已构建了"2+6+6+36"产业园区体系,但产业园区的产业集中度不够、产业特

色不鲜明，产业集聚效应还不高，要结合各板块、各区县实际，因地制宜打造一批富有特色的产业发展核心载体，支撑重庆加快壮大现代产业体系。一是要因地制宜优化"一区两群"产业发展空间。主城都市区要大力发展汽车、电子、高端装备、新材料、生物等先进制造业，积极发展现代物流、现代金融、研发设计等生产性服务业，加快发展现代商贸、都市旅游等生活性服务业，成为全市壮大现代产业体系的主战场；渝东北三峡库区城镇群和渝东南武陵山区城镇群要结合区位条件、生态优势和人文资源优势，布局发展大健康、大旅游、绿色制造、山地特色效益农业等，推动产业生态化、生态产业化，打造生态优先绿色发展示范区。二是要因地制宜做好产业平台建设。加快建设一批关键重点产业园、特色产业基地，优化以两江新区、重庆高新区为引领，国家级高新区、经开区、保税区和市级特色产业园区等为支撑的产业园区体系，加快培育发展一批现代服务业集聚区，建设一批国家级现代农业园区，完善全市现代产业体系的平台载体。三是要因地制宜实施产业政策。根据"一区两群"的发展导向，结合产业发展特性、区域发展特点，适时调整产业政策，做到分类指导，促进区县特色产业园区集聚发展。

（五）注重安全支撑，提高重庆壮大现代产业体系的韧性

产业安全事关现代产业体系发展的可持续性。受全国经济梯度布局和非均衡发展战略、差异化开放政策等影响，加之地处内陆、地形地貌限制，重庆产业链供应链水平不高、协作不够、韧性不强、支撑不足等问题凸显，必须更加注重供应链安全，进一步增强产业链韧性，加快提升全市现代产业体系发展水平。一是要积极稳定供应链。加快融入国内、国际双循环新发展格局，加强区域产业链上下游联合，推动产业链供应链多元化，增强产业发展的自主可控能力。对内，要强化与国内其他地区的产业协作，推动有条件的产业技术实现国产化替代，积极保障重庆重点产业关键零部件的供应；对外，要加强与国外相关地区的经贸合作，畅通与海外供应链联系渠道，进一步保障关键核心零部件的供应，增强供应链的稳定性。二是要着力完善产业链。以全市33条重要产业链为龙头，加快完善"链长制"，着力推动电子、汽车、高端装备、新材料、生物医药、节能环保、

特色消费品等产业补链延链强链，打造富有竞争力的产业链。三是要提升基础设施支撑能力。突出 5G 网络、充电桩、智慧设施和创新装置等新型基础设施建设，加快完善中欧班列（渝新欧）、西部陆海新通道等国际物流通道，打通重庆与长三角、京津冀、粤港澳大湾区等国内主要城市群的物流通道，提升对全市产业发展的服务支撑能力。

参考文献

［1］陈曦.构建协同发展现代产业体系的国际经验与启示 [J].宏观经济管理，2020（06）：32−38+44.

［2］付保宗，周劲.协同发展的产业体系内涵与特征——基于实体经济、科技创新、现代金融、人力资源的协同机制 [J].经济纵横，2018（12）：23−33+2.

［3］张明哲.现代产业体系的特征与发展趋势研究 [J].当代经济管理，2010，32（01）：42−46.

［4］赵霄伟，杨白冰.顶级"全球城市"构建现代产业体系的国际经验及启示 [J].经济学家，2021（02）：120−128.

［5］聚焦重庆"十四五"发展重点任务　奋力谱写高质量发展新篇章 [J].当代党员，2020（24）：21−24.

［6］奋力开启社会主义现代化建设新征程 [N].重庆日报，2021−02−22.

［7］陈金山.抢抓机遇、乘势而上，开创重庆制造业高质量发展新局面 [EB/OL].七一网，2021−05−31. https://www.12371.gov.cn/Item/579889.aspx.

［8］重庆市人民政府《关于印发重庆市国民经济和社会发展第十四个五年规划和二○三五年远景目标纲要的通知》（渝府发〔2021〕6 号）[Z]. 2021−01−10.

重庆文化创意产业的产教融合发展路径[①]

肖定菊[②]

全球化背景下，以创造力为核心的文化创意产业愈发成为国家文化软实力发展提升的主力军。作为当下拥有广阔市场前景的新兴产业，文化创意产业主要是将文化通过技术、创意和产业化的方式开发、营销，具体包含广告传媒、广播影视、视觉艺术、包装设计、平面设计、服装设计等方面的创意群体。近年来，我国文化创意产业实力随着社会经济文化的发展进步而不断增强，逐渐成为新的经济增长点。就地区文化创意产业发展状况而言，重庆文化创意产业无论是发展速度还是质量，在国内都属于发展较好的。长期以来，结合当地独特的优势，顺应社会经济文化发展趋势，重庆市始终高度重视文化创意产业的创新发展，将其作为推动区域经济社会文化发展的重要力量，"两点"定位、"两地""两高"目标，为新时期重庆文化创意产业加速发展导航定向。在此基础上，为了建设高质量的文化创意产业人才队伍、推动重庆文创产业高质量可持续发展，重庆正在大力推进文化创意产业"产教融合"发展战略的实践与完善。

---

①　基金项目：本文系 2022 年重庆市教育委员会人文社会科学研究规划项目《"三链"耦合发展的新时代重庆高职产业学院生态系统构建研究》阶段性研究成果，编号为 22SKGH486。原载于《中国文化报》2022 年 8 月 19 日第 3 版。

②　肖定菊，重庆开放大学、重庆工商职业学院副教授。

一、重庆文化创意产业产教融合现状

作为一座拥有深厚历史文化底蕴、浓郁学术和艺术氛围及雄厚 IT 产业基础的城市，重庆市在文化创意产业的发展上拥有充足而坚实的外部条件和客观优势。一直以来，当地政府始终将发展提升重庆文化创意产业实力作为经济文化发展的重要任务之一，先后发布了《重庆市创意产业"十一五"发展规划》《重庆市人民政府关于加快创意产业发展的意见》等重要文件，用以指导和支持当地文创产业发展。在产业链各环节的长期探索下，重庆文化创意产业在"产教融合"这一新型发展路径上渐入佳境并取得了初步成效。为响应国家关于产教融合发展的号召，2021 年 6 月，2021 产教融合校企合作发展战略论坛在重庆举办。此次活动联合了重庆 12 所高校，以"重庆设计人才推动计划"为主旨，就重庆文化创意产业可持续发展和高质量发展的动力内核问题，即人才培养问题提出了诸多可行性建议。重庆高职城也以"产城产业产教"融合发展为核心理念积极进行打造"生态科教城"的实践，大力推动"园区 + 企业 + 学校"模式的深入实施。此外，重庆市各大高校也越来越多地将"产教融合"纳入相关专业的教学改革。

目前，专业人才质量与市场企业要求脱节是文化创意产业发展中存在的一个主要问题，高校文化创意人才的培养模式与行业对跨界文化创意设计人才的要求不符。另一个问题是，发展文化创意产业最核心的元素——创造力，目前在整个行业中还比较缺乏，导致市场中的文化创意产品开发同质化现象严重，无论是影视传媒还是平面设计、服装设计等领域，令人耳目一新的高质量文创产品较为缺乏。众所周知，人才是文化创意产业可持续发展的重要动力之一，创造力是文化创意产业发展的核心，从这个意义上说，推动文化创意产业产教融合发展，一方面有助于企业为高校提供一定的实践岗位和市场研判，另一方面也有利于企业借助高校人才、科研成果等资源获得更高效的发展。因此，校企之间加强资源共享和产教融合，是当前文化创意产业发展的必然要求。目前，无论是高校相关专业产教融合的具体教学改革实践，还是相关企业与高校的合作发展，重庆文化创意产业都做出了有益的探索，这些探索还需要继续沿着科学的方向进行深入推进和完善。

二、重庆文化创意产业产教融合的完善与突破

结合重庆文化创意产业产教融合已有的实践成果来看，当前产教融合发展的方向和方法都是科学可行的，只是还没有形成全面完备的系统实践机制，一些方面还不够具体细化，整体宏观的效果还没有得到凸显。因此，还需要继续深入地研究探索和完善创新。文化创意产业产教融合的主体分别是当地高校和相关企业机构，因此，要进一步推进文创产业产教融合，尽快取得重庆文化创意产业发展的突破性成果，就需要高校和企业双方及时充分发挥自身优势和力量，配合具体工作的落实和推进。

一方面，对于当地高校而言，必须继续革新文化创意相关专业人才培养模式和教学理念，积极配合企业的人才需求并主动寻求与更多文创企业的合作机会。首先，高校要积极推进人才培养模式创新。采用校企双主体育人模式，在此基础上根据学生和专业性质有针对性地匹配专业教学人员。逐渐改变大规模笼统式人才培养模式，提高学生的专业实践能力，使文化创意产业人才培养内容与企业和社会需求接轨。其次，在专业设置上，当前重庆高校的文化创意和设计相关专业划分过细，所学知识存在一定的局限性，不利于学生文化创意综合能力的培养。因此，要培养文化创意产业复合型人才，高校需要对部分专业进行调整，开设更多具有实操性的文化创意方面的专业公共课，以拓展学生的专业能力，这样也有助于提升人才培养效率和节约教育资源。最后，创新专业教学手段。产教融合的核心就是集合企业和学校双方的优势资源进行人才培养，因此，要积极开展"院校＋基地"教学，借鉴重庆高职城的发展模式并进行大范围推广，积极开发建设文化创意产业产教融合基地。让高校学生的专业学习和生活与企业实践紧密结合，使学生在企业实践中消化巩固专业知识并提升专业实践应用技能，掌握文化创意市场的最新发展趋势和信息，有针对性地提升创造设计能力。同时，高校也

可以定期邀请文化创意产业的专业人士到学校进行授课或举办讲座，并将进入企业进行实践作为高校人才培养的常规内容纳入学校人才教育计划。

另一方面，企业也要积极寻求与当地高校的深度合作，充分利用高校的人才和知识科研优势进行项目开发和推进。文化创意产业发展的主力军不只是当下的文创企业，其可持续高质量发展最终还是取决于高校文创专业人才的培养质量。因此，为了保证重庆文化创意产业未来能够拥有更多高质量、高水准的文化创意设计人才，企业应积极配合各高校人才培养工作。企业在合适的项目中可以邀请高校师生加入共同研讨和实践交流，同时，也可以就某一主题举办校企合作活动，邀请高校相关专业学生同企业员工一起进行项目研发和比赛竞技，最终将高校与企业的共同工作成果投入市场运营并做好后期工作的完善。企业和学校双方要联合打造连接"学校、基地、市场、创客"的四方体，形成"校内实训＋企业实践＋商业运营"的联动机制。

重庆文化创意产业的产教融合发展在目前看来正处于一个良好的发展节点，当地的经济科研实力和社会文化氛围为文创产业产教融合实践提供了良好稳定的发展环境，政府、高校和企业之间的相互配合和支持为文创产业产教融合确立了坚实的保障。当前，重庆市应加大对当地文创产业产教融合优秀范例的宣传力度和对相关项目的扶持力度，将先进经验普及到全市乃至全国其他地区。与此同时，校企双方也要在现有的合作基础上进一步扩大产教融合规模，将相关合作成果投入市场进行检验，尽快建立起文化创意产业产教融合发展的成熟机制、长效机制。

WENLV RONGHE

文旅融合

以产业地标化助推旅游发展国际化[①]

——重庆加快建设世界知名旅游目的地创新路径研究与建议

陈博洲[②]

　　旅游业是幸福产业，是人民生活水平提高的重要标志，是释放内需潜力、促进消费升级、畅通国民经济循环的重要载体，在服务国民经济社会发展、推进文化强国建设、满足人民群众的精神需求等方面具有重要作用[③]。对此，重庆市提出要围绕"山水之城·美丽之地"目标定位，加快建设世界知名旅游目的地，进一步推动全市旅游业高质量发展[④]。

　　世界知名旅游目的地，既是一个区域发展概念，也是一个产业经济概念。从产业经济角度来讲，建设世界知名旅游目的地，就是在区域内做优做强一批具有国际影响力、号召力、品牌力的旅游产业链、创新链、价值链，不断提升区域旅游产业发展的集约化、国际化水平，孵化一个甚至多个世界级旅游品牌，助推区域旅游产业体系整体融入全球文旅大市场，进而达到世界领先水平。因此，也可

---

　　① 原载于《西部旅游》2022 年 3 月。

　　② 陈博洲（1970—　），博象文旅集团。研究方向：文旅融合、艺术会展、美术评论。

　　③ 重庆市人民政府.重庆市旅游经济领导小组办公室.重庆市旅游经济领导小组办公室关于《重庆市推动旅游业高质量发展的政策举措（征求意见稿）》公开征求意见的公告 [EB/OL]. (2021−09−18) [2022−02−20]. http://www.cq.gov.cn/zwgk/zfxxgkml/zdjcygk/zdjcyjzj/202112/t20211224_10225454.html.

　　④ 重庆市文化和旅游发展委员会.重庆市旅游业发展"十四五"规划（2021—2025）[EB/OL]. (2022−02−21) [2022−02−26]. http://whlyw.cq.gov.cn/zwgk_221/fdzdgknr/ghxx/202202/t20220221_10415598. html.

以说建设世界知名旅游目的地就是在全球化条件下，实现区域旅游产业体系整体地标化的过程。产业地标化是什么？对经济发展有什么意义？又将如何助推重庆建设世界知名旅游目的地？对此，笔者结合在文旅产业的多年从业经验及在国内外著名旅游目的地的考察研究所得，针对产业地标化的概念、作用及重庆旅游产业地标化的创新路径进行分析，并提出相应的建议。

一、产业地标化的定义及特征

产业地标化，即依托区域比较优势，培育具有显著地方特色的优势产业集群，充分凝聚和彰显自身核心竞争力，以此融入国际产业大市场、打造世界级产业地标的品牌战略。

地标化的产业，既是区域内特定支柱产业达到世界领先水平甚至引领全球的象征和符号，也是区域经济融入全球大市场的"拳头"品牌和亮丽名片，在地区甚至国家产业经济体系中充当着"排头兵""突击手""领航员"的重要角色。地标化产业主要有以下特征：

（一）发育程度高，在全球同类产业中属于领先水平，甚至扮演引领者的角色

据世界知名经济数据库 Statista 于 2017 年 3 月公布的"国家制造指数"调查报告显示，经过对全球 52 个国家、43000 名消费者的调查，"德国制造"荣膺"全球代表最高质量的品牌"，位列第二的是"瑞士制造"，"欧盟制造"则排名第三[①]。

德国以 8000 余万的人口，开创了 830 余家百年企业，2300 多个世界级品牌，且这些著名品牌广泛分布于汽车、化工、文具、厨具、精密仪器等制造门类，覆盖了从轻工业到重工业的多个行业，充分彰显了"德国制造"整个产业体系的高水平均衡发展[②]。在世界制造业体系内，作为"高品质""优服务"代名词

---

① 国际在线 . 调查："德国制造"成为全球最受欢迎的品牌 [DB/OL]. (2017-03-28) [2022-02-26]. http://news.cri.cn/20170328/47cfb72b-56c2-e28b-8e58-e904f42197db.html.

② 陈赛宽 . 也谈工匠精神 [N]. 温州日报，2021-09-14.

的"德国制造",也由此成为一个发育程度高、品类齐全、口碑好的世界级地标产业。

（二）在国际大市场上具有较大的影响力、号召力甚至是领导力

在这方面,我国稀土产业极具代表性。稀土是多种珍贵金属的总称,广泛应用于工业生产的各个方面,被誉为"工业的维生素"。作为全球储量最大、产品体系最齐全的国家,我国的稀土产量及供应量始终保持在全球总量的 80%~90%。我国可以满足国内外不同用户对不同稀土产品的需要,已成为世界上唯一可以大量供应各种不同品种、品级稀土产品的国家,成为世界稀土市场的主导和支配力量[①]。毫无疑问,在全球稀土产业乃至整个工业制造体系内,"中国稀土"是一个举足轻重的地标产业。

同样举足轻重的,还有中东的石油产业、美国的金融产业、俄罗斯的天然气产业等。虽然所处行业不同,但它们都在对应的全球市场上拥有绝对的话语权乃至定价权,对全球产业体系具有巨大的影响力。

（三）品牌化、具象化,凭借显著的特色和极具比较优势的产业供给,在国际产业大市场上给目标群体留下了深刻而独特的印象

这里提到的品牌化,即在产业发展过程中所进行的标准化建设。而具象化则是品牌化投射给外部的正面积极印象,是该产业成长成熟后,在全球市场上形成的象征和符号,即"地标"。由此可见,产业地标化是一地或一国产业发展集约化、品质化、国际化建设取得极大成就,在全球大市场上获得广泛认可的主要表现。

二、产业地标化对旅游产业的作用

（一）旅游产业充分发展的标志性特征

据新西兰统计局 2019 年公布的相关数据显示,截至 2018 年 3 月,该国旅游

---

① 中国产业发展研究网 .2017 年中国稀土产量、价格及应用情况分析 [DB/OL]. (2018-03-29) [2022-02-26]. http://www.chinaidr.com/tradenews/2018-03/118898.html.

业对国内生产总值（GDP）的直接贡献为 159 亿纽币，占 GDP 的 6.1%；支持旅游业的其他产业间接增值为 111 亿纽币，占 GDP 的 4.3%；国际旅游消费占到了新西兰商品和服务出口总额的 20.6%；21.6 万人直接从事旅游业（占新西兰就业总人数的 8.0%），比上一年度增加了 2.6%。

通过这组数据可以发现，作为世界旅游业的著名"地标"，新西兰旅游业对本国经济作出的贡献举足轻重。

而新西兰旅游业成为世界级"地标"的历程，也正是其坚持集约化、品质化、国际化发展，最终发育成熟的过程。作为南太平洋上的一个岛国，新西兰拥有风光壮美的海岸线、造型雄峻的锯齿山、历经百万年形成的冰川等自然奇观，生态环境得天独厚。同时，独具特色的毛利文化、丰富天然的农场美食、享誉国际的大型赛事，也给当地旅游业提供了人文底蕴方面的有力支撑。依托这样的资源优势，新西兰既注重景区、景点的建设运营，也专注于向全球市场整体推介本国旅游业。经过 40 余年科学运营，"新西兰旅游"逐渐深入人心、享誉全球，形成了一个知名的地标化产业。

由此可见，旅游产业地标化，就是整个旅游产业体系及上下游相关产业经过持续充分发展，最终成长为世界级旅游目的地的过程。这也意味着，旅游产业地标化同时也是旅游产业体系从"低"到"高"发展，从"闻名当地""知名全国"向"享誉国际"迈进的必经阶段。因此，判定一地或一国旅游产业是否实现地标化，应从以下几个方面入手：一是从产业供给来看，和国际同类型旅游产业比较，不仅供给优质，而且具有显著比较优势。二是从产业布局来看，旅游产业链、创新链、价值链布局优化、发展充分，具有较强的全球竞争力。三是从产业融合来看，旅游产业和上下游相关产业高度融合，对地方经济和民生改善具有显著的拉动作用。

（二）我国建设旅游强国的有效载体和创新路径

近年来，我国旅游产业发展迅猛，催生出一大批具备地标化潜力甚至已经初步实现地标化的区域旅游优势产业。

如在省级层面，仅 2019 年广东省旅游总收入就达到 1.52 万亿元，广东省在旅游总收入、入境过夜游客等指标长期保持全国第一①。在地市级层面，2020 年上半年，苏州旅游业克服新冠肺炎疫情影响强劲复苏。在县（市辖区）层面，据竞争力智库、中国经济导报社和北京中新城市规划设计研究院等机构于 2021 年 11 月联合发布的《中国县域旅游竞争力报告 2021》显示，2021 年，中国旅游百强县市平均实现旅游总收入 156.16 亿元，恢复至疫情前的 76.5%，比全国旅游总收入恢复率高 28.6 个百分点，彰显了"百强县"旅游经济的扎实基础和强大实力。从产业经济角度来说，以上区域与整个国家旅游经济的相互作用，印证了产业经济体系中整体与局部的辩证关系，即国家旅游经济这一宏观载体的发展，推动了地方旅游产业地标化的进程，而地方旅游产业地标化也为国家旅游经济注入了强大推动力。因此，对我国旅游产业而言，培育好、利用好产业地标化这一重要推动力，无疑具有重大而积极的意义。

2021 年底，国务院印发《"十四五"旅游业发展规划》，提出了"展望 2035 年，基本建成世界旅游强国"的目标愿景。这一目标愿景的提出，既是对中国旅游产业整体实力和竞争力大幅提升的具体要求，也是对各地以产业地标化助推旅游产业高质量发展的号召。

在这样的战略导向下，进一步培育和做强做优一批地标化旅游产业，充分发挥产业地标化对旅游发展的推动作用，势必将助推旅游强国建设，助力"中国旅游"成为继"中国制造"之后的又一世界级地标产业。

（三）重庆加快建成世界知名旅游目的地，推动旅游高质量发展的战略新支点

2022 年 2 月，重庆市文旅委印发《重庆市旅游业发展"十四五"规划（2021—2025）》（以下简称《规划》），规划了"十四五"期间重庆旅游发展的蓝图。《规划》提出，到"十四五"期末，世界知名旅游目的地加快建成，旅游业增加值占 GDP 比重达 5%。

"加快建成世界知名旅游目的地"这一发展目标的确立，既是重庆顺应国家

---

① 谭志红.广东：文化和旅游业迈入高质量发展新阶段 [N].中国文化报，2021-3-10（6）.

导向、遵循旅游产业发展规律的具体体现，也为推动本土旅游产业高质量发展提供了方向和指引。在此发展目标导向下，《规划》还明确了重庆旅游发展的宏观布局，即"十四五"期间，重庆要加快建设"一区两群"旅游发展新格局①。

在"一区两群"旅游发展新格局中，主城都市区以"山水之城·魔幻之都"为形象主题，加快建设主客共享、近悦远来的世界知名都市旅游目的地；渝东北三峡库区城镇群以"壮美长江·诗画三峡"为形象主题，加快建设长江三峡国际黄金旅游带；渝东南武陵山区城镇群以"武陵山水画廊·休闲度假天堂"为形象主题，加快建设渝东南武陵山区文旅融合发展示范区。

"一区两群"旅游发展新格局重点突出、各具特色、功能互补，立足重庆全域，绘就了"十四五"期间推动重庆旅游高质量发展的"作战图谱"和"进军路径"。从产业地标化的角度来看，不论是"山水之城·魔幻之都""壮美长江·诗画三峡"，还是"武陵山水画廊·休闲度假天堂"，这一发展新格局本身就勾勒了旅游地标化的清晰轮廓，为"一区两群"相关区县推动旅游地标化提供了明确导向和基本原则。而在这一方面，重庆具有先天优势和良好的产业基础。党的十九大以来，重庆提出了"山水之城·美丽之地"目标定位和"行千里·致广大"价值定位，推出了"山水之都·美丽重庆"的宣传口号，旅游发展取得突出成就。据世界旅游及旅游业理事会发布的《2018 年城市旅游和旅游业影响报告》显示，重庆是全球旅游发展最快的城市。重庆连续多年在界面新闻的"中国旅游业最发达城市排行榜"中排名第 2 名，荣登《2018 年城市旅游度假指数报告》网红城市排行榜榜首，荣获 2019 亚洲旅游"红珊瑚奖"——十大最受欢迎文旅目的地、"壮丽 70 年·最具影响力会展目的地金手指奖"，在旅游城市游客满意度评价中多次位列全国第 1 位。在荣誉背后，重庆正以"8D 魔幻城市"的亮丽形象，成为全球文旅大市场上一个初具雏形的全新地标。

综上，"十四五"期间，随着世界知名旅游目的地建设不断提速，重庆也获得了将旅游产业打造成为世界级地标的充分条件和广阔空间。

---

① 上海双滋传媒总部官方.今年苏州有多强？经济逆势增长、工业世界第一、旅游全国第五[DB/OL].(2020—10—14)[2022—02—25].https://www.sohu.com/a/424666867_120417432.

三、以旅游产业地标化助推重庆世界知名旅游目的地建设的创新路径

在"一区两群"旅游发展新格局的指引下，重庆要如何推动旅游产业地标化，助力世界知名旅游目的地加快建成？

（一）规划好旅游产业发展的基本"面"，科学合理谋划同一区域内不同区县的旅游产业发展定位，突出特色、相互促进、避免内耗，凝聚区域旅游发展合力

"一区两群"旅游发展新格局将重庆全域划分为三大区域，同一区域的不同区县，既要保证整体的统一性，又突出自身的特色，避免同质化竞争，这就要求在规划定位和发展布局上具备大视野、大智慧、大能力。一方面，突出差异化定位，与周边区县错位发展，凝聚特色比较优势，有效规避同质化竞争。按照加快建设"一区两群"旅游发展新格局的统一安排，建议由市委、市政府组织文旅、规制、工商、外事等部门，在市级层面召集"一区两群"相关区县分片区调研讨论，对同一区域内各区县旅游发展目标进行统筹安排，引导各区县立足自身特色资源和产业基础，吸取全球国际化旅游目的地先进经验，突出各自差异化定位，进一步明确发展方向、实施路径、建设步骤及时限等具体细节，形成旅游国际化、特色化、差异化发展规划，合理推进旅游产业地标化进程。另一方面，突出特色的同时，注重与周边区县及全市形成合力。在全市旅游"一盘棋"的要求下，设计运行"一区两群"旅游协作机制，不断提升交通、客源、物流、配套产业等关键环节的互联互通水平，在引导区县各自发展的同时，最大限度调动全市旅游产业地标化发展整体合力。

（二）选择好带动区域旅游发展的优势"点"，突出比较优势产业，做优做强特色支点，推动以"点"带"面"、连"点"成"面"，以景区景点等战略支点的地标化带动整个旅游产业体系的地标化

建议由市文旅委出面，会同相关部门和区县，按照市委、市政府对"一区两群"三大区域的发展定位，引导相关区县梳理、研判、确定各自重点发展的旅

游景区景点、优势配套产业、特色旅游商品等，将其作为战略支点，统一编制旅游产业地标化重点项目目录，在市及区县两级形成发展执行和支持体系，保证重点项目在软硬件建设、客源物流、政策资金等方面的优先级。此外，在"一区两群"的基础上培育一批各具特色又遥相呼应的旅游产业地标，以景区景点等特色支点助力重庆旅游产业基本"面"在全球文旅市场上占据一席之地。

（三）培育好旅游产业的发展"链"，依托区域优势产业，优化布局旅游产业链、创新链、价值链

发展现代经济，在很大程度上是发展"链经济"。如一条产学研销高度集约发展的电子信息创新链，催生了美国硅谷；一条链接全球的现代金融服务价值链，托起了英国伦敦世界金融中心的地位；一条横亘内罗毕、察沃、安博塞利、纳库鲁、马赛马拉的国际旅游观光产业链，铸就了肯尼亚领跑非洲大陆的经济"引擎"。由此可见，产业链、创新链、价值链的优化布局和充分发展，是产业地标化的基础前提和核心动力。因此，建议"一区两群"相关区县通过"三步走"布局好"三链"。第一，要理清产业发展要素。发展旅游业，除资源禀赋外，还需要区位、资金、技术、人才等多种发展要素及"吃、住、行、娱、购"配套供给的产业基础。因此，在谋篇布局区域旅游发展时，一定不能只考虑旅游资源，更要综合统筹旅游资源之外的其他发展要素，在此基础上才能实现旅游产业"三链"的合理布局和可持续发展。第二，保持对需求的感知度。根据全球文旅大市场的宏观形势、世界旅游产业的发展潮流和主流游客群体消费倾向的变化，及时调整产业链供给，必要时甚至可以改变产业链的布局和功能，始终紧贴市场的脉动，避免陷入"在计算机时代生产 DVD"的尴尬处境。第三，合理延伸产业链。在旅游基础供给达到一定水平后，应对产业链进行延伸，以产业链的延长实现价值链的扩展。但在延伸产业链时，要以取长补短为目的，即通过覆盖上下游相关环节，实现旅游供给、服务水平甚至产业能级的提升，而不是贪大求全、盲目扩张。

（四）设计好对旅游市场主体的扶持"线"，针对文旅企业在政策、项目、资金、人才、技术等方面的具体需求，集约化整合扶持政策，个性化开展产业帮扶

作为市场主体的文旅企业，是旅游产业的"细胞"，只有"细胞"茁壮成长，产业这个"肌体"才能做优做强。因此，有必要建立相应的扶持体系，对重点企业进行重点帮扶。第一，要把好"入口关"。如前文所述，作为旅游产业发展成熟的必经阶段，旅游产业地标化对参与企业的要求极高。因此，推动产业地标化的过程中，必须严把企业参与的"入口关"，依托区域旅游发展定位和具体项目规划，以量化的招商引资条件，吸引理念先进、能力突出的企业和项目参与产业地标化建设，避免因选择参与企业不当而导致项目、金融等方面的系统性风险。第二，帮扶要个性化。企业需求千差万别，在制定具体帮扶政策时不能"一刀切"。建议由地方党委、政府出面，跨部门消除行政壁垒，综合运用相关政策、项目、资金等帮扶资源，建立文旅企业个性化帮扶工作机制，针对不同企业的具体诉求，提供精准帮扶、个性帮扶、全程帮扶，避免帮扶工作"撒胡椒面"。第三，要培养好"种子队"。选择一批能力突出、潜力较大的文旅企业，为其量身定制培养扶持工作机制，针对企业成长周期合理规划培养路径及扶持方式，通过做优做强一批本土文旅市场主体，激发旅游产业地标化的市场化动力。

（五）运营好国内外客源朋友"圈"，不断扩展外事活动、国际经贸文化交流等新载体，通过组团营销、全民营销等多种方式，推动地方旅游"走出去"、国际客源"引进来"

建议由国家相关部委争取国内外重大宣传推广机会，建立跨区域旅游宣推机制，从重庆市级层面统筹配置宣传推广渠道及旅游资源，引导支持"一区两群"各区域、区县及市场主体开拓国内外市场。重点做好两项工作：第一，深入核心市场，建设"相约魔幻之都·重庆主城都市旅游城市展厅""相约诗画三峡·重庆渝东北三峡库区旅游之窗"及"相约山水画廊·重庆渝东南武陵山区旅游之窗"等跨地（跨国）城市展厅，作为宣传展示"一区两群"旅游地标的阵地。第二，"走出去"组团营销，常态化开展国际宣传推广。借助国家或市级重大外

事活动等平台，由市委、市政府组织发动，相关文旅企业参与，选择国内外热点客源地及国际友好城市的核心商圈、地标性公共建筑、重大外事活动会场等目标人群聚集地，定期或不定期组织各类营销宣传活动，以兼顾全龄化和个性化、既接地气又高大上的常态化覆盖式营销活动，确保重庆旅游整体营销工作既能覆盖基本"面"，又能突出重要"点"，稳步持续扩大重庆旅游影响力，在目标市场发出"重庆声音"、讲好"重庆故事"、塑造"重庆地标"。

（六）提升旅游供给的吸引"力"，持续激活区域旅游产业的竞争力、品牌力、影响力

产业地标化的核心，归根结底还是供给的品牌化、个性化、国际化。纵观全球旅游地标，无不如此。因此，优化旅游供给是旅游产业地标化的首要任务。第一，旅游供给多元化。建议各地方依托"一区两群"定位和自身旅游发展规划及比较优势资源，针对目标市场"吃、住、行、娱、购"的庞大需求，着力延伸供给链、丰富旅游产品类型，加快构建层次丰富、选择多样的旅游供给体系。第二，目标对象全龄化。当前，我国旅游特别是度假休闲游的产业供给，大多仍旧针对 55 岁及以上的中老年群体，对青少年及儿童这一庞大市场吸引力尚显不足。建议着力研发并供给针对低龄目标人群的新型旅游产品，以全龄段的旅游供给，实现对目标市场的全覆盖。第三，旅游产品品牌化。建议综合运用工商注册、宣传推广、专业评测等方式方法，加大对重点景区景点、名特优新旅游商品、精品线路、特色场馆、优质酒店（民宿）等的品牌化培养力度，建设兼有自身特色和国际化竞争力、囊括旅游软硬件建设的特色旅游品牌集群，作为开拓国际文旅大市场、推动旅游地标化的"开路先锋"和"亮丽名片"。

（七）把握好旅游和其他相关产业的融合"度"，以跨界联动凝聚旅游地标产业崛起动力，以融合发展激活文旅产业助力经济社会建设强大合力

旅游是综合性产业，是拉动经济发展的重要动力，是衡量人民生活水平的一个重要指标。而拉动的前提，是融合。重庆旅游以山水风貌和山地人文奇观著称于世，位于重庆市武隆区的仙女山国家级旅游度假区，就是把山水生态和山地人

文紧密融合的代表。2019 年武隆区文旅融合项目博象·咏山水文化小镇落户仙女山，该项目兴建了全国度假区首屈一指的大型专业化美术馆——博象美术馆，并以此作为打造中国艺术山脉的创新支点，常态化开展名家书画展览、学术交流、艺术培训、会议论坛、名中医义诊等文化艺术康养活动，为艺术家提供了一个创作、展示和沟通的市场化平台，同时这些名家的作品也以艺术的形式传播了重庆之美。依托博象美术馆，仙女山不仅有效整合了全国顶级书画艺术及中医养生资源，更结合本地乃至整个重庆的生态人文风情，将文化康养资源不断转化为旅游产业发展要素，形成高端文旅产品供给源头，厚植了武隆文旅底蕴，丰富了重庆旅游产品，仙女山也因此初具"中国艺术山脉"这一新地标的雏形①。由此可见，融合发展既是旅游成长为地标化产业的有效路径，也是以旅游产业带动其他产业共同发展的战略载体。

四、结语

综上，地标化作为产业充分发展的标志性特征和必经阶段，应成为重庆建设世界知名旅游目的地的一大突破口和着力点。笔者基于工作经历和考察研究所得，针对以产业地标化助力重庆加快建成世界知名旅游目的地提出以上思考和建议，希望从产业经济培育的角度，为重庆推进旅游产业集约化、国际化建设，早日建成世界知名旅游目的地提供支持。

---

① 光明网.2021 中国旅游百强县揭晓 [DB/OL]. (2021-11-02) [2022-02-25]. https://share.gmw.cn/travel/2021-11/02/content_35281119.htm.

川渝联袂打造巴蜀文化旅游走廊[①]

——文旅融合赋能区域经济提升

康锦谦　徐　壮[②]

依托成渝地区双城经济建设，深化跨区域合作，川渝又有新动作——文化和旅游部、国家发展改革委、重庆市人民政府、四川省人民政府日前联合印发《巴蜀文化旅游走廊建设规划》（以下简称《规划》），提出深化成渝地区区域协同发展，构建"双核、三带、七区、多线"的巴蜀文化旅游走廊。携手共建、以文促旅、以旅彰文，文旅共生的文旅融合发展，既为巴蜀文化旅游走廊打下良好基础，也为其进一步发展提供全新动力。

一、携手共建，书写文旅"双城记"

《巴蜀文化旅游走廊建设规划》范围包括重庆市、四川省42个市（区、县），总面积18.5万平方公里，辐射带动重庆市和四川省全域范围。

8项世界遗产、3个世界地质公园、9个国家历史文化名城、39个国家级自然保护区、66个全国红色旅游经典景区……重庆、四川两地历史文化悠久、自然景观独特，是许多游客心目中的文旅圣地。

巴蜀文化旅游走廊以重庆主城、成都"双核"为驱动，规划建设成渝古道文

---

① 原载于《经济参考报》2022年6月21日。

② 康锦谦、徐壮，记者。

化旅游带、长江上游生态文化旅游带和成绵乐世界遗产三条精品旅游带，以大峨眉—大熊猫生态文化旅游协同发展区、古蜀文化与嘉陵山水休闲旅游协同发展区等七个特色旅游区为骨架，构筑"五横五纵"旅游通道、构建生态旅游大环线。根据规划，川渝两地要建设国际都市旅游目的地，打造可阅读、可漫步、有温度的文化旅游之城。重庆主城建成全国美丽山水之都、国际商务会展之都、世界知名旅游枢纽城市；成都建成具有国际影响力的世界文化名城、山水人城和谐相融的公园城市。

世界级的休闲旅游胜地怎样建设？《规划》提出，加强高品质旅游景区建设、加强高品质旅游度假区建设、提升全域旅游发展质量。重庆涪陵武陵山大裂谷景区、四川阿坝四姑娘山景区等著名景区，重庆武隆仙女山旅游度假区、四川峨眉山峨秀湖旅游度假区等国家级旅游度假区都将率先提质升级，发挥示范引领作用。

此前，川渝两地文化和旅游部门已联合成立专项工作组，先后召开了多次联席会议，共谋如何充分发挥区域内各地区的比较优势，提升巴蜀文化旅游走廊整体竞争力，打造国际知名文化和旅游品牌。

两年来，川渝两地共签订战略合作协议 63 份、成立合作联盟 11 个、推动重点任务 107 项、推动重点文物保护项目 200 余个、联合举办展览展示活动 50 多个。

在刚过去的"文化和自然遗产日"，由四川省文旅厅、重庆市文旅委指导，四川省非遗保护中心、重庆市非遗保护中心等联合主办的 2022 年巴蜀文化旅游走廊非遗之旅线上集中展示活动拉开帷幕，四川泸州、重庆永川、江津等地非遗项目通过各直播平台为广大网民带来了一场非遗主题的视听盛宴，活动期间还发布了一系列非遗主题旅游精品线路。

二、以旅彰文，为旅游树立红色文化

四川是旅游大省，也是红色文化大省。记者从四川文物局革命文物处了解到，四川 2021 年 7 月启动了全省革命历史类纪念设施、遗址和爱国主义教育基地排查评估及规范提升工作，统计发现，四川革命文物资源数量居全国第一方阵，有不可移动革命文物 1900 余处，可移动革命文物 5 万余件（套）。

四川文物局革命文物处处长李晓林告诉记者，在摸清"家底"后，他们积极开展了长征、川陕、"三线"等革命文物资源调查、征集、定级工作，公布全省第一批革命文物名录，颁布了四川省红色资源保护传承条例及配套实施办法，推进实施革命文物保护利用重点工程，加大馆藏革命文物展览展示力度，指导江姐故居、赵一曼纪念馆在短时间内高标准完成修缮和展陈提升工程，举办一批主题突出、内涵新颖，反映百年党史的展陈精品。同时，加快推进长征国家文化公园四川段、川陕片区红军文化公园建设。

据了解，去年以来，四川宜宾赵一曼纪念馆、自贡江姐故居等一批红色遗址又进行了改造升级，不仅内部策展更加丰富，外围的环境也将得到进一步改善，记者走访多个展馆看到，多个策展主题围绕党史线、共产党人精神谱系线及个人奋斗线来展现英雄们的一生。今年清明节，自发前来祭奠的群众络绎不绝。

重庆作为红色历史名城拥有众多红色文化遗产，红岩革命纪念馆、歌乐山烈士陵园……每年都吸引着众多游客前往参观学习。

这几年，人们通过以旅促文的方式，逐渐形成传承和发展红色文化的热潮。

红色是川渝两地最鲜明的特色，区域内红色资源数量多、价值高、影响大。川渝两地文化和旅游部门负责人纷纷表示，将以巴蜀文化旅游走廊建设为契机，在保护好红色资源的前提下，利用好红色资源，推动红色旅游与乡村旅游、生态旅游等业态融合发展，推出一批红色旅游融合发展示范区。

三、文旅共生，为区域经济提升赋能

每年的 4 月底，是川西小城泸定县红樱桃丰收的时节，在之后的 20 天里，数千亩红樱桃陆续成熟上市，吸引八方来客。

当年红军"飞夺泸定桥"的壮举，让泸定成为世界闻名的红色小城，如今数

千亩红灿灿的樱桃，又为它添上"红樱桃之乡"的美名。红樱桃节，顺势成为当地农牧民与远方游客的无言之约。

记者了解到，红樱桃节活动开始前一周，泸定县内及红樱桃节举办地杵坭村周边的酒店、民宿就已供不应求。游客为红色文化慕名而来，又惊喜地发现，原来这片红色沃土上还有如此美丽的生态。

站在泸定桥头，广场上穿着民族风情服饰的群众欢快地跳起了"锅庄"，小街边，挑着红樱桃叫卖的藏族大妈生意红火。斜阳余晖缓缓扫过，勾勒出文旅融合赋能区域经济提升的美好画卷。

记者获悉，目前川渝两地都在紧锣密鼓地制定巴蜀文化旅游走廊建设实施方案，并着手准备召开巴蜀文化旅游走廊建设第五次联席会。对于巴蜀文化旅游走廊建设，川渝两地业内人士信心满满："打造巴蜀文化旅游走廊"是"十四五"规划纲要中 102 项重大工程项目之一。此次印发的《规划》展望，巴蜀文化旅游走廊将来要成为全国文化旅游发展创新改革高地、全国文化和旅游协同发展样板。

成渝联手打造世界级现代健康旅游产业集群的思路与举措[①]

陈雪钧　李　莉　邓　莹[②]

"实施健康中国战略"是党中央坚持和发展新时代中国特色社会主义的一项重要战略安排。新时期健康旅游产业已成为国民经济新的增长点和活力源泉。成渝联手打造世界级现代健康旅游产业集群，将成渝地区双城经济圈建设成为特色鲜明、业态多元、国际一流的高品质生活宜居地和全国健康旅游高地，有利于培育成渝地区新的经济增长点，是推动成渝地区双城经济圈高质量发展的重大战略举措。

一、成渝地区健康旅游产业发展现状与主要问题

成渝地区健康旅游产业发展呈快速增长态势，初步形成了一批温泉旅游、森林旅游、医疗医药旅游、运动休闲旅游、乡村养生旅游、避暑旅游、气候旅游、

① 基金项目：重庆市社会科学规划英才计划项目"新时期重庆康养旅游产业创新发展研究"（项目编号：2021YC046）；重庆市技术预见与制度创新专项项目"疫情防控常态化背景下重庆康养旅游供给侧改革路径研究"（项目编号：CSTB2022TFII-OIX0081）；四川省哲学社会科学重点研究基地四川旅游发展研究中心项目"成渝地区双城经济圈康养旅游协同创新发展研究"（项目编号：LY22-05）阶段性研究成果。原载于《重庆行政》2022年第6期。

② 陈雪钧，重庆交通大学成渝旅游产业发展研究院院长、教授。李莉，重庆第二师范学院旅游与服务管理学院副教授。邓莹，重庆交通大学旅游与传媒学院硕士研究生。

养老旅游等为代表的健康旅游产业集群。重庆市已有 16 个区县提出大力发展健康旅游，有国家级、市级旅游度假区 17 个、全国五星级温泉旅游企业 3 家、国家中医药健康旅游示范区 1 个、国家中医药健康旅游示范基地 2 个。四川省的 21 个市（州）均有健康旅游资源分布，拥有成都、川西北、川南、大巴山、峨眉山、攀西六大健康旅游区。虽然成渝地区健康旅游产业集群发展已初具规模，但是与国内康养发达地区相比，仍然存在着诸多问题。

（一）成渝地区健康与旅游产业耦合协调水平低

耦合协调度是反映两个产业协调发展水平的重要指标[①]。统计分析 2016—2020 年成渝地区双城经济圈健康产业与旅游产业的耦合协调度（表 1）：从耦合协调度等级看，成渝经济圈整体的耦合协调度集中在 [0.6，0.8] 内，虽已达到协调状态，但协调等级偏低；其中，四大地域板块的耦合协调度也呈波动上升态势，成都都市圈的耦合程度远优于其他三个板块，5 年间增长率达 18%；重庆都市圈、成渝东北部地区和成渝西南部地区的耦合协调度基本齐平，5 年间其增长率分别为 35.3%、32.6%、32.5%，发展态势良好。2020 年成渝地区双城经济圈整体及四大地域板块的耦合协调度相较于 2016 年均有所提升，但重庆都市圈、成都都市圈、成渝西南地区和成渝东北地区四大地域板块的耦合协调水平偏低，仍有较大提升空间。

表 1　2016—2020 年成渝地区双城经济圈健康产业与旅游产业的耦合协调度

地　区	2016 年	2017 年	2018 年	2019 年	2020 年	均值
成都都市圈	0.374	0.390	0.419	0.449	0.441	0.415
重庆都市圈	0.285	0.316	0.342	0.372	0.385	0.340
成渝东北部地区	0.284	0.307	0.336	0.367	0.377	0.334
成渝西南部地区	0.279	0.310	0.339	0.369	0.370	0.333
成渝经济圈	0.611	0.640	0.671	0.703	0.694	0.664

注：耦合协调度取值范围在 [0，1]，耦合协调度值越大代表健康产业与旅游产业融合程度越高。

---

① 生延超，钟志平. 旅游产业与区域经济的耦合协调度研究——以湖南省为例 [J]. 旅游学刊，2009，24（8）：23—29.

（二）成渝地区健康旅游产业集群共享程度低

成渝地区健康旅游产业集群大多属于观光型景区（项目）集群，仍停留在地理区位上的"聚"，没有实现产业生态内部的"合"。其典型特征是"景区＋康养"发展模式，产业集群同质竞争问题突出。成渝地区健康旅游产业集群内企业分工模糊，尚未形成依存度高的协同合作关系。健康旅游企业之间缺乏技术、信息、人才、品牌等资源共享，从而无法在大区域层面形成产业集聚效应；上下游产业链融合度和关联度低，产业链与创新链融合不足，产业网络共享度和系统化水平低，行业之间不能有效配合和支撑，导致成渝地区缺少国际知名的健康旅游企业集团，陷入"集而不群"的规模不经济陷阱。

（三）康养品牌杂乱不利于塑造世界级健康旅游集群品牌

成渝地区各市（区县）纷纷大打健康旅游品牌。四川省主要有"阳光康养"（攀枝花）、森林康养（西昌市、峨眉山等）、"中医药文化"（阿坝州、甘孜州）、"道教养生"（都江堰—青城山）、乡村养生（成都、眉山、凉山州）等品牌[①]。重庆市主要打造温泉康养（北碚、渝北、大足）、全域康养（巴南、潼南、万州）、生态康养（石柱、武隆、垫江、城口）、文化康养（长寿、彭水）、避暑纳凉（黔江、丰都）、医药康养（南川）、田园康养（璧山、潼南）等品牌。整体来看，成渝地区的健康旅游品牌数量繁多且杂乱，地区之间的品牌竞争过度且无序，缺乏

表 2　成渝地区代表性健康旅游品牌

健康旅游品牌	主要地区
气候康养	攀枝花、黔江、丰都、石柱、巫溪
森林康养	西昌市、峨眉山、江津、武隆、石柱
中医药康养	阿坝州、甘孜州、南川
文化康养	都江堰—青城山、长寿、彭水
乡村康养	成都、眉山、凉山州、璧山、潼南
温泉康养	北碚、渝北、巴南、成都、峨眉、川南

---

① 赖启航.攀枝花康养旅游产业集群发展初探[J].攀枝花学院学报，2016，33（6）：6-9.

成渝整体层面的统一品牌塑造与品牌营销，导致成渝地区健康旅游品牌"小而散"的局面。成渝地区健康旅游品牌形象模糊，尚未形成品牌的聚集效应，缺乏世界级健康旅游集群品牌。

二、成渝联手打造世界级现代健康旅游产业集群的总体思路

成渝地区坚持以共享经济理论为指导[①]，围绕联手打造成渝国际知名康养胜地的战略目标，以新技术、新业态、新模式、新平台为创新引领，以构建"两点、五圈、八链"健康旅游产业集群布局为抓手，推进"食、住、行、游、娱、用、医、药、养、体、教"等健康旅游产业与大数据、人工智能产业深度跨界融合，形成品牌引领、多业融合、链条完整、业态丰富、产出高效的成渝健康旅游产业集群高质量发展新格局。

三、成渝联手打造世界级现代健康旅游产业集群的举措

（一）规划"两点、五圈、八链"产业集群布局

以高质量规划成渝地区"两点、五圈、八链"健康旅游产业集群布局为抓手，丰富"健康+旅游"产业新体系，建设全健康旅游产业集群生态圈发展格局。一是优化空间布局。以共享经济理念构建成渝地区共享协同、错位互补的"点—线—面"网络式健康旅游集群空间布局。"两点"，即成都城区和重庆主城区，以成都城区和重庆主城区为核心，重点打造都市医疗旅游区，辐射带动周边城市健康旅游产业集群发展。"五圈"，即成渝西南地区森林生态健康旅游圈、成渝北部地区温泉旅游圈、成都—重庆都市医疗旅游圈、成渝东北地区气候养生旅游圈及成渝东南地区文化健康旅游圈。二是优化结构布局。采取基于价值链的"核心企业、产业链、产业集群"集群发展模式，重点发展八条健康旅游产业链，

---

① 罗宾·蔡斯.共享经济：重构未来商业新模式[M].杭州：浙江人民出版社，2015.

即成渝地区联合优势资源重点发展生物医药产业链、医疗设备与健康器械制造产业链、中医药产业链、养老产业链、体育产业链、疗养与康复服务产业链、健康大数据与智能产业链、温泉产业链。

（二）联合创建"健康成渝"世界目的地品牌

品牌竞争是市场竞争的最高层次。成渝地区应实施"产品品牌＋企业品牌＋目的地品牌"的"三位一体"健康旅游品牌战略，以世界目的地品牌驱动健康旅游产业集群跨越式发展。一是打造成渝特色健康旅游产品品牌。以创建国际一流产品为目标，以成渝健康旅游文化为主题，以森林健康旅游、温泉健康旅游、山地生态健康旅游、养生文化健康旅游、民族中医药健康旅游、田园养生健康旅游六大主题产品为支撑，分类选择成渝地区的健康旅游精品并将其串联成主题精品旅游线路[①]；不同主题的精品线路交织成网，形成"点—线—面"的成渝健康旅游产品辐射联动发展格局。二是引育知名健康旅游企业品牌。实施成渝本土健康旅游企业品牌成长计划，在政策、资金、人才等方面对重点健康旅游企业给予专项扶持。成渝地区试点国有旅游企业通过兼并重组、合资联营、战略联盟等方式组建具有国际竞争力的大型健康旅游企业集团；成渝联合招商引资国际一流医疗机构、科研院所、院士团队入驻成渝地区健康旅游试验区；打造世界一流的医院、疗养院（所）等标志性重大项目。三是创建"健康成渝"目的地品牌。实施旅游目的地的母子品牌战略，以"健康成渝"作为母品牌，代表成渝经济圈整体旅游品牌形象；塑造"一城一品"健康旅游子品牌，以各地市的差异化特色整体烘托"健康成渝"世界目的地品牌。由成渝地区文旅主管部门联合开展健康旅游的国际品牌节事活动、行业展会、高层论坛等；聘请专业团队为成渝地区知名康养旅游地拍摄系列宣传片，打造区域康养旅游线路，邀请明星、旅行博主实地考察各康养旅游地及旅游线路，将宣传片、旅游考察视频投放在抖音、小红书、微博和"成渝地区双城经济圈"官方公众号等平台，在重庆和四川"双晒"活动期间重点推介成渝地区康养旅游产品，联合成渝地区的多种线上＋线下营销媒体

---

① 李莉，陈雪钧.中国康养旅游产业的发展历程、演进规律及经验启示 [J].社会科学家，2020（5）：74—78.

全方位推广成渝健康旅游品牌。

（三）创新驱动成渝健康旅游产业集群升级

以产品创新、平台创新和技术创新驱动成渝健康旅游产业集群升级。一是建设"政产学研企"创新平台。以成渝地区健康旅游龙头企业为核心，联合成渝地区健康旅游企业、行业协会、高等院校、政府机构、社会组织等构建开放共享的健康旅游产业联盟，建立成渝地区健康旅游产业集群高质量发展的"政企行校社"协同发展框架。以联盟为载体搭建开放式健康旅游的"政企行校社"协同发展框架，在联盟框架内协同成渝地区开展项目招标、联合研发、创新创意大赛、成果推广展示等合作活动，推动成渝健康旅游产业集群高质量创新合作。二是借助大数据、人工智能新技术推进健康旅游需求端和供给端深化改革。在健康旅游需求端，运用大数据、云计算、智能化技术在客户关系管理、市场信息共享、精准营销推广、高效定制服务等方面创新①；在健康旅游供给端，借助大数据、人工智能新技术、新手段开发定制化和品质化的健康旅游产品和服务；成渝联合打造一批具有国际竞争力的健康旅游小镇、健康旅游综合体、健康旅游产业园区、健康旅游社区等新业态，以高位辐射带动成渝健康旅游产业升级。

（四）建设成渝地区健康旅游产业集群高质量保障体系

从制度、设施、人才三个方面建设成渝地区健康旅游产业集群的高质量保障体系。一是深化推进成渝地区健康旅游"四个"一体化管理机制改革，即产业规划一体化、政策监管一体化、旅游市场一体化、公共服务一体化。成渝地区双城经济圈应建立区域协同发展机制，打造信息共享、资源互通的健康旅游合作平台，以互利共赢的方式推动健康旅游产业集群高质量发展；高质量推进共建国家级成渝旅游实验（示范）区、成渝文化旅游廊道、成渝精品旅游线路、成渝旅游节等重大项目，科学分配重大项目带来的利益增量，优化受益方对受损方的区域生态补偿机制。二是整合资源共建基础设施。运用奖励补助、专项财政补贴、BOT模式（建造—运营—移交）、产业发展基金等方式吸引成渝的

---

① 董亚琦，李伟，郭铜樑，等.大数据助推体育旅游发展价值及路径研究[J].体育文化导刊，2020（5）：81-86.

社会资本投资健康旅游基础设施。在成渝地区的 5A、4A 级景区及重点旅游区增设一批旅游养老院、旅游疗养院、养生保健会馆、医疗机构、休闲体育场所等，改造升级现有的医疗、保健、养生设施设备，全面提升公共场所的无障碍设施，提高旅游景区的整体医疗与健康设施水平[①]。引导和鼓励健康旅游企业加大对移动互联网技术、大数据、云计算、智能终端等高新技术设施设备的应用推广，以科技创新引领健康旅游产业集群创新。三是加强成渝健康旅游人才交流与合作。成渝联合实施健康旅游高层次人才培养计划，定期开展成渝高层次人才评选、培养、引进、交流等活动。设立"成渝健康旅游人才库"[②]，定期召开健康旅游人才会议、沙龙等。搭建成渝与国际一流高校、科研院所的合作交流渠道，定期开展人才交流活动，实现成渝地区健康旅游人才资源的共建共享和优化配置。

① 李金容，陈元欣 . 创新推进民族地区体育旅游产业的策略：基于恩施土家族苗族自治州的调查与思考 [J]. 中南民族大学学报（人文社会科学版），2020，40（3）：140-144.

② 陈雪钧，李莉 . 国内康养旅游产业发展的多维分析与启示 [J]. 开发研究，2021（4）：109-114.

探析重庆乡村旅游景观发展背景[①]

张振兴[②]

乡村旅游景观的发展指的是目前旅游发展模式下，在乡村区域旅游开发的过程中所形成的新型旅游景观格局，其中主要包含两方面内容，即自然景观和人文景观，是一种综合表现类型的旅游景观发展格局。乡村旅游景观的发展区别于其他旅游景观，如以农业景观为主的生产粗放型土地开发利用，而乡村旅游景观的主要内容融入了乡村特色地域文化和乡情民俗体验[③]。近几年，随着乡村振兴战略和美丽乡村旅游开发建设的背景导向下乡村旅游的迅速发展，围绕乡村旅游提出很多探索概念和新型理论，使乡村旅游内容丰富化、形式多元化，有效缓解了乡村旅游同质化日益严重的问题。

一、乡村旅游景观发展趋势分析

乡村旅游景观国外起步早、发展快，并且相关研究有许多成功模式，对我国乡村旅游发展有一定的借鉴意义，如欧美的"度假农庄"模式、新加坡的"复合农业园区"模式、日本的"绿色旅游"模式等。国外乡村旅游相关的类型主要有：Farm Tourism（农庄旅游）、Green Tourism（绿色旅游）、Village Tourism

---

① 原载于《现代园艺》2022 年第 1 期。

② 张振兴，重庆外语外事学院。

③ 王云才著. 现代乡村景观旅游规划设计 [M]. 青岛：青岛出版社，2003.

（乡村传统民俗文化旅游）、Agrotourism（农业旅游）和 Peripheral Area Tourism（外围旅游）等。

国内乡村旅游景观发展与国外相比起步较晚，部分地区发展较快，如台湾地区休闲农场的模式开发，宜兰、南投、苗栗等地区都是台湾休闲农场发展密集区域。北关农场、藏酒休闲农场、苗栗飞牛牧场、胜洋水草休闲农场、南投清境农场、宜兰头城农场等休闲农场模式都是比较成功的乡村旅游景观发展案例①。

随着我国乡村振兴战略，新型旅游经济体的格局改变，掀起了乡村旅游景观经济发展热潮。2016 年中央一号文件强调，大力发展休闲农业和乡村旅游。强化规划引导，采取以奖代补、先建后补、财政贴息、设立产业投资基金等方式，扶持休闲农业与乡村旅游业发展。2018 年中央一号文件明确提出关于"实施休闲农业和乡村旅游精品工程"的要求；2018 年 12 月，国家发展改革委等 13 个部门联合印发《促进乡村旅游发展提质升级行动方案（2018—2020）》，提出"鼓励引导社会资本参与乡村旅游发展建设"，加大对乡村旅游发展的配套政策支持。

根据中商产业研究院发布的《2019—2024 年中国乡村旅游市场前景及投资机会研究报告》指出，休闲农业和乡村旅游发展态势良好。当前，我国休闲农业蓬勃发展，规模逐年扩大，功能日益拓展，模式丰富多样，内涵不断丰富，发展方式逐步转变，呈现出良好的发展态势。乡村旅游快速扩张增加了旅游收入，解决了就业问题，带动了当地经济发展，同时也暴露出许多问题。

二、重庆乡村旅游景观政策导向背景分析

面对川渝地区城镇化速度的加快，除了城市旅游的快速发展，具有特色乡土味道的旅游模式也日渐兴盛。重庆乡村旅游的市场潜力巨大。据 2019 年 6 月中商产业研究院发布的相关研究表明："2018 年重庆市乡村休闲旅游业接待突破2.05 亿人次，综合旅游收入 677 亿元，连续 5 年年均增长 15% 以上，实现了从

① 王佳莹. 乡村振兴战略背景下乡村特色景观设计分析 [J]. 城市建设理论研究（电子版），2020（16）.

乡村旅游 1.0 版本到乡村旅游 2.0 版本转变。休闲农业与乡村旅游从业人员达到 130 万人，带动 100 万农民就业，33 万贫困人口脱贫增收。"可见，乡村旅游的发展对总体乡村振兴战略具有重要影响，从全国到地方，政策导向会根据地方发展特色和格局进行制定。

重庆目前正编制《重庆 2020—2035 年全域旅游规划》（以下简称《规划》），计划于 2020 年 5 月底前编制完成。《规划》中将总结重庆市旅游业发展情况，在借鉴国内外乡村旅游发展经验基础上，深入地分析重庆全域旅游发展面临的机遇和挑战，研究和制定重庆目前全域旅游产业发展的战略总体目标，优化全域旅游发展新格局，明确在新形势下重庆全域旅游业发展的总体定位情况，策划设计全域旅游线路、产品、业态和一些重点项目，合理布局现有的产业旅游要素，提出进行重庆全域旅游综合资源环境保护、统筹管理和整体营销推广等一系列措施，通过推动全域旅游，把重庆打造成为国际知名文化旅游目的地，以此为基础，进一步带动乡村旅游景观市场发展。

区域政策导向为重庆乡村旅游的发展指明了方向，也为地区生态经济配合川渝区域协同发展乡村旅游做了铺垫，对于实现乡村振兴战略的总体规划布局具有深远影响。

三、重庆乡村旅游景观发展类型背景分析

（一）绿色景观和田园风光主题的观光主题型

重庆地区特殊的地理位置优势和山、水、田等原生态自然环境呈现出丰富景观层次。观光主题型除了在视觉景观层面创造旅游吸引力，更重要的是结合各地区的生态特色和农业生产发展格局，创造具有一定生态价值的绿色旅游模式。观光主题型为乡村旅游景观的多向发展提供基础，保护性开发自然观光旅游资源是乡村旅游景观发展的主要方向[①]。如巫山小三峡、酉阳桃花源、酉阳乌江画廊和

---

① 邓明艳，曾菊新，余斌，等.旅游发展背景下乡村景观格局变迁与优化 [J]. 生态经济，2010（02）：82−86+97.

万盛黑山谷等。

以绿色景观和田园风光主题为主的重庆乡村旅游景观主要是利用不同地域的自然背景，结合旅游市场需求和生产要素发展起来的。如油菜花观光是重庆春季乡村旅游的重点景观类型，也是游客自驾旅游的首选地，不同区域种植规模和观光体验也不同，以油菜花田园风光为主导，拓展带动了周边乡村旅游产业，其发展区域有潼南崇龛油菜花旅游景区、南岸广阳岛油菜花、复盛高铁站油菜花、北碚歇马镇油菜花、永川青峰镇油菜花、南川三秀镇北固村油菜花、垫江大观园油菜花旅游区等。

（二）农庄或农场旅游为主的体验主题型

农庄或农场旅游重在体验，农场旅游的发展与原始的农家乐模式有很大差异，它是一种新型综合性主题类乡村旅游，以体验互动为主的多主题活动发展模式，发展区域多集中在重庆市郊区，地理位置便利，成为近郊游的首选模式。重庆农场旅游发展很多项目案例借鉴了日本、韩国和中国台湾等地区成熟的农场商业模式，发展类型呈现多样化[①]。农场旅游活动类型主要有亲子户外活动、采摘活动、农耕种植体验、垂钓、沙地娱乐、植物科普、喂养动物、手工艺品制作、农家特色美食与民宿体验等。如沙坪坝区桑醍蓝莓庄园、沙坪坝区萤火谷农场、巴南区云篆山荷韵园、巴南区兰篱湾开心农场、南川区大观 70 年代农乐园、九龙坡区乐耕农场、九龙坡毛毛虫生态农场、綦江灵恩家庭农场和北碚美庄农场等。

（三）康体疗养和健身娱乐的康乐主题类型

"山＋水"资源协同发展是自然式康乐主题发展的资源背景，重庆康乐主题乡村旅游景观的发展主要体现在温泉度假和健身体验项目上，重庆的天然温泉开发历史悠久，依托优质丰厚的温泉自然资源，重庆市政府提出要把重庆打造成"温泉之都"的战略决策，使温泉度假成为乡村旅游景观发展的重要类型。除了重庆现有的老牌温泉（南温泉、北温泉、东温泉）、渝北区统景温泉、九龙坡区

① 田韫智.美丽乡村建设背景下乡村景观规划分析[J].中国农业资源与区划，2016（09）：229–232.

海兰云天温泉和白市驿镇天赐温泉等，根据旅游市场发展需求，后期开发出不同类型温泉疗养休闲旅游模式，如南川天星温泉城、北碚区颐尚温泉等。天星温泉城在天星小镇街尾，度假设施完善，项目体验类型丰富，小镇沿途无喧嚣，环境优雅清净，四面环山云雾缭绕，以温泉度假的优越环境吸引游客，以点带面，带动乡村周边旅游经济的生态发展[①]。

重庆作为山地城市，山城步道旅游也是重庆地区特色的休闲健身方式，步道类型依托各大山地风景区，形式多样，如北碚金刀峡峡谷、南山登山观景道、四面山国家级风景名胜区、黑山谷、仙女山国家森林公园和金佛山风景区等地的休闲健身步道等。近几年随着乡村旅游市场的兴盛，健身休闲旅游的创新形式快速，特别是为了吸引更多年轻游客群体，万盛奥陶纪景区开发出世界上"最长的悬挑空中玻璃走廊"旅游项目，利用悬崖地形特色，该廊桥呈"A"字形设计，整个桥面铺设全透明玻璃材料，吸引国内外众多游客。

（四）民俗文化的主题类型

重庆依托巴渝文化遗产和三峡文化、武陵山苗家土家文化、大巴山文化、盐丹文化等具有代表特色的乡土民俗文化，以文化为基点，大力发展特色旅游古镇和旅游村。依托民间艺术文化旅游载体，从重庆地区特色诗歌绘画、神话故事、谣谚山歌、川江号子、舞蹈戏曲等全方位展现重庆地域乡村民间特色文化艺术，成为吸引游客的精神向往。从旅游景观发展角度来看，旅游市场主要应用的文化载体分为民间技艺与文化体验类和民间美食文化类。丰富多彩的重庆非物质文化遗产和各类特色民族民间艺术文化，如同一幅绚丽多姿、特色浓郁的巴渝风情画，充分展现出重庆乡村旅游的人文背景。

民间技艺与文化体验类：如梁平三绝（梁山灯戏、梁平年画、梁平竹帘）、铜梁非物质文化遗产舞火龙打铁花、巴南区接龙吹打、綦江农民版画、九龙坡区九龙楹联、巴南区木洞山歌、荣昌地区传统技艺（陶器制作、折扇和夏布织造技艺）、大足石刻佛教艺术和土家族吊脚楼营造艺术等。

---

① 肖笃宁等编著.景观生态学[M].北京：科学出版社，2003.

民间美食文化类：重庆是一座充满热情的城市，尤其在饮食文化方面包罗万象，以"麻、辣、鲜、嫩、烫"为特色，重庆菜是由老渝帮菜和江湖菜等组成的独立菜系。除"雅俗共赏"的重庆火锅成为外地游客到重庆旅游向往的标志性美食外，重庆不同区域都有各色代表性美食文化。传统制作技艺类如永川豆豉酿制技艺、涪陵榨菜传统制作技艺，区域特色美食文化类如璧山兔、来凤鱼、万州烤鱼、垫江豆花饭等及各类田园土家成为乡村旅游的热点，吸引重庆市内外不同地区的游客。

四、结语

重庆作为山地城市，以优越的自然环境条件和深厚的巴渝文化为基础，依托于政策支持和国内外旅游市场的巨大需求潜力，特别是《重庆 2020—2035 年全域旅游规划》的编制，为重庆乡村旅游景观的发展带来了新的机遇与挑战。以此为背景，根据重庆乡村旅游市场发展现状，分析目前重庆地区乡村旅游景观发展背景下的四大主题类型，在此研究基础上，为今后进一步研究策划打造精品乡村旅游景观项目，促进区域联动发展，以点带面，多点辐射，带动乡村经济发展的旅游格局提供发展思路。

未来重庆乡村旅游景观的发展将会从"农业＋文创＋旅游"角度多途径发展乡村旅游景观，构建重庆乡村旅游产品体系，产业融入全域规划，将提出更多重庆乡村旅游景观融合发展路径与举措。为实现产业经济链、旅游链、文化链和生态链的有机衔接，从旅游市场需求角度出发，立足于现有自然和文化资源，改变传统旅游方式，探索多样化旅游形态的新型乡村旅游景观将开辟重庆乡村旅游市场未来发展的新格局。

重庆：乡村露营成为乡村旅游新业态[①]

梅 子[②]

近年来，随着居民收入水平的提高与消费观念的转变，对乡村旅游的需求越发趋于个性化，传统的"农家乐"形式已经逐渐落伍，露营旅游因具备自由性、随意性、休闲性、特色性正逐渐成为旅游者"新宠"。

一、重庆乡村露营蓬勃发展

（一）乡村露营需求日益旺盛

随着我国疫情防控步入常态化阶段，出游半径圈缩小，不少人把出游目的地转变成了城市周边的乡村，露营由于具备亲近自然、搭建灵活、体验感强等特点，因此受到追捧。时下流行的精致露营自带仪式感和社交属性，更加刺激了人们的体验欲和分享欲。去哪儿网平台数据显示，今年4月以来，重庆用户"露营"关键词在首页搜索页面的搜索量比去年同期大增。途家数据显示，"五一"期间，提供帐篷、营地等露营相关服务的民宿预订量较去年猛增4倍。

（二）乡村露营旅游资源丰富

重庆地形复杂多样，名山大川、河流水库、高山草场、竹海梯田各具风光。这些美丽的田园景色，造就了重庆露营资源丰富、开发潜力大的特点。一些优秀

---

① 原载于《四川省情》2022年7月。

② 梅子，国家统计局重庆调查总队。

的露营地如秀山川河盖、梁平百里竹海、丰都南天湖、南川山王坪等在重庆市内和周边省、市都有了一定知名度。

（三）乡村露营效益可观

目前重庆乡村露营盈利模式主要为露营装备租售和门票收入，少数辅以住宿、土特产品销售来盈利。走访相关露营地发现，露营基地一般收取 50～100 元一顶帐篷的露营管理费，或者不收费，直接经济效益虽然有限，但间接带动效益却十分可观。如露营者在露营时向周边乡民采买食品、游览当地的其他乡村旅游景点等，拓宽了当地农民就业渠道，就地消化了农村剩余劳动力和农产品，增加了农民收入。

（四）乡村露营发展前景可期

重庆乡村露营旅游起步虽晚，与传统旅游业态相比市场规模还较小，但市场培育已初见成效。在市场带动下，重庆各地已初步建成一批房车、自驾车、帐篷露营地，成为促进产业转型、居民增收及生态保护的重要途径。企查查数据显示，重庆地区现存"露营地"相关企业 1541 家，其中 2020 年新增相关企业 606 家，2021 年新增相关企业 545 家。

二、乡村露营旅游正处于转型发展期

（一）经营业态由农家乐趋向多样化

随着重庆乡村露营市场需求的日益升温，全市乡村露营旅游经营业态从过去单一的农家观光休闲形式，逐渐形成乡村观光、滨水活动、森林康养、避暑纳凉、乡村农业科学教育等多样化经营业态并存的格局。

（二）露营项目由主城近郊向两翼扩散

重庆乡村露营项目最早出现在城区内的各个公园、江滩，如南山、铁山坪、歌乐山等主城周边自然资源较好，交通便利的区域。近年来，随着居民汽车保有量的增长和脱贫攻坚对农村交通等基础设施的改善，正逐渐向合川、璧山、永川等近郊乡村区域发展，并逐步向武隆、南川、丰都、秀山等景区周边延伸。总体来看，乡村露营项目正由经济发达的主城周边向经济欠发达的渝东南、渝东北两翼地区、由城市近郊向城市远郊、由低海拔地区向高海拔地区延伸发展。

（三）经营业主由农民向新型主体过渡

乡村露营的起步阶段，绝大多数经营者为农户。随着露营旅游市场需求井喷式增长，越来越多的有经营和创业意识的人投身到露营地的开发中，经营主体从单纯的农户扩展到家庭农场、农民合作社、龙头企业和外资企业，经营规模由小到大，接待能力由弱到强，服务水平由低到高。

三、存在问题不容忽视

（一）露营地建设不完善

目前，重庆乡村露营地建设缺乏具有统一标准的营地规划与建设规范，使得各个露营地盲目建设，规模普遍偏小，设施设备较为简陋，一般只提供水电及一些简单的餐饮住宿服务，娱乐休闲设施较少，无法充分满足旅游者对露营旅游的高品质需求。

（二）乡村露营旅游产品单一

从数量上看，目前重庆已建成的乡村露营地数量仍然较少，与庞大的露营、自驾游客源市场规模不匹配，乡村露营地也多数分布在周边旅游热点区域，空间分布不合理。从乡村露营旅游产品来看，以停车休憩、参加休闲娱乐活动为主，大多还停留在"春天赏花，夏天避暑"等传统单一的层次上，且时间较短，形成了"热一阵冷一阵"的周期性循环，对地方特色文化挖掘利用缺乏深度，总体呈现观光性较强、参与性较弱、淡旺季明显的特征。

（三）规划缺乏管理不完善

由于重庆乡村露营旅游发展尚处于起步阶段，露营地项目的立项、审批和建设过程还缺乏完整、科学的总体规划。在经营管理上没有现成的经验，缺乏专业的露营管理人才，导致许多配套服务不尽如人意，难以满足露营旅游休闲体验的旅游需要，致使旅游者满意度不高。

重庆，人们在乡村露营，乐享假日

四、乡村露营旅游正逢其时

当前，发展乡村露营旅游正逢其时，要以保护乡村生态环境为重点，走特色化、规模化、品牌化和规范化道路，推动乡村旅游提质升级、惠民富民，实现乡村露营旅游的可持续发展。

（一）因地制宜做好相关规划

一是明确乡村露营旅游的产业定位。牢固树立以"农"为形、以"乐"为魂、以"富"为本的乡村旅游发展思想，坚持政府引导、市场主导，深入挖掘本地自然特征、历史文化、风情民俗等资源，强化基础支撑。二是制订并完善乡村露营旅游产业规划。充分考虑乡村旅游与土地利用、农业发展等规划相衔接，制订完善乡村露营发展总体规划。

（二）加快基础设施建设

完善露营地内交通、卫生、食宿等配套设施，充分利用现代监控设备和安全监控系统，建立相关安全管理制度和保障机制，设立相应急救设施或者建急救站，预防自然和人为的危险因素，提高旅游者的安全感，优化乡村旅游的硬环境。

（三）优化服务质量

相关部门要加大对乡村露营旅游的指导和监督，加大安全生产、环保、经营管理知识等方面培训力度，全面提高从业人员综合素质和从业技能，打造安全、规范、诚信、优质的乡村露营旅游软环境。

（四）加强品牌宣传营销

乡村露营旅游要有吸引力，除了自身要有特色外，还要在宣传营销上多下功夫，形成口碑、形成品牌、聚集人气。

重庆旅游文化国际传播策略研究①

黄 俊 王 辉②

　　旅游业的灵魂是文化，旅游业的生存和发展离不开文化的支撑和助推③，旅游文化传播是旅游目的地吸引游客的重要手段。在各大城市旅游文化加速迈进国际旅游市场的背景下，许多旅游城市凭借自身旅游文化优势展开国际传播，加速开拓境外旅游市场，推动当地旅游业国际化发展。2017年世界旅游及旅行理事会（WTTC）发布的相关报告显示，重庆是"全球发展最快的十大旅游城市"第一名，2018年重庆再度被评为"全球旅游增长最快城市"。同年的数据显示，重庆在中国旅游城市排行榜已连续五年蝉联前三。可以说，重庆已具备一定的旅游文化传播优势。但在当前形势下，重庆如何进一步顺应新的传播趋势，创新旅游文化精准国际传播途径，打造具有重庆特色与文化内涵的旅游品牌，成了重庆旅游文化"走出去"的重要课题。本文将采用文献分析法与调查研究法，基于传播学视角，结合旅游文化国际传播趋势，梳理并总结归纳重庆旅游文化国际传播中

---

　　① 课题项目：本研究受到重庆市社会科学规划博士项目"旅游舆情管理误区及对策研究"（项目编号：2018BS41）；四川外国语大学2018年度科研项目"新媒体语境下旅游舆情管理研究"（项目编号：Sisu2018027）的资助。原载于《国际公关》2022年7月。

　　② 黄俊，四川夹江人，四川外国语大学重庆国际旅游研究中心博士，副教授，研究方向：国际传播。王辉，湖南祁阳人，四川外国语大学新闻传播学院硕士研究生在读，研究方向：国际传播。

　　③ 任嫒嫒. 旅游文化及相关概念思辨 [J]. 河北大学学报（哲学社会科学版），2012，37（5）：141—144.

存在的问题，并提出相应的传播策略，希冀帮助重庆旅游市场明晰旅游文化的国际传播方向与重点，优化旅游文化国际传播的思路与方法，创新旅游文化国际传播的内容与模式。从文化传播视角观之，旅游文化传播作为中国文化对外传播的一个重要分支，对其进行研究也能够为中国的旅游业发展及旅游文化传播提供参考与启迪。

一、文献综述

国外学者在旅游文化传播方面的研究关注较早，研究成果较为丰硕。在这些研究中，旅游文化这一领域尚未获得研究的独立性，更多的是将它作为一种研究系统和视角，主要从其概念本质、参与主体、内容要素、发展模式等方面进行了探讨。早在20世纪80年代，已有学者探讨了旅游文化传播的内在因素，将旅游文化传播的本质认定为是为了满足游客多样化的文化需要（罗伯特·麦金托什，1985）。克罗斯和麦克切尔（Cros & Mckercher，2006）从文化旅游概念出发，通过探讨文化遗产和文化旅游产品的开发、营销和管理等内容论证了文化旅游的持续性发展问题。Reisinger（1994）对文化旅游的主体对象和客体内容进行了概念的界定与补充，他把那些有着较大文化体验兴趣的游客认定为是文化旅游的主体对象，把文化艺术、宗教信仰、社会习俗等看作是文化旅游的客体内容。

从现有研究成果来看，关于重庆旅游文化的研究主要沿着两大方向延展：第一是对重庆城市文化、历史文化和名人文化展开的研究。作为世界上桥梁最多的城市，研究者们关注到了重庆特有的"桥都"旅游文化品牌（郑涛等，2021），这一具有鲜明地域文化特质的城市名片正成为重庆旅游文化产业发展的重要资源；也有学者关注到了作为大后方抗战与陪都文化中心，重庆红色文化的产业化建设（况成泉等，2012）；作为非物质文化遗产传承名城的走马古镇的绿色设计（欧潮海等，2020）、巴渝村寨文化的景观保护（肖洪未等，2021）等；还有学者关注到了重庆的名人文化，如抗战人物江姐的川剧化形象再创造（刘才华，2021）。第二是对重庆旅游业发展的研究。研究者们探讨了重庆旅游规划（陆百川等，2021)、城市旅游形象（张文晖，2017）、乡村旅游资源（黄葵，2020）、旅游产业发展策略（董观志，2002）等。

综观现有研究基础，国内对于重庆旅游文化国际传播方面关注不足，使得重庆旅游文化的发展与传播难以与国际旅游市场接轨，不利于重庆旅游文化更好更快走向国际市场。因此，本文以重庆旅游文化精准国际传播为视角，深入分析重庆旅游文化国际传播的不足，并提出精准国际传播路径，为讲好重庆故事，提升重庆旅游文化魅力值提供有力借鉴。

二、重庆旅游文化国际传播资源优势

重庆旅游文化资源较为丰富，文旅产业经过一定的积累，呈现出蓬勃发展的势头。重庆市委、市政府出台了一系列举措，充分发挥了文化在重庆旅游发展中的驱动作用，为重庆旅游文化传播提供了更广阔的平台和空间。基于此，重庆具有开展旅游文化国际传播的基础性资源条件。

第一，文化底蕴深厚。重庆作为巴渝文化的发祥地，拥有深厚的巴渝文化积淀。在历史长河的演变中，巴渝文化逐渐形成了以长江上游地区为主的具有鲜明地域特征的文化元素，其中不乏众多国家级和市级非物质文化遗产，如铜梁龙舞、巴渝吹打、秀山花灯、川江号子等；作为战时陪都，重庆还是重要的红色文化高地。目前有 417 处不可移动革命文物，分布在全市 39 个区县。也涌现了以杨闇公、赵世炎、刘伯承、聂荣臻等为代表的一批革命历史人物。这些红色文化资源作为重庆对外表达文化自信、参与文明对话的重要因素，都是具有深度开发潜力的文化旅游产物。

第二，文化品牌特色鲜明。重庆素来有"山城""雾都""桥都"之称。据相关资料统计，重庆山域面积达到了 6.2 万平方千米，占据了全市总面积的 3/4；重庆"雾都"之称的由来得益于独特的地形地势与气候环境，年平均雾日超过百天，与英国伦敦和爱丁堡、日本东京、美国旧金山、土耳其阿卡拉合称全球六大雾都；"桥都"品牌元素是重庆推动旅游文化传播的重要资源，重庆现有超过

1 万座不同规模的桥梁，10 项主跨世界之最。[①] 对重庆厚重的桥梁文化进行深度挖掘和讲好重庆桥梁故事是重庆旅游文化对外传播的重要一环。

第三，旅游资源丰富。重庆拥有国家级和省（市）级风景名胜区 36 处，总面积共 4972.01 平方公里，占市域面积 6.03%。以三峡景区峡谷景观为代表的旅游景点成为重庆声名远播的特色文化符号；由于地质构造的原因，形成了以奉节天坑地缝、万盛石林、开县仙女洞、武隆芙蓉洞等为代表的奇观景点，极具观赏和研究价值；重庆还是森林面积最多的直辖市，缙云山、金佛山、四面山等国家级名胜森林景区成为重要的自然旅游资源。

三、重庆旅游文化国际传播问题分析

当前，旅游文化的内容开发、渠道搭建、人才培养、效果反馈等因素成为其对外宣传的重要衡量指标。重庆在旅游文化国际传播中的实践已初见成效，但由于长期受到传统旅游管理模式的束缚，仍然存在较多问题。

第一，旅游文化开发能力与人文关怀不足。文化因素渗透在旅游活动的各个方面，是旅游业的灵魂。[②] 重庆的地域文化在我国文化历史上有着至关重要的地位，但在旅游文化的传播中，重庆却稍逊一等。从重庆城市旅游宣传口号来看，诸如"悠游山水间，乐享天地美""山水之城，美丽之地"等都是以自然风光为传播要素，缺乏文化特色。在海外各大网络平台投放的城市官方宣传片虽全方位展示了重庆丰富的美食美景，但仍未清晰地表达出重庆悠久厚重的巴渝文化和红色文化底蕴；目前，重庆许多旅游景区的旅游指示牌仍缺少外文翻译，不少指示牌的外文翻译明显存在错译或漏译的情况。在这样的旅游环境下，外籍游客不仅会遇到各种问题，体验感也会被大大削弱，继而造成旅游文化传播受到阻碍。

第二，文旅产业与媒介对外宣传的融合深度不够。囿于媒介资源的有限性，

---

① 郑涛，张玉蓉. 重庆"桥都"文化旅游形象塑造与传播研究 [J]. 公路，2021，66（4）：257–261.

② 马波. 现代旅游文化学 [M]. 青岛：青岛出版社，2012.

长期以来外国游客难以通过各种媒介了解重庆旅游文化，主要原因在于重庆目前没有专门对外宣传旅游文化的官方平台。《2018 年城市旅游和旅游业影响报告》显示，重庆城市旅游相关产业带动的 GDP 中仅有 5% 是由国外游客创造的，与位列前三的北京、上海、广州三地相差悬殊。这主要得益于京沪穗成立的旅游文化海外推广平台，助推了地区旅游文化的传播。

第三，旅游文化国际化传播专业型人才匮乏。目前，重庆涉外旅游专业型人才较为匮乏。一是教育资源不足，许多小语种专业由于师资不足等原因呈现出空白状态，难以培养出旅游文化国际化传播专业型人才，无法有效拓展当前旅游文化国际传播的途径和范围；二是高校专业培养模式与市场人才需求不匹配。单一的英语语种教学及实践平台缺乏，达不到旅游文化国际传播人才的基本素养培养要求；三是缺乏游客视角。重庆旅游业目前仍停留于从"传播者本位"出发向游客进行旅游政策和成果的单一官方宣传模式，缺乏对游客的兴趣和需求认知考虑。[①] 这种自说自话的话语方式容易导致无效的同质化对外传播，游客难以深入认识和了解重庆的旅游文化。

四、重庆旅游文化国际传播策略

当前，全国众多城市正借助新媒体展开声势浩大的城市旅游文化国际传播，北京、上海、深圳、西安、成都等是其主要代表。重庆要在激烈的城市旅游文化国际传播中脱颖而出，需要从以下三个方面优化传播路径。

第一，深挖旅游文脉，加强旅游人文关怀。基于文化内涵建设需要，重庆迫切需要将文化资源融入旅游文化对外传播的整体框架中。旅游部门应立足于文化遗迹的保护与传承，将蕴藏的红色文化精神与重庆坚韧不屈的城市形象相结合，深挖精神财富，形成文化品牌。[②] 同时，还要推动桥梁文化、火锅文化、山城地理文化、雾都文化等品牌建设，真正做到品牌引领，以文动人。这将有利于

① 王素芹，杜佳林. 浅析河南旅游文化国际化传播问题 [J]. 新闻爱好者，2021，（11）：57-60.
② 陈柯. 媒介生态视域下红色旅游文化的对外传播 [J]. 青年记者，2018，（11）：127-128.

塑造重庆旅游文化形象与推动旅游文化传播的持续性，有助于在国际上讲好重庆故事，打响国际文旅名气，进一步带动重庆国际旅游业的发展；此外，还要注重人文关怀，一方面要帮助国外游客克服文化理解差异，让游客获得较强的人文体验；另一方面要加强旅游服务能力，如通过制作和发放外文旅游手册等方式介绍旅游景点、旅游注意事项等，让游客获得人文关怀。

第二，整合多媒介对外传播平台，加大传播力度。要打通对外传播的新通道，在发挥官方平台可信度强与传播内容具有深度性的优势基础上，借助网络新媒体平台的草根性、用户群体广泛性、传播迅速性等优势，实现多媒介并用，发挥各种媒介所长，精准对外传播重庆旅游文化。一方面，要成立对外宣传重庆旅游文化的官方推广平台，与国外权威媒体和主流媒体建立推广合作，在海外重点旅游城市或直航重点城市公共场所播放重庆旅游宣传片，展示重庆旅游形象和文化；另一方面，要发挥游客口碑效应和社交媒体传播效果广泛性的作用，鼓励国内外游客在 Facebook、Twitter 等境外知名社交媒体设立对外宣传重庆旅游文化的自媒体账户，并依据传播效果给予一定奖励，进一步激发游客宣传重庆旅游文化的积极性。

第三，加强跨文化旅游人才培养，服务国际化传播新要求。一是要有效整合现有各类教育资源。一方面，高校要进一步强化学生外语技能训练，着重培养复合型人才[1]；另一方面，要通过和其他学科优势互补、通力合作，助力旅游文化实现高效的国际化传播。二是要增设多语种旅游文化课程。在条件允许的情况下增设与我国交往较为密切国家或地区的语种专业，以"专业＋技能"方式完善旅游人才培养模式。三是强化在业人员综合素养。一方面，要加强对涉外旅游从业人员的业务和技能培训；另一方面，要转换游客服务模式，去除"传播者本位"的思想，站在游客的角度挖掘传播内容，满足游客需求。

---

① 王芳芳.浙江东钱湖旅游文化精准国际传播研究 [J]. 当代旅游，2022，20（1）：103−106+112.

五、总结

旅游文化作为以旅游活动为核心形成的文化现象，是旅游地宣传自身形象的重要内容。如何更主动、更有效地对外进行旅游文化传播成为当前各大旅游城市重点关注的课题。

重庆作为发展较快的旅游城市，拥有丰富的旅游文化资源，但在旅游文化国际传播中却呈现出文化开发能力不足、平台资源欠缺、专业人才匮乏的局面，这为重庆旅游文化走向国际市场造成了极大的阻力。

基于上述阐述，要对这些不足之处加以改进，重点从提升旅游文化传播的重视度、拓展旅游文化传播载体、加强特色旅游文化品牌建设、培养涉外旅游专业人才等维度，不断提升重庆旅游文化竞争力，从而推动重庆旅游文化不断走向国际化。

WENHUA CHUANMEI

【 文化传媒 】

重庆城市形象的视频传播研究[①]

——以抖音平台为例

侯金亮[②]

城市形象的塑造与传播是国家形象建构的重要组成部分，良好的城市形象对于展现国家魅力、提高对外输出影响力具有重要作用。随着信息技术的飞速进步，抖音、快手等短视频 APP 应运而生，通过音乐、视频、剪辑、配音、特效等后期技术，为城市形象的创新传播提供支持。

2018 年 9 月，"抖音城市形象热门视频 TOP100"榜单公布，重庆以 21 条视频位居榜首。同时，重庆也成为唯一一个城市形象热门视频播放量破百亿的城市。"穿楼而过的单轨列车""8D 魔幻城市""现实版千与千寻""火锅""小面"……在众多标签加持下，重庆成为抖音平台上当之无愧的热门旅游城市。抖音平台为重庆城市形象的塑造与传播开辟了新路径，UGC（用户生成内容）模式下广泛的用户参与，也为重庆城市形象的视频传播研究提供了新素材。

一、抖音平台建构的重庆城市形象概况

（一）"8D 魔幻城市"

重庆依山而建，山水交融，山地地形使本地的交通网络呈现立体特征。除地

---

① 原载于《新闻研究导刊》2022 年 3 月第 13 卷第 5 期。

② 侯金亮，《重庆日报》主任编辑，研究方向：新闻传播、理论传播。

面公路外，重庆还有很多立交桥，复杂的地形让网友戏称"导航罢工"，"但凡走错一条，就是重庆一日游"；穿楼而过的单轨列车是热门打卡点；最深的地铁站红岩村站总深度达 116 米，相当于 39 层的楼房高度；依山而建的洪崖洞被网友称为"现实版千与千寻"……独特的城市景观使重庆"8D 魔幻城市"的称号迅速在抖音平台传播开来。

（二）麻辣美食之都

在大众印象中，火锅是重庆美食的代表。而抖音平台建构的重庆美食形象，除火锅外，小面、辣子鸡、毛血旺等极具特色的美食共同成就了重庆"麻辣美食之都"的美名。抖音中发布美食视频的主体包括官方的媒体号和大 V 个人账号。媒体号通常以"美食名 + 菜谱"的形式，拍摄烹饪过程，手把手教授制作重庆特色菜；个人账号则以探店的方式，在宣传景点的同时为美食引流。

（三）巴渝民俗文化城

在抖音平台上，含有重庆言子儿、川剧变脸等文化元素的短视频屡见不鲜。方言作为川渝地区极具标识度的名片，最直接体现出重庆的地方特色。在抖音平台与重庆相关的短视频中，涉及方言的短视频占据较大比例，加上川剧表演的文化渊源，戏剧化成为重庆在抖音平台中的典型性格之一。拍摄者说着地道的重庆方言，配合夸张的表情和肢体动作，演绎大众生活。受众通过抖音平台，充分了解重庆人的性格，感知重庆的人文风情和地方特色。

二、抖音平台中重庆话题短视频的传播特征

（一）传播主体多元化

抖音平台将传播权交给用户，用户主体除政府账号、媒体账号、达人大 V 外，多由个人账号组成。拍摄操作简单、快捷，打破了媒介专业技术的壁垒。如今，人人都可以拍摄短视频，并通过自己的账号上传和分享。

议程设置是大众传播的重要社会功能和效果之一。以往，受众主要作为接收者，议程设置的权力掌握在大众媒体手中。如今，抖音平台让每个人都可以是

"意见领袖"，公众的个人意识被极大地唤醒，创作欲、分享欲被激发，参与创作和分享的热情高涨。

不论是本地人还是外地人，官方账号还是个人账号，都积极参与到重庆城市形象的宣传中。不论是打卡解放碑、洪崖洞等地标建筑还是美食探店，视频内容无不带给受众身临其境的感受，个人狂欢在传播中转变为群体狂欢，传播主体由此越来越多元。

（二）传播内容丰富

在抖音话题栏输入关键词"重庆"，播放量超40万的视频共125条，这些视频传播范围广、代表性强、影响力大，主要涉及城市景观、商业景点、居民生活、美食、地方文化、公共事件。比如，立体的建筑、两江交汇的夜景、错综复杂的交通等城市景观，就占据了抖音平台中重庆话题短视频的半壁江山。其中，"# 你以为是一楼，其实是 27 楼 #"的短视频点赞量高达 372.2 万次。此外，"# 洪崖洞 #""# 解放碑 #""# 重庆夜景 #"等话题短视频播放量均超亿次。

拍摄者选取多种素材，从不同维度展现重庆特色。让即便从未来过重庆的用户也能通过抖音短视频了解重庆，感受重庆魅力。

（三）网状传播与聚合传播

自媒体时代，每个用户都是信息节点，用户之间的转发分享共同形成网状的、平等的传播网络。用户刷到与重庆相关的短视频内容，一旦点赞、评论、分享，便会自动生成算法推荐，大数据会判定用户对此内容感兴趣，随后就会持续推送相关内容的视频。此外，通过个体与个体的分享，还能实现群体与群体的传播。如热度较高的"夜晚的洪崖洞"，转发量超 10 万次，体现出裂变传播带来的巨大影响力。不仅如此，平台还会通过聚合传播引导用户观看。新冠肺炎疫情期间，抖音平台聚合了《重庆日报》、重庆发布、重庆卫视、平安重庆等多家主流媒体，推送重庆市新冠肺炎疫情及防控动态，让群众通过平台轻松了解疫情期间的权威信息和工作动态。

三、抖音平台中重庆城市形象宣传短视频火爆的原因

抖音平台上，为何重庆城市形象宣传短视频能够火爆？除城市本身的优势外，更重要的是不同类型的传播主体在传播过程中起到了推波助澜的作用。

（一）主流媒体

在抖音平台中，主流媒体的官方账号对重庆城市形象的塑造与传播发挥着巨大作用。在抖音用户栏以"重庆"为关键词检索，主流媒体有 @《重庆日报》155 万、@ 新重庆 231 万、@ 平安重庆 430 万、@ 重庆卫视 154 万、@ 重庆天天630414 万、@ 重庆科教频道 233 万、@ 重庆共青团 47 万、@ 重庆消防 57 万……

自媒体时代，大众基于个人视角创作、分享视频，视频塑造的城市形象站位高度有限，仍须权威主流媒体加以引导。而对于主流媒体而言，在纸媒唱衰、电视媒体没落的当下，通过移动社交媒体发声，塑造并传播城市形象更能达到事半功倍的效果。比如，《重庆日报》就在抖音平台宣传涉及民生的政策法规，报道典型人物、社会热点事迹等；华龙网的账号"新重庆"，利用 3～5 分钟报道社会新闻。

主流媒体精准把握重庆的地域文化特色，定位城市形象标签，有组织、有计划地开展矩阵报道，充分彰显了媒体"四力"，极大助力了重庆城市形象传播。

（二）个人账号

传统媒体时代，技术的壁垒让大众对拍摄望而却步。自媒体时代，抖音平台内设的视频拍摄技术降低了技术门槛，简单、便捷的操作让人人都可以成为拍摄者。并且，通过拍摄和上传自己创作的短视频，拍摄者能够获得极大的成就感，创作热情被进一步激发。

除操作简便外，用户积极参与短视频拍摄的原因还包括特定打卡和偶然发现。特定打卡主要是指用户有意识地参与热门景点的拍摄，出于猎奇心理或仪式感消费心理前往热门景点拍摄，并赋予视频内容特定的精神内涵，带动更多用户前去打卡。偶然发现主要是指在"热门旅游城市"标签下，只要城市景观稍具特

色，就可能受到追捧。如江北机场排队的出租车，拍摄者并非特意前去拍摄，而是偶然发现。在个人用户的积极参与下，一些原本不知名的景观变成小热门景点，又经裂变传播变成大热门景点，热度如滚雪球般增长。

（三）达人大 V

达人大 V 是粉丝量较多的个人账户，不同领域有不同大 V。如重庆美食博主有 @重庆美食圈 186 万、@吃喝重庆 95 万；重庆方言短视频博主有 @重庆狗哥 538 万、@重庆葱花 77 万。通过在抖音平台的长期深耕，这些博主累积了数十万乃至百万的粉丝群体。

相比普通个人账号，达人大 V 形成了较清晰的视频定位，拥有明确的受众群体，其视频质量较高，能够保证用户观感，并且定期发布，粉丝黏性较强。达人大 V 由个人账号发展起步，因高质量的视频内容而走红，账号多由专业团队负责运营。网红经纪公司通过旧人带新人、购买粉丝、套用成熟的拍摄手法、进行专业培训等，孵化出大批达人大 V。高额的变现，进一步激发这些达人大 V 参与重庆城市形象宣传短视频的拍摄和传播的激情。

四、重庆城市形象传播过程中面临的机遇和挑战

（一）发展机遇

1. 旅游业可作为新的城市经济增长点

2018 年，移动短视频井喷式涌现，无疑给重庆的旅游业带来巨大影响，越来越多的人通过抖音平台了解重庆优质的旅游资源。如被网友称为"现实版千与千寻"的洪崖洞，2018 年国庆期间接待游客人数 79.67 万[①]，仅次于故宫。2019年，重庆全市接待境内外游客 6.57 亿人次，实现旅游总收入 5739.07 亿元，同

---

① 国庆七天重庆接待游客 3489 万人次百位外地客调查：八成人点赞打车难、排队长成最大槽点 [EB/OL]. 上游新闻－重庆晚报慢新闻，https://www.cqcb.com/hot/2018－10－07/1136612.html，2018－10－07.

比分别增长 10% 和 32.1%[①]。

除提高重庆传统景区的知名度外，抖音平台还打造了一批新型小众景点，如鹅岭二厂等。作为电影《从你的全世界路过》取景地之一，鹅岭二厂在抖音的造势下，成为来渝游客的必打卡点。在"爱情天台"看江景，去鹅岭公园散步，到充满文艺气息的重庆老城区旧址拍照，鹅岭二厂日渐受到越来越多文艺青年的青睐。

在抖音平台的宣传助力下，越来越多热门打卡点应运而生，进一步带动重庆交通运输业、餐饮业、民宿酒店行业等关联产业的发展。

2. 发掘城市文化，激发情感认同

在城市化进程中，城市与城市间的差距越来越小，流水线式的建设规划让城市呈现"千城一面"的效果。抖音因其易操作性，将触角延伸至重庆的每个角落，展现普通人的日常生活，给予了边缘化文化表演的舞台，如重庆十八梯的梯坎文化、力哥、盖碗茶等。

除重庆主城外，抖音平台还带领用户来到世外桃源酉阳，行驶在仙女山最美草原公路上，穿行在涪陵武陵山大裂谷中……独特的城市文化塑造了独特的城市形象，通过抖音的扩散，重庆文化被更多人发掘、熟识和传播，更多人感受到重庆的魅力。以往，城市宣传片多以宏大叙事逻辑和较高站位建构城市现象，而抖音平台则以拍摄者的第一视角，去亲身体验重庆文化，极大缩小了用户的距离感和陌生感。抖音平台尽可能避免宏大叙事，较少选择航拍视角，对拍摄内容的剪辑也更加故事化、趣味化、细节化、人性化，用白描的方式呈现小而美的城市故事和个体。可以说，在这个高速发展的时代，抖音平台塑造的重庆城市形象，满足了人们对诗和远方的憧憬，真实生动的情节激发了人们的情感认同。

（二）发展困境

1. 内容同质化，导致用户审美疲劳

抖音平台的用户既是视频内容的接收者，也是创作者和传播者。通常，用

---

① 2019 年重庆市旅游业统计公报 [EB/OL]. 重庆市文化和旅游发展委员会，http://whlyw.cq.gov.cn/wlzx_221/sjfb/202003/t20200313_5729339.html，2020-04-14.

户在刷到热门景点推介视频后，会在从众心理的作用下效仿，前往该景点拍摄相似视频，较难有所创新。"＃重庆洪崖洞＃"话题下的视频播放量达 1.8 亿次，推介景点的视频成千上万，但几乎所有视频的拍摄角度、视频文案、配乐都大同小异，给用户造成审美疲劳。同样，其他爆款景点推介视频也存在同质化问题。这些同质化视频被反复推送，让人一提及重庆便只想到网红景点，严重压缩了其他类型视频的推送空间，导致大众对重庆的认知愈来愈局限。

不过，目前抖音平台中与重庆热门景点相关的视频虽内容同质化严重，后期创新性不足，但这些视频的取景和表达各具特色，景点本身仍具可挖掘之处。拍摄者可借助抖音平台，深入关注重庆的交通、美食、建筑、音乐、历史文化等符号，下沉式、具象化地进行传播和推介。简言之，就是要纵向挖掘老热门景点的其他宣传角度，横向发掘还未被注意但具有开发潜力的城市文化新景观，进一步发掘地域文化特色，塑造与众不同的城市形象。

2. 内容娱乐化，消解城市历史文化底蕴

抖音平台作为短视频平台，视频时长有限，拍摄者需用最短时间吸引受众，赚取流量。将视频内容做得通俗、有趣，无疑是吸引受众最有效的方式。但在过度追求视频娱乐化的过程中，往往消解了城市背后的历史厚重感，娱乐狂欢的视频塑造的城市形象流于表面。

在诸多视频宣传下，很多人知道重庆是火锅之都，却少有人知道火锅背后蕴含的文化；很多人知道解放碑是重庆著名的商业街，却少有人知道解放碑是抗战胜利的精神象征，是我国唯一一座纪念中华民族抗日战争胜利的纪念碑。过于娱乐化的视频内容，让城市符号被娱乐裹挟，大众对城市的记忆仅停留在视觉感官层面。

五、结语

随着短视频 APP 的兴起，城市热门的小吃、景点、风俗等颇受网民追捧。重庆在抖音等短视频平台长期处于热门状态。本文通过概述抖音平台建构的重庆城市形象，分析平台中重庆话题短视频的传播特征，探析重庆城市形象宣传短视频火爆的多层次原因，并指出重庆城市形象传播过程中面临的机遇和挑战。值得一提的是，借助短视频平台流量能够带动城市发展，同时也不能忽视内容同质化和过度娱乐化带来的负面作用。未来，想要通过短视频平台推介和展现一个更有文化底蕴的重庆，还须在内容生产、话题设置等方面下功夫。

电影中的重庆形象及其传播研究[①]

刘小霞　马　锐[②]

重庆在新世纪头 20 年成为国产电影中一个著名的取景地,《疯狂的石头》《火锅英雄》《从你的全世界路过》《少年的你》等较为知名的电影在宣传重庆形象,提高重庆城市知名度上功劳卓著,重庆城也以其蜿蜒错落的地理优势为电影增添了独特的意味。在 2021 年上映的《刺杀小说家》中,重庆自身所带有的埃舍尔式矛盾空间的风格为电影中小说家游戏化场景的塑造提供了得天独厚的优势,也再一次向全国观众展现了重庆的魅力。这些高质量、高口碑的电影让各地观众在一个相对集中的时空里了解、熟悉重庆。随着多部电影的上映,重庆的城市形象在观众中形成一种积累印象,在全网构建了"魔幻城市""必须打卡的城市"等城市印象。

一、新世纪关于重庆的电影及其塑造的重庆形象

穿楼而过的单轨列车、横跨两江的 20 多座桥梁、高低错落的立交桥让这座颇具矛盾空间感的城市成为 21 世纪以来国产电影中著名的取景地。除了重庆得天独厚的地理优势以外,独特的方言文化、豪爽直率的巴蜀人民、种类繁多的川

---

①　基金项目:"当代电影中的'重庆'形象与重庆城市形象的建构及传播研究",项目编号:2012QNYSO34。原载于《戏剧之家》2021 年第 3 期。

②　刘小霞,西南大学新闻与传媒学院硕士生导师。马锐,西南大学新闻与传媒学院在读硕士。

渝美食也使得电影创作者无法忽视这座位于西南方向的魔幻都市。重庆地域资源之中所蕴含着的大美一旦透过视知觉效应，与观众的主观意识产生碰撞就会在观众的心灵深处留下难以磨灭的城市印象。① 纵览 21 世纪以来取景自重庆的知名电影，笔者大致可以将创作者试图通过光影传达出的重庆形象划分为三类。

（一）江湖气息

这一部分电影首先是以犯罪作为关键词，基于重庆交叉错落的地理特点展开追逐与搏斗的戏码，挖掘城市小角落的暗潮汹涌。这类影片通常选择重庆交错盘旋的乡间小道，配合以纯正的巴渝方言，赋予重庆城一种鱼龙混杂的江湖气息。《疯狂的石头》（2006）、《火锅英雄》（2016）、《少年的你》（2019）等作品将目光聚焦于那些生活在重庆城昏暗角落的小人物们，在反思小人物劣根性的同时，捕捉他们身上仍然保留的人性光辉。宁浩导演在《疯狂的石头》（2006）中，讲述了保卫科科长包世宏恪尽职守，为了守护一块意外挖掘到的玉石，与国际大盗、本地小偷斗智斗勇的故事，影片披上了喜剧的外衣，加之非线性剪辑手法，奠定了戏谑性、黑色幽默式的影片基调。杨庆导演的《火锅英雄》（2016）讲述了一群儿时一起长大的哥们儿创业失败，扩展店面的过程中误打误撞挖到了银行金库而走上歧途的故事。影片亦在黑色幽默的基调下，以火锅店与银行抢劫案串起了一帮年轻人的旧日青春。香港导演曾国祥在《少年的你》（2019）中讲述了两名生活在社会底层的少男少女，面对校园霸凌时相互救赎的故事，反思法律、家庭教育及学校教育。影片虽然始终笼罩在阴郁、无解的绝望感之中，但最后导演仍以明亮的结局点燃观众的希望之光。

（二）文艺气质

这一部分电影将情感作为关键词，该类影片将城市地理作为承载某种情绪的物理符号，重庆被赋予了超越其物质性的文艺气质与象征性。《三峡好人》（2006）、《从你的全世界路过》（2016）、《受益人》（2019）、《荞麦疯长》（2020）等作品讲述了城市变迁后对城镇消失的惋惜及对爱情的坚守，或聚焦于那些漂泊

---

① 刘鹤.从重庆城市电影看地域资源的景观化[J].电影评介，2017，（10）：83-85.

无根的异乡人们在这座城市发生的缠绵悱恻的爱情故事。《三峡好人》中两位从山西来到重庆奉节的异乡人面对各自名存实亡的爱情必须要做出"拿起"与"舍弃"的抉择，影片暗含着一种时过境迁的寂寥感及对爱情逝去的不知所言。《从你的全世界路过》（2016）讲述了电台 DJ 陈末和一群朋友的都市感情故事。原本对生活满怀热情的陈末、猪头、茅十八都经历了梦想、爱情、友情的逝去，对这座充满回忆的城市爱恨交加。王小帅在《日照重庆》（2010）中讲述了一个长期漂泊海外的船长，在经历了婚姻与孩子教育上的失败之后，回到重庆找寻自我的故事，将重庆这座城市作为自己找寻起点与终点的场所，赋予其回归本我的象征义。

（三）异质体验

这一部分电影选取山城奇观化的景观营造影片的异化感，突出影片中的人物某种超脱俗世的诉求与回归自然的精神体悟，彰显重庆的魔幻现实之感。"名城危踞层岩上，鹰瞵鹗视雄三巴。"重庆地处中国西南部，四川盆地边缘，有"山城""雾都"等称号，环绕的群山赋予了这座城市雄伟的气质，纵横的江河又为这座城市增添了一份诗意和灵性，整座城市给人一种神秘感和梦幻感。① 在路阳导演的《刺杀小说家》（2021）中，路空文把重庆码头、街头巷尾塑造成小说中充满杀戮的虚拟世界。这座被高楼、山脉、阶梯分隔开的城市，道路蜿蜒交错，路空文不断地重复着上下阶梯的动作，似乎预示着他生存在这座城市中同样看不到前路和终点。路空文的存在亦如这些被阶梯切割开的道路一般，无法与社会任何部分发生融合，是孤立的存在。他在小说中的虚拟世界里是拯救女孩、找寻真相的英雄，而生活中他喜欢站在高处观察人类，他是既孤独又高傲的存在。颇具魔幻感的城市成为人物异化的精神世界最直观的表达。在薛晓路导演的《北京遇上西雅图之不二情书》（2016）中，金佛山同澳门、美国城市形成的视觉反差使得景观承载了远离俗世的空间印象，罗大牛带着华裔妇女唐秀懿回到金佛山完成丈夫林平生落叶归根的夙愿，罗大牛也在这里幡然领悟到了人生的道义。

---

① 饶曙光，秦笠源.影像城市与城市印象——重庆城市电影中的"意象表意"[J].民族艺术研究，2020，33（04）：45-51.

无论是以讲述发生在重庆的爱情故事为主题的影片，还是以追逐、犯罪、迷失与寻找自我为主题的影片，重庆这座城市所带有的独特文化符号和象征性内涵都能殊途同归地给观众提供强烈的异质体验。白天纵横交错的步道和楼房是抽离与割裂、夜晚聚集的霓虹灯和车辆是漂泊与回归、环抱城市的青山绿水是宁静与超脱……21世纪以来银幕中的重庆，不仅是在视觉上展示着自己的多面性，更是不断地输出着极具特色与多样性的地域文化。

二、电影对重庆城市形象的传播

（一）提升城市知名度

21世纪以来，在重庆取景拍摄的电影不断地挖掘这座城市中独具老城风格的小众景点。由于地形影响，重庆楼房修建集中且高低不一、错落有致，使得站在重庆城中的高点俯瞰城市，既能一览高楼大厦、纵横交错的立交桥，又能将群山尽收眼底，颇具赛博朋克感。电影与短视频共同助力，将重庆一些小众景点打造成"网红打卡点"，一些原本就著名的景点更是通过用户的二度传播迅速在国内，甚至国际上提高了知名度。洪崖洞就曾因为与宫崎骏《千与千寻》里的某一场景类似迅速在抖音、快手、微博等平台引起关注。

2016年9月29日《从你的全世界路过》上映，电影首日票房便达7244万元人民币，总票房8.14亿元人民币，带动了国庆档票房的"破冰"。该片除了优异的票房成绩外，口碑也几乎受到了观众的一致好评。电影上映之后，重庆鹅岭二厂成为新晋网红景点，微博、豆瓣等平台上均能看到网友们感叹"此生一定要来一次重庆""电影把重庆拍得太浪漫了，真的想去看看""我希望带你去重庆，就像我们的久别重逢"。更有不少网友在微博上发布自己跟随电影打卡各大景点的游客照，并配文"从你的全世界路过"。

2019年《少年的你》上映，累计票房15.58亿元人民币，电影以其本身过硬的质量，获得了高票房和高口碑，并一举斩获第三十九届香港电影金像奖八大奖项。影片的成功再一次将重庆铁路中学、皇冠大扶梯、魁星楼等一些原本并非景点的地标带火，成为游客必去的打卡地之一，极大地提高了重庆的知名度。对此，重庆九龙坡区铁路中学旁专门为慕名而来的游客修建了一座影片中角色"小北"的雕塑。可见，游客对重庆的印象不再停留于解放碑、朝天门、磁器口等一些传统地标，原本那些不知名的路段和步道也被赋予了约定性与人文价值。

（二）带动城市旅游经济

20世纪70年代，美国未来学家阿尔文·托夫勒在《未来的冲击》一书中预言，在社会经济的发展过程中，体验经济浪潮将会继农业经济、工业经济、服务经济之后到来。[①] 随着我国人均GDP的上涨，国人具有更高的经济能力负担文化旅游消费，旅游经济作为体验经济的一种，自然会随着人均消费能力的提高而蓬勃发展。电影作为一种文化载体，以其自身的大众消费性质，借助大众媒介、流媒体、短视频、自媒体的二度传播，增强了号召力与变现力。因此21世纪以来，消费水平极大提高了观众们具有将虚拟消费体验转换为实际亲历体验的能力。

近年来重庆在银幕与流媒体平台频频现身，使得城市的知名度不断提高，将观众、用户的注意力转换为实际的变现力，带动了城市旅游经济的发展。电影除了娱乐消遣的功能外，延伸至现实生活中一方面创造了观影者的体验需求，另一方面又满足了游客的沉浸式体验。观众除了在银幕中聆听别人的故事外，走出影院后也产生走入"银幕"中亲历故事的冲动和需求，电影对城市旅游经济的"引擎"作用得以体现。

界面新闻根据中国大陆地级以上城市的旅游人数、旅游收入、旅游业比重、交通便利程度和旅游基础设施五个维度的综合衡量，编制的2020年中国旅游城市榜显示：截至2020年，重庆已经跃升为仅次于北京的旅游发达城市，而从城市吸引力来看，重庆以绝对的优势位居第一。[②] 重庆市文化和旅游发展委员会公布的《2019年重庆市旅游业统计公报》显示，2019年全市接待境内外游客65708.03万人次，实现旅游总收入5739.07亿元，同比分别增长10.0%和

---

① 阿尔文·托夫勒.未来的冲击[M].北京：中国对外翻译出版公司，1985：196—208.

② 资料来自界面新闻：《2020重庆旅游业发达程度全国第二，人气榜全国第一》，2020年9月30日，见 https://www.jiemian.com/article/5065856.html。

32.1%。其中：接待入境游客 411.34 万人次，实现旅游外汇收入 25.25 亿美元，同比分别增长 6.0% 和 15.3%。在入境游客中，过夜游客 297.11 万人次，同比增长 6.1%。春节、国庆两个长假和元旦、清明、五一、端午、中秋五个小长假，全市共接待游客 15907.95 万人次，约占全年接待游客总量的 24.2%；实现旅游收入 880.62 亿元，约占全年旅游总收入的 15.3%。[①] 时至今日，电影的号召力及变现能力是 20 世纪电影所无法比拟的。

表 1　2019 年重庆市旅游接待及收入情况

指　　标	计量单位	绝对值	比上年增长（%）
接待境内外游客总数	万人次	65708.3	10.0
其中：入境游客	万人次	411.34	6.0
其中：入境过夜游客	万人次	297.11	6.1
国内游客	万人次	65296.69	10.1
旅游总收入	亿元	5739.07	32.1
其中：旅游外汇收入	亿美元	25.25	15.3
国内旅游收入	亿元	5564.61	32.5

资料来源：重庆市文化和旅游发展委员会《2019 年重庆市旅游业统计公报》。

（三）构建城市整体形象

与短视频平台中用户生产的碎片化内容相比，影视作品对重庆城市形象的建构具有整体性、持久性、稳定性、高质量的优势，并且银幕中为重庆城市打造的故事感与文化底蕴是短视频生产所无法比拟的。以抖音短视频平台上的内容生产者及其所生产内容而言，大致可以将内容分为美食类、景点类、文化类三大类型。视频生产者通常会选择某一具体方向来着力宣传重庆形象。专门致力于推荐重庆街边小吃、网红餐馆的美食类视频号以密子君、浪胃仙、发现重庆美食等为

---

① 资料来自重庆市文化和旅游发展委员会：《2019 年重庆市旅游业统计公报》，2020 年 4 月 14 日，见 http://whlyw.cq.gov.cn/wlzx_221/sjfb/202003/t20200313_5729339_wap.html。

代表；以熊猫兄弟伙、童瓜、薪儿姐等为代表的视频号，主打通过短视频的形式来传播重庆方言、重庆人、重庆地域文化；重庆吃喝玩乐、重庆阳仔 nice 等视频号主要介绍重庆周边旅游景点、网红打卡点，整理旅行攻略和注意事项。总体而言，由于短视频生产低成本的特点导致生产内容单一、不具全面性与权威性，始终会存在内容偏差的问题。而电影的巨额投资保证了影片在塑造城市形象时更具有准确性及权威性，影片可同时涉及重庆方言、重庆人、重庆文化、重庆美食等内容。此外，电影中塑造的人物、故事也为城市本身赋予了人文价值。《从你的全世界路过》中，十八梯、鹅岭二厂成为重庆老城区的缩影，重庆火锅、重庆小面、苍蝇馆等符号元素使得这座城市十分具有生活气息，千厮门大桥、广播电视台又将重庆高速发展的现代化一面展现出来。尽管短视频宣传具有快捷、高效的特点，但电影中塑造的城市形象显然更为持久与稳定。《疯狂的石头》中出现过的长江索道，《从你的全世界路过》里主角们吃过的小面及《火锅英雄》里的火锅店至今也是外地游客来渝必去的景点或必吃的食物。

（四）电影与城市的良性互动

打造主题乐园式的体验设施，完善相关景点的文娱设施、基础设施建设，重视并合理利用电影对城市形象的宣传作用。同时，"魔幻都市"的进一步发展与建设势必会使其成为未来国产电影拍摄的宝贵财富，形成电影与城市间的良性互动关系。

政策保障电影与城市经济的发展。2017 年，重庆市文化委员会印发了《重庆市电影扶垚计划管理办法的通知》，自 2018 年起，重庆市将有 1000 万元的资金用于扶持本土电影的发展。此外，重庆市文化和旅游发展委员会于 2019 年发布了《关于实施旅游服务质量提升计划的通知》，未来将从提升旅游区点服务水平、优化旅游住宿服务、提升旅行社服务水平、规范在线旅游经营服务、提高导游和领队业务能力、增强旅游市场秩序治理能力、建立完善旅游信用体系等七个方面助力重庆旅游业的发展。

城市发展助力电影创作。"十四五"规划中，习近平总书记对重庆提出了"两点"定位、"两地""两高"目标和"四个扎实"的要求，要求重庆建设内陆开放高地，成为山清水秀美丽之地。重庆处于西部大开发的重要战略支点与"一带一路"和长江经济带的联结点上，未来重庆的交通设施建设还将进一步发展，重庆将成为中国西南最重要的交通枢纽。这座"5D"城市将更加立体和赛博朋克，为国产电影持续提供得天独厚的光影优势。

三、结语

新世纪以来的国产电影为重庆城市塑造出兼具江湖烟火气、文艺气质与魔幻异质体验的都市形象，一方面极大地带动了重庆旅游经济的发展，另一方面促进了当地政府对新时代下重庆城市定位及形象传播的重思。电影与重庆的双向互动为国家城市规划及国产电影的发展提供了全新思路。

巴渝传统建筑文化在微信公众号的传播与创新 [①]

杨瑞睿　胡大勇 [②]

　　巴渝传统建筑文化有着独特的魅力和精神内涵，在数千年的历史长河中不断变化发展。随着新媒体时代的到来，越来越多的传统文化通过新媒体形式展现在大众视野中，并且进一步渗透到人们的工作、生活中。习近平总书记强调，"坚持文化自信是更基础、更广泛、更深厚的自信，是更基本、更深沉、更持久的力量"。因此，在新媒体时代背景下，传承和创新巴渝传统建筑文化势在必行。

　　巴渝传统建筑文化极具地方特色，具有我国传统建筑文化共性且兼备个性的独特魅力。信息化、数字化的更替速度越来越快，传播途径和范围变广，巴渝传统建筑文化的发展也面临着很多变化。运用新媒体手段传播信息更高效、快捷，是传承和创新巴渝建筑文化的有效途径。微信公众号以其碎片化、互动性、融合性的传播特征，成为传播巴渝传统建筑文化的新途径。文章基于微信公众号传播创新的新方法，探讨巴渝传统建筑文化传播的新路径，为传播巴渝建筑文化提供新思路，选择适宜传播该文化的媒介形式，从而彰显独特的巴渝文化自信。

---

　　① 基金项目：本论文为重庆市艺术科学规划培育项目"新媒体背景下巴渝传统建筑文化的多维表达策略与立体传播途径研究"成果，项目编号：19ZD03。原载于《新闻研究导刊》2022 年 5 月第 13 卷第 9 期。

　　② 杨瑞睿，重庆工商大学艺术学院硕士在读，研究方向：环境设计。胡大勇，重庆工商大学副教授，研究方向：环境设计。

一、巴渝传统建筑文化解读

（一）"天人合一"的巴渝传统建筑特色

巴渝传统建筑体现了中国古代"天人合一"的工艺美术哲学思想造物观念，整体建筑的形式尊重自然、顺应自然，整体建筑布局依山而建，在建造过程中不去破坏周围地理环境，而且根据特殊的山地悬崖峭壁创造出巴渝独有的建筑形式。重庆地区传统建筑文化经历了漫长的演变，在这个过程中继承了当地建筑的文脉传承，也在社会不断发展中创新。文章总结巴渝传统建筑最具代表性的几个特点，为今后巴渝语汇库的建立提供借鉴。

（二）因地制宜的建筑外部结构形态

建筑外部多由三个景观层次构成，依次为河岸上的支撑点—建筑—山林树木，巴渝传统建筑色彩取自周围环境色，突出木质原材料本色，白墙青瓦，建筑被绿色树木围绕。素有"山城"之称的重庆，山体在城市中具有突出地位，因此巴渝传统建筑一般会有脚柱支撑，这样既不会破坏自然山体，又能减少建筑主体与地面的接触，建筑与坡地地形相适应，充分依靠坡地自然地形曲折变化，也造就了巴渝地区独特的建筑群体。重庆山地建筑形态造就了独特的巴渝建筑体系，有力证明了巴渝传统建筑因地制宜的建筑文化思想。

（三）因材施技的建筑材料选择

建造材料选用当地自然环境孕育出的天然材料，每一种材料都有着独特的属性。重庆地区降雨充沛，水资源丰富，竹子、树木产量较高，巴渝传统建筑选用的材料大多是产自本地的竹子、黏土沙石，根据地理优势选取建筑材料，结合地势特点有针对性地选择吊脚楼、干栏式建筑形式[①]，最终达到材美工巧的目的，充分发挥出材料的优势。竹子、木材的使用，就是"因料施技"理论的最好诠释。

---

① 何智亚.巴渝建筑风格源流探析[J].重庆建筑，2015，14（8）：5–13.

二、微信公众号传播巴渝传统建筑文化的适用性

（一）微信公众号的特点和传播特征研究

目前，关于微信公众号特点与传播方式的相关文献在知网上收录已经很多，唐丹在《微信公众号的传播特征及运营研究》[①]一文中对微信公众号的传播要素进行了详细的介绍，对本研究有很大帮助。梅君莹的《微信公众号运营策略研究——以"新世相"为例》[②]对微信公众平台进行用户分析，研究传播途径，为本研究提供了详细的公众号传播策略。因此，微信公众号是集合了交流互动、新闻、短视频的平台，可划分为订阅号、服务号、企业号，可以群发消息、自动回复、一对一交流。

微信公众号可以让多媒体信息相互交融，改变了以往只有主流媒体才能传播信息的传播机制，显示出了新的传播特点，表现出传播内容多样性、传播形式多元化、传播对象精准化、传播主体占主要能动地位、多种传播方式结合的新模式。因此，微信公众号是传播巴渝传统建筑文化的重要载体。

（二）微信公众号传播巴渝传统建筑文化的优势

当前，政府、各企业都开通了自己的公众号以发布最新信息，微信公众号让微信从通信联系工具变成了大众、企业、政务的信息交流平台。

微信公众号成为向大众普及传统建筑文化的载体，是研究传承保护传统建筑文化人士的重要发声平台，利用公众号打造巴渝传统建筑文化的 IP 形象，打造巴渝传统建筑文化社群。通过图文、视频、漫画推文的形式表达巴渝传统建筑的独特美感，将巴渝建筑颜色、结构、元素、布局等要素与微信公众号优势融合，让大众了解其魅力。运用公众号传播巴渝传统建筑文化，可以全面推动巴渝建筑文化的发展和创新，也能有效推动重庆地区旅游业发展。

公众平台可通过精准投放向不同人群推送信息。对于现代用户来说，地区公

---

① 唐丹.微信公众号的传播特征及运营研究[D].郑州：郑州大学，2016.

② 梅君莹.微信公众号运营策略研究[D].合肥：安徽大学，2017.

众平台发布的信息在用户心里可信度高，传播速度快，微信公众号可以助力建成巴渝传统建筑文化资料库，是继承传统建筑文化的优秀平台之一。微信公众号可以结合数字媒体技术、交互设计、概念设计的方式更新传播内容，让新时代的众群体通过互动交流的方式继承传统文化，让巴渝传统建筑在微信公众号上广泛传播。所以，微信公众号可以作为巴渝建筑文化输入的载体，也能通过新技术让传统文化以轻松、娱乐的方式传播。

三、巴渝传统建筑文化在微信公众号的传播对策和方法

对于巴渝传统建筑文化的知识普及、文化梳理一类内容，可选择"摄影＋文字"的方式发布，实现知识文化体系的传播，让用户认识了解巴渝传统建筑文化，也为相关学者提供平台发声。短视频的传播方式深受用户欢迎，对于巴渝传统建筑形式特征，如依山而建的吊脚楼、山水环绕的建筑群体组合，可以拍摄短视频上传到微信公众平台，这样能更好地吸引用户。可以选择重庆权威的旅游服务号传播该类内容，巴渝传统建筑独特的魅力本来就是吸引外来游客观光的重要因素。

巴渝传统建筑元素多样、构成形式丰富，如特色的吊脚楼、山地台院、穿斗房、栅子门这些建筑元素，可以运用漫画、插画的形式设计出互动性推文，让用户通过娱乐互动的方式获取巴渝传统建筑文化的知识。特殊的地势地形造就的3D 景观效果，可以利用虚拟技术、3D 技术把建筑单体、山水环绕的特色街道展示给用户，让用户能身临其境地感受巴渝建筑文化的特色。对于巴渝传统建筑的室内特色、布局规划、室内结构、建筑色彩等要素，则可以选择高情感设计介入，在微信公众号推文中以交互体验的方式与读者互动，如将巴渝街道建筑元素拆分，通过读者触摸屏幕实现建筑的重构，便于读者全面了解巴渝传统建筑的构成元素。

四、巴渝传统建筑微信公众号创建思路与传播模式

在微信平台搜索关于巴渝传统建筑文化的相关内容可以看出，研究巴渝文化与对其感兴趣的用户较多，但是相关内容发布分散，没有一个统一的传播平台，因此，想要传播巴渝传统建筑文化，应当创建一个专门的公众平台，最适合的微信公众号类别则是订阅号，因为订阅号功能众多，可以结合视频、音频、图文等方式传播内容。

关于公众号自定义页面可以展示如下内容：巴渝文化历史、巴渝建筑历史、巴渝传统建筑与现代建筑的融合形式；巴渝建筑文化视频展示；巴渝传统建筑文化漫画、插画与 VR、UI 设计相结合的推文。还可与文旅平台、政务平台合作，面向更广泛的受众群体。建立粉丝群，与用户互动，增强粉丝群体的关联性，进一步扩张传播群体[①]。

根据对巴渝文化、巴渝传统建筑文化的文献研究与实地走访调研，对传播内容进行分类。巴渝传统建筑标志建筑群，如磁器口、湖广会馆等及巴渝传统建筑古镇群，如龚滩古镇等，该类在重庆属于旅游热门景点，知名度高，因此可以在微信公众平台自定义页面创建巴渝传统建筑群搜索指引；巴渝传统建筑院落群、村落群的传统建筑，如重庆巴南丰盛古镇仁寿堂、偏岩古镇禹王庙等建筑群，在公众号上可以创建历史解读页面，定期普及该类文化；巴渝传统建筑构成元素、设计语言，如吊脚楼、半边街、穿斗房、筑台式、斜撑等建筑元素，可以艺术与技术相结合的方法传播，通过互动性设计提高受众的参与度。对巴渝建筑群、建筑构成元素、建筑色彩、建筑材料、地形因素、装饰法则等内容进行分类传播，设计规划微信公众号自定义页面，结合视觉传达设计、动漫设计、互动设计、高情感与高技术设计等，搭建起一个巴渝传统建筑文化的专属输出平台，建立一个完整的巴渝传统建筑文化库，在继承的基础上创新。

---

① 冯磊.构建微信科学传播中的对话格局：以"科普苏州"微信公众号为例[J].视听界，2019（3）：86-89.

五、巴渝传统建筑文化在微信公众号中的传播设计实践

为传播巴渝传统建筑文化创建的公众号，目的是向大众普及巴渝传统建筑文化，全面展示巴渝传统建筑文化魅力，让传统文化在信息"碎片化"中继承下来，在发展过程中与时代融合。

文章创建的公众号名为"走进巴渝建筑"，公众号通过精美推文普及巴渝建筑历史文化，树立巴渝城市形象，彰显文化自信；宣传巴渝建筑语言、独特的地理区域优势，通过图片、视频的方式让大众认识巴渝传统建筑文化体系；针对巴渝传统历史建筑遗留，举办各式各样的文化传播活动，如探访巴渝传统建筑路线、召集用户投稿巴渝传统建筑、最美巴渝建筑文化摄影活动等，还可推出巴渝文创 IP 设计，呈现多元化的巴渝传统建筑文化景象。设计内容顺序是公众号定位、公众号名称、公众号传播内容选择、公众号话题创建、交互设计体验、文创产品。

将保护传统文化的任务融入日常生活中，娱乐的方式能让大众自主加入继承保护的队伍，"走进巴渝建筑"公众号就是打造巴渝地区保护传统建筑文化的订阅类公众号，给大众提供一个关于巴渝建筑文化的科普平台；汇总巴渝传统建筑群，制定行走路线，让大众了解更多巴渝建筑文化，提供巴渝建筑旅游消息；大众也可以关注微信公众号从而获得交互设计体验。公众号会整理关于巴渝传统建筑的相关信息，搜集和整理工作耗时、耗力，用户想要了解巴渝建筑文化只需要关注"走进巴渝建筑"公众号就可以获得想知道的信息。将"走进巴渝建筑"公众号打造为最权威的巴渝建筑文化传播科普平台势在必行。

该公众号能结合用户需求定制不一样的内容入口，个性化是公众号发展趋势，如对研究传统建筑文化的用户提供巴渝建筑文化类文章；向青少年提供交互设计推文；针对游客提供巴渝传统建筑旅游路线等。微信公众号的发展已经较为成熟，精准投放更有利于巴渝传统建筑文化的输出。在巴渝传统建筑文化内容输出方面，汇总和归类知识体系，方便用户查询或阅读资料。自媒体类微信公众平

台可以借鉴传统媒体类微信公众平台的做法，细致划分传播内容并在不同频道传播，在微信公众号自定义界面，用户可以按照菜单栏指引接收各种分类的信息。目前很多公众号也开通了个性化点播服务，通过后台编辑功能，创建粉丝社群，增强运营者与粉丝的互动性，根据公众号搜索页面细化传播内容^①。随着物质生活水平的提高，同质化的公众号服务形式已逐渐被用户忽略，不能满足用户追求差异、个性化的需求，因此创建巴渝传统建筑文化公众号一定要满足多元化发展的需求，建立一个专业团体，传播传统文化知识。

六、结语

互联网时代，传统文化通过新媒体出现在大众面前，自媒体乘着互联网技术的东风也在不断发展。公众号随着科学技术的更新，显示了巨大传播潜力，各种"碎片式"的文化建立起各自的公众号传播平台，巴渝传统建筑文化也将在此创建起传播发展的新平台。新媒体的快速发展，让文化不断突破与创新，巴渝传统建筑文化是我国传统建筑文化中十分重要的分支，运用新媒体传播巴渝建筑文化，可以更好地传承和保护文化，促进巴渝地区旅游业发展。文章结合微信公众号的传播方式，向大众普及巴渝建筑文化，希望能在互联网时代的今天给传播传统文化提供思路与方法。

---

① 赵轶鑫.西安城市形象的媒介呈现特征：以"西安发布"公众号为例 [J]. 科技传播，2021，13（17）：147-149，154.

论传统广播媒体的守正创新之路①

王　森②

党的十八大以来，以习近平同志为核心的党中央深刻把握时代发展大势，作出深入推动传统媒体和新兴媒体融合发展的战略部署，为加快媒体融合发展、构建全媒体传播格局指明了方向。

2021年11月6日，习近平总书记致信祝贺新华社建社90周年时强调，"坚持守正创新，加快融合发展"，再次对媒体融合发展提出了明确要求。

随着媒体格局不断演进，当下已进入全程媒体、全息媒体、全员媒体、全效媒体的"四全"媒体时代。信息传播的广度、深度、精度，均发生了翻天覆地的变化，新闻舆论工作面临前所未有的挑战。在此背景下，推动媒体融合发展，是中央对媒体发展的具体要求，是传播形势发展的需要，也是媒体从业人员当前面临的一项紧迫任务。

做大做强主流舆论，是主流媒体的职责使命。新媒体时代，广播媒体从业人员应认真学习领会习近平总书记的重要指示精神，并将之贯彻落实到具体工作中，不断开拓创新，走好守正创新之路，推进媒体融合走深走实。

---

① 原载于《新闻研究导刊》2022年9月第13卷第18期。

② 王森，重庆广播电视集团（总台）记者，研究方向：新闻业务。

一、守正创新要旗帜鲜明讲政治

所谓"守正"，就是要恪守正道，时刻遵循"正道而行，弘扬正气"的理念。具体到新闻舆论工作，就是要始终坚持党的领导，坚持正确政治方向，坚持以人民为中心的工作导向，尊重新闻传播规律，创新方法手段，切实提高党的新闻舆论传播力、引导力、影响力、公信力。

而"创新"，就是要敢于打破藩篱，不断激发活力。

新媒体时代，如何推动传统媒体和新兴媒体融合发展？习近平总书记在中共中央政治局第十二次集体学习时的讲话指出，"通过流程优化、平台再造，实现各种媒介资源、生产要素有效整合，实现信息内容、技术应用、平台终端、管理手段共融互通，催化融合质变，放大一体效能，打造一批具有强大影响力、竞争力的新型主流媒体"①。

面对错综复杂的国内外形势和新媒体的冲击，新闻舆论工作面临前所未有的挑战。坚持守正创新，做好新闻舆论工作，旗帜鲜明讲政治是总要求。

讲政治，是马克思主义政党的根本要求，任何时候都不能含糊和动摇。坚持正确的政治方向、舆论导向、价值取向，是新闻舆论工作的灵魂②。具体来说，最根本的就是要深刻把握"五个必由之路"的重要认识，深刻领会"两个确立"的决定性意义，增强"四个意识"、坚定"四个自信"、做到"两个维护"，自觉承担起主流媒体举旗帜、聚民心、育新人、兴文化、展形象的使命任务。

重庆之声作为主流媒体，时刻牢记要求，自觉承担使命任务，把旗帜鲜明讲政治贯穿于各项工作始终，推动新闻报道工作不断创新发展，取得了显著成效。

近年来，为着力解决人民群众最关心、最直接、最现实的利益问题，满足人民日益增长的美好生活需要，重庆市每年滚动实施重点民生实事。如何做好这方

---

① 习近平在中共中央政治局第十二次集体学习时强调：推动媒体融合向纵深发展 巩固全党全国人民共同思想基础 [N]. 人民日报，2019-01-26（1）.

② 赵子忠. 守正创新，夯实媒体融合发展基石 [J]. 传媒，2021（2）：13-14.

面的宣传报道工作？重庆之声的做法值得借鉴。

重庆之声充分发挥广播媒体优势，利用热线节目《民生热线》，及时加大惠民利民政策的宣传力度，如民生实事的项目、内容、完成进展等社会广泛关注的热点问题。同时，加强媒体监督，通过《民生热线》这座群众与政府沟通的桥梁，使群众反映的问题直达责任单位。解决问题方面，《民生热线》对典型个案问题进行曝光，督促问题及时得到有效解决；对普遍存在的问题开展暗访调查，及时向党委、政府报送内参。

2022年的重点民生实事中，包括城镇老旧小区改造。老旧小区改造范围是哪些？改造进展如何？与城市更新有何关系？针对群众关心的这些问题，《民生热线》节目组与重庆市住房城乡建委于2022年3月29日推出专题访谈节目，从国家及重庆的相关政策入手，对群众关心的老旧小区改造问题进行了完整、准确、全面的解读。节目中，还开通热线电话，现场解答群众的问题。节目播出后，收到不少积极反馈，取得了良好的传播效果。

《民生热线》作为一档民生类广播热线节目，在加强正面宣传的同时，还直面工作中的各种问题和困难，激浊扬清、针砭时弊，持续加强舆论监督，促进问题及时得到有效解决，切实维护群众利益。2022年3月初，节目组接到重庆市武隆区建设中路一住户反映，老旧小区改造过程中，施工人员将居民住宅临街一处老旧雨棚拆除后，每逢下雨就出现漏水，严重影响居民生活。节目组随即对此进行了调查报道，并督促有关部门及时处理。确认情况属实后，武隆区凤山街道立即协调施工方对漏水问题进行了处理，并以此为契机，对老旧小区改造后出现的漏水问题进行了全面排查，督促施工单位加以整改，获群众好评。

《民生热线》既让群众更好地了解全市重点工作，以主人翁的姿态参与其中，又通过群众与政府的有效沟通，及时化解了矛盾，充分发挥了媒体在推进城市治理现代化中的重要作用。为确保报道"不走偏"，节目组始终站在旗帜鲜明讲政治的高度，始终坚持正确政治方向、舆论导向、价值取向。在实际宣传报道工作中，坚持做好"三个结合"：将监督目标与党委、政府中心工作相结合，将党委、政府关注的焦点与群众反映的热点相结合，将解决问题与实际情况相结合①。

重庆之声《民生热线》节目走出的这条以解决问题为目的的舆论监督之路，既得到了党政部门的认可，又深受群众信任，极大地提升了媒体的公信力。

二、创新要聚焦核心打造新闻精品

新闻宣传报道的核心，主要体现在主题是否突出、内容是否新颖、策划是否全面等。要做好新闻宣传报道工作，就要聚焦核心、不断创新，持续打造新闻精品。

所谓新闻精品，就是经过反复提炼打造出的新闻产品。新闻精品主要有三个特征：导向正确，意义重大，新闻价值高，兼具权威性、指导性、吸引力、感染力；精心采写和编排，精雕细刻，高水平、高质量；传播效果好，社会反响大，既能引起轰动，又有长期保存的价值，能够流传于世②。

围绕某一主题，邀请相关领域专业人士做客直播间接受访谈，是广播媒体的常规节目。面对复杂多变的传播形势，要创作出一档有吸引力的广播访谈节目尤其是精品访谈节目，并非易事。一档成功的广播访谈节目需要同时具备主题鲜明、题材新颖、构思独特、内容丰富、形式多样、感染力强等多种特点。近年来的大量实践证明，只有把精品意识渗透进广播媒体从业人员的日常工作，才能成就一档无愧于受众、无愧于时代的精品访谈节目。

党的十八大以来，重庆市经济社会发展成绩显著。如何将全市中心工作生动、形象地呈现给受众，为经济社会发展营造良好的舆论氛围，成为重庆之声思考的重点。2020 年，重庆之声在总结《民生热线》成功经验的基础上，策划推出了一档高端访谈节目《周五面对面》，每周邀请一位厅局级领导接受访谈，围绕党中央、国务院决策部署和市委、市政府中心工作，介绍各区县、各部门的工作思路、经验做法和工作成效。

---

① 高霞.主流媒体公信力的价值锻造：重庆之声《阳光重庆》栏目努力践行"四力"[J].新闻战线，2019（6）：4–5.

② 辛文.何为"新闻精品"[J].新闻与写作，2006（2）：11.

2020 年 1 月 3 日，习近平总书记主持召开中央财经委员会第六次会议，作出推动成渝地区双城经济圈建设、打造高质量发展重要增长极的重大决策部署，为未来一段时期成渝地区发展提供了根本遵循和重要指引。《成渝地区双城经济圈建设规划纲要》对推进两地科技创新发展提出明确要求，要以"一城多园"模式合作共建西部科学城。党中央作出的这一重大发展战略部署，既饱含着党中央对成渝地区的关怀和期望，也凝聚着川渝两地干部群众的期盼和愿望。

具体到推进成渝地区科技创新发展方面，重庆市提出要举全市之力、集全市之智，着力建平台、兴产业、聚人才、优环境、提品质，高标准、高起点建设西部（重庆）科学城，打造具有全国影响力的科技创新中心。

针对西部（重庆）科学城怎么建、重点任务是什么、建设进展如何等问题，2020 年 10 月 23 日，《周五面对面》以"西部（重庆）科学城扬帆起航"为主题，邀请重庆高新区相关负责人担任访谈嘉宾，围绕西部（重庆）科学城规划定位、创新动能、现代产业体系、招商引资和招才引智、打通交通梗阻、城市提升促进惠民利民等内容，对西部（重庆）科学城进行了全方位、多角度、体系化、系统化的介绍。

为了增强节目的可听性，除邀请厅局级领导担任访谈主嘉宾外，部分节目还邀请专家、学者等与主嘉宾一同讨论，并适时接听群众电话。传播方面，节目前制作预告短视频及海报，节目后制作嘉宾金句短视频等，开展碎片式传播，形成话题讨论热度。同时，与各地、各部门的官方微信、微博及短视频平台组成传播矩阵，持续扩大节目传播的广度和深度，为重庆经济社会发展营造了良好的舆论氛围。

截至 2022 年 6 月，《周五面对面》已累计播出访谈节目 100 余期。节目以营商环境优化提升、城市管理、招商引资、基础设施建设等为主题，督促推动各级各部门在贯彻落实重大决策部署中出实招、见实效。

《周五面对面》是我市唯一一档定期邀请厅局级领导担任嘉宾的访谈节目，如今已成为重庆之声的一档精品节目，已初步形成品牌效应。受访嘉宾认为，节目有热度、有温度地宣传了全市重点工作，架起了群众与政府的沟通桥梁。受众反馈，通过这档访谈节目，对全市重点工作有了全面的认识。

三、融合发展抢占舆论宣传新阵地

党的十八大以来，以习近平同志为核心的党中央作出推动传统媒体和新兴媒体融合发展的战略部署，为推动媒体融合发展指明了前进方向。

近年来，重庆之声非常重视媒体融合发展，全台上下牢固树立媒体融合意识。实践中，采编人员不断加强学习，积极采用媒体融合手段。

例如，在 2020 年的防汛救灾报道中，重庆之声积极采用媒体融合手段，推出"长江沿线新闻广播防汛应急联合报道'2020 保卫长江'系列报道"，荣获第三十一届中国新闻奖广播新闻专题三等奖。该作品是新时代广播媒体坚持守正创新，加快融合发展的具体体现。

首先，横向联动长江沿线多个省、市，打响防汛救灾的"长江保卫战"。2020 年 7 月 12 日，全国多地江河湖泊水位超警戒线，国家防总决定将防汛Ⅲ级应急响应提升至Ⅱ级。面对长江沿线多个省、市同时遭受暴雨洪灾的情况，广播媒体如何做好创新报道？如何呈现全流域立体的长江汛情？重庆之声采用线上联动的方式，联动江西、陕西、青海、江苏等十余家长江沿线省、市广播媒体进行联合报道。

2020 年 7 月 15 日，"长江沿线新闻广播防汛应急联合报道'2020 保卫长江'"系列报道正式播出。当日，重庆之声与湖北之声、江西综合新闻广播共同推出第 1 期系列报道《抢险进行时》。重庆之声联动湖北之声、江西综合新闻广播的记者，向听众介绍当地防汛救灾情况。既呈现了暴雨洪水带给群众的影响，又展现了各地党委、政府抗洪救灾采取的举措，突出了宣传主线，形成了报道合力。

2020 年汛期，重庆之声推出"长江沿线新闻广播防汛应急联合报道'2020 保卫长江'"专题报道共六期，向联动省、市广播媒体提供各类稿件 150 余篇，刊播联动省、市广播媒体提供的稿件 30 余篇。这些来自抢险大堤、滑坡现场、受灾安置点的连线报道，语言平实、牵动人心，让广大听众真真切切地感受到在灾难面前，党委、政府和群众时刻在一起。

其次，纵向推动媒体深度融合发展，搭建"重庆高温汛期灾害防治 24 小时发布"平台。重庆之声充分利用已经构建起的全媒体平台资源，于 2020 年 7 月初迅速搭建起"重庆高温汛期灾害防治 24 小时发布"平台，以时间为主线，以音频、视频、图片、文字等多种形式，24 小时滚动刊播重庆雨情汛情预警信息、抗洪救灾现场、交通出行信息等。如洪峰过境期间，部分市民不顾劝阻下水游玩，存在较大安全隐患。对此，重庆之声制作了《市民朋友，莫来了！给他们减轻负担》等系列图文海报，通过公众号、头条号、抖音等各大新媒体平台刊播，取得了很好的社会反响。截至 2020 年 8 月底，"重庆高温汛期灾害防治 24 小时发布"平台已刊发图文、音视频稿件 2578 条，该平台已成为外省市报道重庆抗洪救灾的主要信息来源。索福瑞等机构数据显示，重庆之声推出的防汛抗旱报道覆盖受众 200 多万人，新媒体作品阅读量约 426 万次，转发分享约 20 万次。

通过防汛救灾报道实践，重庆之声深刻认识到，媒体融合并不是"广播＋电视＋新媒体"的简单相加，而是要形成媒体深度融合的"中央厨房"传播格局，实现传统媒体和新兴媒体的优势互补、内容再造。传播方面，要构建全频覆盖、多终端传播、多家媒体共同参与的传播矩阵。

四、结语

主流媒体在宣传思想工作中承担着重要使命，发挥着重要作用，是党的宣传思想工作队伍的主力军。新媒体时代，主流媒体应肩负起"高举旗帜、引领导向，围绕中心、服务大局，团结人民、鼓舞士气，成风化人、凝心聚力，澄清谬误、明辨是非，连接中外、沟通世界"的重要职责。首先，要把"坚持正确政治方向""党管宣传、党管意识形态、党管媒体"等原则和要求摆在首要位置，使之成为做好宣传思想工作的思想自觉和行动自觉。其次，要不断开拓创新，打破传统思维的禁锢，大胆运用新技术、新机制、新模式，持续打造新闻精品。最后，要继续深入推进媒体融合发展，使主流意识形态得到积极传播，让主流声音更强劲、更好触达百姓，不断增强主流媒体的传播力、引导力、影响力、公信力。

新媒体时代省级党报副刊的内容构建与突破探究[①]

——以《重庆日报》副刊为例

聂 晶 管 欢[②]

1897年，上海《字林沪报》出版的《消闲报》，是在正张之外另出的附张，集中刊载诗词、小品、乐府、传奇等作品，是中国最早的报纸副刊。而党报副刊，最早可追溯至20世纪30年代《红色中华报》的《红角》、20世纪40年代初《新华日报》的《团结》等。

近代文学与副刊交相辉映，副刊成为培养青年作家的阵地。时至今日，一些历史悠久的知名报纸的副刊，仍然延续着新文化运动以来形成的副刊文化，始终坚持"护一方水土，养一方文脉"，致力于把副刊的文化性发扬光大。

著名报人赵超构曾言，"新闻是报纸的灵魂，副刊是报纸的面孔，报纸耐看不耐看主要在副刊"。他强调，作为一种精神产品，副刊在纸媒中所起的作用是其他新闻版面无法达到的。所谓"新闻获客，副刊留客"，正是这个道理。

《重庆日报》系重庆市委机关报，其副刊《两江潮》创刊于20世纪70年代，迄今已有50多年历史。作为重庆历史最悠久的报纸副刊，《两江潮》高扬时代性、文学性、地域性的旗帜，对重庆的地方文化建设和文学队伍培养起到了积极

① 课题项目：本论文为重庆日报报业集团研究课题"融媒体时代党报副刊的转型与创新"之成果，合同编号：重课字2021第（005）号。原载于《新闻研究导刊》2022年12月第13卷第23期。

② 聂晶，《重庆日报》主任记者，研究方向：报纸副刊转型、媒体融合。管欢，重庆师范大学新闻与传媒学院硕士在读，研究方向：融合新闻。

的推动作用。但随着新媒体的发展，依托于传统纸媒的副刊受到巨大冲击，《两江潮》面临读者流失、优秀作品来源减少、在融合进程中被边缘化等困境。

一、新媒体时代省级党报副刊内容构建面临的困境

作为党和政府重要信息的权威发布机构，党报立足点高、公信力强、权威性强，其优势体现在知识的科学性、思想的深刻性、形式的艺术性、语言的文学性及高水平的作者队伍和高素质的读者群体。但受新媒体发展的冲击，党报副刊面临前所未有的发展困境。

新媒体时代，省级党报副刊在内容构建和生产中主要面临三方面困境：一是受众在信息传播中的角色和阅读方式发生显著变化；二是党报在副刊内容生产方面的优势逐渐被消解，名家和优秀作者资源大量流失；三是党报副刊在媒体融合进程中被边缘化[①]。

（一）读者流失明显

党报副刊主要刊载文学作品，需要读者具备一定的文学素养，能够静下心来深入阅读。但显然，这种慢阅读的要求与如今人们快节奏的生活不相匹配。相比之下，24 小时不间断的信息流推送，更能适应人们碎片化阅读的需要[②]，更能赢得人们青睐。

此外，随着网络社交媒体的快速发展，网络文学呈现井喷状态[③]。从传播渠道来看，网络阅读可适应多场景浏览，获取信息更加方便、快捷，并且具有即时性、互动性等特点；从内容来看，网络文学在题材和形式上更加自由，更能紧跟时事，迎合读者喜好。随着以晋江文学城、起点小说网为代表的网络文学网站的

---

① 陈俊珺.党报副刊当前的困境及发展对策 [N].中国新闻出版广电报，2021-05-25（004）.

② 李聪，宗会明，肖磊.中国典型人口流出地区人口流动格局：以川渝地区为例 [J].热带地理，2021，41（3）：516-527.

③ 谢商精.全媒体时代党报副刊"互动模式"的实践与探索：以怀化日报《雪峰》副刊为例 [J].城市党报研究，2018（9）：44-46.

崛起，党报副刊读者被网络文学平台分流，尤其是在移动阅读领域，大批读者转移至掌阅、微信读书、QQ 阅读等手机客户端。

（二）优秀作品来源减少

在市场化背景下，媒体平台特别是新媒体平台大量增加，党报副刊作品因优秀作品来源减少导致的质量下降问题日益凸显。

《解放日报》的《朝花》被称为"文学的百花园"，自 20 世纪 50 年代以来，吸引了如茅盾、叶圣陶、巴金、郭沫若等一大批著名作家。但随着近年来一些著名作家相继离世，一些作家步入高龄后作品量减少及大部分中生代作家将目光投向新媒体平台或自媒体大 V 号，不再把党报副刊作为发表作品的首选，导致副刊的优秀作者、名家大家大幅减少，高质量作品数量随之骤减，很大程度降低了副刊的关注度和影响力。

《重庆日报》副刊栏目《重报艺文志》的记者表示，如今约访名家的难度越来越大。一方面，名家们往往更青睐自媒体、视频网站、新兴人物类杂志的访谈类节目，党报副刊在受众数量和传播效果上均不再具有优势，其吸引力和影响力明显减弱。并且，党报的严肃性和其所处的特殊地位，也一定程度制约了党报副刊的发展。

另一方面，自媒体作为区别于传统媒体的新生力量迅速发展，开始与主流媒体争夺话语权。副刊作者不仅可以把作品发布在网络文学平台上，还可以直接创建个人账号如微信公众号、抖音号等，完成作品发布。这直接导致党报副刊收到的优质来稿越来越少。

随着人们的生活节奏不断加快，阅读时间越来越碎片化，党报副刊在甄选稿件时必须考虑读者的现实需要，充分认识到党报副刊并非纯粹的文艺刊物、文学期刊，刊发的文章不能只注重文学性，还应具有新闻性，应与党和国家的方针政策同步①。党报副刊要在保持审美的同时，将文艺性和新闻性相结合。这对作品的

---

① 卓晋萍.让地市党报副刊更有吸引力：以《湄洲日报》为例 [J]. 中国地市报人，2021（11）：135−136.

篇幅、类型和形式等提出了更高要求①。身为副刊编辑，不能仅满足于埋头编稿，而要精准把握时代脉搏，关注社会热点问题，以进一步增强读者黏性。

总体而言，党报副刊在内容构建与生产上面临的困境，不仅是原有传统文学作品的出走，还包括能够跟上时代步伐、符合读者需要、引起读者共鸣的稿件的缺失。

（三）在媒体融合进程中被轻视

在媒体融合进程中，副刊和新闻的界限逐渐模糊。这种模糊首先从视觉呈现方面体现出来。过去，报纸副刊语言自成一体，舒朗、秀气、雅致，与新闻版面有着明显差别。而如今，在新闻客户端中，两者的页面呈现效果几近无差。从某种意义上看，副刊版块的辨识度被严重削弱，其原本作为独立门类的特征愈来愈模糊。此外，受"重时政新闻，轻文学副刊"观念的影响，副刊及副刊编辑在媒体单位中往往被视为"偏份"。

副刊被边缘化的后果是，从整体上影响了副刊编辑的队伍建设，极不利于编辑素质和能力的提高②。同时，也使得传统副刊作品的竞争力降低。与一般新闻类稿件相比，副刊稿件的文学性更强，阅读门槛更高，且具有很强的整体性，因而对编辑的要求更高。这导致传统副刊作品难以在网络空间形成公共议题，难以产生讨论度高的爆款作品③。

二、新媒体时代省级党报副刊如何突破困境

信息技术、互联网技术的日新月异，推动了新媒体的蓬勃发展，给省级党报副刊带来严峻挑战。如何突破困境，成为其亟须探索的议题。下文梳理出三条策略，供业界参考。

① 梁沃.新媒体时代下提高党报副刊影响力的途径 [J].新闻传播，2022（15）：80-82.
② 吴晓霞.新媒体时代党报副刊的困境与出路 [J].中国报业，2020（18）：66-67.
③ 陈俊珺.新媒体时代党报副刊发展策略探析：以解放日报副刊为例 [J].新闻战线，2021（8）：28-33.

（一）策划重大选题，量身定制优质产品

党报副刊要想从重重困境中突围，不仅要紧跟文艺动向，还要量身打造符合新媒体潮流的文艺作品。

2022 年，为贯彻落实习近平总书记在中国文联第十一次全国代表大会、中国作协第十次全国代表大会开幕式上的重要讲话精神，庆祝《重庆日报》创刊 70 周年，重庆日报副刊《两江潮》策划了"70 年春华秋实——我与重庆日报"征文活动。

2022 年 5 月，《两江潮》与重庆市作协、重庆新华书店集团共同主办"重庆文学公开课"活动，邀请作家畅谈创作经验，合力推动重庆文学新发展。并且，把每期活动制作成短视频，在《重庆日报》全媒体矩阵中播出。

在文化新闻、重大事件报道方面，党报副刊具有集约化优势。2014—2020 年，《重庆日报》接连策划六次以"重走"命名的大型全媒体系列报道，且两次荣获中国新闻奖。这六次系列报道以当下视野、受众视角、融媒体方式去烛照历史、溯源文化、弘扬时代主题，在"重走"中实地寻访、连接古今、感悟变革、见证辉煌。报道结束后，还策划举办了"重庆最美十大古诗"评选活动、"重走古诗路　思君下渝州——巴渝古诗词传承盛典"大型文艺晚会，参与创作"思君不见下渝州"大型情景国乐音乐会等。线上、线下活动交织，形成多次传播，有效地扩大了影响力。基于六次系列报道的成果，于 2022 年 8 月出版《行走的力量——重庆日报"重走"系列报道丛书》。

经验是一步步摸索出来的。在 2018 年的"重走信仰之路传承红色基因——追寻重庆红色记忆"系列报道结束后，《重庆日报》采编团队发现，整组报道没有顺应信息化时代的媒体传播规律，缺乏真正意义上的融媒体产品，导致传播效果、影响力大打折扣。于是，在 2020 年的"重走"系列报道中，及时整合内部资源，大力运用融媒体传播手段。2020 年 7 月 6—21 日，在刊发 13 个整版报道的同时，同步推出 40 件包括海报、短视频、H5 等多种形式的融媒体产品，取得了良好的社会反响。重庆新闻阅评小组对该组报道予以高度评价，称报道紧扣中心工作，站位高、视角新，有力推动了"巴蜀文化旅游走廊"建设。

又如，《四川日报》自 2018 年 7 月起推出"古籍流芳——寻找四川图书馆镇馆之宝"大型文化系列报道，介绍四川图书馆珍贵的藏书和相关常识，唤起了受众尤其是年轻受众对于文化古籍的探求欲。

2022 年 6 月和 8 月，《重庆日报》和《四川日报》分别启动了"重庆日报文学奖""四川日报文学奖"的评选活动，进一步彰显了党报的社会责任，发挥了优秀副刊作品的示范作用，极大地提升了省级党报的新闻舆论"四力"。

（二）发挥地域特色，增强本土化意识

省级党报副刊要树立本土化意识，从地域文化中汲取灵感，在潜移默化中提升城市文化气质，从而吸引更多本地读者，助力文旅融合。

新媒体时代，面对重大新闻事件，省级党报并不具备绝对传播优势。因为中央级主流媒体和部分垂直度高的新媒体，往往能更为高效地聚焦事件。各媒体竞争激烈，报道角度趋同度高，省级党报副刊很难脱颖而出。对此，不如转换思路，聚焦本土化的题材，着重关注发生在本区域内的泛文化新闻，依托读者对家乡的文化认同感来策划文化产品，形成地方特色，在传承文化血脉的同时，打造人民群众喜闻乐见的党报副刊。例如，《两江潮》充分挖掘本土特色，策划推出了《重读"红岩家书"》《重报艺文志》、"70 年春华秋实——我与重庆日报"等专题和系列。

突出传统地域文化，并非排斥新兴潮流。相反，传统地域文化与新形式相融合，能够起到彰显本土文化、扩大传播力和影响力的效果。例如，四川日报报业集团川观新闻客户端荣获第三十二届中国新闻奖二等奖的融合报道《三星堆国宝大型蹦迪现场！3000 年电音乐队太上头！》，就是主流媒体尝试用年轻化方式传播中华优秀传统文化的现象级融合报道作品。该作品将三星堆文物原创手绘动画与最新发掘现场视频相结合，配以方言电音，融入赛博朋克特效，多元素融合形成反差萌，让古蜀文物在互联网上"活"了、火了。截至 2021 年 3 月底，作品全网曝光量超 7 亿。

（三）充实线下活动，增强读者黏性

距离和媒介会给读者带来不真实感，但亲身传播能调动所有的感官系统，激起更为丰富的身体反应，消解这种不真实感。美国当代著名传播理论家杜翰姆·彼得斯认为，"对身体'在场'的追求未必会使你进入对方的心灵，然而它的确可以使你更便利地接触对方身体"①。

新媒体时代，报刊与读者的交流大多局限于线上的评论互动，产生的情感连接较弱。对省级党报副刊而言，其读者和作者通常来自同一地区，交流障碍和文化壁垒少，因而多举办线下活动能有效增强读者黏性。

2022 年，《两江潮》先后组织作家赴梁平、南川采风，挂牌"重庆日报副刊创作实践基地"，引导作家以梁平的非遗名家、南川金佛山等文旅标签为素材进行文学创作。2022 年 6 月启动的重庆日报首届文学奖，也是以作家采风活动启幕，旨在以评奖带动创作，以活动反哺副刊内容创作。

2022 年 1 月，《重庆日报》副刊《共赏百本好书》专版举办"百本好书送你读"荐书联盟专家座谈会，开辟了"全媒体产品 + 线下座谈会"的立体传播方式。2021 年 4 月，承办 2021 年重庆市"书香重庆"全民阅读系列推荐活动的七项评选，体现了党报的文化自觉与责任担当。

总之，新媒体时代的党报副刊，既要传承传统副刊的文化精髓，又要摒弃陈旧的运营模式，无论是发布形式还是文章内核，都要与时代接轨。要策划开展多种多样的线下文化活动，设置更多人民群众喜闻乐见的议题，聚焦地域历史文化与文化事业发展的关系，将优秀传统文化作为副刊文化报道取之不尽、用之不竭的资源，与时俱进，砥砺创新，满足不同读者的文化需要。

三、结语

党的二十大报告指出，要"牢牢掌握党对意识形态工作领导权，全面落实意识形态工作责任制，巩固壮大奋进新时代的主流思想舆论"。新媒体时代，主流媒体应充分发挥价值引领作用。党报副刊作为提升主流意识形态的重要舆论阵地，更应突破现有困境，在内容构建与生产方面紧跟时代发展步伐，产出更多贴近群众生活、表达群众心声的精品力作。

---

① 杜翰姆·彼得斯.对空言说：传播的观念史 [M].邓建国译.上海：上海译文出版社，2017：386.

重庆数字乡村建设存在的问题与对策建议[①]

赵　智　廖明辉　阳盼盼[②]

以数字赋能乡村振兴，是盘活乡村经济、实现农民增收、推动农业农村现代化的重要抓手。随着智能感知、智能分析、智能控制等数字概念与农业农村加速融合，物联网、大数据、互联网、区块链、人工智能、5G等新一代信息技术瞄准"三农"高质量发展的主攻方向，不断催生新产品、新模式、新业态，为重庆乡村建设和农业农村现代化提供了不可替代的坚实支撑和高效服务，对全面推进乡村振兴战略、实现城乡协同发展极具现实意义。

一、数字乡村建设的研究动态

学界对于数字乡村建设问题也相当关注，普遍认为数字乡村建设与农村地区居民最基本生产生活、新时期国家乡村振兴战略推进息息相关，农业农村能否顺利完成数字转型并助力乡村振兴，直接决定了未来很长一段时期内农村地区社

① 基金项目：2020 年重庆市社会科学规划（青年）项目"成渝地区双城经济圈建设中人口集聚与产业协同研究"（项目编号：2020QNRK51）、2020 年中共重庆市委党校校级课题"高质量推进我市数字乡村建设的建议"（项目编号：CQDX2021A-018）阶段性成果。原载于《重庆行政》2022 年第 6 期。

② 赵智，中共重庆市委党校（重庆行政学院）经济管理教研部讲师。廖明辉，中共重庆市委党校（重庆行政学院）经济管理教研部副主任、副教授。阳盼盼，中共重庆市委党校（重庆行政学院）经济管理教研部副教授。

会经济的发展属性、特征和走向。数字乡村涉及互联网、大数据、5G、物联网、区块链等多个技术环节，延伸出智慧农业、平安乡村、农村电商、远程医疗、智慧金融、线上教育、网络娱乐等乡村数字化应用模式。数字乡村的概念虽在不同研究框架下内涵、外延及最终评价具体标准或许有所差别，但数字乡村建设有利于推动乡村振兴的观点是诸多学者所认同的，但现实中仍存在不少问题。如从区域角度看，城乡数字化发展的差异日渐凸显，农业转移人口流出等问题溢出的负外部效益进一步加剧了城乡数字鸿沟。今后围绕数字乡村建设展开新的探索，实施因地制宜的数字乡村建设策略势在必行。

二、重庆数字乡村建设现状、瓶颈与趋势

目前，作为中西部地区重要的数字产业集聚地，重庆围绕市委、市政府确定的数字重庆与乡村振兴任务，聚焦"互联网+"助力农业农村发展，大力推进"智慧农业·数字乡村"建设工程，不断提升农业生产智能化、经营网络化、管理数字化、服务信息化水平，稳步推进大数据智能化与"三农"高质量发展的融合与应用。2015—2020年，重庆市共投入约70亿元用于农村农业信息建设。2021年，全市实现全部行政村光纤通达、4G网络覆盖，力争2022年5G网络乡镇覆盖率达到100%；全市建有农业生产智能化试验示范点386个，41.18万亩设施种植、868.04万头（羽）畜禽与8.82万亩水产养殖已经基本实现信息化、智能化生产，智慧农业优质、丰产、高效的示范和展示作用进一步增强；从全国范围看，重庆农业农村数字化水平为43.3%，居于西部首位、全国前列，为西南地区农业农村现代化建设提供了有益借鉴。尽管重庆数字乡村建设取得了一定的成效，在实施乡村建设行动、加快农业农村现代化中发挥了积极作用，但还是存在一些数字乡村建设短板需要补齐。

（一）网络信息基础设施建设相对薄弱

近年来，重庆农村地区通信基础设施配套状况有了较大改善，但部分偏远乡镇存在的5G网络覆盖死角、带宽有限、信号稳定性较差等硬件问题仍较为突

出。如光纤网络入户率和 5G 覆盖率还有待提升，互联网通村入户"最后一公里"瓶颈凸显及数字信息技术超前预见不够，存在低水平重复建设等。

（二）数据乡村资源采集、存储、共享、应用体系不健全

缺乏成熟的涉农数据要素平台，涉农数据"烟囱"和信息"孤岛"现象严重，通信企业、农户、政府共同参与乡村数据资源库建设角色不清，未形成合力。具体表现在资源分布零散、采集手段单一、采集标准凌乱、数据整合提炼困难、信息挖掘不够，推动数据资源向数据资产转化的能量不足，安全和数据隐私未得到足够的关注与保障等。

（三）数字信息技术与农业农村发展深度融合不够

相比智慧城市，数字乡村在发展上处于数字浪潮的相对边缘、末梢，挖掘乡村独特的技术价值、数字功能来全力推动数字乡村建设，是全面推进乡村振兴战略突围的关键之一。一方面，重庆缺乏必要的数字化营销与数据治理，数字化、信息化、智能化的技术与装备普及性不够，在农业农村发展中普及面与影响力有限。另一方面，局部试点与大田生产、规模种养推广、天网全覆盖等方面，存在区域和产业上的不平衡、不充分。

（四）数字乡村专业人才匮乏、农民网络素养不高

数字聚力，人才先行。除了硬件设施基础需要夯实之外，数字专业人才多集聚在城市，农村地区（潜在）客户的网络技能素养、网络安全素养、网络规范素养和网络学习素养相对不高。如何打破农村地区数字信息技术专业服务人员短缺、农户数字化生产技能缺乏、居民数字化生活水平不高等桎梏，从人的角度凝聚更多重庆元素、弥合城乡数字鸿沟、实现数字技术的"三农"普惠效应，亦是需要数字乡村建设关注的重点之一。

三、高质量推进重庆数字乡村建设的对策建议

今后的一段时期内，农业生产智能化、农业经营网络化、农业农村服务在线普惠化、农村管理数字化将成为数字乡村建设的发展方向，新一代传感器技术、

数据科学和信息技术、基因组学和精准育种技术、微生物组技术等，都可能给智慧农业、数字乡村带来新的技术跨越。基于现状及对数字建设与乡村发展趋势的理解，提出六点对策建议。

（一）夯实数字乡村的硬件基础

第一，做好前期基础设施规划设计。深入贯彻党中央提出的乡村振兴战略，牢固树立网络强国、数字乡村的理念，坚持做好数字乡村基础设施建设整体规划设计，超前科学合理安排硬件配套布局。

第二，巩固和提升乡村通信网络建设成果。加大机房、服务器、信号塔等基础设施设备投入，加快推进农村地区 5G 网络的有效覆盖步伐，稳步推动农村广播电视网络建设，在通信网络"村村通"的基础上向"户户用"延伸、覆盖，搭建起数字乡村的硬件平台。

第三，打通智能终端接入梗阻。高标准深化网络助农行动，持续推进提速降费等优惠活动，以智能电视、智能手机、便民服务终端的完善来畅通端到端的沟通渠道，加快补齐农村适老化、适农化的智能终端短板，初步形成"广覆盖、高速率、重普及、智能化"的数字乡村基础设施体系。

（二）提升农村地区的网络普及度

第一，配合做好农村地区客户的数字化专题教育培训。通过网络视频、集中授课、田间学习和一线实训等，进一步加强对农民群众手机应用、电子商务、互联网冲浪等数字化应用技能的技能培训，大力培育具备现代互联网思维和信息化实操能力的"新农人"，增强农业农村数字经济发展的内生动力。

第二，积极营造正向的网络应用环境。加强优秀传统文化、勤劳致富等正面宣传报道，配合打击电信诈骗、"黄赌毒"等不良网络行为，引导群众接受信息化新技术、新应用，提升网络安全意识，实施网络补盲，使数字通信网络真正成为农民发家致富、乡村振兴的有力工具。

第三，提升乡村生活数字化水平。新的数字通信技术将带来超高清视频的高分辨率、高帧率和高动态范围，让色彩更丰富、表达更精准，声音根据空间感和方位感，能够颠覆性革新教育、娱乐等农村视听产业，激发乡村医疗卫生、文化旅游、交通出行的行业创新。基于数字网络开发的虚拟现实游戏、远程诊疗、线上课堂、网联汽车等应用，可以进一步优化农村居民的数字生活体验。

（三）完善数字乡村资源体系建设

第一，加强数据资源体系顶层设计。从农民的实际需求出发，运用现代信息技术，结合乡村振兴战略推进工作重点和数字乡村发展趋势，构建起通信行业农业农村数据资源采集、存储、处理、分析与应用的体系框架，摸索出可复制的数据资源采集方式和手段。

第二，对数据资源进行整合、开发和利用。以大数据和数字乡村综合运营平台为愿景，打造农业农村数据库、大数据平台（基地），做到农业农村数据及时更新、汇聚、上云，完善平台数据接口连接系统，实现乡村数据资源的统一集成、归类存储、优化整合、共建共享和智能服务，为农业农村数据精准应用打牢资源基础。从技术管理运营层面协助各部门做好数字平台协同，激励生产者主动采集数据、使用数据，辅助管理者运用数据、科学决策。丰富农业农村数据资源采集手段，创新3S、物联网、5G等新技术的数据采集应用方式，运用大数据、人工智能平台充分挖掘和利用基础数据，推动产业数据、基础地理、遥感影响数据和空间矢量数据融合应用，实现农业农村发展可视化分析和监测预警。

（四）构建数字乡村科技创新体系

第一，前瞻布局战略性数字信息技术。面向全球信息技术发展前沿及重庆农业农村发展的动态需求，提高农业全要素生产率，深化农业供给侧结构性改革，转变农业农村产业发展方式，突破核心关键技术制约，加强数字领域基础研究、核心技术、装备制造、产品开发、标准制定、算法优化与应用推广，整合力量有针对性地组织开展数字乡村技术攻关。

第二，创新数字信息技术的应用场景。围绕低耗、高精、经济、可靠的数字产品开发思路，稳步进行农业农村数字技术研究与应用推广，重点推进精准感知和数据采集传感器的研发，掌握农业信息集成服务、遥感卫星数据应用、无人机精准作业等技术，进一步拓展关联数据挖掘、智能信息检索、资源整合匹配、数据隐私与安全的数字化应用场景，满足农业农村发展对数字乡村的全方位技术需求。

（五）深化产业数字化示范应用

第一，试点示范中总结发展经验。以创建国家数字乡村试点为契机，筛选出产业基础好、融合潜力大、引领效应显著的农村地区，精心组织启动农业农村数字化试点示范工作，积极探索山地特色智慧农业应用模式，早日建成一批数字农场（牧场）、数字植物工厂、智慧温室等发展样板，形成一套成熟可推广的标准化数字经济发展流程和技术规范。

第二，支持新型农业经营主体率先垂范。相对于传统农业生产者的保守，家庭农场、农民合作社、农业社会化服务组织等新型农业经营主体对于新技术、新应用的接受度较高。鼓励这部分群体根据大田生产、设施农业、畜禽水产养殖、农产品初加工、农村电商等产业应用场景的不同需求，集成设施农业环境监测、智能控制、智能育苗、智能灌溉、病虫害监测、灾害天气预警等技术，加快新装备、新技术应用，强化农业农村产业发展的标杆示范引领作用。

（六）完善数字化乡村治理体系

第一，完善农村"互联网+政务"平台。突出"平台上移、服务下延、扁平化管理"的建设思路，重视5G、大数据、人工智能等技术的融合，搭建重庆线上村务公开平台，提升乡村信息公开的村民知晓度、参与度。借助政务服务虚拟导办、一网通办、远程政务、智能便携审批等方式，对农村群众办事内容和要素进行细致梳理，通过数字化的政务服务流程与经验沉淀，进行网络政务智能化、模块化输出，提升乡村综合服务的信息化水平。

第二，构建平安乡村立体数字安防体系。作为维护社会稳定、预防和打击暴力恐怖犯罪的重要手段，数字化的公共安全视频监控，为有效开展安防防范和打击犯罪提供了技术保障。"天网工程"与"雪亮工程"可有效实现农村安防的视距延伸，在高清视频监控技术迭代中实现了"看得见"到"分得清"的安防跨越。将智能监控与人工智能、无人机的结合，就能够对海量监控数据动态视频流与静态图片流中目标人和物的精准识别、对比、分析、追踪，实现快速移动、高效立体的平安乡村安防监控体系。

参考文献

［1］沈剑波，王应宽.中国农业信息化水平评价指标体系研究 [J].农业工程学报，2019，35（24）：162−172.

［2］崔凯，冯献.数字乡村建设视角下乡村数字经济指标体系设计研究 [J].农业现代化研究，2020，41（6）：899−909.

［3］夏显力，陈哲，张慧利，等.农业高质量发展：数字赋能与实现路径 [J].中国农村经济，2019（12）：2−15.

［4］邱泽奇，张树沁，刘世定，等.从数字鸿沟到红利差异：互联网资本的视角 [J].中国社会科学（英文版），2019（1）：63−81.

［5］刘骏，薛伟贤.中国城乡数字鸿沟对城市化的阻尼效应及其形成途径 [J].图书情报知识，2013（6）：32−38.

WENHUA YICHAN
文化遗产

重庆旧石器时代阶地遗址与石器工业[①]

胡 鑫 王 尚[②]

一、前言

旧石器考古中一般把距今数百万年到一万年的时间段称为旧石器时代。长江自古以来孕育人类文明，是古人类起源和发展的重要区域，长江三峡地区旧石器遗址的调查研究对研究人类在我国的起源及旧石器文化的发展有着重要的意义。在三峡库区旧石器考古调查和发掘之前，我们对三峡地区的古人类生存情况了解很少，库区内的古人类遗址和旧石器时代文化遗址几乎空白。近30年的旧石器时代考古发掘工作进展非凡，大批重要遗址的发现、发掘、研究，使三峡地区成为我国旧石器考古的重点区域。本文通过梳理旧石器时代各时期的遗址，为研究古人类在三峡地区生存、迁徙、技术发展及当时的环境演化提供珍贵的资料；通过三个章节分析长江流域旧石器时代早期、中期、晚期，并对各遗址进行介绍，对其文化特征进行归纳分析，勾画出该地区旧石器时代各时期考古学文化的发展脉络和框架。

---

① 原载于《长江文明》2022年第3辑。

② 胡鑫，重庆中国三峡博物馆古人类研究所文博馆员。王尚，重庆中国三峡博物馆建筑设计工程师。

二、旧石器时代早期

（一）丰都烟墩堡遗址

遗址位于长江右岸丰都县城迁建区内，处于第四级基座阶地前缘，海拔在210～220 米之间，地理坐标为北纬 29°52′18″，东经 107°43′41″。该遗址发现于 1994 年 3 月。1994—1998 年，烟墩堡遗址先后 4 次发掘，发掘面积 917.82 平方米，出土 1341 件石制品及少量陶片。该遗址被评为 "1996 年度全国十大考古发现" 之一。该遗址距今 73 万年左右，属于中更新世早期。文化层堆积物主要为网纹红土（图 1）。石器类型包括刮削器、凹缺器、砍砸器、雕刻器和端刮器（图 2）。其文化特征为：石制品原料主要以磨圆度较高的石英砂岩砾石为主，包括石锤、石砧、断块、碎片、石核、石片和加工成型的石器等，多为大中型石制品。石片占大多数，石器以刮削器和砍砸器为主，加工简单，属中国南方旧石器时代早期砾石石器工业。零台面石片的出现对 "摔碰法" 技术的起源提供了线索。[①]

（二）玉龙公园遗址

玉龙公园旧石器遗址为 2009 年重庆中国三峡博物馆古人类研究所发现，遗址位于重庆市九龙坡区九龙镇九龙村广厦城小区玉龙公园内，此地原名王家大山，临靠长江，处于长江曲流的凸岸，为长江左岸的第五级阶地。地理坐标为北纬 29°29′56″，东经 106°31′46″，阶地地面海拔 329 米，距长江丰水水位垂直高差约 160 米。2010—2011 年对该遗址进行了系统性的考古发掘，采集石制品 20 余件，发掘面积 56 平方米，出土 145 件石制品，类型主要有砍砸器、尖

① 高星，裴树文.三峡远古人类的足迹：三峡库区旧石器时代考古的发现和研究 [M].成都：巴蜀书社，2010：28-35；冯兴无，裴树文，陈福友.烟墩堡遗址研究 [J].人类学学报，2003（3）：177-191；中国科学院古脊椎动物与古人类研究所，重庆自然博物馆，丰都县文物管理所.丰都烟墩堡遗址发掘报告 [C]// 重庆市文物局，重庆市移民局.重庆库区考古报告集（1997 卷）.北京：科学出版社，2001：677-687.

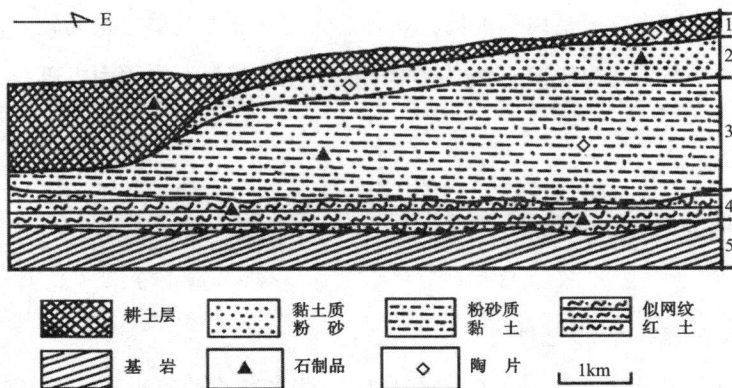

图1　烟墩堡遗址 C 西区南壁发掘剖面图

资料来源：冯兴无，裴树文，陈福友. 烟墩堡遗址研究 [J]. 人类学学报，2003（3）：179.

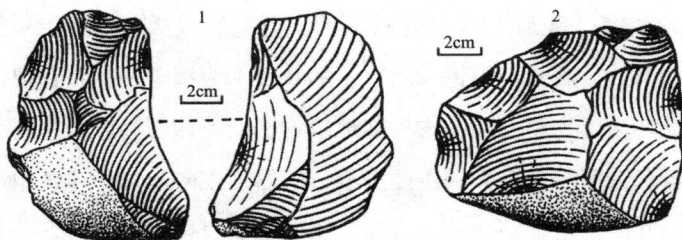

图2　烟墩堡遗址第4层的石器

资料来源：冯兴无，裴树文，陈福友. 烟墩堡遗址研究 [J]. 人类学学报，2003（3）：185.

状器，类型少而单一。文化特征为：石制品原料为就地取材，原料均为磨圆度较好的砾石，岩性以石英岩为主。石制品类型主要包括石核、石片、刮削器、砍砸器、尖状器、断块等，以中小型石制品为主。加工简单，属中国南方旧石器时代早期砾石石器工业。[①]

（三）小结

旧石器时代早期的旷野遗址发现较少，但从有限的材料分析，古人类一般选取靠近水源的洞穴和旷野活动、居住，因地制宜地利用以石英岩为主的河卵石为

──────────

① 重庆中国三峡博物馆. 重庆九龙坡玉龙公园旧石器遗址调查发掘简报 [J]. 长江文明，2013（3）：1-9.

原料进行石器制作，石器以刮削器和砍砸器为主，加工简单，差异较大，多为单向加工。这些特点使重庆旧石器时代早期的文化遗存具有中国南方砾石石器工业的鲜明特征。

三、旧石器时代中期

（一）丰都井水湾遗址

遗址位于重庆市丰都县三合镇新湾村二社水井湾预制板厂，长江右岸第二级基座阶地内，地理坐标北纬 29°52′38″，东经 107°43′05″，1994 年 3 月发现，在 1998—2002 年间经历了 5 次系统发掘，揭露面积 2121 平方米，出土石制品 910 件、动物化石 58 件。文化特征为：石制品包括砍砸器、刮削器、尖状器、凹缺器、石核、石片、石锤和断块；剥片技术为锤击法；石器以大型和中型为主，石器毛坯多为完整石片，古人就地取材选取河卵石为原料进行剥片和加工石器。砍砸器和刮削器是石器的主要类型，石器加工较简单，多数单向加工，且以正向为主。井水湾遗址距今约 8 万年，属旧石器时代中期。石器制品具有中国南方旧石器时代主工业的鲜明特点。①

---

① 裴树文，高星，冯兴无，等.井水湾旧石器遗址初步研究 [J].人类学学报，2003（4）：261–278；裴树文，冯兴无，陈福友，等.三峡井水湾旧石器遗址的自然环境 [J].海洋地质与第四纪地质，2004（4）：109–114；裴树文，张家富，高星，等.三峡井水湾遗址的光释光测年 [J].科学通报，2006（12）：1443–1449；Shuwen Pei, Xing Gao, Xingwu Feng, et al. Lithic assemblage from the Jingshuiwan Paleolithic site of the early Late Pleistocene in the Three Gorges, China [J]. Quaternary International, 2010 (211): 66–74；三峡旧石器时代考古工作队.丰都井水湾遗址考古发掘报告 [C]// 重庆市文物局，重庆市移民局.重庆库区考古报告集（1998 卷）.北京：科学出版社，2003：735–744；中国科学院古脊椎动物与古人类研究所，重庆自然博物馆，重庆市丰都县文物管理所.丰都井水湾旧石器时代遗址发掘报告 [C]// 重庆市文物局，重庆市移民局.重庆库区考古报告集（1999 卷）.北京：科学出版社，2006：644–654；中国科学院古脊椎动物与古人类研究所，重庆市文物局，泥河湾猿人观察站，等.丰都井水湾遗址发掘简报 [C]// 重庆市文物局，重庆市移民局.重庆库区考古报告集 2000 卷（下）.北京：科学出版社，2007：1047–1056.

（二）高家镇遗址

遗址位于重庆市丰都县高家镇桂花村二社，长江右岸第三级阶地。海拔 175 米左右，坐标为北纬 30°00′16″，东经 107°57′54″。发掘面积 456 平方米，出土石制品 2500 余件。文化特征为：石制品类型有石核、石片、砍砸器、刮削器、手镐、凹缺器、断块（图 3）。古人类就地取材，选取河卵石为原料，石制品组合与加工技术具备南方旧石器的鲜明特色。根据地貌和地层对比，显示该遗址可能处于旧石器时代中期。[①]

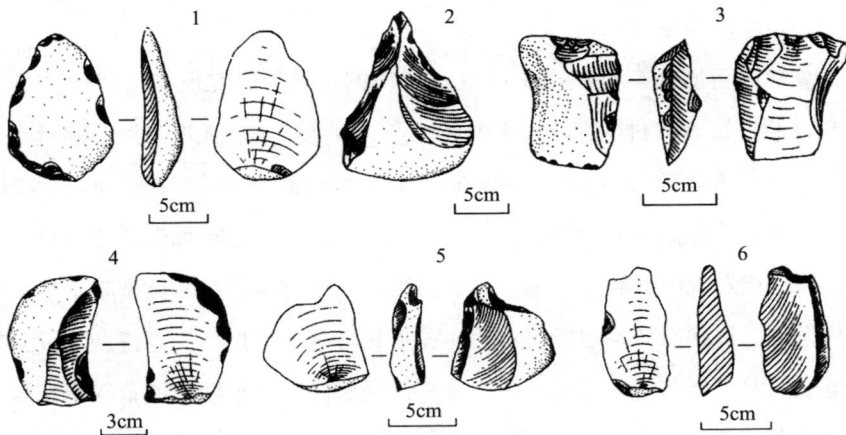

图 3　高家镇遗址出土的部分石器

资料来源：裴树文，卫奇，冯兴无，等.高家镇旧石器遗址 1998 年出土的石制品 [J]. 人类学学报，2005（2）：114.

（三）枣子坪遗址

遗址位于重庆市丰都县三合镇新湾村三社，长江右岸第二级基座阶地内，地理坐标北纬 29°52′44″，东经 107°44′09″，处于井水湾遗址 NE65°方向约 400

① 裴树文，卫奇，冯兴无，等.高家镇旧石器遗址 1998 年出土的石制品 [J]. 人类学学报，2005（2）：104—120；中国科学院古脊椎动物与古人类研究所，重庆自然博物馆，丰都县文物管理所.丰都高家镇遗址发掘报告 [C]// 重庆市文物局，重庆市移民局.重庆库区考古报告集（1997 卷）.北京：科学出版社，2001：658—676.

米处。遗址发现于 1994 年，保留面积约为 1000 平方米。2000 年和 2002 年经历了两次抢救性发掘，揭露面积 1000 平方米，出土石制品 101 件。文化特征为：石制品包括砍砸器、刮削器、尖状器、石核、石片、石锤和断块。古人就地取材，原料取自磨圆度较高的河卵石，使用锤击法剥片，也可能使用过碰砧法和砸击法。石器以中型为主，毛坯多为完整石片，刮削器是石器的主要类型，石器加工较简单，多数单向加工，且以正向为主。石器制品具有中国南方旧石器时代砾石石器工业的鲜明特点，同时蕴含了向长宽等比小型化发展的趋势。枣子坪遗址的形成年代应为晚更新世早期，最晚也处于旧石器时代的中、晚之交。①

（四）石盘村地点

石盘村旧石器地点是重庆中国三峡博物馆古人类研究所与大渡口文管所于2011 年在跳磴镇石盘村调查时发现的新地点。该地点位于大渡口区跳磴镇石盘村七组，属于长江的第二级阶地，地理坐标北纬 29° 23′ 34.4″，东经 106° 27′ 31.2″，海拔 206 米。该地点破坏严重，先后采集石制品 31 件，推测石制品为原始地层出土。该地点发现的石制品数量较少，但反映出原料和石制品类型略丰富、锤击法剥片为主、片状毛坯略多于块状毛坯、工具具有小型化趋势等特点。石盘村地点阶地堆积破坏严重，砾石层风化严重，仅局部保留少量堆积。石制品表面多附着沙质黏土或灰褐色黏土，应为顶部堆积平整土地时翻出。据局部试掘和剖面清理，文化层自上而下可分为 3 层，石盘村地点的石制品应出自该二级阶地地层的1、2 层。另根据石盘村地点发现的石器组合面貌与三峡库区长江第二级阶地遗址对比分析，二者相似度很高，时代应相当。文化特征为：石制品为就地取材，石片石器和小型化工具增加，石器组合多样及加工程度略深。石器制品具有中国南方旧石器时代砾石石器工业的鲜明特点。②

① 裴树文，陈福友，冯兴无，等.三峡地区枣子坪旧石器遗址 [J].人类学学报，2004（3）：200-212；中国科学院古脊椎动物与古人类研究所，泥河湾猿人观察站，重庆市文物局，等.丰都枣子坪遗址发掘简报 [C]// 重庆市文物局，重庆市移民局.重庆库区考古报告集 2000 卷（下）.北京：科学出版社，2007：1083-1091.

② 重庆中国三峡博物馆，重庆市大渡口区文管所.重庆大渡口区旧石器地点调查简报 [J].长江文明，2014（1）：1-9.

（五）小结

三峡库区旧石器中期遗址均沿长江两岸旷野分布，石器制品具有中国南方旧石器时代砾石石器工业的特点，和早期遗址相比出现了新的变化，文化呈现一脉相承、缓慢渐进的态势。此时古人类利用原料的特点基本是因地制宜，就地取材，未对材质进行过多的筛选，石料以磨圆度较高的石英砂岩为主。

四、旧石器时代晚期

（一）奉节鱼复浦遗址

遗址位于重庆市奉节县永安镇东侧鱼复浦村，长江左岸第二级阶地，地理坐标为北纬 31° 02′ 37″，东经 109° 32′ 25″。该遗址发掘总面积 597.6 平方米，出土石制品、骨质标本各 411 件，陶片 1 件，另外发现 12 个 "火塘" 遗迹。文化特征为：石制品岩性以砂岩砾石为主，类型包括石核、石片、石锤、石砧、砍砸器、刮削器、尖状器、断块，其中石片和断块的数量最多，以宽薄型为主，大多数石片的产生与人为的修理有关，遗物未经搬运并且在原地埋藏迅速，受水流冲刷作用小。鱼复浦遗址存在摔击点击石器的技术，以石片石器加工为主的产业。[①]

（二）奉节横路遗址

遗址位于重庆市奉节县康乐镇横路村长江支流梅溪河左岸第二级阶地，地理坐标为北纬 30° 07′ 30″，东经 109° 25′ 31″。该遗址历经 1998 年和 2000 年的

---

① 中国科学院古脊椎动物与古人类研究所，重庆自然博物馆，奉节县白帝城博物馆，等 . 奉节鱼复浦遗址旧石器时代考古发掘报告 [C]// 重庆市文物局，重庆市移民局 . 重庆库区考古报告集（1997 卷）. 北京：科学出版社，2001：144–159；吉林大学考古学系，重庆市文化局 . 重庆市奉节县鱼复浦遗址发掘报告 [J]. 江汉考古，1999（1）：30–35；卫奇 . 重庆奉节鱼复浦遗址 7000 多年前的陶片折射三峡文明的曙光 [J]. 中国三峡，2006：56–60；吉林大学考古学系，重庆市文化局，白帝城文管所 . 奉节鱼复浦遗址发掘报告 [C]// 重庆市文物局，重庆市移民局 . 重庆库区考古报告集（1999卷）. 北京：科学出版社，2006：145–155；中国历史博物馆，内蒙古文物考古研究所，重庆市文物局，等 . 奉节鱼复浦遗址 2001 年发掘报告 [C]// 重庆市文物局，重庆市移民局 . 重庆库区考古报告集 2001 卷（上）. 北京：科学出版社，2007：525–552.

两次发掘，发掘面积共 1000 平方米，出土石制品 147 件。文化特征为：石制品类型有石核、石片、断块、砾石、刮削器。石制品原料来源于梅溪河河床砾石，主要以石英砂岩为主。石制品原料单一，说明当时的古人类对制作工具的原材料具有较强的选择性。石制品以小型、中型为主，具有旧石器时代晚期的鲜明特色。①

（三）奉节三坨遗址

遗址位于重庆市奉节县安坪乡三坨村三社名叫柿子坪的梁子上。遗址的地理坐标为北纬 30° 58′ 35″，东经 109° 22′ 55″，处于长江右岸的第二级阶地，阶地面高程为 131 米。该遗址发现于 1994 年，2000—2002 年对其进行了系统发掘，发掘面积 1600 平方米，出土石制品 100 余件及一些动物化石。文化特征为：原料为就地取材的河卵石，石制品类型有石核、石片、断块、砍砸器等，主要为石英砂岩。经与该地区的其他遗址比较，初步推断该遗址属旧石器时代晚期。②

（四）草街遗址

草街位于重庆市合川区草街航电枢纽工程附近，石制品发现于重庆市北碚区与合川区交界处草街老街嘉陵江左岸的第一级阶地前缘。2017 年底，重庆中国三峡博物馆古人类研究所对该处河滩进行了调查，共采集石制品 26 件。文化特

① 中国科学院古脊椎动物与古人类研究所，重庆自然博物馆，奉节县白帝城博物馆，等.奉节鱼复浦遗址旧石器时代考古发掘报告 [C]// 重庆市文物局，重庆市移民局.重庆库区考古报告集（1997 卷）.北京：科学出版社，2001：144-159；吉林大学考古学系，重庆市文化局.重庆市奉节县鱼复浦遗址发掘报告 [J].江汉考古，1999（1）：30-35；卫奇.重庆奉节鱼复浦遗址 7000 多年前的陶片折射三峡文明的曙光 [J].中国三峡，2007（5）：56-60；吉林大学考古学系，重庆市文化局，白帝城文管所.奉节鱼复浦遗址发掘报告 [C]// 重庆市文物局，重庆市移民局.重庆库区考古报告集（1999 卷）.北京：科学出版社，2006：145-155；中国历史博物馆，内蒙古文物考古研究所，重庆市文物局，等.奉节鱼复浦遗址 2001 年发掘报告 [C]// 重庆市文物局，重庆市移民局.重庆库区考古报告集 2001 卷（上）.北京：科学出版社，2007：525-552.

② 中国科学院古脊椎动物与古人类研究所，重庆市文物局.奉节三坨遗址发掘报告 [C]// 重庆市文物局，重庆市移民局.重庆库区考古报告集 2000 卷（上）.北京：科学出版社，2007：503-508；中国科学院古脊椎动物与古人类研究所，重庆市文物局.奉节三坨遗址发掘报告 [C]// 重庆市文物局，重庆市移民局.重庆库区考古报告集 2000 卷（上）.北京：科学出版社，2007：509-513.

征为：原料是就地取材的石英岩砾石，岩性单一。石制品类型有石锤、石片、端刮器、刮削器和砍砸器（图4），石片的数量最多，其次为砍砸器，石锤和端刮器的数量最少，石制品以大型、中型为主。生产石片采用锐棱砸击法和锤击法，工具的加工方法为锤击法，总体加工较为简单。草街遗址的发现，为探索嘉陵江流域史前的人类活动和文化特征增添了新的材料。根据草街遗址所处的阶地及石制品的剥片技术和类型，可推测该遗址的时代为旧石器时代晚期。

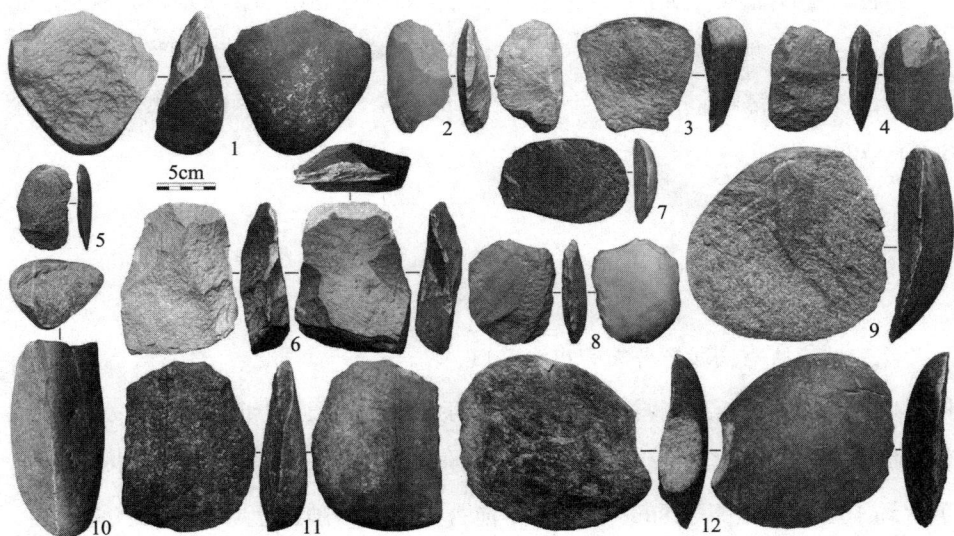

图4　草街遗址发现的部分石制品

（五）小结

　　旧石器时代晚期遗址广泛分布在长江及长江支流两岸，此时该地区的石器加工在总体上传承了南方砾石石器工业的特点，同时出现了新的变化、新的成分。古人类选取和利用材料基本还是因地制宜，就地取材，一般不对原料进行比较和选择。但部分古人类已开始不满足于随地捡取河卵石为原料，开始从周围的岩石中开采更适宜的如燧石、石英岩等原料来丰富石器类型。这些现象反映出古人类的活动范围开始扩大，开发和利用资源的能力加强。

五、旧石器时代向新石器时代过渡阶段

唐家河石器地点位于重庆市忠县县城，长江对岸易家河沟口东溪口镇龙潭村东侧，地理坐标为北纬 30°16′41″，东经 108°04′06″，海拔 140~150 米。该遗址发掘面积 510 平方米，出土石制品 4 件，哺乳动物骨化石 2 件，采集石制品 1 件。石制品类型有石核（1 件）、石片（2 件）、小型砍砸器或刮削器（1 件）。唐家河石器地点位于长江支流易家河沟口附近的第二级阶地，其地貌形态与长江第二级阶地一致，石器地点的时代应该和奉节鱼复浦遗址相当，鱼复浦遗址的碳−14 测定数据是 7560±110 年，推测唐家河石器地点的时代应该为距今 8000—7000 年。①

六、结语

在三峡库区重庆段还分布着冉家路口、渣子门、池坝岭、宝塔坪、武陵等石器遗址，从上述分析可以看出，三峡地区存在丰富的旧石器时代遗址，为考古工作者提供了研究远古人类生活、生产方式的珍贵材料。这些遗址年代的确定证明了从约 100 万年至距今 8000—7000 年前古人类在该地区生存和活动的连续性，进而证明该地区人类的演化过程的连续性，本土古人类并没有灭绝或被外来人种完全替代。从整体文化遗物来看，旧石器时代早期烟墩堡遗址发现的"锐棱砸击技术"，将该技术的年代从距今约 7 万—5 万年推至距今约 73 万年前，故烟墩堡遗址的这种文化技术应是锐棱砸击技术的源头。石器工业面貌既继承了早期南方砾石石器工业的特点，又发展出新的成分和自身的变化。从三峡地区古人类石器加工技术发展的不同阶段来看，古人类对石器原料的选择基本上是就地取材，但

---

① 中国科学院古脊椎动物与古人类研究所，重庆自然博物馆，河北省阳原县文物保护管理所，等．忠县唐家河石器地点发掘报告 [C]// 重庆市文物局，重庆市移民局．重庆库区考古报告集（1999 卷）．北京：科学出版社，2006：525−529．

随着时间的推移，部分古人类已不再满足随地捡取河卵石为原料，开始选择除河卵石之外的原料，开始注重原料的质量，从周围岩层中开采优质石材，同时反映出古人类活动范围的扩大及开发资源能力的增强。在三峡特定的地理环境下古人类沿长江两岸活动，狩猎、采集、繁衍，反映出古人类对特定环境的适应和开发能力。

重庆现代工业遗产的保护与再利用研究①

宋紫阳　王　林②

一、引言

中华人民共和国成立后的不同历史时期，工业文明在工业城市中留下宝贵的工业遗产，但我国的工业遗产研究总体上存在重近代、轻现代的现象，中国工业遗产保护名录中中华人民共和国成立前工业遗产的数目占据八成③。中华人民共和国成立后的现代工业遗产是曾经担负中国工业和社会经济发展重担不可忽视的部分，在如今快速城市化和后工业时代变革的冲击下，面临着重视不充分、价值发掘不足、遭遗弃损毁的困境。

作为重要的西部工业城市，重庆于 1997 年被中央划定为直辖市后加快了城市建设的步伐，但工业遗产保护与再利用工作起步较晚，尤其因所处区位的差异、城郊关注度的差异等客观因素导致工业遗产保护再利用措施与效用上的层次差异。重庆工业遗产研究成果主要有大尺度区域型面状研究、中尺度廊道型多点

① 基金项目：国家社会科学基金重点项目"新时代工业文化遗产保护、利用的理论与方法研究"（编号 18AGL025）资助。原载于《上海城市规划》2022 年 10 月。

② 宋紫阳，上海交通大学设计学院硕士研究生。王林，上海交通大学设计学院教授，中国城市治理研究院责任教授。

③ 王林，薛鸣华，莫超宇.工业遗产保护的发展趋势与体系构建 [J].上海城市规划，2017（6）：15—22.

型研究和小尺度单体型研究，如赵万民等纲领性地阐述了重庆工业发展脉络、工业遗产构成与特征，李和平等探索了重庆工业遗产评价指标和保护层次分类，郭剑锋等从重庆市整体发展角度提出功能、文化、景观、旅游的多层次工业遗产保护利用策略。目前有关重庆抗战陪都和"三线建设"时期的工业遗产研究已有一定成果，而重庆现代工业遗产的整体梳理和保护再利用模式评估等有待进行深入挖掘。

现代工业遗产是指中华人民共和国成立后新开工建设或原有企业改扩建的具有历史、科技、艺术、社会、经济等价值的工业遗产[①]。具有建成年代较新、成规模工业区较多、可利用价值较高等特点，范围涵盖建筑单体、建筑群（工业厂区）、历史地段（街坊），包含建构筑物、厂房设备、办公居住等配套设施，也包含周边过渡区的工业历史环境。本文以 1949—1982 年的重庆现代工业遗产为例，在城市化水平提升、工业周期性淘汰升级及"退二进三"政策推行的时代背景下[②]，更加关注中华人民共和国成立之后不同历史时期的工业遗产，处理好保护与发展的关系，评估并发掘现代工业遗产的多方面价值，实现存量发展背景下现代工业遗产的渐进式、可持续、可生长的有机更新，是我国工业遗产保护共同关注且需审慎思考的重要命题。

二、重庆现代工业遗产的构成与特点

（一）重庆现代工业遗产的构成

1. 重庆现代工业的发展历程

重庆现代工业承接于近代基础，发展于国家战略（图 1）。近代开埠通商给予重庆从农业小镇转为工商口岸的机会，火柴厂、缫丝厂、采煤厂等相继落成；抗战时期随着都府迁渝和全国第一次工业大内迁，重庆打下战时大后方的工业之

---

① 陆邵明 . 关于城市工业遗产的保护和利用 [J]. 规划师，2006（10）：13–15.
② 王林 . 有机生长的城市更新与风貌保护——上海实践与创新思维 [J]. 世界建筑，2016（4）：18–23，135.

基，兵器机械制造、化工冶金工业得到集中发展。中华人民共和国成立后修复重振，"一五"计划时期实行"重化工业优先"战略，国家部署了一批能源、机械项目，并支持冶金、化工等企业，建立起现代重工业骨架；"三线建设"时期是战略发展高潮，经过全国第二次工业大内迁，扩大了重庆工业布局，重点布局国防及配套民用项目，形成机械、冶金、化工、纺织、食品的支柱工业；改革开放后转向重振转型政策，发展了小型交通设施、能源化工、装备制造、信息技术等产业。空间演变上，工业布局的变迁是工厂企业对区位择优的结果（图2）。解放前受限于地理因素，陆地运输力量较为薄弱，工厂往往以长江和嘉陵江交汇处为中心沿江发展；解放后随着交通铺展成熟，水运比重相对降低，越来越多企业向铁路沿线靠近；直辖以来，重庆高速公路等交运更加便捷，初步形成靠近枢纽的工业园区[①]，空间由点线状向面状扩展，逐渐发展成有机城市副中心形态。

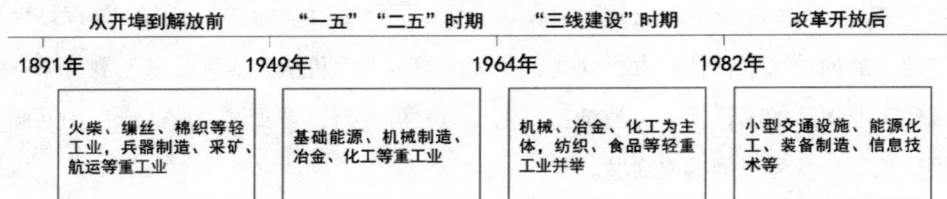

从开埠到解放前	"一五""二五"时期	"三线建设"时期	改革开放后
1891年	1949年	1964年	1982年
火柴、缫丝、棉织等轻工业，兵器制造、采矿、航运等重工业	基础能源、机械制造、冶金、化工等重工业	机械、冶金、化工为主体，纺织、食品等轻重工业并举	小型交通设施、能源化工、装备制造、信息技术等

图 1　重庆近现代工业发展时间轴

a. 抗战时期第一次工业大内迁　　b."三线建设"时期第二次工业大内迁　　c.21世纪大型国企搬迁出内环线计划

图 2　重庆工业布局演变

参考资料：张彦涛.重庆市工业布局变迁及区位优化研究[D].重庆：西南大学，2009：14，16，20.

① 张彦涛.重庆市工业布局变迁及区位优化研究[D].重庆：西南大学，2009.

2. 重庆现代工业遗产的构成

重庆现代工业遗产主要涉及 8 个工业门类（图 3），分别是冶金及加工、机器与兵器制造、化工、自动化仪表、能源开采、基础设施、食品纺织等，其中重工业尤其是机器与兵器制造门类占比较高。经过研究重庆市工业遗产分布地图、已公布文物保护单位、优秀历史建筑名单及有关学者资料等，梳理得到 104 处重庆现代工业遗产名录，其中城区 40 处，郊区 64 处。全国重点文物保护单位 2 处，市级文物保护单位 2 处，市优秀历史建筑 46 处。

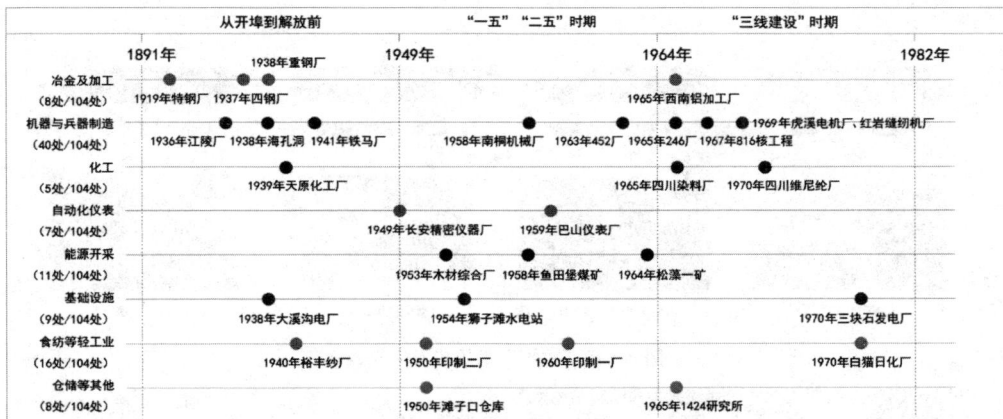

图 3　重庆现代工业遗产的时间—门类发展轴

沙坪坝区鹅公岩抗战兵器工业遗址群和大渡口区老重钢厂区于 2013 年被评为第七批全国重点文物保护单位。其中大渡口重庆钢铁厂是重庆现代工业遗产冶金门类代表。前身为创办于 1890 年的汉阳铁厂，1938 年抗战时期内迁至重庆选址于大渡口江畔，中华人民共和国成立后生产了新中国第一根钢轨；"一五"时期在全国钢铁业排名前三，有着"北有鞍钢，南有重钢"的声誉；"三线建设"时期产业调整为军用钢生产，改革开放后成为首批试点国家企业之一；2012 年因环保要求搬迁至长寿区，留下大渡口工业遗址（图 4）。拥有 20 世纪 50 年代的炼钢厂房、大型轧钢厂房等生产区建筑，钢村宿舍、招待所等生活区建筑，烟囱、高炉、蒸汽机等核心物件；总占地达 5.7 平方千米，上下交错如立交桥的运输系统与建构筑物一同构成视觉特征极强的工业景观（图 5）。

渝中区大溪沟发电厂专家招待所旧址和涪陵区 816 核工程遗址于 2009 年被列入市级文物保护单位。其中 816 核工程是重庆现代工业遗产的兵器与机器制造门类代表。其诞生于"三线建设"时期，1967 年作为一项机密工程选址建设于西南深山腹地；后因国家定位变化于 1984 年停建，性质转为建峰化工厂，即现在的建峰集团。由地下洞体部分和地面生产、生活区组成，地下容纳 20 余万平方米建筑和诸多先进设备，以全国第二个核原料产地、世界最大的地下人工洞体闻名（图 6）；地面保留有较为完整的生活区建筑和物项（图 7），如石打垒和干

1938年铁血西迁	1950年建国复厂	1978年产业调整	2006年环保搬迁
抗战后方钢铁基地	"北有鞍钢，南有重钢"	军工钢、品种钢基地	遗址保留开发
钢迁会成立	新中国第一根钢轨	重钢炼钢车间	重庆工业文化博览园

图 4　重庆钢铁厂的历史发展轨迹

图 5　解放初期及 21 世纪初的重庆钢铁厂

1967年秘密选址	1974年洞体施工	1984年停建封存	2010年开放旅游
开山掘进	土建安装，取水工程	军转民调整	洞体修复，环境治理
工程洞口	施工现场	转型化工	展示功能

图 6　816 核工程的历史发展轨迹

图 7　816 核工程的生活区建筑

打垒方式建造的简易工棚和家属楼，是当时不畏艰险、无私奉献的"三线精神"的象征 ①。

（二）重庆现代工业遗产的特点

1. 整体分布呈带状和片状，体现小集聚、大分散特点

结合区位地理、社会经济等宏观因素来看，将不同阶段的工业遗产落到重庆地图上，1956 年以前的企业倾向落点于两江交汇处的中心城区，此区域人口较为密集，地势较为平坦，交通较为便利；1956—1963 年随着城市扩张、工厂开始外迁，沿江往下游拓展；1964—1980 年"三线建设"时期，工业厂区更加深入郊区山地腹地，彼此间距扩大。总体形成主城—近郊—远郊的多层次工业空间格局（图 8）。

重庆现代工业遗产在城区与郊区均有分布，呈现水陆"带状"和城郊"片状"特点。带状分布的工业遗产格局体现在"滨江沿岸带"（长江和嘉陵江）和"铁路沿线带"（成渝铁路和渝黔铁路）（图 9）。现代工业企业出于航运便利和工业生产用水量巨大的缘故临水而建，约有 80% 沿着长江和嘉陵江延展分布 ②；1952 年西南地区第一条铁路干线成渝铁路建成，其钢轨由重庆钢铁厂生产，1965 年全线通车的渝黔铁路更是开启了新一轮西南铁路建设的篇章，后来 1960 年竣工的白沙沱长江铁路大桥连接了成渝铁路和渝黔铁路，成为现代工业遗产的

---

① 程城，左琰. 从青海 221 到重庆 816：我国核工业遗产保护与再生策略研究 [J]. 城市建筑，2021（Z1）：97-103.

② 刘凤凌. 三线建设时期工业遗产廊道的价值评估研究 [D]. 重庆：重庆大学，2012.

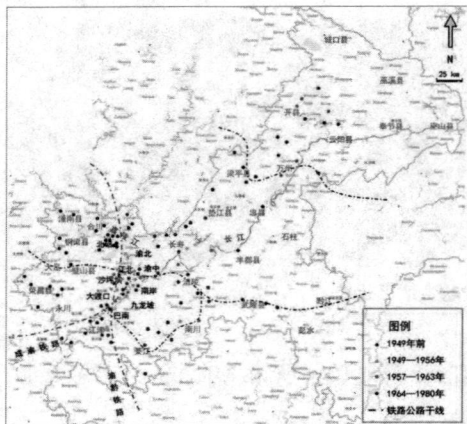

图 8　重庆现代工业遗产分布——时空关系

图 9　重庆现代工业遗产带状分布特点

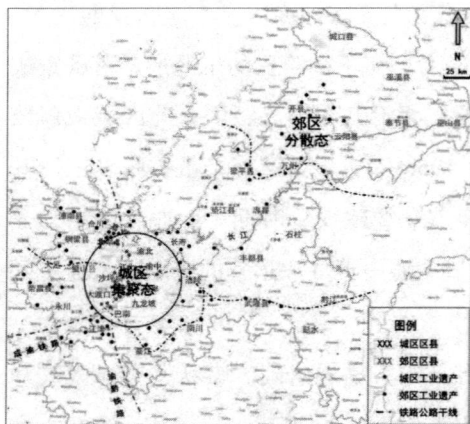

图 10　重庆现代工业遗产片状分布特点

一部分。这些陆上快速交通的建成方便了物资运输，新兴企业开始沿着陆路交通干线布局。片状分布的工业遗产格局体现在主城区的"小集聚"和郊区的"大分散"（图 10）。较早建设的工厂企业形成以主城区为中心向四周和水路扩散的集聚态；"三线建设"时期大部分厂区建设在离主城区较远的郊区，为了战备条件下的安全生产而选址于山林，厂区与厂区之间也相距甚远，呈现一种郊区分散状态。

2. 厂区规划因地制宜，具有山地性和层次性

构成重庆现代工业遗产山地性的是频繁出现在重庆地貌中的岩、坡、崖、洞等，天然地形可以轻易分割脆弱的水平基面，人们却可以建立起竖向、侧向联系达成人与自然的协奏①。这种退而求其次的联络不仅是保证工厂企业有效生产和

————————

① 朱怡晨 . 后工业场所的景观层积——武汉汉阳铁厂改造先导区设计 [J]. 时代建筑，2021（4）：132－137.

可持续发展的物质基础，也构成空间系统的重要部分。它串连起复杂地形，使散落于不同功能区之间的零散不规则空间浮现出腾挪磨合后的痕迹，彰显于行进廊道（图 11）。

层次性体现于山水重庆的地域特征下，现代工业遗产根据地貌条件灵活布置功能分区，以顺应地势的道路沟通起生产、生活，在沿线布置体量较小的配套用房。工业厂区的布局层次由功能决定，较为完整成熟的厂区包含储存货物的仓储区、赋予产能的生产区及服务职工的生活区。其中仓储区建设于交通便利、方便运输的地段，在前期勘探时便有意识地沿着交通道路排布；生产区为节约能源，要求地势相对平坦并利用生产流程、重力流布置生产线；生活区则分布在视野宽阔的不同高处台地，一般靠山而居，依地势层叠而上。以重庆发电厂为例，西厂和东厂于 1952 年和 1969 年陆续建成，生活区包含了方便职工使用的宿舍、医院、子女学校、俱乐部等（图 12），设施配套齐全，对卫生、安静、安全等方面有一定考量，布置大量绿化隔开生产区以营建良好的生活环境。

图 11　816 核工程的地面部分

图 12　重庆发电厂的生活区

3. 保护管理较成体系，起步较晚但架构迅速

重庆自 1997 年成为直辖市以来，工业遗产的存续越来越成为与城市发展建设齐头并进的重要部分。2009 年颁布的《重庆市城乡总体规划》尚未提出工业遗产的概念，仅关注建筑风貌特点；2015 年通过的《重庆市历史文化名城保护规划》划定范围囊括 29 处工业遗产；2017 年公示的《工业遗产保护与利用规划》确定了从开埠到"三线建设"时间跨度的 96 处工业遗产；2021 年先后出台《重庆市工业遗产管理暂行办法》及《重庆市推动老工业城市工业遗产保护利用打造"生活秀带"工作方案》，前者首次明确定义了重庆市工业遗产构成并制定管理规范，后者将重庆市工业遗产名录加以扩充完善。目前，重庆市主要形成信息名录和管理要求的工业遗产保护体系。

（1）信息名录：重庆市充分利用全国文物普查契机，对重庆市工业遗产进行较为全面的摸底调查工作，统计了 140 处重庆工业遗产保护名录，建立了"三类三级"目录，对入选名录的工业遗产进行时间跨度和空间分布上的分类和导则编制，为进一步的工业遗产保护再利用提供基础。

（2）管理要求：根据国内外对工业遗产界定达成的初步共识，重庆市工业遗产管理暂行办法定义了本市工业遗产及其核心物项的概念，规范了工业遗产的申请条件和认定程序，制定了工业遗产的所有权者职责和保护管理措施，对工业遗产的价值和产业研究进行定位，并完善工业遗产的监督检查和评估标准，对工业遗产提出保护要求和管控规范。

总体来看，重庆工业遗产的保护工作起步较晚，但保护体系架构较为迅速，在近 6 年时间内铺陈出一套较为完善的保护认定、普查记录、管理评估体系。

4. 再利用潜力较大，模式以文创园为主

重庆通过积极争取各界支持和社会参与，对损毁较为严重的工业遗产采取抢修加固措施，对保存良好的工业遗产进行维护保养工作，对潜质较为突出的工业遗产尝试更新改造[①]，为工业遗产的价值挖掘和更新再生提供了实践经验。

---

① 黄瓴，明钰童. 基于城市空间文化价值评价的山地城市社区微更新研究 [J]. 上海城市规划，2018（4）：1—7.

在现存 104 处现代工业遗产中，处于未利用状态的有 57 处，已利用的有 47 处，具有较大的再利用潜力。未利用的工业遗产部分因厂房或设施较有特色而吸引人们不远万里前往拍照打卡，如位于大渡口区茄子溪制材一村的重庆木材综合厂旧址，废弃的铁轨、老旧的火车头等工业要素景观，在天气晴朗时是摄影爱好者极佳的拍摄地。

已利用的现代工业遗产中有 17 处保留原工业功能在生产，5 处转为其他工业功能，如出租给民营企业生产其他工业产品，25 处转型为非工业功能，如办公、商业、展览等。现代工业遗产往往体量较大，厂区内建筑数目较多，并且随着年代推移呈现生产区、仓储区、生活区建设逐步完善的特征，现代工业遗产大多具有相当规模而非独栋存在。因此，探索重庆现代工业遗产的再利用问题时，需要以区域规划视角研究厂区层级的再利用模式[1]。近年来国家明确大力支持创意产业，鼓励工业遗产建立文化产业园、特色街区或小镇、创新创业基地[2]；针对老工业城市的工业遗产，支持设立与数字技术结合的科技型工业博物馆[3]，运用新媒体技术研究新型文化旅游模式。在此政策背景下，重庆现代工业遗产有代表性的再利用模式有 3 种，分别是工业博览园模式、文创产业园模式和主题小镇模式。目前已建成的 18 处项目中，转为工业博览园 2 处，文创产业园 10 处，主题小镇 6 处。可见文创产业园模式占比较高，较有代表性的如原西南彩印巨头民国中央银行印钞厂转型为鹅岭二厂文创公园，原白猫日化厂转型为喵儿石创艺特区，原江北纺织仓库转型为北仓文创街区，原鸽牌电缆厂转型为重大设计产业园（图 13）。

---

① 卢济威，曾振荣，曹杰勇，等.工业遗产保护与城市活力协同发展——郑州二砂文创广场城市设计 [J]. 时代建筑，2021（1）：76–79.

② 薛鸣华，王林.上海中心城工业风貌街坊的保护更新——以 M50 工业转型与艺术创意发展为例 [J]. 时代建筑，2019（3）：163–169.

③ 张文卓，韩锋.工业遗产保护的博物馆模式——以德国鲁尔区为例 [J]. 上海城市规划，2018（1）：102–108.

| a. 鹅岭二厂 | b. 喵儿石创艺特区 | c. 北仓文创街区 | d. 重大设计创意产业园 |

图 13　工业遗产再利用为文创产业园案例

三、重庆现代工业遗产的问题与挑战

重庆工业遗产历经国家政策支持与重庆市法律、法规更替，逐渐受到应有的关注、重视、保护并形成规范。政府对现存工业遗产采取了一定的认定与管理措施，在全国范围属于保护意识较到位、管理措施较完善的城市。但在实地调研过程中发现，仍然存在以下四个方面问题。

（一）与城市协同发展关系不协调

城市产业结构升级和"退二进三"政策的推行，促使老旧工厂转型升级，与城市存量建设的发展之道齐头并进。在此过程中，现代工业遗产遭遇了因建造年限较短、起步历史不长、价值发掘不足而保护不力的困境[①]，主要体现在：工业遗产所处区位可达性不高或环境污染严重，导致土地再开发价值较低，厂区的整体转型面临困境，工业遗产的保护再利用更加需要政府的政策支持和有效引导。

---

① 莫超宇，王林，薛鸣华.上海宝钢不锈钢厂保护更新与城市设计实践 [J]. 时代建筑，2018（6）：162-167.

（二）现代工业遗产体系有待完善

重庆现代工业遗产已经在重庆工业遗产保护名录中建档，并规划了"三类三级"保护体系，政府也采取了多批普查措施。现阶段的工业遗产保护体系整体框架已经建构完成，但在以下方面仍有待完善深化：在保护对象方面有待补充，如郊区范围的工业遗产相对市区而言受到的关注较少，对非国家及市级重点文物的工业遗产保护力度相对不足[①]，对具有风貌特色、正在转型的现代工业遗产尚缺乏系统普查；在保护方法方面有待深入细化，对明确保护对象缺少具体细致的研究，未形成系统性、针对性的保护利用规划和技术规定。

（三）保护更新管理工作有所欠缺

工业遗产保护管理机制有待健全，现阶段往往因保护对象不明确、工作内容不细致、管控工作不深入，在一定程度上导致现代工业遗产的整体性、完整性被破坏。如在重庆钢铁厂再利用的实际操作中，由于厂区保护内容和对象不够明确，负责整理重钢土地的土储机构未能细致评估工业遗产保护要素，只保留了炼钢厂、钢迁会车间等个别代表性建构筑物，大量代表钢村文化和寄托集体记忆的仿苏式办公楼、工人宿舍、电影院等被委托拆除[②]。这是保护规划作为法定依据缺失、管理过程中欠缺沟通企业多方工作的表现[③]，也是当今现代工业遗产保护再利用频繁面临的问题之一。

（四）工业遗产再利用模式有待探索

国家提倡发展创意产业，重庆响应号召出台相关政策，给予入驻者租赁、融资担保等优惠，扶持并推进文创产业的发展。大量工厂企业被改造成文创园，即使并未能全面评估自身实际情况及周边区位情况。从重庆现代工业遗产再利用的现状可以看到，目前已经转型的有一半被改造为文创园区，有的招商引资较有特

---

① 任凌奇，郑重.非保护类工业地段城市设计的逻辑构建——以杭州民生药厂地块为例 [J]. 规划师，2020，36（23）：32-37.

② 李和平，肖瑶.文化规划主导下的城市老工业区保护与更新 [J].规划师，2014，30（7）：40-44.

③ 陈韵，黄怡.工业地区更新的环境风险及其控制机制——以上海为例 [J].上海城市规划，2020（4）：98-105.

色能持续吸引流量，有的喧嚣一时后期门庭冷落，面临二次关停的窘境。这种现象一方面反映出文创产业优惠政策推广后文创园模式被滥用，缺乏对厂区周边环境及社会实际情况的慎重思考；另一方面文创园的建设往往存在同质化现象，一旦缺少持续有效运营，就陷入难以为继的尴尬境地。

四、重庆现代工业遗产的保护再利用思考

（一）处理城市发展与工业遗产更新的关系

随着城市职能变化与政策更迭，大部分重庆现代工业几经易址，不同时代遗留下不同特点的旧厂区，经历了从城区外迁和从远郊腹地搬至近郊的工业迁徙。基于西南内陆山地地域广袤，尤其易出现郊区与主城割裂感过大的状况，应学习借鉴沿海较发达城市"精准施策"经验，宜实施因地制宜、因材施教的空间修复手段，尊重环境原有层次性，打造远近错落、自成一体的工业遗产景观；宜结合特色历史风貌区、历史风貌地段等的塑造，纳入提升城市公共空间品质的更新体系，使工业遗产与城市一同新陈代谢、有机生长。

（二）加强工业遗产的保护管控力度

重庆工业以两江交汇为核心从城区往郊区扩散发展，工业遗产在长期发展中数量与内涵亦在不断丰富，因此在已有保护体系下首先应加快拓展还未普查到的工业遗产信息，及时落实保护行动；其次对迄今为止已经认定的工业遗产，宜进行深入细致的调研并建立系统完善的保护清单，即不仅要注重单体建构筑物的保护，还需注重包括工业建筑群、整体空间结构、重要空间节点、厂区居住环境等的全要素、体系化保护；最后针对差异化的工业遗产应找寻自身特色保护类型，并探求更合理的多元保护模式。

在完善工业遗产保护体系的基础上，要加强保护管理力度。应明确工业遗产保护对象，尽量细化保护管理内容并尽快纳入法律体系；同时应将研究内容法定化，建立有效管控平台，探索地方级立法规章可行性，鼓励各区县科学施策。

（三）完善工业遗产再利用多方机制

重庆现代工业遗产的再利用有着政府或开发商的自上而下、公众参与的自下而上和政企合作3种方式，在遗产保护程度、经济效益程度、区域活力激发程度、长期运营发展程度上各有利弊。工业遗产拥有涉及面广、土地面积大、持续性强等特点，政企长期合作的机制在一定意义上更具优势，并积极探索和鼓励多元主体参与。

工业遗产再利用的经济价值必须被充分认识和统筹考虑，但需以尊重工业遗产自身价值和科学保护为前提。在此基础上，应鼓励多元主体合作，充分考虑多方利益，注重兼顾多方诉求，保证适当资金回报，以实现工业遗产再生与有机更新。当然，在工业遗产项目保护再利用过程中，往往难以实现短期快速回报，即便如此也不能以牺牲工业遗产的保护来寻求短期利益。一方面政府应出台一定优惠政策予以扶持；另一方面时机不成熟者宜采取先予保护措施，不急于求成，为日后工业遗产的良性再生留有余地。

（四）打造重庆现代工业遗产的城市铭牌

重庆城市文化底蕴丰厚，拥有巴渝文化、抗战文化、"三线精神"等人文历史内涵，在保护再利用过程中宜让工业主题和文化体系融合凸显，避免同质化、套路化的生硬置入，宜采取如下措施。

站在全局高度发展工业文化旅游，将长江、嘉陵江、铁路干线等线性工业遗产作为核心展示面，打造国家级、世界级工业遗产廊道或文化景观，发掘重庆穿山入地的轨道交通、城市步道等特色区域串连各工业旅游关键节点，打造工业文化旅游与城市文化旅游相结合的工旅融合一站式体验模式。针对区位优势较弱的现代工业遗产，尤其是"三线建设"工业遗产如816核工程（从市区出发单程交通需2~3小时且交通成本较高），因区位偏僻和交通不便导致到访频率偏低，产品物资的运输成本偏高。因此首先要提升文化遗产认知，加强自身价值挖掘和文化宣传，其次宜进行独特性、多元性改造，发挥厂区特色，打造生活配套功能齐全的短期旅游目的地，提升旅游活动的策划水平，提高全方位浸润式工业主题游览的吸引力与体验感。

五、结语

现代工业为国家社会和经济发展作出了不可磨灭的贡献。中华人民共和国成立以来，重庆工业发展在西南地区一直处于领先地位，工业的飞跃带动了城市的发展，工业遗产作为城市史、工业史、文化史的见证，是城市进程不可忽视的一部分。重庆现代工业遗产数量丰富、门类繁多、特征鲜明，拥有极高的保护再利用价值；相比一般的工业遗产，除了良好的物质资本和人力资本，还拥有山地特色的自然资本和"三线建设"的文化资本。部分在山地营建的工业遗产合理运用山地设计手法彰显出与平原工业遗产不同的层次特色，在保护再利用方面打开了全新的思路；"三线建设"时期工业遗产代表了特殊年代的民族精神和社会记忆，更需要加大关注与支持，在大规模增量建设向存量更新转变的浪潮中实现自身利益、社会贡献及经济效益的兼顾。

为了实现工业遗产转型与城市协同发展、合理保护和有效利用，应着眼于因地制宜处理好城市发展与工业遗产更新的关系，优化工业遗产保护体系，加强工业遗产保护管理力度，完善工业遗产再利用多方机制，打造重庆现代工业遗产的城市铭牌。

城市更新背景下的文化遗产资源保护研究措施[①]

——以重庆市文化遗产保护为例

刘　华[②]

一、前言

随着时代的进步与经济建设的快速革新，现阶段大部分城市都呈现出了高速发展与繁荣的趋向。在这一过程中，很可能会对历史文化遗产造成不可预估的破坏，最终影响历史文化遗产的存续与建设。如果在城市发展的过程中历史文化遗产遭受到严重的破坏，那么很有可能会影响地域性的文化传承及精神文明建设，也会使我国在民族文化传承和遗产保护方面遭受重大损失。为了避免这一问题的出现，从事文化遗产保护的工作人员，应当在城市更新过程中进行文化遗产生存与发展状态的研究。本文以重庆市的文化遗产保护为例，来进行相应问题的探讨。

二、文化遗产概述

在 2005 年颁布的《国务院关于加强文化遗产保护工作的通知》中，对文化遗

① 原载于《文物鉴定与鉴赏》2022 年 5 月上。

② 刘华，重庆市文物考古研究院（重庆文化遗产保护中心）文博馆员，研究方向：文化遗产保护政策研究及项目管理。

产做出了明确的规定，文化遗产包括两大部分内容，一类是非物质文化遗产，一类是物质文化遗产。物质文化遗产是指通过具体的物质承载形式来进行历史艺术和文化价值呈现的物品。这些物品包括但不局限于墓葬建筑、壁画及不可移动文物，还包括各类手稿、艺术品和文献资料等，甚至包括古建筑集聚具有较为明显留存价值和观赏价值的历史文化村镇、城市等，都属于文化遗产的保护和关注范畴。非物质文化遗产指的是以抽象形态存在的，但却与人民群众日常生活产生实际联系且能世代传承的文化艺术表现形式、节日仪俗。这些以抽象形式存在的艺术形式和风俗民情虽然无法进行直接的触碰，但却极大地影响了人民群众的价值观念养成及审美观念的形成，甚至影响了人民群众价值观念的构建。上述两类便是文化遗产最重要的组成部分，也是城市发展和建设过程中需要进行保护的部分。

三、文化遗产保护的现代价值分析

（一）是城市发展和建设需要考虑的基本点

之所以要进行城市的发展规划，是因为在城市人口增多、城市功能性得到扩充的背景形势下，原有的城市土地建设和开发已不能满足城市的发展需求及人民群众日常生产、生活的需求。因此，人民政府及进行城市规划和发展的行政机关单位认为需要进行城市土地的再次开发和利用，但大多数坐落在城市内部的文化遗产都处于繁华地段，随着城市的不断发展和建设，其所在地理位置也逐渐演变成现代城市发展和建设的中心。但在城市发展和建设的过程中，为了获取更高的经济利益价值，需要对中心地段进行重新开发与建设，这就很可能会影响历史文化遗产在中心地段的生存状况。有些城市为了进一步扩充土地利用的空间，会牺牲历史文化遗产。而有些城市在开发与建设中心地段的过程中，没有破坏历史文化遗产，也没能以更科学合理的方式对历史文化遗产周边具有良好经济开发价值的地点进行开发、利用。这很可能导致与历史文化遗产毗邻的周边区域，缺乏必要的开发与建设，呈现出了设施落后、功能严重衰退的问题和现象。倘若与文化遗产毗邻区域为居民生活区，那么居民的日常生活问题就无法得到进一步的改进与完善，这也是目前城市更新过程中最突出的矛盾。仿佛想要进行城市的全面建设与更新，就必须进行历史文化遗产的牺牲，如若保护历史文化遗产，就势必要放弃某片区域的经济发展和土地规划。因此但凡想要进行城市发展与更新，就务必要考虑文化遗产方面的问题，这是城市建设的基本点。

（二）是城市更新过程中的重要表现形式

从审美观念的角度来看待现代城市的发展与建设，城市的历史文化遗产留存形态较为丰富，则很有可能会与现代化的城市建设构建出一个强烈的新旧对比，使相关城市以别具一格的历史文化魅力，呈现出独特的艺术风尚。但需要注意的是以何种形式来保护历史文化遗产，是城市更新中需要重点考虑的问题。由于土地资源的稀缺和有限，使土地开发和空间开发问题成了现阶段城市规划中务必要考虑的重点。即便要保存和维护文化遗产，也并不意味着不适宜于城市更新的粗糙古建筑或并不具备代表性的古建筑需要完全留存和维护。因此从这个方面来看，历史文化遗产的保护也是一个动态革新与完善的过程，它本身的变迁表现形式就是城市更新状态的反映，这也是文化遗产保护所具备的现代价值。

四、重庆市文化遗产资源的分布格局分析

要在重庆市的城市更新过程中进一步改良文化遗产资源生存状态，就需要对现阶段重庆市的文化遗产资源分布格局进行一个全面的了解。目前，重庆市全市38个区县中不可移动的文化遗产数量在片区分布上呈现出了极其不均匀的特征。在所有行政区划内，历史文化资源分布数量最多的区县是綦江区，这一区域的文化遗产总计有1620处，是市政建设和发展规划中需要关注的重心。而其中分布历史文化遗产数量最少的区县是大渡口区，大渡口区的文化遗产总数只有62处。而在重庆市的历史文化遗产分布中，数量超1000处的区县除了綦江区外，还有巴南、彭水、巫山、丰都等地。

从空间格局分布上看，重庆市的文化遗产分布总体上呈现出了"一圈两片带两带"的趋势。这里的"一圈"指的是主城文化圈组成区县所在的地理位置，这

部分地域自古以来就是重庆文化经济和政治发展的中心地带，自然条件优渥，交通也更便利，人文环境较良好，因此有较多的文化遗产资源。该区域拥有的全国重点文物保护单位多达 27 处，除此之外还有众多市级的文物保护单位。到了近代这里也是抗战革命文化的根据地，具有众多的红色文化遗产，值得进行精神文明建设和文化传承。

在空间格局中，"两片"指的是南片和北片，南片是重庆市拥有最丰富石刻遗迹的区域。这一片区域中还有列入世界文化遗产名录的保护单位，因此值得城市建设和规划工作人员的重视。北片指的是钓鱼城片区，该片区不仅有国家重点文物保护单位，还有国家重点的风景名胜区域，因此也值得城市建设和规划人员引起足够的重视。

在空间分布过程中，"两带"指三峡文化带和民族文化带。三峡文化带留存着十分丰富的早期人类活动遗迹，是巴文化的诞生地，因此在文化遗产保护中占有十分重要的地位。民族文化带指因少数民族聚居而留存众多珍贵历史文物的区域。该区域在历史发展过程中由于长期处于封闭状态，与外部的沟通和交流少，保存了少数民族悠久的民俗文化和民俗传统。

五、重庆市文化遗产保护的困境分析

（一）制度方面存在困难

重庆市任何区县的历史文化遗产都需要在城市的整体规划背景下实施和开展保护计划。因此文化遗产是否能得到良好的保护，在很长时间内都取决于城市规划建设过程中是否将文化遗产保护看作是需要重点考虑的内容。而实际上城市的发展规划是对土地的进一步利用和开发建设。从重庆市现有的土地开发和建设制度看，土地所有权和使用权呈现出长期分离的状态，虽然土地所有权归国家所有，但土地使用权和管理权则可以通过法律途径来进行转让。在很长一段时间内，重庆市的某些土地使用权都交予了各单位来进行暂时支配，虽然其所有权仍然收归国家，但究竟由国家哪个部门来进行土地所有权的履行并未做出明确规定。因此在重庆市现阶段的文化遗产土地占用问题探讨过程中，不同单位对历史文化遗产的土地所有权和土地行使权都进行了不同程度的争论。这会直接影响城市更新过程中历史文化遗产的保护和开发状况。

此外，对于历史文化遗产在城市更新过程中过度开发行为的界定，尚未进行明确规定。因此重庆市参与城市更新建设的工作人员无法在合理的制度引导下，进行自身开发和城市建设行为的约束。而在这一过程中，历史文化遗产在市场竞争过程中所呈现出的经济效应，也会在一定程度上影响文化遗产的开发和保护。有关这一问题也尚未进行明确的制度规范，重庆市的文化遗产保护存在较为明显的困境。

（二）责任承担方面存在困境

城市开发、更新与文化遗产保护之间必然存在不可调和的矛盾，因此早在2007年，国家的文物行政部门就已经对各地的文化遗产日常保护修缮和开发等职责进行了明确的规定，希望主管文化遗产保护和开发部门能在日常工作中承担起自身职责。但需要注意的是有些文化遗产其本身属性较特殊，单独的文物行政部门难以承担其日常的修缮开发与保护责任，需要建筑部门、城市规划部门和土地资源部门共同承担责任，方能使城市的文化遗产建设和保护工作任务顺利完成。而在具体的某一文化遗产保护和开发的过程中，其涉及的步骤和环节十分复杂，参与文化建设、建筑管理和环境保护的各部门都需要在文化遗产保护的过程中进行责任的担当和职责的完善。

因此，目前的文化遗产保护工作难以通过某一单位主体来对文化遗产进行合理的保护和完善。倘若想要全面保护文化遗产，各部门、各文物保护机构需相互协调和协同合作。文物保护机构在法律意义上是文化遗产修缮维护的直接责任单位，但缺乏实际保护权利和能力，因此在城市更新过程中一旦涉及文化遗产保护问题，就很容易出现冲突和推脱责任的现象，这也是目前重庆市文化遗产保护过程中存在的困境。

（三）资金方面存在困境

相比其他行业和产业，文化遗产保护在资金循环利用方面呈现出较为理想的状态，在资金投入方面所需额度很大，但却难以产生等同的经济效益。因此，在文化遗产的保护过程中，存在一定的公益性质，在日常资金渠道开发过程中时常面临困境，难以得到有效的资金支持。就重庆市的文化遗产等级分布而言，在南片的石刻区有一处世界文化遗产为大足石刻片区。在重庆市的行政区划内部一共有 14 个国家级的文化遗产，这两部分文化遗产能够通过中央拨款的形式来获得充足的保护资金。但需要注意的是，重庆市的文化遗产数以千计，除了上述两类可通过中央财政拨款的方式来进行维护资金保障之外，其余文化遗产都难以获得较稳定的资金保障。虽然重庆市政府也通过地方的财政支出给予了部分文化遗产必要的修缮经费，但其在经费投入和实际需要花费的经费对比方面却仍然存在不小的差距。需要注意的是，地方政府在进行财政支出过程中，不仅要考虑文化遗产保护和传承方面的问题，而且要考虑城市经济建设和发展方面的问题，许多重庆市的文化遗产在很长时间都难以得到有效保护和开发。在难以得到充分的资金资源分配的情境下，其在城市更新中的生存状态并不容乐观，这也是目前重庆文化遗产保护方面存在的困难。

六、城市更新中文化遗产保护和建设的措施分析

（一）在城市更新中进行文化指标的引入

在长久的城市发展与建设过程中，研究学者都以 GDP 作为衡量城市发展和建设的最终标准。但实际上经济建设状况只是城市发展的一个方面，只单纯使用经济指标来衡量城市的发展，显然是不科学的。城市的发展不仅与经济建设水平有莫大的关联，还与教育水平、医疗水平、社会保障及精神文明建设都有十分密切的关联。因此，在城市发展建设的过程中，想要改良政府以经济指标建设作为衡量业绩唯一标准的畸形现象，就需要进行文化指标的引入。只有如此，城市发展建设才具有更明确的价值方向，才能有更正确的精神价值观念作为城市的发展内核，支撑城市的不断建设与完善。

实际上，国际所通用的衡量城市发展状况的指标是 HDI 人类发展指标。这

一指标包含的知识因素进一步强调了城市建设中文化建设的功用，也意味着城市建设不能忽略文化发展与文化保护。在重庆市的未来发展和更新中，也许可以尝试借鉴、应用人类发展指标，将文化指标引入城市更新的评估体系中。

（二）进行城市更新可持续发展概念的运用

想要使城市不断地发展与完善，就要对现有建筑用地进一步革新。由于城市中的土地具有一定限制，因此城市更新在一定程度上意味着城市的土地使用方式和形式需要进行更新。若只将文化遗产当作是不适宜于现代城市建设和发展的老旧建筑，那么文化遗产势必会遭到拆除。但实际上文化遗产需要被保护是由于它本身就有极大的文化价值、精神价值和历史价值，是其他老旧建筑或老旧物品无法替代的。因此一经拆除便无法复原。

在城市建设与革新过程中，工作人员势必要将文化遗产与普通老旧建筑进行区别，以可持续发展的眼光保护和完善文化遗产。虽然从短期的城市发展和建设方面看，在保护文化遗产的前提下进行城市革新，很容易使城市经济建设在短期内受到负面影响，但文化遗产也能转换为经济建设动力，通过其所独具的文化价值来进行经济价值的转换。从长远的发展来看，城市需要在更新过程中运用可持续发展理念，这是重庆市在进行文化遗产生存状态考察与研究过程中需要重视的问题。

（三）强化文化遗产保护的立法建设

就目前而言，虽然各级人民政府已意识到了文化遗产保护的重要性，但在法律内容制定的过程中仍然存在一些明显的条款漏洞，这会直接影响到城市更新过程中的文化遗产保护。为了使重庆市的文化遗产生存状态得到有效的改进与完善，重庆市人民政府应当在遵守国家法律、法规政策的条件背景下，进行地方性法规的建设，争取使文化遗产在城市更新中能得到进一步的保护。

同时，相关公职人员还应当进一步加强对文化遗产破坏行为的惩治力度，使用较科学合理的惩治手段来进行文化遗产日常的开发与维护，避免过度追求利益而导致文化遗产遭受损失。这也能在一定程度上为城市更新的合理性和可行性提供法律层面的保障。

（四）进行有利于文化遗产保护的城市建设模式运用

就目前重庆市的城市建设与发展而言，政策导向仍然倾向于经济建设和经济发展，而城市的不断扩张也使土地价值逐年攀升，这很容易导致文化遗产在保护过程中与城市更新出现不可避免的矛盾。若将文化遗产的价值局限在历史文化层面，是难以在城市更新过程中实现对文化遗产的有力保护，政府需要进一步挖掘文化遗产的经济价值，使文化遗产保护与城市经济建设呈现出一致性和同步性。通过分析文化遗产的不可再生和增值特征，对其能带来的经济价值进行评估。在城市更新的过程中，务必要多方面考量文化遗产，使城市更新和文化遗产保护之间的矛盾得到进一步的平衡。

七、结束语

总而言之，在重庆市的城市更新与发展建设中进行文化遗产保护是很重要的，只有维持文化遗产现阶段的生存状态，才能使城市的发展和建设具有明显的地域文化内涵，这对城市的长远发展能够起到正面的引导作用，各部门工作人员和研究学者务必要对此引起重视。

参考文献

［1］苗红培.城市更新中的历史文化遗产保护 [J].重庆社会科学，2014（8）：79-84.

［2］王瑞玲，李世蓉.重庆城市更新中建筑文化遗产保护研究 [J].经营管理者，2015（25）：344.

［3］廖仕东，王瑞玲.基于建筑文化遗产保护的重庆城市更新策略研究 [J].经营管理者，2015（26）：130.

［4］张经纬.城市历史文化遗产保护与城市更新 [J].遗产与保护研究，2018（6）：87-89.

［5］龙婷.城市更新背景下非物质文化遗产的保护研究 [D].武汉：华中师范大学，2016.

浅析自然博物馆历史文化遗产资源的价值内涵及发展路径[①]

——以三峡库区重庆自然博物馆为视角

江　帆[②]

一、自然博物馆藏品价值内涵及发展优势

（一）重庆自然博物馆价值内涵

重庆自然博物馆距今已有 90 余年历史，历经民国时期的"中国西部科学院"、"中国西部博物馆"、"西南博物院"、重庆市博物馆自然部演变，于 1991 年 5 月由市编委批准独立建制，成立重庆自然博物馆，为正处级公益一类事业单位，其宗旨是收藏展览自然历史遗物，弘扬民族文化，在自然历史遗物收藏、展示、研究、普及、传播自然科学知识等方面发挥着重要的作用。自然馆新馆 2015 年正式对外开放以来，在上级的支持下，不断完善藏品保护、科学研究、陈列展览、社会教育、公众配套服务场馆设施和设备。提升管理质量和服务水平。先后实施了藏品资源管理和资产管理化管理、建设植物标本数字化共享平台、岩矿化石标本科技共享平台、实施馆藏珍贵文物（标本）预防性保护项目，保护软件、硬件建设水平日益提升。

---

① 原载于《2022 社会发展理论研讨会论文集（二）》。

② 江帆，重庆自然博物馆。

（二）重庆自然博物馆发展优势

1. 藏品种类齐全，类型丰富，具有较高的价值

藏品涵盖植物、动物、古生物、古人类、矿物、岩石、土壤等多个类别，是我国自然科学博物馆中藏品类型最多的之一。现生动物标本和植物标本具有很高的科研、教学和观赏价值。博物馆拥有的矿物岩石标本门类齐全、体量大、结构完整、稀有度高，具有较高的收藏和观赏价值。此外，重庆自然博物馆中大型恐龙化石的种类和数量，尤其是侏罗纪恐龙化石的收藏量位于同类博物馆前列。另有多种正型标本，涵盖古生代植物，中生代哺乳动物、新生代哺乳动物、中生代鱼类、中生代龟鳖类和中生代水生爬行类等，均具有极为重要的科学意义和收藏价值。

2. 部分藏品在全国具有代表性

馆藏许氏禄丰龙是我国发现的最古老的恐龙之一。上游永川龙、甘氏四川龙、多棘沱江龙和江北重庆龙等正型标本，不仅是四川恐龙的突出代表，更在古生物学领域具备重要的研究价值。收藏西部动植物标本和长江鱼类标本多件，覆盖范围广、代表西部地区和长江生态资源特色。此外，其馆制作的大熊猫标本首开国内博物馆以自然生活状态展出标本的先河。

3. 藏品标本延续历史长

重庆自然博物馆藏品系统性的采集工作开始于西部科学院初创时期（20 世纪 20 年代），历经抗日战争、解放战争、新中国成立、改革开放等历史阶段，从未间断。且有我国相关学科的著名专家参加野外调查采集或鉴定，先后有地质学家翁文灏、黄汲清、常隆庆、杨钟健等，土壤学家侯光炯，植物学家秦仁昌、俞德俊、郑万钧、方文培、钱崇澍等，动物学家刘承钊、施白南等。100 年系统性收藏的标本，不仅是研究物种演化、生态变迁和地质变化的重要科研材料，也是我国自然科学发展史的重要见证物。

二、自然博物馆现存问题及需求分析

（一）从藏品发展角度：缺乏重视度

1. 国家层面对自然类藏品重视程度不够

自然资源对保护、研究与展示生命演化过程中的自然遗物以及人类历史上具有历史、科学、艺术价值的自然遗产有不可代替的意义。自然类藏品是反映国家、地区科学文化水平的标志之一。但中国至今没有一个全面、系统的自然标本收藏中心或者国家级自然博物馆，对自然标本保护的相关政策更是少之又少，亟需加强对自然类藏品、自然科学研究的重视。

2. 自然博物馆管理体制与横向相关部门联系较弱

全国各地自然博物馆归口单位不统一，仅隶属国土、科技、文化或文物等部门之一，而自然类标本的采集、征集、保护和研究涉及农业、环保、林业、地矿等多个部门的指导和支持。为此，亟需得到相关横向部门重视和支持，如建立全国性的古生物及生物多样性数据库和信息系统，开展国内外信息、技术、人才的交流，指导并促进收藏、研究、展示、教育等工作开展，支撑博物馆高质量、可持续运行和发展。

3. 自然类藏品保护管理缺乏一定的标准

以重庆自然博物馆为例，隶属于文物系统，应接受文物系统的标准规范管理，但目前仅历史类文物藏品有收藏标准、定级等标准，而自然类藏品的定级，以及保护严重缺乏。对自然类藏品保护管理缺乏标准在一定程度上加剧了管理混乱的局面。

（二）从藏品数量角度：与同类博物馆尚存差距

重庆自然博物馆发展基础源于藏品征集、收藏、研究、利用。馆藏虽然达到自然博物馆数量平均线，但与同类兄弟馆还有较大差距，对系统研究、展览利用方面存在缺失，亟待加强藏品征集。其主要原因有三个方面。一是政策因素。目前，各类动植物保护规定和全国许多采集区都建立了各种类型自然保护区，已不让随便采摘，导致新的动物标本采集来源无法得到政策支持。二是缺乏藏品征集经费。博物馆免费开放经费不能用于藏品征集，藏品征集经费必须单独申请。此外，古生物、矿物、珍稀动物等自然标本价格也急剧攀升，作为事业单位，政府所给经费有限，无法完全支付采集标本的费用。三是修复技术手段有待提升，阻碍内部挖潜。目前，部分动物标本因物理条件不利损坏急需修复；一些较大型古生物化石标本亟需修复、制作、装架。但修复专业技术人员大多数是半路出家，专业培训不够，对文物研究、文物修复技术的掌握相对滞后，存在人员不足、修复设备较落后，科技力量较薄弱，研究、修复保护工作力不从心等问题，对展品自身挖潜造成阻碍。

（三）从藏品研究角度：专业人员青黄不接

1. 人才缺口问题

因岗位限制和工资待遇等问题，经专业学习后能从事文物保护、修复的数量很少，长期面临专业人才招不来、留不住的困境。由于藏品研究需要高精专人才加入，现有博物馆专业招工需口较大，而仅有少部分专业人员从事藏品研究、保护、修复工作，如动植物制作、古生物修复、藏品管理、文物研究等工作，占全馆专业技术人员比重较小，人员青黄不接，工作量负荷较大，出现"小马拉大车"现象。

2. 专业分类问题

目前我国博物馆从业人员在 17 万左右，全国高校博物馆专业毕业生总数仅达到上述需求的 1/10，而专业对口从事文物保护、修复、研究、鉴定岗位的人员少之又少，人才队伍极度匮乏。专业对口上，文博专业未对藏品保护、修复、鉴定、研究等方向做细化分类，呈现专业性针对性不强，实践经验不够等问题，因此亟需解决高层次文博人才专业分类问题。

3. 专业走向问题

一是文物保护、修复人员专业考核与发展滞后。文物修复、保护人员在技术层面只能参评文博职称，但这个过程中被考核的指标是论文、课题项目等，对于文物修复能力、保护能力的考量缺乏适合的制度。很多从事多年的保护人员仍然只是初、中级职称，文物保护修复队伍建设滞后于行业发展，文物保护、修复行业理论与实践脱节等现象普遍存在。二是标本修复制作口传心授，"走出去"不被承认。目前多数博物馆标本制作、修复主要还是师承制。虽然自然博物馆在20世纪90年代在古生物修复、动物剥制技术方面具有突出的特色与优势，但技艺容易断代和遗失，且近年在科技修复领域，师承制修复人员"走出去"被承认得较少，在文物保护理念和具体操作上与之差距较大。

（四）从藏品保护、修复角度：现有技术薄弱

传统修复本身就是一种无形文化遗产，我们应该重视和提升藏品修复技术，并大力培养和传承下去。目前，大多博物馆藏品修复种类与技术单一、缺失记录藏品修复技艺档案资料，未提炼一套可复制和推广的科学依据和评价方法，没有形成一套完善的修复理论体系。此外，藏品保护与修复相辅相成，基础保护工作越扎实，藏品信息保存越完整，文物修复越容易出成果。藏品预防性保护、数字化建设项目等工作开展不到位，导致文物修复、研究、利用等后续很多工作无法正常开展。

1. 亟需落实藏品预防性保护

因场馆限制存在以下问题：一是库房场地面积限制，存储小环境未达标；二是库房无通风设备，甲醛浓度过高，存在安全隐患；三是展厅裸展动物标本微环境温湿度调控不够，珍贵动物标本出现脱毛、霉变、变色维护费用高；四是缺乏动植物、地矿、古生物标本的预防性保护研究设备，无法对标本预防性保护原理进行研究。为此，亟需落实馆藏珍贵文物标本预防性保护，完善库房标准化改造、浸渍标本库房增加新风系统、部分展厅空调恒温恒湿，强化保存环境的检测与控制。

2. 数字化保护项目亟需开展

目前，自然类博物馆数字化建设还在初级阶段，人员、资金、技术均存在短板。为提高馆藏标本文物保护管理工作的效率和质量，亟需开展数字化保护项目：一是亟需建立采集文物数字化数据。采用三维扫描技术，对珍贵藏品进行数字化采集与加工制作、线上信息公开。建立包含馆藏标本本体二、三维数据的数

字化档案，为馆藏文物的保护规划提供基础数据支撑。二是亟需开发数字化管理平台。实现藏品查询、统计、分析、维护、研究及时调用，并使用平台云存储，推进馆藏标本管理工作将变得智能化和智慧化。三是亟需开展数字化展示利用。打破参观时间和参观地点的客观限制，增加文物的展出率与展出价值，提升重庆自然博物馆数字化服务水平。四是编制"动植物标本数字化保护建设标准"。形成文字版自然类藏品数字化保护及展示提升建设标准，并推广利用。

三、博物馆建设规划和发展措施

（一）呼吁各级部门给予各地博物馆高度重视和建设支持

1. 从国家层面到各级政府对博物馆的保护和发展给予更多重视和更大的扶持力度

将博物馆发展列入国民经济和社会发展计划，争取教育、科技、财政、发改委、宣传部、人力资源与社会保障等横向各级部门给予支持。在科研、收藏、信息资源平台建设、人员补充、技术培训、教育、文创等方面给予支持，共同促进博物馆高质量发展。

2. 加大扶持力度出台优惠政策

将标本管理和保护中涉及的经费列入财政经常性预算，对标本征集、预防性保护加强资金补偿力度，对管理法规进行完善。出台优惠政策，如安家政策、提高福利待遇、政策引导，强化宏观管理，鼓励自然馆建设与地方经济和环境协调、共同发展。

（二）创新博物馆之文旅融合发展渠道

1. 重视宣传展示，创新宣传思路，做优秀文化的传播者

一是开展智慧博物馆、数字展厅建设，提升宣传展示效果。二是通过开展科普活动进校园、入社区等活动，扩大宣传辐射面。三是利用电影、电视、微信、微博、喜马拉雅 APP 开通并创作科普专题版块，增加曝光率、吸收粉丝。

2. 创新服务理念，促进文旅融合，做馆藏文物"活化"展示利用的践行者

围绕馆藏资源开展课程设计、研学、文创等博物馆综合实践活动，依托"文化遗产月""科普日""博物馆日""地球日""环境日"主题日，开展以巡展、讲座、竞赛等为载体科普活动及社教活动，践行科普职责。拓展服务职能，开展研学旅游活动，文旅融合示范带动。

（三）多维规划博物馆馆内藏品体系建设

1. 整合资源，争取支持，拓展征集渠道

明确与博物馆定位、愿景、发展相符的藏品征集政策和方向，多措并举，联手纵横资源，建立包括采集、发掘、捐赠、调拨、移交等在内的多样化入藏方式。

2. 有计划地开展收藏工作，充实馆藏、改善馆藏结构

基于现有馆藏特色基础与研究，有规划地补充征集藏品，重点围绕我国各个地区博物馆附近相关的生态建设、濒危动物研究保护成果、对缺项及弱项进行补充，充实馆藏并凸显优势。

3. 技术先行，内部挖潜

充实标本制作、修复等专业技术人员，定期开展技术培训与学术交流，提高馆藏标本活化利用率。依托馆藏资源，建立"博物馆古生物化石保护研究中心""生物多样性研究中心"，提升研究保护能力与学术影响力；围绕重点藏品，策划恐龙展、象展、濒危动物展、昆虫展、水爬展、生态展等8～10个高质量原创展览。

（四）推进藏品研究的专业人才队伍建设

1. 构建立体化博物馆专门人才培养体系

支持和扶植博物馆学科发展，特别是藏品研究、修复、保护等专业人才引进、培养和发展。落实相关岗位人员的科技创新扶持政策和补助。

2. 针对性引进专业人员

引进多学科、高素质人才。如动物学、植物学、古生物学、古人类学、旧石器考古等自然科学以及博物馆学、教育学、心理学、传播学等其他学科人才、

专家，建立一支能适应博物馆事业发展需要、结构合理、素质精良的专业技术队伍。

3. 建议国家建立藏品（修复）技术学院

设置动物、植物、古生物鉴定、修复、保护等专业方向的学历教育，形成与国家职业资格互认衔接的教育格局。邀请中科院、古脊所、文物局、科研院校等专家授课，抓好在岗培训和继续教育。

（五）强化科学技术对完善和修复藏品资源的支持作用

1. 实施藏品预防性保护

编报《博物馆馆藏预防性保护方案》，编制《标本保存条件达标和标准化库房建设标准》等文刊，加强文物常见多发病害病理研究，提升藏品微环境控制、分析检测等能力。

2. 实施博物馆数字化保护项目

从藏品数字化采集、管理平台数字化、数字化展览等方面实施，提升文物保护管理利用水平。

3. 建立古生物修复中心，发挥科研基地辐射作用，实现经济效益与社会效益同步增长

以高等教育与实践训练相结合的方式，培养知识体系完整且实践能力强的文物修复人才队伍，运用新理念、新材料、新技术，提升修复水平。利用馆藏优势及传统技术优势，对同类兄弟单位、区县博物馆的标本修复、制作、装架、展览策划等工作给予技术性指导和支援，形成以某地区博物馆为核心、辐射周边地区的区域保护研究体系，展示生物多样性及古生物化石研究保护成果。

四、结语

博物馆是我国留存与发展历史文化重要的机构之一，其关键性不仅在于藏品的承继与保存，更是各地区"历史文化"开放与创新精神的延续，馆藏内延续至今的藏品反映了地球演变、生命进化以及人类演化发展的历史进程，具有较高科

学研究价值和社会价值。从长远来看，一方面，博物馆机构应加强科学研究，推进成果转化，做文物价值的阐释者，另一方面，呼吁各部门重视历史文化资源的修复，制定合理科学的各类藏品保护管理标准，做历史文化的传承者。从博物馆"开放的收藏观念"和"创新的展陈理念"两个维度，探究其"海纳百川""追求卓越"的精神传承，促进博物馆发展的同时，推动公民科学与文化素质的提升。

参考文献

［1］金文驰.重庆自然博物馆重庆厅：本土题材展示的魅力 [J].生命世界，2021（02）：84-93.

［2］李承森.自然博物馆的科学地位和社会价值 [J].人与生物圈，2019（1-2）：92.

［3］姜涛，欧阳辉.自然博物馆科研基地建设的思考——以重庆自然博物馆为例 [J].自然科学博物馆研究，2019，4（03）：35-42+93.

［4］吴磊.博物馆代建制模式研究——以重庆自然博物馆新馆为例 [J].文物鉴定与鉴赏，2018（07）：128-129.

［5］欧阳辉.自然博物馆融入社会的探索与思考 [J].科学教育与博物馆，2017，3（04）：245-250.

非遗视角下川渝火锅文化的传承与嬗变 [①]

陈茜宇 [②]

在文化多元成为常态的时代，非遗传承难度进一步提升，同时这也说明非遗传承意义更为重大。川渝火锅文化经过几百年发展，地域特色已经深入渗透其中，进入当代社会后，在商业化潮流与多元文化驱动下发生嬗变是必然的，而这也驱动川渝火锅走出本地走向全国乃至远播海外，并且衍生出更多火锅类型。作为饮食文化，川渝火锅能够依托"色香味"获得更多欢迎与认可。但从长远视角来看，其文化底蕴要得以传承才能获得更好的发展助力。川渝火锅文化不仅要在本土卓然而立，形成品牌，也要在国际上打出名声，成为外国人了解我国饮食文化的重要渠道。

一、川渝火锅文化发展历程与内涵解读

（一）发展历程

火锅是我国独创的一种美食。据考证，东汉时期已经出现火锅雏形，而发展到宋朝后，火锅已然成为民间饮食类型之一，并随着流传范围不断扩大，逐渐演化出更多火锅类型，川渝火锅则是其中之一。川渝火锅起源于清朝泸州小米滩，起先所使用的炊具仅为一瓦罐，人们在罐子中加入水后煮开，而后放入蔬菜、辣

---

① 原载于《炎黄地理》。

② 陈茜宇（1997— ），女，伯明翰大学法律与文学学院硕士在读，研究方向：文化产业。

椒等，煮熟后便能食用。这种烹饪方式十分便捷，并且不需要其他复杂的设备，因而受到船工的大力欢迎。一传十十传百，越来越多的人喜欢上了这种烹饪方式，食材也逐渐增多，并且产生了"九宫格"样式，一口大锅加上"九宫"格子，便能满足多个人的饮食需求。到了民国时期，原先盛行于船工、底层苦力中的火锅吃法开始进入饭店，并且炊具、食材、餐具等朝着更丰富、更精细的方向发展，逐步形成了更成熟、更完善的川渝火锅。川渝火锅文化是在川渝火锅相关事物融合、交错、发展中积淀而成的，有着深厚的群众基础和旺盛的生命力。

（二）内涵解读

川渝火锅产生于民间，与底层民众有着紧密关联，并且其独特的食用方式能够拉近人们之间的距离，成为人们广交朋友的重要方式，上升到文化层面则与我国传统文化中的"和谐包容"理念十分契合。川渝火锅在更广泛的范围内产生了一定的影响力，同时不断吸收外部元素为自身发展服务，积极创新原料、汤料、烹调技法等，使得川渝火锅具备了多种烹饪方式的优点，如荤素兼有、生熟可选、味道多样等。川渝火锅以麻辣著称，这与川渝之地阴冷潮湿的气候条件有着密切关联，同时这种饮食方式对川渝人敢爱敢恨、脾气火辣的性格有重要影响。川渝火锅在川渝地区遍布广泛。川渝火锅的麻辣不只表现在口味上，还在潜移默化中成为川渝人的象征与符号，而随着川渝火锅流传全国，"同心、同聚、同享、同乐"成为人们吃火锅时最喜欢的环境氛围。

二、川渝火锅文化传承与嬗变现状

（一）炊具的传承与嬗变

火锅顾名思义"有火又有锅"，与常规锅具相比，火锅中的"锅"不用于"煎炸"而是以"煮"为主，并且要想快速烧开水将食材煮熟，对锅的材料与加热方式也有要求。川渝火锅最早使用的是圆口铁锅，加热方式为将木炭置于锅底进行加热；后来又出现了在锅中间安装烟筒的方式，在其中放入木炭使火锅均匀受热，进而加快加热的速度。圆口铁锅象征团团圆圆，满足了人们对家庭团圆、家人和谐的情感诉求。随着川渝火锅的广为流传,人们的口味需求也更加多样,而辣与不辣是基本分别,为了满足这种需求,鸳鸯锅应运而生。鸳鸯锅与圆口铁锅相比是在锅具中间加设一"S"形铁片,如同一道大坝将锅具一分为二,而后分别加入麻辣与清淡口味的火锅汤料以满足不同口味的需求。九宫格锅形是川渝火锅的传统样式之一,其产生是为了满足多人食用时菜品、口味等不同的需求,而在以平民为主要食客的时代,这种锅形被烙上了"低端不入流"的印记。非遗传承得到人们重视后,发掘原始正宗川渝火锅被提上日程,九宫格锅形得以"重塑金身",且围绕九宫锅形产生了多种风格火锅。除了锅具外,电力加热、燃气加热等得到广泛应用,并且也由此产生了新的口味。

(二)食材的传承与嬗变

川渝火锅在发展初期是以牛毛肚为主要食材,这也是川渝火锅长期被称为"毛肚火锅"的重要原因。除了牛毛肚以外,很多食材也都是从牛身上获取,如牛肝、牛心等。牛毛肚美味的发现者是底层劳动人民,他们由于生活贫困,常常为生计发愁,有时为了果腹而去杀牛场捡一些牛内脏,而后将它们放到锅中煮熟食用。他们发现这些牛内脏不仅美味,而且十分耐饿,因此便传承了下来,成为川渝火锅的重要食材。如今的川渝火锅食材更加丰富,几乎可以食用的都能在川渝火锅中见到,主要菜品有郡肝、黄喉、猪脑、毛肚、鸭肠、土豆片、藕片、虾滑、折耳根、麻辣牛肉、鸭血、牛肉丸、牛羊肉卷等。丰富的食材使川渝火锅受到了更多食客的欢迎,同时也拓宽了川渝火锅食材的引入思路,如只以鱼为主要食材的火锅便出现了多个类型,如酸菜鱼火锅、酸汤鱼火锅、鲶鱼火锅、双味鱼火锅、鲫鱼火锅等。川渝火锅依托丰富的食材不仅在国内"风生水起",而且也得到了外国人的欢迎与认可。

(三)餐具的传承与嬗变

最初川渝火锅的餐具十分简单,只需要一双筷子即可。而随着人们生活水平的提高,以及川渝火锅走入饭店、登上饮食领域"大雅之堂"后,川渝火锅的餐具种类变得丰富,不同餐具具有不同功能。如浸水菜碟用于保存菜品,防止它们长期暴露在空气中而流失水分或者发生氧化作用;菜桶用于盛放大叶蔬菜、菌类等菜品以节约空间；丸子碟用于盛放丸子类食品，可以控制丸子数量并防止丸子滚落；肉碟用于盛放肉类菜品，通常面积较大并会在碟子上铺上冰块进行保鲜。餐具嬗变的过程中，夹取、盛放等基本功能依旧得到沿承，同时也增加了一些新功能，如选用特殊材料制成的勺子等更加隔热，可以防止人们使用时被烫伤；外形设计巧妙美观使得很多餐具审美价值得以提升，能带给食客"美"的享受。在非遗传承视角下，川渝火锅餐具设计者十分注重文化元素的融入，并在餐具色彩形态、材料类型、符号价值等方面进行了深入研究探讨。

（四）火锅技艺的传承与嬗变

火锅技艺是在川渝火锅发展过程中积淀而成的，既是支撑川渝火锅发展壮大的重要内容，也是川渝火锅代代相传的关键所在。在川渝火锅火锅技艺中，底料配置技艺是重中之重，毕竟这是饮食类型之一，只有保证口味品质才能吸引食客。麻辣底料在川渝火锅中处于重要地位，无论是国内还是国外人士提起川渝火锅，印象最深刻的便是"麻辣"，因此这类底料配置工艺一直是传承的重点，但"辣"也别有洞天，有香辣、甜辣、咸辣、酸辣等，不同传承者会基于自身口味做出调整，进而形成多种口味的麻辣风格。除了麻辣风味外，其他风味也在川渝火锅中出现，如清淡、酸爽、鲜甜等，火锅底料也增加了菌汤、清油、牛肉、番茄、酸菜等类型。火锅制作也是火锅技艺的重要组成部分，很多技艺仍旧在流传，满足了人们吃"土火锅"体会川渝火锅传统风味的要求，如高县土火锅制作工艺便是典型例子。

（五）食用模式的传承与嬗变

川渝火锅从最初产生开始便是为多人服务，先是底层民众围而食用，后来进入饭店后更是将群体共餐展现得淋漓尽致。川渝人逢节日、平常聚会、求人办事、恋爱约会等都会将"吃火锅"作为重要环节，其有利于营造欢快热烈氛围，让人们心情放松，也能拉近人与人之间的距离，促进人们进一步沟通交流。这种群体共餐食用模式一直在传承。但由于受到当今时代个性化潮流与外来饮食文化的影响，出现了一些新的食用模式，如"单人小火锅"便是为满足个性化需求而生。从实际情况看，这一模式中人们虽单独使用锅具，但周围都是相同选择的人，因而整体环境依旧热闹非凡，与群体共餐有着共通之处。还有一些川渝火锅店基于西餐文化推出了"高雅模式"，让人们在安静、高雅的环境中"吃火锅"，这种食用模式与传统火锅食用模式大相径庭，但并非毫无价值，其也是塑造川渝火锅新形象的重要途径。

三、非遗视角下川渝火锅文化传承与嬗变再思考

（一）新旧元素相互融合，不能喜新厌旧

在非遗视角下，川渝火锅文化既要传承精华、延续文化血脉，又要有所嬗变，紧跟时代发展步伐，而这一过程中必然会出现新旧元素共存的现象。如果想要推动川渝火锅文化朝着非遗的方向发展，必须要促进新旧元素相互融合，通过发挥各自优势为川渝火锅文化更好发展提供支撑。喜新厌旧思想要不得，新元素潮流时尚，如新口味、新食用模式等能满足新时代人们的需求而受到欢迎，但如果一味"求新"会导致旧的、传统的事物逐渐消亡，久而久之，川渝火锅文化根系便难以长久存在。发掘旧元素精华具有重要意义，如川渝火锅传统底料要传承下去，确保川渝火锅口味始终独一无二，而这也是川渝火锅在饮食领域地位斐然的保障。新旧元素相互融合要以保持底色为前提，避免融入新元素后变为他物。

（二）追求美味无可厚非，不能毫无节制

从川渝火锅食材发展变化中可以发现人们对美味展现出的炽热追求，这是饮食文化不断发展向前的重要动力。也正是因为这个原因，川渝火锅衍生出了很多新的口味，满足了更多食客的口味要求。饮食为人们生活发展服务，这与非遗传承目标是一致的。川渝火锅风味的增加可为其良好发展提供助力，但同时要做好三方面工作：一是相关部门要做好监督工作，严格把控食材来源；二是构建完善风味管理体系，以严格标准进行管理和约束；三是打造食材可持续供应体系，避免食材引入对生态环境造成破坏。

（三）高度重视饮食安全，不能忽视细节

近年来，我国发生了多起食品安全事故，将饮食安全问题推向了风口浪尖，

国家为此出台了更为严格的管理政策，并采取多种措施进行应对。川渝火锅作为饮食领域的重要组成部分，想要走得更远、发展得更好必须高度重视饮食安全，如果出现安全事故，则可能毁了这一饮食品牌，进而对"申遗"道路造成阻碍。川渝火锅文化传承与嬗变过程中存在随机要素，想要人为控制不太现实，但对其中涉及饮食安全内容进行严格管理却是可行的。如炊具与餐具选用绿色健康材料，在使用时不会产生对人体有害的元素；要对不同食材之间相生相克的问题进行深入探讨，避免出现食物中毒。细节管理是重中之重，这是实现"零失误"的重要保障。而对于饮食安全来说，"零失误"应是第一准则，如果川渝火锅能做到"零失误"，对于其形象的塑造以及提高人们的信任度意义重大。

（四）培养更多传承人，避免人才断层

在非遗传承中，提高传承人待遇、激发传承人热情是重要入手点。传承人掌握着核心技术，而技术又是非物质文化遗产得以形成与运转的关键。川渝火锅文化丰富多样、内涵深刻，想要传承下去，不能仅采用宣传、增加饭店数量、扩大传播范围等策略，更重要的是培养更多传承人，将川渝火锅文化中的核心技术代代传承下去，避免因人才断层影响川渝火锅文化传承效果。想要获得更好的培养效果，首先要挖掘"民间高人"，为他们展示技艺创造良好的环境，让他们在展示中得到锻炼，也能为川渝火锅文化的创新提供支撑；其次要搭建"传帮带"体系，通过开设专项课堂让"民间高人"将技艺传授给学生，并通过实践锻炼夯实技能；最后要打造人才输送体系，技艺人才得到培养后，要通过人才输送体系进入川渝火锅企业进行工作，保证川渝火锅原汁原味发展。

（五）营造雅俗共存格局，消除饮食歧视

川渝火锅起源于底层民众，后来得到全社会的欢迎与认可，成为我国饮食文化中极具特色的内容之一，同时其广泛的受众也推动了川渝火锅风行全国乃至全世界。在非遗视角下，任何文化都要以服务大众为目标，不能存在文化歧视。但从实际情况看，文化歧视现象却是普遍存在的，如"高雅火锅"食用模式的出现便在一定程度上反映出国民对群体食用模式的不自信。针对这种情况，营造雅俗共存格局是重要途径，目的是消除饮食歧视，让人们平等地对待每一种饮食。

参考文献

［1］杜楠.基于H5的中国传统火锅文化信息可视化设计研究[D].北京：北京服装学院，
　　2019.

［2］邓炜.饮食人类学视域下的火锅象征研究[D].重庆：西南大学，2019.

［3］成宇昂.火锅文化的当代传播研究[J].文化创新比较研究，2020，4（15）：77—78.

YISHU YANJIU

艺术研究

抗战时期重庆美术社团的审美普及和交流传播[①]

黄剑武[②]

抗战时期，美术家、美术理论家们组织各种社会力量形成抗日救亡进步团体，为了普及大众审美，积极鼓舞大众参与抗战，许多美术社团随着国民政府南迁也纷纷转移到陪都重庆重组或重建。一些美术界有识之士根据抗战的现实和需要，还在重庆成立了中华全国漫画作家抗敌协会、中国木刻研究会等多个社会团体。它们揭露日本帝国主义侵略罪行，激发全民团结抗战的意志和决心，继续发挥着它们的积极作用，如中华全国美术界抗敌协会（中国全国美术会）、中华木刻界抗敌协会、救亡漫画宣传队等。

一、抗战时期美术社团的机构重组及宣传抗战的相关活动

抗战时期的重庆美术社团并非完全的民间组织，因为抗战的特殊状况，不少社团依附于官方行政部门或美术院校等机构，人员结构多具有官方身份，官方提供一定的活动经费，在某种程度上体现了官方的宣传意志。但是也有一些美术社团是来自重庆美术院校或美术界的精英人士自觉组织和自筹资金来开展活动的。

① 本文为重庆市社会科学规划项目《抗战时期重庆美术作品与民族形象研究》（2020YBYS193）阶段性研究成果之一。原载于《四川文化艺术研究（第二辑）》2022 年 12 月。

② 黄剑武（1975—　　），重庆市文化和旅游研究院（原重庆市文化艺术研究院）研究员，《重庆文化研究》执行主编。研究方向：美术创作与理论、美术评论。

尽管组成人员不同，或经费来源不同，在国共抗日民族统一战线形成后，它们在为抗战而宣传的目的都是一致的、统一的。

中华全国美术会 1933 年 11 月成立于南京。协会成立不久，抗战爆发，协会一度陷入停顿。中华全国美术界抗敌协会于 1938 年 6 月 6 日在武汉成立，后迁至重庆。1939 年 4 月，经国民党中央社会部和教育部批准备案，名誉理事有蔡元培、冯玉祥、张道藩、郭沫若等 10 人；理事有张善孖、赵望云、林风眠、唐义精、吴作人、唐一禾等共 43 人。1940 年，该会与南京成立的中国美术会、原中华全国美术会三个合并成新的中华全国美术会。新组建的中华全国美术会，其政治和文化的影响力较之以前有过之而无不及。从协会机构人员的构成可以看出，中华全国美术界抗敌协会体现了一定的官方性，集中了当时主要的文化界政治名流和艺术精英，其社会影响力非同一般。随着机构的成立和协会整合，协会的规格、规模及社会影响力也进一步提升，官方意志也得到加强，为美术社团的审美普及和广泛传播奠定了较好的基础。

中华全国美术会活动频繁，而且注重对外文化交流和社会活动，其主要活动有：一、发动美术家创作鼓励士气及人民同仇敌忾之宣传画，举办国内外绘画展览，协助会员举办个人展览，选送作品送到美国等国家展览，为宣传中国抗战获得国际援助起到了很大作用，每年举办春秋两季展览。二、举办每年一届之美术节纪念会，如 1944 年 5 月 12 日举办 "纪念美术节全国美术展览会"。三、开办美术研究班，开展美术研究和人才培养。四、受教育部学术审议委员会委托办理有关美术著作奖励事宜。五、发动各地美术家组织各省市分会。至抗战胜利时，中华全国美术会有重庆分会、上海分会、北平分会、武汉分会、山东分会等。六、发行会刊一种（出版十余期后停刊）。

国民政府相关部门的美术社团及美术院校画家先后举办书画展 166 次、漫画展览 123 次、油画水彩展览 15 次、版画展览 16 次，共计 220 次。① 美术展览会由全国各地不同文化思想、艺术流派、艺术观念汇集形成合力，达到 "为抗战而

---

① 重庆市文化局编 . 重庆文化艺术志 [M]. 重庆：西南师范大学出版社，2001.

艺术"的审美目标，体现出较大的包容性。抗战美术极大地发挥了抗战宣传的功能和作用，抗战主体是人民大众，抗战美术的方向是为人民大众服务，为抗战发挥宣传战斗功能。普及审美，体察疾苦，走进生活，贴近大众，举办"街头美术展览会"，成为抗战时期灵活有效的流动展览方式。"以独特的形式被广泛地高悬于中国城市和乡镇的十字街头，极大地发挥了美术宣传和审美教化功能。"①

　　抗战期间，由于画材和传播的限制，木刻和漫画成为美术创作和宣传的主要形式。中华木刻界抗敌协会、中国木刻研究会、中华全国漫画作家抗敌协会、救亡漫画宣传队等社团组织，都发挥了极其重要的作用，有力推动了革命形势的发展。中华全国木刻界抗敌协会于 1938 年 6 月 12 日在武汉成立，10 月武汉沦陷前迁至重庆，以叶浅予为协会代表。皖南事变后，1941 年 4 月协会停止活动。1942 年 1 月 23 日由王琦、丁正献、卢鸿基、刘铁华、邵恒秋等发起组成中国木刻研究会，接替被迫停止活动的中华全国木刻界抗敌协会，继续推动木刻运动。中国木刻研究会在全国各省市成立分会、支会，利用闲暇时间培养木刻新力量，还举办全国木刻函授班，壮大木刻队伍，积极开展抗日宣传活动。该会曾在《新蜀报》副刊上"成立专刊"，在《新华日报》上刊登的《中国木刻者致苏联木刻家信》，推广美术交流活动。中国木刻研究会先后举办文化界宣传团木刻展览、双十全国木刻展览会、成立周年纪念木刻展览等，大大推动了木刻运动。1945年 10 月 20 日该会更名为中华全国木刻作家协会，次年初迁南京。

二、木刻、漫画社团的审美转向和抗战审美共识

　　木刻运动初期主要集中在上海、广州、杭州等大城市，地处西南的重庆木刻运动起步稍晚。木刻从初期开始和其他的艺术一样没什么区别，欣赏木刻的大多数是知识分子，以欣赏为主。既然是欣赏的作用，可以不用考虑普遍适应大多数人的审美需求，木刻艺术是否大众化也还不是一个问题。抗战时期，国统区和解

---

　　① 阮荣春，胡光华. 中华民国美术史（1911—1949）[M]. 成都：四川美术出版社，1992.

放区的木刻有一个共性，都是以纯粹西方的木刻艺术形式表现社会生活，木版画的纯艺术化的形式语言与大众化的欣赏习惯形成了一个明显矛盾。当时，中国的大部分是农民，农民是抗战的主要力量，战时木刻艺术的审美主体是农民，农民的接受度形成了木刻宣传的阻碍，战争形势的瞬息万变要求文化宣传工作要更加及时，这给木刻工作者提出了更高的要求，其审美功能急需转换，寻找一条新的适合抗战形势的发展路径。美术家们需要研究、开拓出一条为大众服务，为农民接受的创作方式，动员全民抗战。领导全国木刻运动的"中华全国木刻界抗敌协会"和"中国木刻研究会"是具有较大影响力的两个社团组织，都是中国共产党领导的外围文化组织，在工作中随时得到党的指导和支持，受到群众的热烈欢迎。根据抗战转换审美需求，极大地推动了国统区木刻运动的发展。《新华日报》的《木刻阵线》、《国民公报》的《木刻研究》周刊成为重庆木刻主要的发表园地和宣传阵地，在群众中产生了广泛的影响，木刻运动的开展如火如荼。在某种程度上，重庆木刻搭起了国统区美术工作者与解放区美术工作者联系的桥梁。

毛泽东《在延安文艺座谈会上的讲话》传到重庆，文艺界对此再次展开深入讨论，其中美术界的讨论首先在木刻工作者之间展开，逐步明确建构美术创作思想和审美对象的问题。在抗战中进行的艺术内容和形式的深入探讨，由绘画实践上升为理论层面的探讨，尤其是审美形式的讨论比较深入并达成审美大众化共识。

具体来说：一是关于坚持艺术的现实主义道路的问题。现实主义遵照艺术来源于生活的创作原则，要求按照生活本来的样式描写生活，并通过艺术形象的典型化揭示生活的本质。因为面对抗日战争和反法西斯战争两个现实，和西方现实主义有所区别，抗战是中国目前最大的现实。要产生与时代相适应的现实主义艺术，现实主义应当表现中国的社会现实和时代精神。二是美术民族化和大众化问题。如何建立独特的民族风格问题，正确认识民族形式和大众化问题，成为木刻进一步提高创作水平的首要问题，其实也是审美形式的深化问题。鲁迅曾指出："采用外国的良规，加以发挥，使我们的作品更加丰满是一条路；采取中国的遗产，融合新机，使将来的作品别开生面也是一条路。"①抗战前期，木刻作品多模仿西方木刻，而且创作主题的口号化明显。随着对战争的推进和情感的深化、创作经验的丰富，对残酷战争情感的体验，在吸收欧洲木刻经验的基础上，开始探索中国木刻的审美形态和民族形式。

当时有观点认为，新兴木刻以创作为主，对复制中国古代木刻要批判地吸收，木刻艺术的大众化问题与民族形式问题紧密相连，大众化应该是通俗化，但绝不是"庸俗化"。陈叔亮在《绘画的民族问题》一文中有论述："我们今天所需求的民族形式的、大众化的绘画，既不是统治阶层所私有的绘画，也不是内容上含有毒素的民间画，而是在那些旧的经验中，创造出一种富有革命的内容和进步的技法，又为大众所能理解的新东西。同时尤须做到在大众化的过程中不断地提高大众的现实水准。最后我们要指出所谓'大众化就是通俗化'的说法是对的，但通俗化绝不是庸俗化，假使把通俗化与庸俗化混为一谈，则必然地要变为大众的尾巴，而否定了艺术的主动性，这是异常危险的。"②抗战时期的木刻版画西化倾向逐渐减弱，取材范围明显趋向生活化和现实化，吸收了剪纸、民间木版年画的语言，木刻版画的民族化问题在这一时期得到发展，其艺术规律和创作技法深化，从西化模仿的方式中转化出来，民族风格逐步确立，形成大众化和民族审美化的高度统一。

中国的漫画和木刻一样，在抗战中具有较广泛的群众基础。面对现实面对抗战，突出其战斗性的功能和作用。其中以中华全国漫画作家抗敌协会和救亡漫画宣传队最具有影响力，尤其是救亡漫画宣传队活动频繁，流动广泛，影响范围很广。

1940年12月21日，中华全国漫画作家抗敌协会在重庆中山一路中苏文化协会召开成立大会。该会主要以举办全国漫画展览及个人画展，出版会报及漫画书刊等为主开展抗战活动。另一个有特色的团队是救亡漫画宣传队。其流动宣传的方式灵活多变、深入人心，范围大而广，反响强烈。它于1937年9月成立于

---

① 鲁迅. 鲁迅杂文全集 [M]. 北京：北京燕山出版社，2013.

② 陈叔亮. 绘画的民族问题 [N]. 新蜀报，1940－01－06.

上海，全称是"上海市各界抗敌后援会宣传委员会、漫画界救亡协会漫画宣传队第一队"。主要队员有叶浅予（领队）、张乐平（副领队）、特伟、胡考、梁白波、廖冰兄、张仃等 17 人。漫画队隶属国民政府军事委员会第三厅，故亦名"军委会政治部漫画宣传队"。在郭沫若和第三厅的领导下，宣传队以揭露日本侵略罪行，揭露日本人民反战反侵略的暴行为主题，进行抗日宣传活动。救亡漫画宣传队来到重庆后广泛开展宣传活动，1940 年 1 月 1—5 日的"新年抗战漫画巡回展览会"受到重庆人民的普遍欢迎，展览首先在重庆市区两路口、都邮街等街头展出，后相继到市郊的南温泉、北温泉和江津等地流动展出。漫画宣传队从组成到解散，历时 3 年多，先后在南京、武汉、长沙、桂林、重庆、屯溪、上饶等地进行宣传和劳军活动，举办展览近百次，编辑出版刊物多种，绘制宣传画近千幅。救亡漫画宣传队是抗日民族统一战线的产物，它以通俗易懂、喜闻乐见的审美接受方式，证实了美术宣传的大众化、通俗化在广大群众中的可行性、统一性、深入性和广泛性，在抗战宣传中发挥了重要的作用。

三、抗战时期美术社团出版发行的审美传播和对革命形势发展的推动

为了扩大战时宣传的普及效果和传播范围，争取抗战的时间性、有效性和团结性，重庆的美术社团积极参与投稿编辑或主编各种报刊及栏目，推动革命形势的发展。为此，《新华日报》《中央日报》《国民公报》《新蜀报》《时事新报》等报刊还开辟了"文艺之页""读书""半月木刻""木刻阵地""木刻研究""蜀道""七天文艺""学灯""青光"等诸多副刊栏目专栏，成为刊载木刻、漫画作品和美术评论的主要阵地。

1938 年 7 月 7 日，中华全国木刻界抗敌协会在重庆市民商会礼堂举行了四川第一个木刻画展"七七抗战一周年抗战木刻画展"，在《国民公报》出刊《木刻专页》，《商务日报》出刊《抗战木刻》做专门介绍。1939 年 4 月 6—8 日举行了"第三届全国抗战木刻画展"之后，受到关注和好评，激发了重庆人民的抗日热情。

协会创办的《战斗美术》月刊具有一定的影响力。《战斗美术》1939 年 1 月创刊于重庆。卢鸿基和王琦自费筹办了《战斗美术》并任主编，冯法祀、王嘉仁、黄铸夫、丁正献、张望、李可染等 6 人任编委（第 2 期增加王朝闻、洪毅然二人为编委）。刊物本着"严谨的、理论的、写实的、批判的"办刊精神，旨在打破美术界沉闷的空气，动员美术界人士以自己的画笔投入抗敌的战斗。在办刊内容上体现出较强的理论性和鲜明的战斗性、批判性，旗帜鲜明地提出在抗战中发挥审美教化的作用，在读者中产生了较大的反响。

救亡漫画宣传队以会刊《抗战漫画》开展抗日宣传工作和审美普及活动，报道抗日救亡宣传动态，该刊共出版 15 期，其中武汉 12 期，重庆续出 3 期。1940 年 1 月 21 日，漫画宣传队编辑的重庆《国民公报》副刊《漫画版》半月刊出版。该副刊共出 6 期，历时 4 个月。主要刊登漫画作品，同时刊登漫画理论文章与漫画活动消息，图文并茂，是抗战时期大后方报纸上不多的专为漫画开辟的副刊。漫画宣传队利用各种途径克服各种困难继续出版《抗战漫画》。在重庆出版的第 13～15 期是《抗战漫画》的"尾声"。1940 年第三厅改组，郭沫若遭到排斥，经费随之停发，作为第三厅附属团队的漫画宣传队解散。

《现实版画》于 1940 年 11 月 1 日创刊至 1941 年 4 月，共出版 5 期后停刊，4 期和 5 期为合刊。梅健鹰任社长，负责编辑发行事宜及运作，梅健鹰、罗颂清、李慧中、蒋定闽 4 人为编辑委员。现实版画社是重庆国立中央大学艺术科学生发起创办的一个美术团体。该刊"内容以抗战建国及后方生活为主，不涉党派，不做无病呻吟，立场是严正的版画之外还有一些关于艺术的文字"。《现实版画》包括木刻作品和附录的理论文章两部分内容。木刻作品主要分为两类：一是表现与抗战有关的战斗、行军、生产等内容；二是表现重庆大后方的风景、战时民众的日常生活。这些作品表现生活，主题突出，构图巧妙，造型生动，具有现实性和艺术性的特征，故颇受重庆和全国各地版画工作者的青睐。《漫画与木刻》于 1939 年 4 月创刊，重庆中央大学木刻研究会编辑出版，重庆中央大学发行，仅出一期，16 开本。其编辑刊物刊载内容和《现实版画》内容相似。

战时的美术社团的画家、美术理论家和美术评论家们以相关报刊为载体，发表各种理论观点，文章以论文和美术短评为主。刊载文章主要围绕"木刻的普及与提高""国画如何面对现实""木刻艺术民族化""为抗战而艺术""绘画的大众化""创作的主客观关系问题"等学术问题展开激烈的讨论，呈现出一种各抒己见、集思广益、博采众长、百家争鸣的学术繁荣的局面。虽然有些文艺思想观念因时代局限显得比较浮薄，讨论也不够深入，但是是最广泛的统一战线文化运动，为抗战统一了文艺思想，规整了审美的社会功能。

抗战时期，重庆本地成立的美术社团也有多个。中西画社在 1936 年 9 月成立，由重庆画家刘潇松、赵善述、赵公绩及从上海回渝画家张聿光等组成。该社以提高艺术地位、宣扬文化为宗旨。黑画文艺社在 1936 年 11 月成立，由重庆淳毅英、李德裴、柯根石等文艺青年组成，其宗旨为"把握现实，肯定人生"，只要意趣相合，共同致力于文化运动，改进绘画事业，均欢迎加入，曾出版《黑画半月刊》。抗战时期的国光书画社、抗日漫画宣传队、艺岭画会、前锋国画会、现实版画社、野马社等美术社团[①]都分别组织过各种活动，如出版《现实版画》月刊等和举办各种美术展览活动，和西迁的美术社团交相呼应、相得益彰，有力推动了大众审美传播和革命形势的发展。

四、结语

重庆美术社团是抗战宣传的重要力量之一，部分中坚力量也是来自重庆美术院校的师生。他们既是教员又是美术社团成员，既是画家又是美术理论家或美术评论家，一人充当多种角色，在抗战时十分活跃。他们举办的活动通常有绘画展览、出版刊物、函授办班、对外交流等。这些活动大大推动了大众审美普及活动，使大众通过图像及时了解革命形势，为团结抗战发挥了重要文化宣传作用，有力推动了革命形势的发展，影响极其深远。

---

① 重庆市文化局编. 重庆文化艺术志 [M]. 重庆：西南师范大学出版社，2001.

川江号子在中国水系音乐文化中的当代表达

邹俊星 [①]

一、概述

水，最早见于商代甲骨文，其本义是河流，引申泛指一切水域。中国的文化典籍，几乎所有史实文献，都蕴含着丰富的"水文化"的内容:《山海经》载"女娲补天""精卫填海""大禹治水"的故事比比皆是。古代帝王爱水，文人雅士也爱水，水中有"天人合一"，也有"人定胜天"。水不仅影响了中国文化的产生，在文化进程中演绎出丰富多彩的面貌，而且，随着历史的演进，人类文明的发展，已使之成为中国文化所阐释的一个重要"对象主体"，并因之使这一文化体系生发出一种特异的艺术光彩。

滚滚而来的长江从青藏高原发源，流经四川（重庆）和长江中下游而入东海。从音广义的角度讲，原四川（重庆市成为直辖市之前）境内的长江河段都被称为"川江"，从狭义的角度讲，"川江"则主要是指重庆至湖北宜昌的长江河段。"蜀道难，难于上青天"，自古以来川江就成为巴渝地区的人民借助于舟楫出境的重要通道，在历代史籍中多有记载。近年来，在沿江两岸考古发掘中出土的新石器时期的"石锚"、东汉时期的"拉纤俑"等文物也印证了川江水路运输行

---

① 邹俊星，重庆市文化和旅游研究院。

业的久远历史。在木船时代，其航行面对逆江而上或者船过险滩的时候，其动力完全来自船工的体力和纤夫们的拉力。这种"面朝江水背朝天"的枯燥、简单的劳作方式，促进了劳动号子的产生。在川江流域，两岸民众和船工在长期的生活和生产实践中创造了"川江号子"这一重要的中华民族传统音乐文化。川江号子是一种杰出的水系音乐文化，是长江水路运输史上的文化瑰宝，是船工们与险滩恶水搏斗时用热血和汗水凝铸而成的生命之歌。

川江号子是生活与心灵交织的歌，船工们把自己在生活中所感受到的一切喜怒与哀乐都融入里面，从而使之成为充满激情与活力的生命的赞歌。它承载了千百年来川江人的爱恨情愁。川江号子水系音乐文化如一个庞大的数据库，点击里面的一个个页面，我们可以清晰地看到母亲河流域古往今来人们的生产和生活，以及由此而产生的音乐文化和音乐行为。

二、川江号子的所在长江水域地理环境

川江，系指历史上四川境内的长江主干河段（主要指四川宜宾至湖北宜昌河段）和长江支流形成的整个长江水系。四川宜宾至湖北宜昌的长江干流约 1000 公里，重庆至宜昌约 700 公里。重庆直辖后，原四川境内的长江主干及其整个水系，绝大部分都在重庆辖区内。

重庆市域内江河纵横，水网密布，除长江及其主要支流嘉陵江、乌江外，尚有流域面积在 3000 平方千米以上河流 10 条，流域面积 30～50 平方千米河流共436 条。主要河流有长江、嘉陵江、涪江、渠江、綦江、琼江、御临河、龙溪河、赖溪河、小安溪、乌江、芙蓉江、龙河、郁江、唐岩河、大溪河、小江、磨刀溪、大宁河、任河等。境内河流除任河水是注入汉水以外，其余均属长江水系。多数河流源远流长，径流量大，水力资源丰富，但年内分配不均，且河水含沙量高，河道的峡谷、险滩多，航运条件不如长江中下游河流好。重庆市和四川省境内的长江河段及长江的主要支流嘉陵江、乌江、大宁河等水系。

三、川江号子历史渊源

川江号子是人们过去对四川境内长江水系的船工们驾船劳作时所唱的歌谣的称谓。重庆地处长江上游的三峡腹地。嘉陵江、沱江、涪江、乌江、大宁河等支流注入长江，构成了历史上四川境内的主要长江水系。这里航道弯曲狭窄，明礁暗石林立，急流险滩无数。流经四川进入重庆境内的长江干流斜贯重庆全市，在本市境内长约 700 千米；有嘉陵江（境内长约 150 千米）、乌江（境内长约 235 千米）、大宁河等主要支流。长江干流水流湍急，变化多端，江道切岭成峡，穿谷成沱，十分雄险。据清陈登龙《蜀水考》记载，从重庆朝天门至万县小江口，就有 8 道峡、239 个滩。过去，来往川江担任客货运输的木船的唯一动力是推桡拉纤的船工。他们少则十几人，一般几十人，多则上百人。这些木船破浪行水，穿峡过滩，既要舵手把稳航向，也要划桡拉纤的船工们心齐劲足，步调一致，把船"驾活"。靠什么来统一节奏，凝聚船工们的集体力量？靠吼唱"号子"。川江号子就应运而生。

川江号子源远流长。它随着船运业的兴起而诞生，随着船运业的发展而发展。

据《后汉书·南蛮西南夷列传》记载，上古时候，湖北武落钟离山清江流域，居住着巴、樊、曋、相、郑 5 姓部落。他们为推"君长"，约掷剑石穴，中者为君。巴部落首领务相独中。"又令各乘土船，约能浮者，当以为君。余姓悉沉，唯务相独浮。因共立之，是为廪君"。这说明巴民族的祖先靠他们特制的陶质土船，赢得了部落联盟首领的地位。以后，又以这种土船为运输工具向西迁徙，进入三峡腹地的长江流域。无论是早期的枳（涪陵）、平都（丰都），中期的江州（重庆），或者是后期的垫江（合川）、阆中等都邑，都濒临江边，与江水和舟船结下了不解之缘。这时作为运输工具的舟船，已经由陶质进化成木质，1954 年在重庆巴县冬笋坝发掘的 21 座巴人楠木船棺墓葬群便是明证。驾驭这些船只在江中行驶的船工们的声声号子也就响彻大江上空。

公元前 316 年，秦国灭巴国后，顺江东下伐楚国，据称当时巴人已能制造

"一舫载五十人与三月之粮"的大木船。公元前 280 年，秦国大将司马错从江州（今重庆市）率水师主力出征楚国，其军队号称有"巴蜀众十万，大船舶万艘"。

据《华阳国志》记载，东汉永兴元年（153），江州"结舫水居五百余家"。蜀汉建兴四年（226）都护李严驻防江州并新筑江州大城，在城内嘉陵江岸修建大片粮仓，囤积粮食，由水运转输军用，粮仓所在地名为千厮门，一直沿用至今。隋开皇九年（589）灭陈，大将杨素领兵沿江东下，在渝州（今重庆市）建有容兵 800 人的"五牙楼船"和容兵 500 人的"黄龙"船，组成运兵船队。

唐代渝州港已成为"万斛船"的集运港，港区内的梁沱、唐家沱、郭家沱等水域是停泊"万斛船"的优良港池。到宋代，渝州港又被称为"控两江之会，漕三川之粟，城为便利"。元代，在重庆建有以朝天门为枢纽的水陆驿站网。明初，朝廷对四川的航道、栈道进行整治，水、陆驿站大增，重庆港成为连接川西、川南、川北、川东等州府 70 个水驿组成的四川水运网的中心。

及至清代乾隆年间修纂的《巴县志》卷十《物产》在述及重庆水运时称："三江总会，水陆冲衢，商贾云屯，百物萃聚……运至秦楚吴越闽豫两粤等地。……水牵云转，万里贸迁。"川江航运发展到又一个高峰。川江号子也就随着川江航运事业的发展而经历了悠久漫长的历程。

四、川江号子的号子分类和功能属性

长江干流和支流河道不同，船型各异，运行各别，因而形成了大河号子和小河号子的类别。同一河系的不同河段，具有不同的水性，行船有紧张与平缓之别，因而川江号子又分为冲刺激越型号子和平衡舒缓型号子。还因船行的方向不同，又分为上水号子与下水号子。这些不同类别的号子中，还包括若干小类。比如上水号子就包括撑篙号子、扳桡号子、竖桅号子、起帆号子、拉纤号子等，拉纤号子又包括出纤号子、平水号子、上滩号子、近滩号子、外倒号子、鸡啄米号子和收纤号子等；下水号子包括拖杠号子、开船号子、扳桡号子、平水号子、二流橹号子、快二流橹号子、幺二三交接号子、见滩号子、冲滩号子、下滩号子等。这些号子还因不同河道、不同船工，其内容和形式呈现不同差异。现年88岁的老船工陈帮贵就能领唱20多种曲牌唱腔近200首的川江号子。川江号子的曲目数以千计。

川江号子在水流湍急的地方，大家咬着牙，劲往一处使，动作整齐歌唱激烈，内容单调重复多，曲调的周期性突出，结构严谨方正。具有代表性的呼喊是"嘿左，嘿左……；| 咳哟着·| ·// ·|……；哟耐呵 | ·// ·|……"

川江号子的另一种表现形式，就是当行船冲过急流险滩，在劳动动作的急迫性、情绪的紧张性相对减弱的时候，曲调的周期性、单调性产生了变化，随着船工们愉快的心情，川江号子所唱内容既有民间传说，又有戏文故事；既有两岸物景，还有生活琐事；也可触景起兴，见啥唱啥。在发展中还吸收了川剧竹琴、扬琴、金钱板等地方艺术音乐的音调，是历史上人类为生存而流传下来的生命赞歌。

在许多情况下，歌唱的内容甚至与劳动行为完全无关，纯属某种情绪的表现。例如，川江船工号子有这样一段唱词内容：

正月里来还把龙灯（罗）挂呀，

二月里来才把风灯（罗）扎。

四月里来秧子满（罗）田搭，

五月里来龙船下河坝（也）。

七月里来皂角黄泥巴，

八月里来看月华（哟）。

在不少情况下是演唱具有故事情节的地方戏曲中的故事内容。如《十八扯》《八郎回营》《十八载才见夫》《桂姐修书》《魁星楼》《十二个月诗头子》《营门斩子》等都是具有代表性的曲目。

川江上的船工们，在长时间的驾船实践中，创造了品类众多、调门丰富的号子，形成了鲜明的艺术特征。概括起来，主要有：

（一）历史积淀的悠久性

川江号子的产生和发展，必须具备三大要素，即江河、船工和以人工为动力的舟船。巴民族的祖先，多聚居江边，与江河结下不解之缘，很早就靠舟船生产生活。早在部落联盟时代，巴人首领务相就凭当时技术先进的陶制土质舟船，赢得了部落联盟首领"廪君"的地位。那时，就有了驾船劳作而吼唱的号子。后来入主江州之后，发展为木制舟船，船运业得以兴旺，川江号子也有了大的发展，一直绵延至今，经历了四五千年。

（二）品类曲目的丰富性

在长时期的传承、发展中，船工们吼唱号子也日益丰富。重庆境内的水系复杂，要在如此复杂水系中安全行船，船工们就要根据不同水系吼唱不同的号子。如前所述，川江号子就有大河号子与小河号子之分，紧张型号子与平缓型号子之别，最突出的是上水号子与下水号子的不同。这些不同类型的号子中，又包括若干小的类别，因而形成了数十种不同类别的川江号子。船工们吼唱的号子曲目，则数以千计。仅号子头陈帮贵一人就可领唱 200 多首川江号子，便可见一斑。

（三）歌词曲调的独特性

重庆河段，滩多水急，尤其是大三峡处，更是峡窄水涌，险滩叠叠。在这种河道里行船，常常都有葬身鱼腹之险。所以，船工们唱出了"川江水，滚滚来，船工拉滩又闯滩。拖儿匠（挖煤、运煤工人）埋了没有死，船拉二死了没有埋"的悲壮歌声。川江号子是船工们在与险滩恶水搏斗中用汗水和生命凝聚而成的生命之歌。它与那些平坦舒缓的水系音乐迥然不同，无论是歌词与曲调都呈现出它的独特性，在世界江河流域音乐体系中独树一帜。

（四）一唱众和的徒歌性

吼唱多种多样的船工号子，需要一个领唱的"号子头"。号子头不仅要有响亮的声音、丰富的阅历、机灵的应变能力，而且还要识水性，知滩情。在什么地方需要吼唱什么号子，看见多变的水情即兴吼唱相应号子，以恰当地调动船工情绪和劲力，才能安全过滩穿峡，否则就有船破人亡的危险。所以，过去有"一声号子吼，便把船来行。全船生与死，都系一人身"的谚语。如此长时期的实践，形成了川江号子演唱形式上一唱众和的徒歌性特点。

（五）民族特色的鲜明性

古代巴国曾经拥有"东至鱼复（今奉节），西至僰道（今宜宾），北接汉中（今陕南），南极黔（即黔中郡，辖今湖北西部及湖南、重庆、贵州邻近地区）涪（今涪陵）"（《华阳国志·巴志》）的广大幅员，现今重庆的辖地几乎均在古代巴国疆域内，古代巴民族所创造的水文化世代被覆式地传承下来，因而使川江号子具备了浓郁的巴民族特色。

五、川江号子在水系文化中的当代表达

历史悠久、内容丰富、形式多样、特色鲜明的川江号子，是巴渝文化的重要组成部分，蕴藏着深厚的水文化内涵。

古代巴民族及其后裔创造的具有鲜明地域特色和民族特色的巴渝文化，与长江下游的吴越文化、中游的荆楚文化共同构成了古代长江文化体系。以川江号子为重要内容的长江上游水文化，在长江水文化体系中占有突出的地位。川江号子的历史就是巴渝内河航运的历史，川江号子的水文化内涵蕴含着巴民族的若干印迹，具有丰厚的历史、文化价值。它是巴渝地区优秀的民族民间传统音乐文化。保护、传承、弘扬这种优秀传统音乐文化，就能更好地保持巴渝音乐文化的独特性和多样性，对发展巴渝音乐文化具有积极的推动作用。

20 世纪 50 年代，川江号子一经搬上舞台，就轰动了整个中国歌坛。60 年代初，四川省歌舞团、战旗文工团和重庆市歌舞团等单位，又派音乐作曲家和歌唱家深入川江，访问老船工，采录一批川江号子，将它再次搬上社会主义文艺舞台，又一次获得了音乐界人士和广大观众的好评。

60 年代，四川省歌舞团赴西欧演出，歌唱家范裕伦将川江号子带入世界音乐殿堂，专家和观众好评如潮，在世界青年联欢会上荣获金奖。

1987 年 7 月，在法国阿维翁艺术节组织的"世界大河歌会"上，重庆市老船工陈帮贵等 3 人演唱的川江号子，震惊了世界音坛，被法国《世界报》赞为

"献演阿维尼翁江河音乐专栏中最为出众的部分"，媒体称赞它可以与世界著名歌曲《伏尔加河船夫曲》媲美。

1993 年，重庆作曲家张永安运用川江号子等音乐元素创作的大型二胡协奏曲《川江魂》，就是描写川江船工拉纤行船，战胜激流险滩的器乐作品。它不仅折射出了独特的巴渝音乐风情，而且展示了民族积极向上勇于拼搏的精神气质。该作品由中央民族乐团、中央广播文工团民乐团联合组成的百人乐团演奏，由台湾某音乐公司录制出版，在海外产生影响。

2012 年张艺谋、王潮歌和樊跃打造的"印象系列"早已是一块金字招牌，作为其印象系列的第七部作品，《印象武隆》在重庆武隆桃源大峡谷正式公映，耗时 6 年打造的实景演出终于掀开了神秘的面纱，现场 2300 多个座位座无虚席。

这是全国唯一一个大型高山峡谷实景创意演出，也是西部地区第一次展示喀斯特山水和巴渝文化融合一起的大型实景演出。在近 70 分钟的表演里，川江号子、哭嫁这些即将消失的民俗文化与抬轿子、麻辣火锅等现代人都熟悉的元素融为一体，在高山峡谷之间，在灯光幻彩之间，演绎时空交错的奇幻魅力。贯穿《印象武隆》的是快要消失的川江号子。当"嘿做嘿做"的喊声在峡谷里响起的时候，山谷里都响起回声，也喊出重庆人不惧艰险、坚忍不拔的精神。现场观影的观众的反馈有很强烈的记忆点。该剧一直演出至今，市场运转良好，成为旅游和艺术结合下的文化自觉。

随着时代的发展，人类进入智能时代。曹光裕作为川江号子国家级传承人还在为川江号子的创新而探索，川江号子不能在劳动中发展，那就要在艺术的路上光大。曹光裕发现川江号子有一种"魂"，这种魂是劳动的本质和哲学构成的，是老祖宗留下的精髓，只要这个"魂"还在，川江号子就不会消亡。一定能传承发展下去。他说："老的唱段，或许会过时，但川江号子里所蕴含的不折不挠的精神是永远的。我们要把它传承下去。"工作之余，他带着录音机，坐着汽车，跑到乌江、龚滩等地寻找老船工，听那些不同的号子，收集了大量的素材。他集川江号子各派风格之所长，熟练掌握演唱 26 种川江号子的曲牌和与之对应的号子歌，决心把川江号子创新传承。

2005 年亚太城市市长峰会在重庆召开，曹光裕受邀在人民大礼堂献唱。

2006 年，川江号子成为重庆市首批国家级非物质文化遗产项目，越来越多的人开始关注川江号子。川江号子告别码头，开始频繁登上舞台。曹光裕带着这帮船工兄弟，把川江号子唱到了天安门、唱到了世博会，还上了央视的"我要上春晚"，将有点"土"的川江号子唱到第八届勃拉姆斯国际合唱比赛中，在德国历史文化名城——威尔宁格罗德音乐大厅脱颖而出，赢得了 7 位国际级评审的一致好评和现场观众的满堂喝彩，荣获金奖和最佳民族特色单项奖。作为非遗传承人，曹光裕在探索，要走出一条新路，给川江号子注入新的能量。他的儿子曹羽是四川音乐学院毕业的研究生，正在外打拼。他用激将法把儿子劝回家，为川江号子创新"找路子"。父子俩经过商量，决定将传统文化与时代发展相契合，让老传统以大众喜闻乐见的形式重焕光彩，在效果上将川江号子进行交响化，使震撼力叠加。经过半年的努力，父子俩打造出情景剧《川江号子》，用唱来讲述川江号子的故事。2018 年 9 月，在重庆的两江游轮上，情景剧《川江号子》展演，由篇章"朝天门起航""歇梢又打望""纤痕落魂腔""生死鬼门关""大江传歌"构成，30 分钟的演出，受到观众热烈的欢迎，4 个月共计演出 300 场。

自疫情以来，川江号子的演出形态还在继续探索，曹光裕和他的团队又在尝试和一些演出策划人做一些小剧场沉浸式的演出。"非遗·剧次元"这个以非遗为内核的演艺空间，作为一种正式品牌的形式，在后疫情时代舞台艺术的发展做实验性探索。舞台艺术的探索新维度，从传统大型剧院至"快闪"街道、商场、公园、机场大厅等全开放场所；舞台视听从传统影视媒体到大数据"抖音""直播"等零距离的屏幕凝视；舞台观众从千人正襟危坐到数十人共情升华，通过更多次元的升华，与国家倡导的小而精、美而雅演绎出新形态，努力探索新的契合。

川江号子这一音乐形式，积淀着丰富的地域音乐内容，闪耀着民族音乐文化的光华。抢救、保护川江号子，不仅可以丰富巴渝水系音乐文化，而且在丰富中国水系音乐文化乃至世界水系音乐文化中，也会产生积极的促进作用。因此，它的杰出的历史文化价值不可低估，对于创造性转化，创新性发展，智者们还在继续"提纯"，我们期待川江号子每一次的华丽转身。

延安木刻在川渝[①]

王岚岚[②]

延安木刻对川渝地区美术事业的发展有着深远的影响，其影响下的历史进程长达数十年，可分为两个时期：第一个时期为 20 世纪 40 年代的抗战阶段，经过周恩来领导的中共中央南方局（重庆）与《新华日报》（重庆）的努力，将延安木刻带到了陪都重庆，进行了大量的传播和交流，播下了延安木刻的种子；第二个时期为 1949 年后，以来自晋绥边区版画家为主的解放区木刻工作者，成了 20世纪川渝地区美术之核心和主导力量，他们把大半生的精力和艺术奉献给了这里，坚持以毛泽东《在延安文艺座谈会上的讲话》为指导方针，创造出了川渝版画的光彩篇章。本文梳理了延安木刻在川渝地区的传播、影响，以及主导创作的历史脉络，力图呈现延安木刻在该地区所作出的重要贡献。

一、抗战时期的延安木刻在重庆

延安木刻是抗日战争时期鲁迅所倡导的新兴木刻版画在解放区的延伸与发展，是这一特定历史时期的重要艺术形式。

1942 年 5 月，毛泽东发表了《在延安文艺座谈会上的讲话》（以下简称《讲话》），指出文艺为工农兵服务，"人民生活"是"一切文学艺术的取之不尽、用

---

① 原载于《美术》2022 年 8 月。

② 王岚岚，重庆美术馆（重庆画院、重庆国画院）二级美术师。

之不竭的唯一源泉"①等创作原则。《讲话》的发表标志着中国文艺"革命化""大众化""民族化"方向的确立。"鲁艺"共有48人参加此次座谈会②，包括延安木刻工作者在内的力群、江丰、王曼硕、刘岘、罗工柳、张仃、蔡若虹、胡蛮、张望和华君武等美术界代表。这次讲话对于延安木刻具有重要的指导意义，并促成了其创作的新方向。延安木刻最早出现在川渝地区是在抗战时期。当时国民政府迁往重庆，并定为陪都。作为战时全国文化中心的重庆多次举办美术展览活动。据不完全统计，1937年7月至1946年6月，举办的美术展览约320次，全国性美术团体、机构主办的展览达30多次③；1939年后，延安木刻家的展览先后5次在重庆举办，这些来自解放区接地气，真实、生动地描绘普通民众抗战生活的版画作品赢得了大后方民众的认可④。

抗战时期，在抗日民主统一战线下，中国共产党在重庆开展了一系列的抗战促统工作，为延安木刻在这里的传播交流和产生重要影响带来了可能性。而以周恩来为首的中共中央南方局的重视和《新华日报》的支持，则为这种可能提供了必要的条件。⑤在当时民族救亡的时代旋律下，延安美术界与大后方美术界都在为抗战而艺术，为弘扬民族精神而艺术，这成了当时一切爱国美术团体和美术家共同遵守的准则。⑥

在当时的陪都重庆，有不少报纸在社会上有着很大的影响，《新华日报》就是其中一颗耀眼的星星。《新华日报》在这里共出版了9年1个月又18天，最高日发行量曾达到5万多份⑦，这为延安木刻在大后方的广泛传播起到了至关重要的作用。在此期间，《新华日报》发表了不少介绍延安文艺和木刻的文章，比如

---

① 毛泽东.毛泽东选集（第三卷）[M].北京：人民出版社，2008：860.

② 尚辉.人民的艺术：中国革命美术史[M].石家庄：河北美术出版社，2021：88.

③ 黄宗贤.抗日战争美术图史[M].长沙：湖南美术出版社，2005：71.

④ 商桦.接地气，会战斗——从国统区木刻展看延安版画创作[N].光明日报，2021-8-6（16）.

⑤ 黄宗贤.大忧患时代的抉择：抗战时期大后方美术研究[M].重庆：重庆出版社，2000：92.

⑥ 黄宗贤.大忧患时代的抉择：抗战时期大后方美术研究[M].重庆：重庆出版社，2000：62.

⑦ 朱江.战斗的宣导——抗战时期重庆美术出版研究[J].美术，2021（4）：100.

《鲁艺两年来的木刻》《文艺活动在延安》《延安的木刻作品到了美国杂志上》^①等。1942 年 6 月，《新华日报》转载萧军听了《讲话》后写的《对于当前文艺诸问题底我见》，谈了他的认识与体会，并介绍了《讲话》的部分内容^②。

同年 10 月 10 日至 17 日，第一届"双十全国木刻展览会"在重庆举办，展出了 54 位木刻家的 300 余件作品，其中有 30 多幅是周恩来从延安带来的古元、力群、华山、焦心河等延安木刻工作者的作品，给整个展览会注入了一股清新的空气，在重庆美术界引起强烈反响。^③特地赶来看展的徐悲鸿，也被这些来自延安的木刻版画所吸引。10 月 18 日，重庆《新民报》发表了徐悲鸿的评论文章《全国木刻展》，高度称赞延安木刻："我在中华民国三十一年十月十五日下午三时，发现中国艺术界中一卓绝之天才，乃中国共产党中之大艺术家古元。""我自认不是一思想有了狭隘问题之国家主义者。我惟对于还没有二十年历史的中国新版画界已诞生一巨星，不禁深自庆贺。古元乃是他日国际比赛中之一位选手，而他必将为中国取得光荣。""古元之《割草》，可称中国近代美术史上

1943 年 3 月 16 日延安《解放日报》转载徐悲鸿《全国木刻展》，
原刊载于 1942 年 10 月 18 日重庆《新民报》

---

① 黄宗贤 . 大忧患时代的抉择：抗战时期大后方美术研究 [M]. 重庆：重庆出版社，2000：93.

② 黄宗贤 . 大忧患时代的抉择：抗战时期大后方美术研究 [M]. 重庆：重庆出版社，2000：164.

③ 尚辉 . 人民的艺术：中国革命美术史 [M]. 石家庄：河北美术出版社，2021：92.

最成功的作品之一"；他还对其他几位延安木刻家如董荡平、华山、力群等的作品大加赞赏。① 而后，毛泽东批示延安的《解放日报》于 1943 年 3 月 16 日全文转载了这篇文章②。

同年，延安木刻工作者积极参与重庆的进步美术活动，与大后方美术家 250 人联名在重庆《新华日报》和《新蜀报》的木刻副刊上发表了《中国木刻工作者给苏联木刻家信》和《致英美美术木刻家信》，高度赞扬了他们反抗法西斯侵略的举措，并表达了希望加强艺术交流的愿望，提出"紧跟着这大苦难到来的，不但是永久的最后胜利的到来，人类艺术文化的宝库，将因此而更加丰富永恒"。随后，中国木刻研究会征集了包括延安木刻工作者在内的 40 多位作者的 270 幅木刻作品，在重庆举办了"中国木刻作品送苏展"，随后运往莫斯科展出③。

1943 年 10 月，"第二届全国木刻展"在重庆举办，所展出的延安木刻家作品与上一届相比，在内容上更加充分地反映了边区人民的生活和斗争，形式上更多地吸收了民间木刻和剪纸的特点，显得更加明朗、简洁和朴实。④ 同年 11 月 11 日，重庆《新华日报》发表了《文化建设的先决条件》的社论，介绍了《讲话》。1944 年 1 月 1 日，重庆《新华日报》以显著位置刊登了《毛泽东同志对文艺问题的意见》，并发表了《讲话》提要。⑤ 同年 12 月 7 日，周恩来将重庆木刻联展的全部作品带回延安，由陕甘宁边区文协在延安公开展出。文协负责人亲笔致信木刻研究会，对重庆木刻工作者表示感谢。⑥ 1945 年 1 月 24 日，周恩来从延安带来一批解放区的木刻作品到重庆，由茅盾以中外文艺联络社名义举办了重庆和延安两地木刻作者参加的"渝延木刻联合展览"。⑦ 同年，重庆《新华日报》以《文艺问题》为名全文出版发行了《讲话》。同时，中共中央南方局组织大后

① 徐悲鸿.全国木刻展 [N].新民报（重庆），1942-10-18.

② 黄宗贤.大忧患时代的抉择：抗战时期大后方美术研究 [M].重庆：重庆出版社，2000：94.

③ 黄宗贤.抗日战争美术图史 [M].长沙：湖南美术出版社，2005：113.

④ 尚辉.人民的艺术：中国革命美术史 [M].石家庄：河北美术出版社，2021：118.

⑤ 黄宗贤.大忧患时代的抉择：抗战时期大后方美术研究 [M].重庆：重庆出版社，2000：164.

⑥ 黄宗贤.大忧患时代的抉择：抗战时期大后方美术研究 [M].重庆：重庆出版社，2000：330.

⑦ 黄宗贤.大忧患时代的抉择：抗战时期大后方美术研究 [M].重庆：重庆出版社，2000：330.

方文艺界人士对抗战文艺运动进行了回顾与总结。重庆、昆明、成都等地的进步文艺工作者先后举行了学习和总结会，尽管他们对《讲话》精神的理解有深有浅，对美术大众化问题的看法不尽相同，然而，文艺为人民服务这一观念已被普遍地接受了。[①]

同年 10 月 10 日，由延安来渝的木刻家与王琦、王树艺、黄荣灿、陈烟桥、丁正献、汪刃峰，在重庆夫子池励志社举办了"木刻联展"。此后，周恩来宴请了部分参展者，建议与延安美术界交流，并将联展作品带到了延安。同时，胡蛮在《解放日报》上发表了题为《对在延安展出的留重庆木刻家作品的印象》的文章。[②]此外，包括有延安木刻家古元、王式廓、力群、陈叔亮、沃渣等作者的木刻作品，由中国木刻研究会提供给赛珍珠（Pearl S.Buck）编辑成《黑白交织里的中国战时木刻集》（China in Black and White），由美国亚洲出版社出版。[③]同年 12 月，中苏文化协会举办"渝延木刻联合展"，展出国统区与解放区两地 40 余位木刻家的作品 300 余幅[④]，包括周恩来从延安回到重庆时，带来的一批延安木刻版画作品。值得一提的是，此前《新华日报》发表了刘铁华的《渝延木刻联展感》，指出渝延的木刻家都在"为创造出中国风的木刻艺术而努力，但是，延安的木刻作品在题材内容上给人耳目一新之感"[⑤]。

1946 年 1 月 2 日，重庆举办"延安生活、艺术展览"，展出作品包括古元、王式廓、王朝闻等人的绘画和雕塑作品[⑥]，还有延安出版物数百种与解放区军民的生活照，引起了大后方观众的极大兴趣。这个综合性的展览，使得重庆各界人士对抗日民主根据地有了更加全面的了解和认识。有一位观众在观后感中这样写道："默默地注视着每一张画上愉快而紧张的西北同胞们的面孔，回想到大后方的人民，在摧残压制下过着暗无天日的饥寒屈辱的生活，不禁妒羡他们西北同

① 黄宗贤. 大忧患时代的抉择：抗战时期大后方美术研究 [M]. 重庆：重庆出版社，2000：164.

② 黄宗贤. 大忧患时代的抉择：抗战时期大后方美术研究 [M]. 重庆：重庆出版社，2000：94.

③ Pearl S. Buck. China in Black and White [M]. New York: Asia Press/The John Day Company, 1945.

④ 尚辉. 人民的艺术：中国革命美术史 [M]. 石家庄：河北美术出版社，2021：124-125.

⑤ 刘铁华. 渝延木刻联展感 [N]. 新华日报，1946-1-3.

⑥ 尚辉. 人民的艺术：中国革命美术史 [M]. 石家庄：河北美术出版社，2021：125.

胞们的幸福，难怪有一位观者在批评簿上这样写着：'一个中国，两个世界。'"①
延安美术家反映解放区生活的木刻作品一次次出现在重庆的画展上，不仅使大后
方民众欣赏到了独具特色和魅力的延安艺术，还对另一个全新的政治空间有了感
性的认识。②在这些交流过程中，大后方的观众通过延安木刻看到了他们为之斗
争而企求达到的光明前景，可以说，延安木刻家刀下的现实，就是大后方木刻家
们的理想。③正如此前1941年10月4日《新蜀报》副刊《蜀道》第506期刊发
丁正献的文章《四年来新绘画运动的发展》，从中可以一窥大后方美术界对延安
美术的认可："1940年度的绘运在重庆是颇为沉寂的，但在各地都十分热烈地展
开……而延安的鲁迅艺术学院及山西敌后的民革艺术学院，培养着千百的新绘画
干部，包含全国的优秀青年画家在那儿作新绘画理论的探讨与实践，新的形式技
术应用，新作品的产生，已成了坚强的绘画壁垒。"④

这个时期，在这里播下的延安木刻版画的种子和烙下的印记，不仅给国统区
人民留下了深刻印象，收获了极高的评价，更对大后方川渝地区产生了丰厚而深
远的历史影响。

二、1949年后来到川渝地区的解放区木刻工作者

1949年以后，一大批来自解放区的美术家相继来到了川渝地区，其中最具
代表性的是来自《晋绥日报》的版画家群体和晋绥军区的木刻创作群体。在战争
期间，他们创作了大量反映边区部队与民众的战斗生活，以及生产建设的木刻作
品。而作为1949年后川渝地区美术界的核心力量，他们仍然坚持《讲话》精神，
坚持发扬延安木刻的革命传统，扎根于这片早已播撒有延安木刻种子的土壤上，
在本地建立中国美协等组织机构，将解放区木刻艺术的创作理念和创作方式带到

---

① 黄宗贤.大忧患时代的抉择：抗战时期大后方美术研究[M].重庆：重庆出版社，2000：94—95.

② 黄宗贤.大忧患时代的抉择：抗战时期大后方美术研究[M].重庆：重庆出版社，2000：95.

③ 黄宗贤.大忧患时代的抉择：抗战时期大后方美术研究[M].重庆：重庆出版社，2000：285.

④ 龙红，廖科.抗战时期陪都重庆书画艺术年谱[M].重庆：重庆大学出版社，2011：140.

1951 年 5 月，重庆市文学艺术界联合会编印的《重庆市文学艺术工作者代表
大会纪念文集》，登印了中华全国美术工作者协会重庆市分会的人员信息

这里，更创作出了不少既有延安木刻传统，又有新中国风貌的优秀作品，积极推动了川渝地区美术的大发展。

1949 年 10 月，中国人民解放军进军西南并逐渐解放四川、重庆全域。重庆作为抗战时期《新华日报》的出版地，具有非凡的革命历史意义——中共中央指示驻扎在山西兴县高家村的《晋绥日报》全体工作人员赶到湖南，随第二野战军政治部赴重庆恢复《新华日报》的出版工作。[1] 原《晋绥日报》美术科科长李少言被任命为《新华日报》编委兼美术组组长，原《晋绥日报》美术编辑牛文则为美术组成员。[2] 李少言曾回忆道："1949 年 11 月下旬我同《晋绥日报》美术科的牛文、苏光、陈岳峰等随报社的其他同志在常芝青社长的率领下，从山西临汾出发进军重庆，任务是办《新华日报》。……抗日战争时期，国共合作，周恩来同志一直坐镇重庆，那时就办起《新华日报》，读者很多，群众基础深厚。我们

---

① 邹跃进. 新中国美术史：1949—2000 [M]. 长沙：湖南美术出版社，2002：99.

② 凌承纬，凌彦. 四川新兴版画发展史 [M]. 成都：四川美术出版社，1992：130.

做的那个横幅（'新华日报'）真起作用，一进城我们就高高举起来，人们看见我们举着横幅的车子都兴高采烈地围上来鼓掌、欢迎，相互转告'新华日报回来了'！1949年12月5日我们一行作为前梯队赶到重庆，12月10日《新华日报》出版。"[①] 与此同时，原在晋绥军区政治部工作的吕林[②]，同年担任西北军政大学艺术学院美术部主任，随军南下四川……

《晋绥日报》工作人员星夜兼程抵渝后，很快开展恢复《新华日报》的工作。不久，随西南服务团入川的艺术青年王平、黄玄之，原四川省立艺术专科学校教师谭学楷和学生安琳应聘到《新华日报》美术组工作；1951年2月和8月，从中央美术学院毕业的李焕民、宋广训先后分配到《新华日报》美术组工作；1952年，从中央美术学院和《人民日报》社又调来了陈志、张中心和曹玉霞；同年，原晋绥军区的林军，后任西南军区政治部所属《西南画报》副主编的，由部队转业到《新华日报》美术组工作。仅在一两年的时间内，《新华日报》美术组便聚集了一批美术工作者。《新华日报》无论是40年代在大后方的影响，还是50年代初期作为中国共产党西南局的机关报，重要地位不言而喻。

1950年，吕林到达重庆后，参与创办和组建了西南人民艺术学院美术

1952年《新华日报》部分同志合影，包括来自原《晋绥日报》的李少言、牛文等

---

① 李少言.随军进重庆、办新华日报[A].李咏玫主编.烽火淬铁刀，德馨塑画坛：李少言作品文献集[M].成都：四川美术出版社，2017：106.

② 叶子祥.全能画家吕林：刀笔不辍，丹青风流[DB/OL].https://www.cdcppcc.gov.cn/mobnews/1696/110054515.html，2021—10—12.

1946 年初创办的《人民画报》

系（四川美术学院前身）。1951 年，中华全国美术工作者协会重庆分会成立，柯璜担任主席，李少言、吕林担任副主席，担任副主席的还有汪子美，担任执行委员的有来自解放区的牛文、林军，以及刘国枢、江敉、叶正昌、尚莫宗、朱宣咸、刘一层、郭乾德、丰中铁等。1953 年 3 月，西南区第一届文代会在重庆召开，西南美术工作者协会成立，在创会的领导集体中，主席为柯璜，李少言担任常务副主席并主持日常工作，副主席刘艺斯，牛文担任秘书长，执委朱宣咸，协会工作范围涵盖重庆市、四川省、贵州省、云南省，办事机构设在重庆《新华日报》社内。1954 年，全国行政大区撤销后，《新华日报》重庆版停刊，美术组人员则留在重庆，专事西南美术工作者协会的工作，工作范围只限于四川省。1955 年 2 月，西南美术工作者协会更名为中国美术家协会重庆分会。1958 年 5 月 1 日，由中国美术家协会重庆分会主办的《版画窗》创刊，每月按期刊出作品 25 幅左右……据李焕民的回忆："少言同志在 60 年代还在重庆工作时就想建立美术馆，但当时条件不成熟，没有实现。70 年代中，李少言到成都工作后，又想在成都建立美术馆。80 年代初，机会终于来了，少言抓住时机，在省委、省政府的支持下，建立起了颇具规模的四川美术展览馆，为美术事业发展做了一件大事。1992年，李少言同志和李桦、古元、彦涵同志共同创建了'神州版画博物馆'，设立在四川美术展览馆内，几年来在全国版画家的支持下，目前神州版画博物馆所收藏的原作已达数千件，从30年代起直至今天老中青版画名家的作品均有收藏，这又是一件有深远历史意义的大事。"①

综上可见，以解放区木刻工作者为核心的川渝美术的建设者们，于1949年后逐步在这里搭建起不少美术组织机构，推动了川渝美术的发展，创建并完善了艺术为人民的川渝美术网络。

三、1949年以后解放区木刻工作者在川渝的创作

不同于以往延安木刻风貌是以表现战争或战争中的劳动生产为主，1949年后的中国社会整体进入了和平时期，亦带来了木刻创作的转变，这种转变体现在对新题材与新手法的追求上，也体现在对人文风景的表现上。李焕民曾说："少言同志把延安的革命传统、延安的作风带到了解放后的四川。"②的确，解放区木刻家们来到这里后，始终坚持《讲话》精神，努力耕耘，创作了不少优秀木刻作品，体现了他们对延安木刻精神的坚守及其在新的历史时期的延伸。

1946年秋在《晋绥日报》驻地留影，从左起为：牛文、西戎、李少言、苏光、胡正

① 李焕民.画坛人梯：李少言画集[M].成都：四川美术出版社，1997：9.

② 李焕民.画坛人梯：李少言画集[M].成都：四川美术出版社，1997：9.

　　《讲话》发表不久后的"画家下乡"①运动，是延安美术家响应《讲话》中人民生活是一切文艺创作的源泉观点的重要举措。如今，他们来到川渝后深入社会主义建设的火热生产生活中，到工厂、农村和部队中，到高原、山区、田间地头，在那里体验生活，写生，收集素材与灵感，这种风气也带动和形成了本地美术的一种艺术状态，从中涌现出一批既来自生活又充满自然美感的优秀作品。1952 年，李少言、牛文合作的黑白木刻作品《当和平解放西藏喜讯传到康藏高原的时候》，人物刻画丰富具体，线面构成的黑白灰关系明快舒朗，入选了 1954年 9 月在北京举办的"第一届全国版画展览会"并受到好评，成为延安木刻从战争年代转向和平年代艺术探索的一个新起点。②正如版画家王玮所说："这件作品也是牛文从此将西藏作为他的创作基地，长期深入藏族聚居区，创作出一系列反

李少言、牛文《当和平解放西藏喜讯传到康藏高原的时候》版画 32.3cm×50cm 1952 年

---

① 张仃. 画家下乡 [N]. 解放日报，1943-3-23.

② 尚辉. 人民的艺术：中国革命美术史 [M]. 石家庄：河北美术出版社，2021：221.

映西藏人民生活新貌的作品，是牛文艺术生涯中第二个亮点。由于时代生活的变迁，艺术语言当随时代与时俱进，他的作品从叙事性走向了抒情性，由繁到简，由拙朴拘谨转为奔放灵动。"①1956 年，林军从重庆乘船顺水而下，去往上海开会，途中被三峡壮丽的景色所打动。于是，他一路走一路画。回重庆时，因为是上水，船走了 15 天，林军又画了一路。到了家，林军整理素描，选中了其中一幅，将其创作成了黑白木刻版画作品《巫峡》。②该作品表现了山峦叠起、青山碧波与云雾缭绕的地域特色，手法上吸收了中国山水画的韵味，线条表达细腻而气韵生动、黑白分明、画面宏伟，更在 1957 年的首届全国青年美展上获得了一等奖。1958 年，李少言的水印套色木刻作品《橘染川江》，以红、白、绿色块与黑色线条构成，船桅杆有力的粗线，以及那由上而下、由轻松抒情的长线条拉出的缆绳，充满红色与绿色、白色与黑色的色彩对比与丰富变化，折射出了新中国社会主义建设初期一派欣欣向荣的景象。画中的艺术表达，同画家的亲身经历与对生活的细微观察及敏锐捕捉有着密切联系，正如画家所说，"我住在重庆化龙桥嘉陵江畔的寓所。靠近化龙桥水码头，每年秋天这里是川橘的集散地，大量红橘由木船运到这个码头再批发出去，一船船红色的蜜橘把嘉陵江的水都映红了"③。1959 年，牛文创作的黑白木刻作品《东方红，太阳升》（又名《欢乐的藏族儿童》），生动地表现了从农奴生活中解放出来的西藏孩子们穿着靴子跳舞的幸福生活场景。其中欢乐的姿态，直观抒发出画家及画中人物对新生活的赞美；围绕老师唱歌跳舞的孩子们，被画家在构图上按照焦点透视进行处理，有着近大远小的透视关系④；同时，轻松明朗的黑白对比关系又营造出欢乐的画面氛围。1962 年，吕林创作的单色木版作品《鱼跃险滩》，以鲜明的红色为基调构成线面结合的画面效果，鱼与水的曲线韵律，疏密有致，在空中飞跃的鱼儿与在水里游动

①　王炜. 牛文：延安学派的"红小鬼"[N]. 中国艺术报，2020–5–8（3）.

②　重庆美术 60 年来一路辉煌 [N]. 重庆日报，2014–1–28.

③　李咏玫. 烽火淬铁刀，德馨塑画坛：李少言作品文献集 [M]. 成都：四川美术出版社，2017：128.

④　每日一画｜牛文　东方红太阳升（2019/3/8）｜今日版画 [DB/OL]. https://www.sohu.com/a/299840877_670179，2019–3–8.

牛文《东方红，太阳升》版画 30.5cm × 32cm 1959 年

的鱼儿互相呼应。礁石和鱼儿构成大小不等、形状各异的色块，滚滚的水流构成各种弯曲的线条，水珠形成大小不等的点，使整个画面充满别致的形式美感。这件作品风格上吸收了汉画像砖的艺术风格与表现手法，以平面构成的布局、单体形象的重复，以及饱满生动的整体结构创造出一种木刻艺术的新风格……

自 1961 年开始，川渝地区以来自解放区的木刻工作者李少言、牛文为首，加上吴凡、李焕民、宋广训、正威、吴强年和徐匡共 8 位木刻家，凝结为一个创作群体，在中国版画界率先以集体创作的方式，创作出以《红岩》插图为代表的一系列组画形式的木刻作品。① 该套作品推出后获得了广泛好评，成为中国美术史上重要的红色经典作品。其中，李少言的黑白木刻作品《丁长发掩护突围》，画面着重刻画人物的表情、高举的镣铐和断墙，观者可以从画中人物咬紧牙关的嘴角，充满仇恨的眼神里，感受到了许多画外的景象：一场殊死的战斗正在进行，敌人的铜墙铁壁已经推倒，后面同志们正在撤退，前面又出现了凶恶的敌人，这时丁长发全神贯注，准备给敌人以迎头痛击。在这一瞬间，他屹立不动，像泰山一样威严。观者不难想象：有了这样一个勇猛的同志堵住敌人，战友们一

① 凌承纬. 传承优秀，开拓未来——写给四川版画 [A]. 时代印痕：四川版画七十年 [M]. 成都：四川美术出版社，2019.

定能在他的掩护下安全突围。① 在对画面黑白灰的布局上，画家以大面积的黑色强调了囚衣，人物面部与手部的结构线条表现清晰、准确、有力，背景的墙体则更多以灰色排线构成。牛文的黑白木刻作品《小萝卜头的梦》，整个画面充满着超现实主义的梦幻感和密不透风到令人窒息的空间感，半空中两只巨大的鹰恶狠狠地盯着画面中心唯一处于亮光处的主角小萝卜头，一把巨大的铁锁紧锁住大门，周围布满密集的房屋和由各种点线面构成的细节，大面积的黑色块面集中在两只鹰身上，而作为画面视觉中心位置的白色区域，如聚光灯般直接烘托出主角那孤独、渺小又无助的身影与充满恐惧的心境，呈现出一种刺眼的视觉冲击力和光怪陆离的梦幻感。

李少言《丁长发掩护突围》版画 38.5cm×30cm 1961 年　　牛文《小萝卜头的梦》版画 35cm×27cm 1961 年

① 文婉霞.阶级感情的共鸣 [A].四川省美术家协会.红岩版画：红岩原著版画插图 50 年 [M].成都：四川美术出版社，2011.

20 世纪 40 年代抗战时期，周恩来领导的中共中央南方局和《新华日报》在川渝地区播下了延安木刻的种子。1949 年后，来自解放区的木刻工作者们扎根这里，艰苦奋斗、精心培育，始终坚持以《讲话》为指导，坚持延安木刻精神，最终建立起了不少重要的美术组织机构与创作队伍，创作出优秀的作品，取得了优异的成绩。据统计，1954 年 9 月的"第一届全国版画展览"，川渝地区的入选作品计 10 幅，占入选作品总数的 5.7%；1956 年 10 月的"第二届全国版画展览"，川渝入选作品 24 幅，占入选作品总数的 7.3%；此后该地区在全国版画展览上的入选作品数量逐步递增，如，1958 年 2 月的"第三届全国版画展览"，川渝入选作品 30 幅，占总数的 10%；1959 年 10 月的"第四届全国版画展览"，川渝入选作品的数量和所占展品总数的百分比，均居全国第 2 位，而在 1963 年 12 月的"第五届全国版画展览"，以上两项统计数据居全国之首位。[①] 到了 20 世纪 80 年代前期举办的两届全国美展和三届全国版画展上，重庆版画入选作品共计 95 件，居全国参展城市之首。[②] 通过延安木刻在川渝地区的发展这一缩影，反映了作为中国进步美术的主力军和革命文艺重要组成部分的延安木刻，传播到哪里，就在哪里落地、生根、成长与壮大，延安木刻始终坚持在扎根于时代、扎根于社会和扎根于人民之中蓬勃发展，为我国美术事业的发展谱写下了光彩的篇章。

---

① 凌承纬，凌彦 . 四川新兴版画发展史 [M]. 成都：四川美术出版社，1992：188–189.

② 凌承纬 . 一个时代的恢弘：重庆美术六十年前行理路与思考 [A]. 重庆美术馆 . 回响——重庆美术 60 年 [M]. 重庆：重庆出版社，2014：305.

俄苏音乐文化在战时首都重庆的传播（1937—1945）[①]

——以报刊为中心

吴婧瑀　　庞书培[②]

　　重庆是西南重镇，有一定的出版业基础，抗战爆发前报刊媒介的数量与质量就已位居西南前列。随着国民政府迁都重庆，全国各地主要出版机构及主要的著作家、翻译家、编辑出版家也云集于此，重庆一跃成了全国的出版中心。抗日读物、各类文化艺术杂志高峰时多达 200 种左右，这些报纸杂志对文化交流和音乐发展影响深远，并记录着战时首都俄苏音乐文化传播的实际情况。

一、俄苏音乐文化传播的重点内容

　　俄苏音乐文化不仅在以哈尔滨、上海为中心的沦陷区和以延安为中心的根据地有较好的传播。由于国民政府以及大批音乐、文化人的迁入，重庆作为战时首都和抗战大后方的中心，俄苏音乐文化也在这里得到了相应的发展。以《新华日报》《中央日报》《中苏文化》《新音乐》《新音乐月刊（副刊）》《乐风》《音乐月

---

　　① 基金项目：2016 年度国家社会科学基金重大项目"抗战大后方文学史料数据库建设研究"（16ZDA191）；2021 年度重庆市教委人文社会科学规划项目"重庆红色音乐文化及其运用专题研究"（21SKGH048）。原载于《重庆师范大学学报（社会科学版）》2022 年第 2 期。

　　② 吴婧瑀（1983— ），女，艺术学博士，西南大学历史文化学院、中国抗战大后方协同创新研究中心博士后；重庆师范大学音乐学院副教授，主要研究方向：音乐学理论。庞书培（1997— ），女，重庆师范大学音乐学院硕士研究生，主要研究方向：音乐学理论。

刊》《音乐艺术》《音乐艺术丛刊副辑》《音乐导报》《音乐导报》《音乐导报（副刊）》为俄苏音乐文化主要传播阵地的报纸杂志，通过文论、消息、乐谱、书信和照片等方式，集中反映了苏联社会主义现实主义音乐文化、古典主义与浪漫主义音乐文化及俄罗斯民族乐派音乐文化等内容。

（一）苏联社会主义现实主义音乐文化

20 世纪 30 年代初，随着苏联经济快速发展，艺术实践不断深入，苏联文学家、理论家高尔基、卢那察尔斯基等人提出了"社会主义现实主义"的文艺创作观。要求艺术家以马克思列宁主义世界观为基础，从现实的革命发展中真实地、具体地描写现实，且这种描写必须与社会主义精神从思想上改造和教育劳动人民的任务结合起来，体现"人民性""革命性""民族性"等要素。受该创作观影响，俄苏音乐界也逐渐形成了一种独特的社会主义现实主义音乐美学思想，它的基本概念和主要范畴是由音乐的政治功能、音乐的民族形式和社会主义内容、音乐典型形象的塑造等美学问题构成[①]。抗战时期的重庆报刊中就介绍了许多具有代表性的苏联社会主义现实主义音乐文化，具体如表 1 所示。

表 1　重庆主要报刊中的苏联社会主义现实主义音乐文化（代表性内容）

文章或歌曲名称	作者或译者	文章来源
红军与苏联音乐文化	赵沨	《新音乐》1940，1（4）
苏联电影中的音乐	VOKS 特稿，贺绿汀译	《中苏文化》1940，7（4）
苏联歌剧坛上十大艺人	G.Yelenina 作，张洪岛译	《新音乐》1941，4（1）
今日苏联歌剧节之两大指挥者	摩斯科夫斯基作，张洪岛译	《音乐月刊》1942，1（4-5）
苏联音乐与民歌	安娥	《苏联音乐》1941
苏联青年音乐家沙斯塔科维契的作品	N.斯罗尼姆斯基作，李元庆译	《苏联音乐》1941
列宁格勒　我的列宁格勒	D.沙斯塔科维赤作，洛辛译	《新华日报》1942-05-19 四版
关于肖斯塔科维奇的《第七交响曲》	立成译	《新华日报》1942-08-29 四版

---

① 冯长春，李明辉.移植、嬗变、失落——建国十七年苏联音乐美学思想在中国的传播与受容[J].星海音乐学院学报，2012（3）.

续表

文章或歌曲名称	作者或译者	文章来源
最后神圣的战争（苏联抗战歌曲）	V.Lebedev-Kumach 词 M.Blanter 曲，洛辛译	《中苏文化》1943，14（7-10）
苏联音乐教育	I.Yampolsky 作，李嘉译	《音乐艺术》1944（6）
战时的苏联音乐	A. 亚尔西望作，阿荧译	《中苏文化》1945，16（1-2）
肖斯塔科维奇的第八交响曲	赫尔巴格作，桂子译	《音乐艺术》1945，2（2）

这些内容主要涉及肖斯塔科维奇、普罗科菲耶夫、杜纳耶夫斯基、R. 格利埃尔等作曲家及其作品。肖斯塔科维奇（1906—1975）是当时重庆音乐界关注的首要对象，仅重庆主要报刊中，就刊有 9 篇介绍其人生经历、创作成就与作品艺术的文章。《苏联青年音乐家沙斯塔科维契的作品》详细梳理论述了肖斯塔科维奇当时的三个创作阶段及特征：第一阶段为列宁格勒音乐学院学习时期的学院风格；第二阶段为"怪诞风"；第三阶段为具有哲学观念的器乐作品创作[①]。该文译者李元庆在文后所附的肖斯塔科维奇寄《纽约时报》信中，充分表达了作曲家的社会主义现实主义音乐创作理念："音乐不能避免了政治的基础——资产阶级懒得理解这个观念。没有任何音乐能够没有观念形态。"[②]《德米特里·萧斯塔珂维契》一文，从人生经历、创作成就、个人兴趣与形貌等方面对肖斯塔科维奇的过去与现状进行了全面介绍，为人们了解音乐家本人的经历与气质等提供了依据，描绘了一个感性敏感的音乐家形象。与之相应，《新华日报》刊登的肖斯塔科维奇版画形象（如图 1），更加直观地丰富了人们对这位音乐家的认识与想象。

而这位作曲家的《第七交响曲》虽然直至 1994 年 12 月才在中国上演，但却丝毫不影响它成为当时重庆音乐界最受关注的器乐作品。该作品创作于 1941 年战火中的列宁格勒城，以现实主义的手法描写了残酷的战争现实与人民的斗争精神。1941 年 8 月 13 日，中华交响乐团向苏联音乐界发出书信希望得到苏联音乐

---

① 李绿永编. 苏联音乐 [M]. 重庆：读书生活出版社，1941：48-51.

② 赵沨译. 红军与苏联音乐文化 [J]. 新音乐，1940（4）.

图 1　肖斯塔科维奇形象版画

图片来源：1942 年 8 月 29 日《新华日报》第四版，抗战文献数据平台 https://www.modernhistory.org.cn/#/

界在总谱和乐器上的支持，并在之后收到了苏联音乐家协会组织委员会主席、作曲家格里埃尔签署的回信以及肖斯塔科维奇致中华交响乐团指挥林声翕的信函和《第七交响曲》的两页总谱。1942 年 5 月，《新华日报》刊登了肖斯塔科维奇在《莫斯科新闻》广播中的讲稿《列宁格勒　我的列宁格勒》。1942 年 8 月，又有《关于肖斯塔科维奇的〈第七交响曲〉》一文，对该作品的创作背景、时长、音乐特征、每一乐章的不同特点和情感表达做了较为详细的介绍。据《新华日报》1943 年 5 月 29 日和 6 月 14 日的两篇相关文章报道，林声翕在得到总谱后曾对该交响曲进行组织排练，对当时的中国抗日战争起了很大的作用。

俄苏群众歌曲数量惊人、形式多样、质量出色，是苏联社会主义现实主义音乐发展中产量最多、影响最为深广的体裁类型，也是最受重庆报刊重视的俄苏音乐类型。这些作品分为四种不同主题：1. 具有斗争精神的战争题材作品，如《假如明天战争》《打到敌人后方去》《神圣的战争》等，表达了苏联人民团结抗战、不屈不挠的精神；2. 反映不同职业民众生活的作品，如《青年矿工》《渔夫曲》《船夫曲》等，反映了苏联人民的社会生活与思想感情，充分显示了苏联歌曲贴近群众的特征；3. 抒情性群众歌曲，例如《夜莺曲》《喀秋莎》《夜是青色的》等，其中有轻松愉快的圆舞曲，也有热烈欢快的进行曲；4. 对无产阶级领袖的赞歌，如《斯大林歌》《斯大林之歌》等。

在理论研究方面，《乐风》中还刊有苏联音乐家格涅辛（1883—1957）著、张洪岛译的《作曲初阶》。该文选自格涅辛 1941 年出版的著作《实用作曲初级教程》的"序"与"引论"部分，没有具体的乐理、和声知识，但较为详细地介绍了格涅辛关于作曲教学的教学思想。在序中，作者提出了该书的撰写理由："消除旧制度中作曲理论与作曲实际间所有的隔阂……在音乐院里面培育那本乎自觉的写作能力。"① 随后，引论中介绍了该书的编写范围、编写方法，并提出了教学方法与应注意的问题，这些观点展现了当时苏联音乐教育改革的新动向，为音乐教育者和学习者提供了更为广阔的思路与方法。

（二）古典主义与浪漫主义音乐文化

古典主义与浪漫主义音乐文化是重庆报刊出版物中关注的第二重点，内容体现了俄苏音乐与欧洲古典主义、浪漫主义音乐文化的交融，介绍了俄国在古典主义与浪漫主义音乐领域的成就。苏联音乐家常常以"人民性""斗争性"等社会主义现实主义音乐美学视角来挖掘欧洲作曲家作品的深刻内涵。贝多芬（1770—1827），其音乐具有严肃的社会性、强烈的戏剧性及鲜明的英雄主义色彩，他的创作建立在德奥民间音乐的基础上，具有突出的民族特征与时代特征。因此贝多芬的作品以其充分的斗争性、群众性及英雄色彩而受到苏联人民的喜爱，《贝多芬与俄罗斯》一文就阐述了双方之间的密切联系：贝多芬生前与俄罗斯人关系密切，其作品影响了格林卡、鲍罗丁等俄国作曲家。他去世后，还有大量的俄国学者和音乐批评家撰写关于贝多芬的著作。十月革命后，无论是领袖列宁，还是俄罗斯群众都十分热爱贝多芬，他的作品"占据了整个俄罗斯的音乐界"②。瓦格纳（1813—1883），德国浪漫主义音乐家，他将德国浪漫主义歌剧发展至顶峰，对传统歌剧进行了深刻的改革。《华格纳——人道主义崇高理想的战士》一文分析了瓦格纳的创作特征，否认其为德国法西斯所宣扬的"君主立宪者""种族主义者"与"极端爱国主义者"，并以其作品《尼伯龙根的指环》中"齐格弗利特"这一角色为例证明瓦格纳是一位"人道主义的拥护者"③。

此外，《新音乐》还刊有由莫斯科国立音乐院研究组合著、张洪岛翻译的《和声学教程》。其内容是以大小调为基础的古典和声学，包括旋律的进行、乐段的终止、调式调性、转调、离调、和弦的分类，及构成和弦的原位与转位，和

① 格涅新.作曲初阶（1）[J].张洪岛译.乐风，1944（16）.
② 格莱兹特.贝多芬与俄罗斯[J].沙梅译.中苏文化，1941（5）.
③ A.A.Alschwang.华格纳——人道主义崇高理想的战士[J].白澄译.新音乐，1940（3）.

弦音、和弦外音、声部的交错、和弦的功能、主三和弦的连接，和以主三和弦为旋律配和声等。并运用了海顿、莫扎特、贝多芬、李斯特等人的作品片段进行示例。

拉赫玛尼诺夫、斯克里亚宾等俄罗斯浪漫主义音乐家也在抗战时期的重庆报刊宣传中占据一定的比例。斯克里亚宾（1872—1915），俄国作曲家，浪漫主义晚期古典音乐向现代音乐过渡的重要作曲家之一。1944 年《乐风》第 18 期刊登了《司克里亚宾与司特拉文斯基》，分析了这位作曲家崇尚神秘主义的音乐创作美学、三个不同的创作时期及音乐特征、自创的"神秘和弦"及在作品中的体现，将他定义为"神秘的印象派"作曲家。在本篇目中，还介绍到现代主义音乐代表人物，美国俄籍作曲家、指挥家，斯特拉文斯基（1882—1971）。文章概述了作曲家的早年经历，介绍了与之合作的佳吉列夫芭蕾舞团。作者认为，斯克里亚宾直接继承了穆索尔斯基与里姆斯基－科萨科夫的衣钵，其音乐运用了俄国民间的音乐宝藏，又带有原始主义绘画的风格。接着，文章较为详细地介绍了斯克里亚宾的舞剧音乐作品《火鸟》《彼得鲁什卡》《春之祭》《夜莺》等 9 部作品，包括作品的灵感来源、演出情况、风格变化等方面内容。其次，概括介绍了作曲家的歌剧、歌曲、钢琴曲、管弦乐曲等体裁的创作，最后，作者从调性、节奏、旋律、配器方面对斯特拉文斯基的创作特征进行了专业性的总结。

（三）俄罗斯民族主义音乐文化代表——"强力集团"与柴可夫斯基

19 世纪 30—40 年代，格林卡的创作标志着俄罗斯民族乐派的成立，他的作品将欧洲专业音乐技巧与俄罗斯民族民间音乐相结合，将俄罗斯音乐提升至欧洲先进的音乐水平。在他之后，又出现了"强力集团"，该集团的五位作曲家，受俄国民族主义思想影响，提倡具有现实主义和人民性的音乐艺术，主张深入研究俄罗斯各民族民间音乐在作品创作中的运用。《乐风》刊登的《音乐上的国别化与国际化运动》一文，概括介绍了 19 世纪俄罗斯民族音乐的惊人进展，以及"强力集团"作为俄罗斯民族音乐艺术创作队伍中的一支主力军，在俄罗斯民族主义音乐发展过程中的贡献。

里姆斯基－柯萨科夫（1844—1908）是"强力集团"中最高产的音乐家。

1944 年《中苏文化》第 15 卷第 6、7 期，刊登了 VOKS 特稿《李谟斯基——可尔萨可夫》百年诞辰纪念文章。介绍了里姆斯基－柯萨科夫所在的"强力集团"的组成人员，该组织作曲家以俄罗斯民歌为源泉进行创作。随后介绍了里姆斯基－柯萨科夫的家世、童年生活、创作经历、乐谱整理出版工作、教育工作及艺术风格，认为他是同时具有民族主义与国际主义的革新音乐家，极大地促进了苏联民族文化的发展。

柴可夫斯基（1840—1893），一位享有世界声誉的俄罗斯作曲家，重庆报刊中有不少关于这位著名音乐家的文章，涉及了柴可夫斯基的生平往事、生活习惯、音乐生涯、创作成就、音乐风格等多方面的内容，相关内容见表 2。

表 2　抗战时期重庆主要报刊中介绍柴可夫斯基的代表性文章

文章或歌曲名称	作者或译者	文章来源
介绍柴可夫斯基	薛良编述	《新音乐》1941，3（5）
柴可夫斯基与西方	P. 伊凡诺夫作，纪坚博译	《新音乐》1941，3（5）
忆柴可夫斯基	乌里达维多夫作，徐洗尘译	《新音乐》1941，3（5）
想念柴可夫斯基	肖斯塔科维奇作，陈原译	《音乐艺术》1945，2（2）
柴可夫斯基——进步的俄国音乐底创造者之一	马琴编译	《中苏文化》1941，8（5）
柴可夫斯基	K. 巴夫洛夫作，骆肯译	《中苏文化》1944，15（6—7）
柴可夫斯基的第四交响曲	李嘉	《新华日报》1942-03-24 四版
柴可夫斯基的伟大与苦闷	G. 胡波夫作，雨鲸译	《新华日报》1942-04-07 四版
柴可夫斯基的伟大与苦闷（续）	G. 胡波夫作，雨鲸译	《新华日报》1942-04-25 四版
柴可夫斯基和他的歌剧《绣花鞋》	穆维芳	《新华日报》1945-12-12 四版

这些文章多介绍柴可夫斯基的生平，及其悲怆、深沉的乐风和浓厚的俄罗斯民族主义思想，他的创作融合了西欧进步作曲技巧和俄罗斯民族音乐元素，深受苏联人民的喜爱。报刊中对柴可夫斯基的艺术歌曲《唐璜的小夜曲》《告诉我，为什么玫瑰花这样苍白》《只有她才知道我的痛苦》也进行了完整刊载。

二、俄苏音乐文化传播中的形象塑造

俄苏音乐文化的传播，成功塑造了俄苏音乐发展中所彰显出的革命形象、民族形象与社会主义形象。这些形象的塑造，为中国抗战音乐的发展起到了示范作用，也为中国抗战的胜利奠定了一定的民众基础。

（一）革命形象的塑造

"九一八"事变后，在爱国救亡思潮的影响下，上海的左翼进步音乐工作者发起"新音乐运动"，并开始有组织地学习苏联音乐，成立了"左翼音乐家联盟""苏联之友社音乐小组""左翼戏剧家音乐小组"等社团，苏联音乐发展及理论便成为中国新音乐运动的重要理论来源。

笔者对抗战时期重庆主要报刊中译介的俄苏歌曲做了统计，这些歌曲中有半数以上都是表现战争题材的歌曲，如《塔乘卡之歌》（K.Listov 曲）、《图拉来福枪》（A.Novikov 曲）、《短剑之歌》（发尔地曲）等。《塔乘卡之歌》描绘了在战争中英勇作战的青年的形象；《短剑之歌》表达了战士对武器的珍爱之情……这些歌曲的传播，不但集中表现了苏联人民无畏牺牲的精神与英勇作战的身姿，也唱出了中国人民在日寇的铁蹄下不屈不挠、团结一致的心声。正如李凌在《苏联音乐与中国新音乐运动》中所说："抗战后，苏联音乐对中国新音乐的影响更大了，中国人民唱着国外的斗争歌曲，没有能比苏联歌曲那样更可引起兴奋"[①]，因此，苏联的革命音乐才会受到中国音乐家们的崇尚与学习，"也没有什么国家的音乐艺术，能够像苏联音乐那样使中国作曲家音乐家不仅陡然地爱慕着，而且用着无可比拟的精神学习着。"[②] 为鼓励大后方作曲家们创作抗战歌曲，赵沨还翻译了苏联《红星报》的文章《歌曲——战士们的朋友和同志》，文章写道："在战斗中歌曲是不可缺少的精神武器，歌曲可以抒发他们的思想和感情，并帮助他们去

---

① 赵沨译. 歌曲——战士们的朋友和同志 [J]. 新音乐，1942（1）: 3.

② 赵沨译. 歌曲——战士们的朋友和同志 [J]. 新音乐，1942（1）.

攻击。"①充分展示了苏联音乐文化宣传中以歌曲为武器的鲜明意识。

在革命音乐创作问题上，《红军与苏联音乐文化》一文提出了红军典型化形象在音乐作品中特别是交响乐中的具象化问题："英雄的红军的卓越的典型，她的伟大的指挥官，她的不可抹灭的事迹——还等待着苏联作曲家在大交响乐中、大歌剧中来具象化。"②因此，音乐家应该深入研究红军的历史，"作曲家应该研究红军的历史，应该更勤劳地工作。这可以丰富他的体验，帮助他的创作。在他认识了红军的历史以后，他才能够创作具有着伟大意义、伟大形式的新的作品。"③这些观点得到了赵沨的肯定，并认为这是当今中国音乐家同样需要思考的问题："其论红军与音乐文化的关联，及号召音乐家参加，深入红军生活，研究红军历史……也正是我们目前应该迫切注意的问题。"④肖斯塔科维奇为苏联列宁格勒保卫战而作的《第七交响曲》更是革命音乐的卓越代表。《新华日报》将其称为"抗战交响曲"，并在报道中称赞其为"苏联英勇抗战之史诗"⑤。

苏联革命音乐传播的组织办法与实施途径，也得到了抗战大后方的音乐家们的关注。《新华日报》刊登了由立波翻译、亚历山大洛夫作的《歌曲在苏联红军中》，介绍了由 A. B. 亚历山大洛夫组织的苏联红军歌曲团成立的历史、发展的经历等，称其为"使红军歌曲艺术的普遍化的组织"。苏联红军歌舞团不仅在战争中为前线士兵送去了愉悦，还在各战地的巡回演出中逐渐形成发展红军音乐的艺术原则。《中苏文化》杂志上刊登了亚历山大洛夫另一篇介绍红军歌舞团的文章《苏联红军歌舞团》，讲述了红军歌舞团的巡回演出方式、节目选择、人员构成、创作成就等。

（二）民族形象的塑造

俄苏音乐界对俄罗斯民族民间音乐的搜集、整理与运用源于 19 世纪，经过

---

① 赵沨译. 歌曲——战士们的朋友和同志 [J]. 新音乐，1942（1）.

② 赵沨译. 红军与苏联音乐文化 [J]. 新音乐，1940（4）.

③ 李凌. 略论新音乐 [J]. 新音乐，1940（3）.

④ 李凌. 略论新音乐 [J]. 新音乐，1940（3）.

⑤ 《抗战交响曲》苏联作曲家划时代杰作　中华交响乐团定期演出 [N]. 新华日报，1943-05-29.

格林卡、柴可夫斯基以及强力集团为代表的音乐家及组织的努力，逐渐形成了将民族民间音乐运用到作品创作中的音乐创作观，使俄苏音乐成为世界音乐史上辉煌的一页。重庆报刊多从民族性的角度出发，评价作曲家及其音乐作品，同时辅以曲谱、图片等，为民众塑造了一个历史悠久、底蕴深厚、丰富多样的民族形象。例如柴可夫斯基，就在《新音乐》中被誉为民族音乐家："柴氏是民族音乐的创始者。'提起民族音乐，人们都知道波兰的肖邦和俄罗斯的柴可夫斯基。'从这句话中，可见柴氏对苏联音乐的贡献。他能够载负'民族音乐家的声誉'。"①

格林卡、柴可夫斯基等民族音乐家大多受到了俄国文学之父——普希金的影响。亚历山大·谢尔盖耶维奇·普希金（1799—1837），俄国著名的文学家，现实主义文学的奠基人，被誉为"俄国文学之父"。《普式庚与俄国音乐》一文揭示了普希金的诗歌对俄国音乐的重要作用，该文详细阐述了普希金作品的主题、形象、风格与角色在格林卡、达尔戈梅日斯基、穆索尔斯基、柴可夫斯基、里姆斯基–科萨科夫等作曲家的歌剧、交响乐、室内乐及群众歌曲中的体现。此外，苏联文学家高尔基（1868—1936），也对民族音乐创作有深入的见解。从沙波林所写《高尔基与音乐》可以得知，高尔基从小就喜爱俄国的民歌，拥有音乐才能，音乐元素几乎渗透在高尔基所有的剧作中。该文的作者沙波林曾与高尔基探讨："如何写出一个良好的关于描写劳动生活的交响曲"，高尔基认为作曲家应该在民间故事中寻找创作的灵感与主题。普希金与高尔基的例子，为发展我国民族风格音乐创作的选题提供了广阔的思路与优秀的范例。

《苏联音乐与民歌》一文论述了苏联音乐界对民歌的推崇。在传承与推广民歌的过程中，苏联音乐家做了如下工作：1. 提倡民歌；2. 对民歌进行修正与再创造；3. 系统地进行"民歌与歌剧史的关系"研究。不仅如此，苏联政府的文化政策也利于民族音乐的发展，例如托洛茨基曾提出要把苏联各小民族的文学一切"抹杀"，主张苏联的各小民族都学俄语，但是苏联中央反对这样的文化政策，

---

① 薛良编述. 柴可夫斯基 [J]. 新音乐，1941（5）.

认为应提高每一个民族的文化。这不禁使安娥发出感叹："苏联的文化政策（音乐在内）不仅给了苏联国内各民族以福利，同时指出了世界各被压迫民族的文化出路。"[①] 为培育民族音乐人才，苏联在白俄罗斯、乌克兰、乔治亚等加盟共和国开办了音乐学校。《中苏文化》中也刊登有不少照片，以展示苏联的民族音乐文化。

图 2   苏联北方民族之女琴手

图片来源：《中苏文化》1938 年苏联十月革命二十一周年纪念特刊，全国报刊索引 http://www.cnbksy.cn/home.

（三）社会主义文化形象的塑造

抗战时期重庆的主要报刊，通过文字报道、音乐消息和图片等，介绍了苏联在音乐创作、音乐文化设施、音乐教育、音乐社团等方面的发展成就，成功塑造了苏联作为世界第一个社会主义国家的文化形象。

重庆报刊报道了苏联歌剧、交响乐、室内乐、舞剧音乐、歌曲创作方面的最新进展和成果。《苏联战时之戏剧与音乐》介绍了苏维埃作曲家创作的新战歌与进行曲；《苏联电影中的音乐》简短地介绍了苏联电影音乐写实主义特点及肖斯塔科维奇、卡巴耶夫斯基、杜纳耶夫斯基、沙波林等人的电影音乐作品；《肖斯塔科维奇报告苏联战时音乐界的伟大成就》总结了在苏联卫国战争时期作曲家们在歌剧、舞剧、交响曲、室内乐方面的成就。

剧院、广播、影院、唱片制造公司、出版公司、乐器制造公司、音乐学校等都是促进音乐文化发展的重要条件。从报刊载文可知，莫斯科、列宁城、立陶

---

① 　A.A.Alschwang. 华格纳——人道主义崇高理想的战士 [J]. 白澄译 . 新音乐，1940（3）.

宛苏维埃社会主义共和国等各地剧院的发展情况，以及不同年份增设的剧院数目等。《苏联的音乐大众化运动》则通过苏联第一次音乐五年计划与第二次音乐五年计划的内容介绍，展示了苏联在唱片灌制、唱片机制作、乐器制作、乐谱出版等方面取得的成就。

苏联国内经常会举办各类纪念音乐会，如"柴可夫斯基百年诞辰纪念音乐会""红军红旗歌舞队十周年纪念音乐会""格林卡诞生一百四十周年纪念音乐会"等，这些音乐会情况可从《苏联红军红旗歌咏队举行十周年纪念》《苏联的文艺新闻　柴诃夫斯基诞生百年纪念》《苏联名作曲家利姆斯基——考萨科夫一百诞辰》等报道中获得了解。苏联剧场的日常音乐演出活动也格外丰富，《苏联民族歌剧运动》一文中对苏联大剧院正在排演的歌剧剧目介绍便是最好的例证。

苏联成立后，大众音乐社团遍地开花，易之所著《苏联的音乐大众化运动》介绍了苏联著名的工厂区域与产业地带都有劳动组织的歌舞乐团、交响乐团、手风琴乐团。类似的文章还有《乌克兰集体农场的业余音乐团体》《乌克兰犹太歌咏团》等。

音乐教育方面，不仅涉及了专业音乐教育、社会音乐教育，也关注了儿童音乐教育。其中，《苏联的音乐教育》一文具有较好的代表性，包含了对儿童教育、大众教育与专业音乐教育的认识与建议。作者认为：无论是儿童教育还是大众教育，都需要适合目标群体的教材与教师。因此，专业的音乐教育需与儿童音乐教育、大众音乐启蒙的目标相结合①。

从 20 世纪 20 年代起，苏联恢复了与西欧音乐界的交流，民族音乐也开始走向世界。特别是在反法西斯同盟建立后，苏联音乐家更是注重与英美之间的联系，不仅将音乐向外输送到比利时、法国、美国、伊朗等地。同时，英国首相丘吉尔、外相艾登等人也亲自抵达苏联欣赏苏联音乐，苏联建立起了一个具有世界影响力的音乐文化形象。《新华日报》中常有这类的报道，如《比国王召宴钢琴优胜者——庆贺苏联钢琴家成功》《苏联钢琴家将往法演奏》《贝纳斯看苏联歌

---

① 赵沨译.歌曲——战士们的朋友和同志 [J]. 新音乐，1942（1）：24–28.

剧》（捷克总统）、《丘吉尔和艾登欣赏苏联音乐会》等。

这些有关音乐的报道内容，有的长篇大论，有的则一两句话，虽篇幅不多，但报道持续时间长，从 1938 年到 1945 年都有苏联音乐文化发展相关的新消息传来，塑造了繁荣、丰富、奋勇前进、百花齐放、具有世界影响力的社会主义音乐文化形象。

三、俄苏音乐文化在战时首都重庆的传播效应

通过对《新华日报》《中央日报》《新音乐》《乐风》《苏联音乐》等重庆主要报刊的内容梳理发现，俄苏音乐文化的传播极大地促进了战时中苏双方音乐家的交往，促进了双方对彼此音乐文化的进一步认知。更重要的是，苏联音乐的发展经验为中国抗战音乐的进步提供了方法论，为使用现实主义手法的大众化、民族化抗战音乐的发展奠定了理论基础。

（一）促进了中苏音乐文化的交流

1940 年，中苏文化协会对民众发起了"向苏联民众写信"运动，《中苏文化》《音乐导报》与《新音乐》中就刊有中苏音乐界的往来书信。信中，除介绍各自音乐界发展近况外，中国音乐家也通过书信向苏联音乐界寻求文化援助。他们互通书信、互赠乐谱，在此过程中增强了相互理解与沟通，促进了双方音乐文化的交流。马思聪曾将自己的作品通过驻华大使交给苏联对外文化委员会。作为答复，苏联作曲家马良·郭凡尔在回信中也奉上了自己所作的合唱曲和以俄国民间故事为剧本的儿童歌剧等音乐作品。不难发现，几乎在每一封通信中，都有随信互寄的乐谱。据记载，为了给在重庆的苏联外交人员提供物资，苏联每周都有专机飞抵重庆，同时抵达重庆的还有包含格林卡、里姆斯基－科萨科夫、柴可夫斯基、普罗科菲耶夫、肖斯塔科维奇等作曲家创作的音乐曲谱[①]。在中苏音乐界的密切交流下，中国抗战歌曲也在苏联得到出版。1939 年，苏联歌曲家克利

---

① 格涅新．作曲初阶（1）[J]．张洪岛译．乐风，1944（16）．

曼蒂克基马利夫将十五首中国抗战歌曲编译成乐谱,其中多首已制成唱片,其中的《义勇军进行曲》《流亡曲》最受苏联民众欢迎 [①]。

苏联对华音乐广播与中国对苏音乐广播的播送预告常常被刊登在《新华日报》与《中央日报》中。1941 年 1 月,国际广播电台定名不久后,中苏文化协会就借用这一平台与苏联进行音乐交流。中苏音乐广播交流集中在 1940—1941 年间。报纸常常提前一天以上的时间对播送进行预告,内容包含播送时间、播送呼号,播送节目与演出人员。苏联对华音乐广播多为中国晚上 7 时开始,时长不超过 1 小时,一次播送会选取十几首作品,播送节目内容丰富,有抗战歌曲、歌剧选段、各地区民歌、电影歌曲、古典器乐、舞剧音乐等。演出人员多为专业水准较高的歌舞团或乐团演员,例如人民管弦乐队、苏联著名人民艺术家歌唱家巴尔索娃等。我国第一次对苏音乐广播是在 1940 年 3 月 18 日,由中苏文化协会发起在嘉陵江宾馆举行。此次播送演员由励志社歌咏团与管弦乐队担任,表演作品男声合唱《旗正飘飘》《巷战歌》及《游击队歌》、二胡独奏《月夜》、独唱《满江红》等。1940 年 9 月,中苏文化协会开始在国际广播电台举办《对苏音乐广播节目》,每周 1 次,中苏之间形成了稳定的音乐交流周期。1941 年 3 月,国际台邀请贺绿汀主持歌咏团,对苏广播抗战歌曲。通过互通书信、互赠乐谱与互播音乐,中苏两国音乐界的交流得到了极大的促进,同时也增进了对彼此音乐的理解。

(二)促进了大众化、民族化音乐创作思想的形成

抗战时期的重庆,音乐家们积极学习和推崇苏联大众化、民族化的社会主义现实主义音乐创作手法与美学理论,以指导中国抗战音乐的创作。苏联音乐发展的成就从音乐的总体特征、社会功能、表现形式、素材来源、题材内容等方面给予了我国作曲家重要启示,这在大后方报刊中刊登的一些关于"新音乐"与"民族形式音乐"等主题的文章中,能够窥知一二。

赵沨曾在《关于苏联音乐》的译文后也发表了自己对苏联音乐的认识:苏联

---

① 苏联名作曲家、诗人编译我国抗战歌曲 [N]. 新华日报,1939—09—15.

音乐与革命实践相联系，苏联音乐在形式上是民族的，在内容上是社会主义的，创作手法是现实主义的。苏联音乐影响了赵沨对中国新音乐的认识，他在《释新音乐——答陆华柏君》一文就中国新音乐的含义、来源、特征等方面发表了自己的见解，他认为："新音乐的创作手法是现实主义的。内容是民族的，形式是民族的；新音乐是大众的，是与革命实践紧密联系的；新音乐应该批判地继承一切民族音乐的优秀遗产；新音乐创作应合理使用西洋作曲技法。"①

李凌在《略论新音乐》中把苏联音乐与中国新音乐进行类比并加以论证，以苏联音乐发展的成功经验作为科学化新音乐运动的有效论据，指出了苏联音乐对中国新音乐运动的指导性作用。他谈道：新音乐是反映中国现实，表达中国人民思想与追求，鼓励群众追求自由幸福国家的艺术形式。它要反映反帝反封建的革命内容，要具有民族形式，必须服务于大众且反映现实，并能够推动现实的进步②。不难看出，以李凌、赵沨等为代表的大后方进步音乐家们对"中国新音乐"的理论认识很大程度上受益于苏联音乐的启发。

通过对苏联经验的学习以及对新音乐发展的反思，进步音乐家们认识到"民族化"和"大众化"其实是一个问题的两个方面，回答了什么是"中国新音乐"，怎样发展"中国新音乐"的重要论题。当音乐家们对中国新音乐的特征有了明确的要求后，他们便对中国新音乐的民族形式进行了更为深入的探讨。《论音乐的民族形式》《音乐的民族形式》《向着民族新音乐的道路前进》《民间歌谣的讨论》等文章，阐释了什么是音乐的民族形式，中国民族形式音乐有哪些要素，外来音乐对民族形式音乐创作的意义何在，深入探讨了创作民族形式音乐的原则以及发展民族音乐的意义等问题。在苏联音乐的范式影响下，中国音乐家逐步探索出了具有本国特色的民族化、大众化音乐道路。

（三）推动了抗战音乐的持续发展

20世纪40年代初，大后方在国民党统治下出现了"音乐与抗战无关""为艺术而艺术"的论调。李凌在《新音乐运动到低潮吗?》一文中反驳了关于"抗

---

① 赵沨.释新音乐——答陆华柏君 [J]. 新音乐，1940（3）.

② 李凌.略论新音乐 [J]. 新音乐，1940（3）.

战初期才需要音乐，而今时候已经过时了"的论调。为促进以抗战音乐为中心的新音乐运动发展，以李凌、赵沨为首的进步音乐家们将苏联音乐理论加以运用，做好了抗战音乐继续向前发展的思想工作。如天风的《"救亡歌曲"之外》，阐述了从原始社会到资本主义社会，音乐都一直是被统治者所占有和利用，并被用作压迫人们的工具。那么，被统治、压迫的人们也应学会使用它作为反抗、抵御恶势力的工具。为证实这一观点，他以苏联的音乐为例，指出：

> 在苏联，社会主义的国家，当革命初期，是把音乐鼓动兵士，打击敌人，使劳动大众在压迫、剥削下争取解放的一种武器。……现在，音乐在他们已经交还了大众，为大众把握；他们就把音乐当作教育大众，鼓励大众，努力于建设共产主义社会而奋斗的工具。[①]

天风谈到应集中全国力量来完成抗战，而音乐则是动员群众的有力工具。可以看出，苏联音乐这种以音乐为武器的社会功能观深刻地影响了一大批战时文艺工作者，他们一边将苏联音乐的发展成就作为这一观点的有力论证，一边发挥其"武器观"的作用，为抗战音乐的发展指明了方向。

同时，苏联"社会主义现实主义"创作观，也为抗战音乐的创作提供了理论基础和实践依据。赵沨在《论音乐的现实主义》一文中就这一问题作出了详细论述。他明确提出，现在中国的现实就是要将敌人赶出中国领土，因此音乐创作在内容上应该并且也只能有"抗日的内容"。面对工人和农民是中国人民主体的现状，就必须要满足工人和农民对于中国旧音乐艺术的喜好，因此抗战音乐一定要具备民族的形式。音乐创作除了要以"新瓶装旧酒"的方式改编民谣，还要再继续挖掘民族音乐遗产，批判性地接收西方优秀音乐文化，从而创造出新的音乐形式。对于抗战音乐的"口号化"现象，他指出，抗战音乐除了要关注前线，以战斗英雄和壮烈史实为主题，还要兼顾大后方。既可以刻画英勇殉国的悲壮事件，

---

① 天风 ."救亡歌曲"之外 [J]. 新音乐，1940（5）.

也可以描写战士们的爱情故事。赵沨的理论为抗战歌曲的多样性发展提供了可行的思路，同时也符合了身处抗战大后方的广大人民群众需求。

四、俄苏音乐文化传播的特征及历史意义

抗战时期，重庆的俄苏音乐文化传播与哈尔滨、上海、延安等地相比，具有自己的特点。作为战时首都，其传播内容和途径都呈现出了丰富性和多样性特征，总体传播效应也相对较强，对当时抗战音乐的发展具有积极的现实意义。从中国音乐现代性转型的角度来看，其多样性丰富了抗战时期音乐文化的组成，增强了中苏音乐文化交流的互动性与互渗性。同时，在新音乐运动的推动下，俄苏音乐文化在大后方的传播促进了它在中国的文化认同与文化融合，为 20 世纪 50 年代中苏音乐界的亲密交往打下了坚实的基础。

（一）俄苏音乐文化在战时首都重庆的传播特征

在 20 世纪上半叶，报刊作为我国最重要的文化传播媒介之一，记载着大后方俄苏音乐文化传播的系列实情。通过当时主要报刊的分析，得出大后方俄苏音乐传播具有如下特征。

1. 传播内容丰富多样

大后方传播的俄苏音乐文化内容丰富，包含苏联社会主义现实主义音乐文化、古典主义与浪漫主义音乐文化、俄罗斯民族乐派音乐文化、现代主义音乐文化的内容。这些内容的表现形式多样，包括乐谱、文论、乐讯、照片、小说等。

2. 传播途径广泛

本文以重庆主要报刊为视角来做俄苏音乐文化的传播研究。报刊往往会将广播的预告消息，电影的广告及报道，音乐会的预告及信息等进行汇总呈现。因此，从报刊信息中我们也不难看出，俄苏音乐文化在战时重庆正通过广播、电影、音乐会、书信等多元化途径进行广泛传播。

3. 传播效应趋于明显

在重庆，通过对苏联音乐进行不同途径的多维度宣传，增进了知识分子与普

通群众对苏联的了解与学习。对俄苏音乐文化的介绍，特别是建设成果的报道，不仅拓宽了大后方民众的观察视野，也增长了其音乐知识、提升了音乐家们的专业技能。此外，受俄苏音乐文化影响所形成的"以音乐为武器"的功能观、以革命歌曲为主的创作观，及大众化、民族化的音乐审美观，直至新中国成立后还仍然产生巨大的影响，足可见其突出的传播效应。

4. 传播凸显现实性

通过俄苏音乐文化在战时首都的传播，特别是对俄苏社会主义文化建设的成果报道，为国民塑造了一个具有革命性、大众性、民族性的社会主义音乐文化强国形象。这个形象正是进步音乐家们未来中国音乐文化发展的愿景。因此，俄苏音乐成为大后方音乐发展甚至中国音乐发展的成功范本，为中国音乐界指明了方向。何谓新音乐？音乐是否应用"功利主义"的眼光看待？如何组织音乐运动？抗战音乐应该如何发展下去？是否应该重视民族民间音乐？面对这些问题，大后方音乐家们常借鉴俄苏音乐发展成就，试图寻找解决问题的答案。

（二）俄苏音乐文化在战时首都重庆传播的历史意义

重庆，作为战时首都，其国际政治、经济、文化地位得以凸显。因而，俄苏音乐在重庆的传播，相对于中国其他地区而言，有着更加广泛、深刻的历史意义。

1. 传播增进了中苏两个反法西斯同盟国的"共情感"

只有在以重庆为中心的大后方，中苏音乐家不仅能通过音乐作品的传播交流彼此的思想，还能通过书信鼓励彼此坚持以音乐抗战的决心。面对外敌入侵，两国作曲家互相勉励，这使中国作曲家们鼓起极大的热情投入战争中，投入抗战音乐的创作中去。

2. 传播大大丰富了大后方抗战音乐的内容

苏联群众歌曲常常以战争中的英雄故事为主题，表达苏联人民团结一心、不畏牺牲，为捍卫祖国而英勇斗争的精神。如最具代表性的《神圣的战争》，中国作为与苏联一同反抗法西斯侵略的同盟，对这些歌曲具有强烈的认同感，因此，它们得以在我国各地区群众中广泛传唱，并成为音乐家们学习的典范。

3. 多元化的俄苏音乐文化得以在我国传播

在 20 世纪 30 至 40 年代，苏联"左"的音乐权力话语已初步输入中国，一些人将"现代主义音乐"视为"形式主义"并加以公开批判①。例如吕骥曾在文中写道："我们绝不能把作为古典主义、浪漫主义以及表现主义之反动的超现实主义的新音乐跟现实主义的新音乐混为一谈。"②而重庆作为第二次国共合作的舞台，体现出强大的文化包容性，音乐家在大后方能了解西方各时期、各流派的音乐文化，能接触并学习 20 世纪的新兴作曲手法，特别是受"左"的权力话语排斥的神秘主义（斯克里亚宾）与现代主义（斯特拉文斯基）音乐文化。

4. 俄苏音乐文化在大后方的传播促进了中苏音乐文化交流的互动性

在 1938 年以前，中苏音乐文化交流呈现相当不平衡的状态，几乎全为俄苏音乐文化向中国单向输入。20 世纪 20 至 30 年代，俄籍音乐家在我国哈尔滨、上海等地成立乐团、举办演出、设立学校、创办杂志，进行了多种音乐文化传播活动。而我国音乐家前往苏联演出交流的记录仅有 2 次，分别是梅兰芳访苏与古筝大师娄树华、二胡和琵琶演奏家王绍先、古埙演奏家梁庆西组成"中国旅行音乐团"的访苏演出。而自哈、沪两地沦陷后，中苏双方的交流更加受阻，20 世纪 40 年代苏联社会主义音乐文化的宣传只能通过民间（多是以苏商名义）的渠道以出版物和广播的形式展开，并且还要接受当时日伪政府的严密审查。在以延安为中心的革命根据地，通过报刊与歌咏运动，俄苏音乐深入各地区，为文化普及、革命动员与抗战宣传作出了贡献。然而，由于交通的闭塞与物资的匮乏，此时延安仍以俄苏音乐文化向中方输入为主。而在重庆，通过中苏文化协会在重庆发起的两国定期广播、互通书信、互换乐谱等活动，双方音乐文化交流开始出现互动性，缓解了俄苏音乐向中国强势输入的局面。其音乐文化交流互渗性表现在音乐作品的互渗。例如在苏联曾出版中国抗战歌集，苏联音乐家也在国家儿童剧院剧目中编写过插曲《中国抗战之歌》，大后方的音乐家如张定和曾采用俄罗斯

---

① 陶亚兵主编.中俄音乐文化交流史事回顾与当代反思[M].北京：人民音乐出版社，2011：440.

② 吕骥.吕骥文选（上集）[M].北京：人民音乐出版社，1988：29.

曲调为在重庆编排的俄国话剧《大雷雨》《复活》配乐，等等。

俄苏音乐以其浓郁的民族风情、饱满的爱国精神与坚定的无产阶级意志深受中国进步音乐家们的推崇。通过俄苏音乐文化的传播，大后方音乐家们对其音乐创作理念发生了"中国化"改革，为统一抗战思想、坚定抗战意志、维护抗战行动起到了重要作用。以李凌、赵沨为首的大后方新音乐运动领导者，提出民族化、大众化的现实主义抗战音乐理论，将大后方的音乐家们紧紧团结在抗日民族统一战线的旗帜下，从而增强了中国人民对俄苏音乐的文化认同感，推动了双方音乐文化的融合。

基于教育视角的川渝地区民族音乐文化传承与创新[①]

朱玉洁　赵　彬[②]

民族音乐教育是民族音乐传承的重要路径之一，如何提升民族音乐教育效率，以及如何对传统音乐文化进行创新传承，成为当下的首要问题。

"作为考古学意义上的巴文化和蜀文化'你中有我，我中有你'，其内部有着割不断的密切联系。"[③]川渝两地的民族音乐文化有着密切的联系，深入挖掘川渝地区民族音乐文化内涵，注重传承发展巴蜀文明，助力推动成渝地区双城经济圈发展战略实施，促成川渝地区民族音乐文化共建共享，成为当下传承和创新川渝地区民族音乐文化的首要任务。

一、民族音乐与民族音乐教育的含义

（一）民族音乐

"民族音乐是指各民族的音乐，是指民族或一定的文化和社会集团中所共有并被继续传承的音乐总体。"[④]中国民族音乐是音乐与文化融合而产生的，是中华

①　本文为 2021 年度重庆市教育委员会人文社会科学类研究一般项目"川渝地区民族音乐传承与音乐剧创新研究"（项目编号：21SKGH300）的阶段性研究成果。原载于《四川戏剧》2022 年 5 月。

②　朱玉洁，重庆人文科技学院艺术学院讲师。赵彬，重庆人文科技学院艺术学院副教授。

③　黎明春，龚政."川渝文化共建共享"学术研讨会综述 [J]. 文史杂志，2021（1）.

④　王耀华.世界民族音乐概论 [M]. 上海：上海音乐出版社，1998：2.

民族特有的艺术体现，代表的是各个民族以本民族文化为载体而创作的极具代表性的民族音乐作品，是我国千年来传统优秀文化的沉淀。通过对民族音乐的学习，能够在很大程度上丰富人民群众的精神生活。

民族音乐的特征主要表现为传承性和娱乐性。民族音乐是以个人或团体为组织单位而展现的艺术形式，在文化的发展长河里，民族音乐将各个历史阶段的文化特征展现得淋漓尽致，体现了鲜明的民族性和地域性特征。

（二）民族音乐教育

教育从古至今都是对人进行塑造的方式，使人获得生存技能和充实人的思想文化是教育的根本目的。民族音乐的教育主要包括对音乐知识技能以及民族音乐文化的教育两种形式。民族音乐的教育不但影响民族音乐的延续，更是对中国民族传统文化精髓的认可。中国自古以来地域广袤，民族音乐教育有其差异性和特有性，各地人文风情和民族音乐表现形式各不相同。除此之外，中国也是多民族融洽发展的国家，多种民族文化呈现包容性发展，因此，不同的地域涌现了大量的不同的民族音乐，我国的民族音乐各有其表现特色，音乐风格不尽相同。

川渝地区的音乐文化发展有 3000 多年的历史，川渝地区除汉族外，还生活着彝族、藏族、苗族、土家族等 40 多个少数民族，各民族音乐呈多样化发展，民族音乐作品丰富并各具艺术特色，是传统民族文化的结晶，其中《康定情歌》《太阳出来喜洋洋》《胡豆开花》《家乡的龙门阵摆不完》《布谷鸟儿咕咕叫》《羌族酒歌》《川江号子》等都是极具川渝地区民族特色的代表作品。

民族音乐是本民族在历史发展过程中对日常生活的总结，是本民族文化的表现方式之一。"民族音乐教育兼具民族教育与音乐教育的双重使命。"[1] 开展民族音乐教育，首先可以提升学习者的音乐素养，提高他们自身的音乐审美；其次开展民族音乐教育工作是便于对民族文化、历史、民俗习惯的了解和传承，从而提升学习者的民族认同感和民族文化自信心。

---

① 权美兰，徐慧颖.论中国民族音乐的传承与创新[J].黑龙江民族丛刊，2013（1）.

二、民族音乐学习与传承的重要性

（一）通过学习民族音乐可以提升自身的欣赏水平

在现阶段，社会各界越来越看重对人才技能方面的培养，从而忽视了他们的欣赏水平。而通过民族音乐的欣赏学习，人们不但可以掌握诸多音乐文化知识，还可以全方位完善自身的人文素养与历史素养，从而不断扩充自身的艺术文化储备，并且在往后的日常生活中结合其本身的素养，不断通过音乐的学习实践充实自己。

（二）民族音乐能够缓解工作和生活中的压力

当前社会发展节奏过快，人们工作和生活压力不断上升，随着民族音乐在人民群众日常文化生活中的地位的日渐提升，通过音乐释放压力成为当代人的不二之选。良好的民族音乐素养还能够促进健全人格的养成，提升个人的思想品格。与此同时，参加民族音乐活动可以增强人的专注力，使人全身心投入音乐中，平复人们在工作和生活中的消极学习情绪，促使他们心理健康的平衡发展，从而熏陶自身美好情操。

（三）民族音乐的学习可以增强人的自信心

在对民族音乐的学习过程中可以学会如何与他人良性相处，促使他们在这个过程中逐渐增强自身的交往能力，增强自身交往自信心。在民族音乐活动中，大家得遵循着一样的行为规范、唱出一样的音乐旋律和歌词，这种活动氛围可以让每位参与的人员快速地与周围的人达成共识，产生归属感，提升他们的社会体验。与此同时，积极良好的社会体验有利于增强他们的主观能动性。

三、现阶段民族音乐在发展传承过程中出现的问题

（一）受外来音乐文化冲击严重

近年来，我国社会经济迅猛发展，与各个国家的往来也日渐密切，互联网

技术广泛应用于我们生活的方方面面，为音乐交流搭建了一个拥有大量资源的平台。与此同时，中华民族传统的音乐文化在一定程度上也受外来文化的冲击，在这种情况下，很多人舍本逐末，盲目追求所谓的音乐文化潮流，不利于我国传统民族音乐文化的发展，这也是当下民族音乐教育面临的问题。

（二）民族音乐的教育传承不受重视

严格意义上讲，民族音乐教育从主观上来说主要是靠国家的政策支持，在很多音乐人殚精竭虑的努力下，民族音乐教育逐步呈现上升发展态势，目前民族音乐教育发展日趋完善。1949 年以后，我国教育部首次将音乐、美术等艺术科目融入教育体系，各大院校也逐步在 20 世纪 60 年代开设了民族音乐专业，对民族音乐进行教育传承。改革开放后，教育部重视民族音乐的传播和传承，将民族音乐教育归入音乐教材中。21 世纪后，国家更加重视文化艺术事业，开始加大力度宣传民族文化，同时提升了民族音乐文化的地位，但仍需音乐教育者共同努力，持续推动民族音乐的传承教育。

（三）民族音乐教师的讲习方式缺乏创新

音乐教师的教学方式直接影响到学生的学习效率，一个好的讲习模式能够促使教学目标更快更好地完成。很多枯燥乏味的音乐教学模式已经跟不上 21 世纪学生对传统民族音乐学习的需求，这样容易导致学习者在音乐课上出现注意力不集中、学习兴趣不高的现象。另外，音乐教师自身或多或少都有音乐知识的盲区，这就更容易导致音乐教师在上课时教学模式缺乏创新，而且部分教师极有可能会因自身音乐专业知识储备量不足而无法为学生全面答疑解惑，这就大大降低了课堂的学习效率，最终致使学习者在民族音乐专业知识的学习中出现消极的心理。

（四）民族音乐硬性资源的匮乏

民族音乐教学过程中所需要的用具设备不够完善，如与民族音乐相关的教学素材、乐器、视频资源等。专业教学辅助的缺乏无形中增加了民族音乐的教学困难，学习者对于民族音乐所表达的内容含义一知半解，导致他们在没有完全掌握本节相关内容的情况下，又面临学习下节内容，最终形成恶性循环。

四、川渝地区民族音乐教育文化传承与创新的策略建议

（一）从课堂教学的角度出发

在落实培养对优秀传统民族音乐认同感的过程中，教师首先要确定学生才是教学的主体，是学习中的主导力量。任课教师只有摒弃陈旧的教学观念与教学方式，不要只注重教学的成果和学生的考试成绩，而是要注重过程性教学与考核；不再将教材中的知识点进行灌输式教学，导致学生被动地学习，而是要利用多种教学手段，充分激发学生的主观能动性，培养浓厚的学习兴趣，注重个性的培养，促成学生多样的人生发展走向。

在日常教学中，任课老师应当对民族传统音乐文化进行全面充分的了解，传授传统文化中杰出的精华，在川渝地区民族音乐教学过程中为音乐文化的渗透奠定基础，从而进一步让他们增强对川渝地区民族音乐文化的认同感。与此同时，任课教师应当在日常讲习中全面地将我国其他地域的优秀民族音乐和川渝地区民族音乐教育相结合，促使学生对川渝地区民族音乐的学习产生浓厚兴趣。

（二）提升教师对川渝地区民族音乐文化的认可

目前对于传统民族音乐文化教育工作已经趋于规范化，大幅度地提高了学生的参与性。但在实际教学过程里，还存在着少数任课教师对民族音乐文化教学的认知不全面，而且并未全面意识到民族音乐文化教学对于自身工作的重要性，他们在教育教学过程里，忽视川渝地区民族音乐文化传承的重要性。因此，任教老师应当跟随社会发展的潮流对自身工作的不足进行优化改进。为了更好推动川渝地区民族音乐文化的教育，任课教师在教学课程外，要为学生们普及中华优秀传统文化的相关知识，提高他们的民族文化认同感，同时也能提升自身教育教学的水平。

（三）注重培养专业的川渝地区民族音乐人才

专业的民族音乐人才是教学的领头羊，他们能促使民族音乐教学实践和科

研活动的顺利进行。相关部门应定期开展培养民族音乐传承与创新人才的相关活动，促使更多的人从事民族音乐传承与创新活动，推动民族音乐教育的发展。还需要加大力度对那些极具天赋、真心热爱民族音乐的学生重点培养，让他们保持浓厚的学习兴趣，为民族音乐储备专业人才。与此同时，还可以定期开展各种各样的民族音乐实践小组活动，促进民族音乐在文化活动中的顺利进行。

（四）完善川渝地区民族音乐教育体系

民族音乐的传承与发展是以教育为主要途径，因此，需要创建一个完善的川渝地区民族音乐教学体系。我们要结合川渝地区民族音乐教学特点不断完善，做好教育引导工作，贯彻落实到教学实践中，完成教学目标，达到教学目的。进行川渝地区民族音乐教育时，应以鼓励为主，关心学生的心理成长，尊重每个学生的想法，制定更全面、让他们更信服的综合指标。

（五）改善目前落后的教学资源

除了教学硬件的不断更新提升外，教学更新不及时是现代社会中普遍出现的教学问题。这就要求音乐教师不断完善自身的音乐知识储备，增强教学责任感，在课余时间参考优秀的民族音乐课程资源，弥补自身教学中的不足，同时要引进优秀教材，为学习者提供更符合发展的新的教育资源。教师可以根据教学的实际需要和川渝地区民族音乐传承与创新的特点，结合自身的科研和实践，自建一些课程教育资源、教材等，以弥补教学资源的不足。

（六）加强川渝地区民族音乐文化传承基地的建设

教育部明确指出，在大中小学开展中华优秀传统文化传承基地建设活动，是新时代不断传承创新中华优秀传统文化形式与方法，充分发挥文化传承创新的优势与作用，是推动中华优秀传统文化创造性转化和创新性发展的重要举措，是提高学生审美，引领学生做中华优秀传统文化的忠实继承者和弘扬者，是汲取中国智慧、弘扬中国精神、传播中国价值、坚定文化自信、增强文化自觉的重要途径；是充分发挥中华优秀传统文化育人作用，落实立德树人的根本任务，是以美育人、以文化人，全面提升美育质量的创新之举。我们应以此为抓手，加强川渝地区民族音乐文化传承基地的建设。

　　川渝地区民族音乐文化传承基地现有川剧、四川清音、四川扬琴、梁平灯戏、木洞山歌等，但大都是建在中小学，川渝高校的传承基地建设亟待提升。传承基地的发展应紧密围绕课程建设、社团建设、工作坊建设、科学研究、辐射带动、展示交流等六方面，切实将传承基地打造成特色品牌，实现川渝地区民族音乐文化的传承与创新。

　　（七）将川渝地区民族音乐教学与互联网相结合，创建慕课资源

　　基于当下川渝地区民族音乐教育的发展现状，互联网的出现对传统的音乐教育产生很大的冲击，这也是川渝地区民族音乐教育面临的机遇与挑战。根据川渝地区民族音乐教学的特点，充分利用大数据优势资源创建慕课，并结合课堂互动、课后思考、课后实践，以实现教学目标与美育目标；培养学生对川渝音乐文化的学习兴趣和审美情趣，激发爱国情怀，坚定文化自信、民族自信；结合大数据教学反馈，充分利用优势资源，不断改进教学方式、丰富教学手段、更新教学内容，满足以学生为中心的教学需要，达到川渝地区民族音乐教学的目的，提升教师的教学力、科研力、创新力；通过慕课的成功开放，达到时时处处人人皆可学习，提升学习者的参与感、获得感、成就感；随着川渝地区民族音乐相关课程的不断改进提升，辐射面的不断推广，全面实现开放共享，实现川渝地区民族音乐文化的传承与创新。

　　（八）强化川渝地区民族音乐的地位，定期评选优秀的川渝民族音乐爱好者作为标榜

　　在人们物质生活富足的今天，民族音乐文化应该全面发挥文化传播的带领作用。不能仅仅依靠学习者的自主性，还应当加大力度聘请优秀的民族音乐从业人员为双师型教师，同步参与到民族音乐教学实践活动中，从而全面提升民族音乐教学的质量，满足学习者的实际需求。

　　评选优秀的民族音乐爱好者，选择表现良好的学习者，发挥好他们的带头作用。优秀的学习者在得到认可后，能带动身边的学习者，促使他们都能成为新时代背景下合格的民族音乐继承者和发扬者。

（九）定期开展川渝地区民族音乐文化交流活动

川渝地区民族音乐倡导者可以经常性地举行音乐文化交流活动，让学生在活动中加强对川渝音乐文化的了解。除此之外，还可以定期组织关于川渝音乐文化讲习或科普的教育课堂，聘请国内相关的教育专家对川渝地区民族音乐文化进行传授，这样能很好地促进学生们的理解和感悟，将已经掌握的知识带入实际音乐活动中去实践和创新。

区域影像创作与本土文化呈现[①]

——以 21 世纪以来的重庆电影发展为例

曹洋洋[②]

　　追溯中国电影发展史可知，电影在不同时代承担着不同的使命。中国电影的发展之路布满荆棘、波折不断，从侧面反映出我国社会文化艺术史的纷繁复杂。自 21 世纪以来，我国电影每年都在以一个量变的方式诠释中国社会的发展之路与文化艺术的嬗变。社会经济的大发展促进艺术多样性表达，社会多样性的解构予以人本内在的提升，为 21 世纪以来的影像发展构建出一个繁华的"浮世绘"，围绕民族自信的觉醒实现影像多样性的表达。

　　影像的表达是基于民族思想和文化根基实现本民族的外化呈现，在话语权表达上赋予其相对的完整性。尤其自 21 世纪以来，区域的影像发展成为不可忽视的对象，其以独有的艺术观点、猎奇性的视听表达，成为区域话语传播的重要力量。溯源区域影像的发展之路，21 世纪以来，我国影视行业迎来了新机遇，作品创作的诉求外化使区域影像的社会展现具备了更鲜明的多样性。

---

　　① 基金项目：本文系 2022 年重庆市教育科学规划项目"探索全学分制下书院制导师制三制交叉融通的新民办高校育人模式"（项目编号：K22YG224264）阶段性研究成果。原载于《视听》2022 年 12 月。

　　② 曹洋洋，重庆移通学院艺术传媒学院讲师。

一、区域影像发展与国际观表达

（一）重庆影像的国际观形成与发展

重庆地处我国西南部，以其云遮雾绕、两江环抱的自然风光和独特厚重的历史人文，在新时代城市的发展过程中成为璀璨的"明星"。重庆尤其在近代社会和现代社会发展中占据重要地位，在国际观的呈现上成为新的聚焦中心。重庆区域影像的发展注定与这座城市的命运一样，曲折坎坷，要经历一个漫长的历史过程。重庆的电影有过辉煌的历史发展时期，不同的历史阶段推动了区域影像的表达方式和方法的形成。从 1937 年 11 月国民政府发布《国民政府移驻重庆宣言》到 1946 年 5 月 5 日发布《还都令》的八年半时间里，重庆一直都是"战时陪都"。重庆的国际视野在这一历史阶段得以打开。随着国民政府迁入重庆市，沿海及沿江大型的商业、金融、科教等机构迁渝，重庆这座城市的命运发生了质的变化。彼时重庆一跃成为国际一线城市，成为中国大后方政治、经济、文化、信息中心。"陪都"时期的重庆拥有大批的资源，为重庆区域影像的大发展创设了历史性条件，大量抗战题材电影、纪录片相继在重庆创作拍摄。集体意志的抉择，使这个时期的重庆电影呈现出政治多样性的表达，使"红岩精神"得到传承，并成为重庆区域主旋律电影的代表符号。这些电影偏重政治意志的外在表达和意识形态的宣传，缺乏鲜活的区域生活面貌呈现。以政治意识为目的的影视作品，借视听艺术创作实现传播，无疑是政治符号的一次确定性认知。

1954 年，全国区域大直辖区撤销，重庆成为四川省辖市，政治地位落差明显。1958 年，全国在各省政治中心建立 30 个电影制片厂，重庆市痛失电影的发展机遇，电影事业遭受重创。20 世纪 90 年代初，三峡工程的启动轰动全国。1997 年，重庆被确立为直辖市，在短短十余年的时间里迅速跃居国家新一线城市行列。21 世纪初，重庆作为中西部重镇，被纳入西部大开发战略中，重庆的政治、经济、文化迎来新机遇，推动影视艺术进步与发展。

21 世纪以来，重庆各个高校纷纷设立电影相关专业。2000 年，重庆大学美

视电影学院成立，成为全国继北京电影学院之后的第二所电影学院，是重庆电影
人才培养基地、电影理论研究基地，为西南地区影视行业的发展提供大量人才。
依托于高校资源，重庆电影家协会得以成立，而重庆拥有的电影人力资源为重
庆影视发展创设环境。2010 年 3 月，重庆电影集团成立，其在市场化的场域下，
通过市场规律运作，为重庆电影发展搭建一体化创作平台。同时，重庆的民营电
影电视公司蓬勃发展。据不完全统计，截至 2010 年，重庆已有 70 多家电影公司
相继成立。重庆电影事业正以一种良性的推动态势向前发展。

21 世纪以来，全国影视行业大发展，文化市场交融开放，受众对作品的诉
求也呈现出多样化的趋势。无论是市场化还是艺术性的表达，重庆电影都达到了
历史上任何时期都无法企及的高度。新时期影视创作贴合人民的需要，满足人民
不同的要求，也对区域影像发展提出新要求。千年的巴渝文化和独特的地貌环境
一直是重庆这座城市独有的魅力。重庆电影有效地利用影视视听艺术立体呈现其
美感，探求和表达地域文明和文化，在跳跃性的城市空间之中找寻到人与环境共
生共融的空间，创作出更有国际范的区域人文表达范例。

（二）新时期新机遇

西部大开发战略的支撑加上直辖市的设立，激发了重庆新时期的发展活力，让
全国人民又一次看到了这个西南重镇的生命力。新时代，重庆的发展被赋予了新的
含义。继 2013 年国家首度提出"丝绸之路经济带"的宏伟倡议之后，2015 年 3 月
28 日，经国务院授权，国家发展改革委、外交部、商务部联合发布《推动共建丝绸
之路经济带和 21 世纪海上丝绸之路的愿景与行动》（下文简称《行动》），电影作为
"一带一路"合作重点中"民心相通"的重要构成内容，被写入了国家发展战略蓝图
中。《行动》汇集整条线周围的国家，为影视的发展构筑了一条便捷之路，电影发
展也被赋予更高的要求。"经过三年多的发展，'一带一路'从中国倡议上升为国际
共识，收获了一批重要的早期成果，已经成为各方加强国际合作的重要途径和积极
参与推进的重要国际公共产品，成为迄今最受欢迎、前景最好的国际合作平台。"①

---

① 卢重光，杨博文."一带一路"三年"五通"走了多远 [N].光明日报，2017—05—13（006）.

"一带一路"倡议促进新时代国际合作，赋予其更加深远的意义，加强国际影视的发展与交流。重庆处在"一带一路"和长江经济产业带的联结点上，在国家区域发展和对外开放格局中具有独特而重要的作用。受到"一带一路"倡议中项目的惠及，作为西部大开发项目的西南重镇，重庆借助文化传播交流与资源引进的便利，打破原有限制性的闭塞定位，迎来新的文化艺术发展契机，在影视方面得到前所未有的发展。

科技发展推动电影工业进步，而影视的发展依托于媒介。在影视的发展过程中，技术的更迭伴随着媒体的不断创新，使得不同区域影像资源的交流与整合不再处于闭环之内。可以让人们随时随地接收信息的移动终端，为影视发展创造了广阔的环境空间。同时，新媒体语境促发的多样媒体形式、思维及变化，使影像创作与传播表现得更为灵活，并在传统思维解构中赋予艺术表现多样性。我国电影作品数量呈几何级数增长，影视产业呈现史无前例的繁荣景象。大量反映新时代要求的电影作品加强区域交流，打破资源限制，表现出工业化、正规化、专业化特点。因此，区域影像发展需要重新审视区域定位，在新时代契机下，构建区域影像发展的时代战略框架，推动影视自身的大跨越，以宽阔的胸怀实现文化认同。

（三）区域影像责任共担

区域性的文化催生出影视发展的独特价值观，催生出民族性的外在表达。影视艺术作品的创作必须根植于本土文化，从文化长河积淀中挖掘出文化的力量表达。文化艺术的综合性发展给影视表达的个性风格形成创造了条件，个性的影视艺术表达是区域影像共体性的展现。向中国的传统艺术借鉴，是对于源起力量的尊崇。因此，应在传统艺术发展的脉络中汲取影视发展核心力量。

地域性的艺术呈现是由生活在这一区域的人民所决定的。长期的生活生产积累，成为文化艺术的结晶，形成不一样的文化语境，成为影像在区域表达中的差异化体现，赋予作品鲜明的地域性特征和视听艺术的多重呈现。重庆特有的地域人文特点为影视的发展提供了立体多样的文化基础，奇观性的环境成为重庆影视表达的形象重点。长江赋予的长江文化源远流长，借势构造错落有致的建筑，让重庆"8D 城市"的概念深入每个人的内心，极具吸引力。最具商业代表性的电影《疯狂的石头》以重庆元素进行创作，展现重庆的多彩状貌，其中本土文化的表达恰到好处，也将重庆人的火辣性格和责任担当展现得淋漓尽致。这就是地域风格所展现出来的独特魅力。再如《日照重庆》对于逝去青春与生命延续的救赎，《我十一》中青春年少外观化的成人世界解读，《一九四二》中民国文化与阶层的对比表达，《天注定》中命运不被自我掌控的可悲性与命运不屈的反抗等，这些影片都不同程度地展现了重庆的文化发展与艺术魅力。在"一带一路"倡议下，我们需要这样的区域影像表达，以促进民族影视成为民族文化构筑部分，以及国际文化的自身识别表达。

从全局观来看，区域影像的发展要明确自身定位，只有定位准确，才能刺激自身表达欲，突破区域性限制，增强国际性交流，积淀力量呈现民族自信。民族本土文化是民族历史不断发展的基因，是区域影像发展的根源及力量之源，是识别文化区域差异性的根本所在，可在差异化的识别中呈现本土文化自豪感的表达。随着区域影像发展逐渐被纳入国家战略，区域视野被拓宽，影视表达实现自身识别标识。

以区域影像发展的重庆电影为例，其从题材到成品关注的过程中一直处于探索的阶段。溯源历史，重庆区域影像一直处于一个闭塞的发展状态，直到成为"陪都"，才让重庆进入国际的视野，文化艺术视野才有了很大的改观。逐渐清晰的国际观，让重庆迅速发展，并跨入新一线城市的行列。重庆在"陪都"时期发展成为全国影视制作中心区域，成为国际视野的聚集地，吸纳了战时大量人才与资源。重庆电影发展坎坷，却一直坚守着，紧随时代发展脉络，目光着眼于全局，逐渐迎来影视发展的大时代。现阶段，"（重庆）电影生产相对薄弱，年备案量 50 部左右，完成片 20 部左右，全国占比不足 2%，在国内外有影响力的作品就更少了。"① 因此，应挖掘重庆本土影视资源，挖掘本土文化元素，在积淀与历史中寻求发展前行的力量。大足石刻、鬼城丰都、三国故里等巴蜀文化必定成

---

① 重庆计划年出资 1000 万元扶持本土电影发展 [EB/OL]. 上游新闻，2017−12−22. https://baijiahao.baidu.com/s?id=1587478223581845138&wfr=spider&for=pc.

为影视发展所要展现的素材目标。一方水土养一方人，美丽的重庆养育了大量人才，从战争年代的军事将领到新时期的文人墨客数不胜数。"一带一路"倡议让世界重新认识了活力无限的重庆。应发现重庆之美，在影视发展过程中表现出国际姿态，承担我国西南地区影像制作与传播的使命。

在国际社会，中国勇于承担国际责任，并发挥着重要作用。新时代，"一带一路"倡议带来的机遇与挑战，促进区域影像在国际社会的多方交流，并承担传播中华优秀传统文化和本土文化的责任。无论从个体还是整体上看，责任意识都是一个完整统一的表达。区域影像的责任不仅是发展自身，而且应成为区域交流共享发展之时的核心要素。就民族文化整体发展来看，只有区域影像发展相互关联，才能推动整体影视的发展与进步，承担本土文化与国际发展多样性的责任。影视发展要有前瞻性，创造本土文化的影视作品是文化力量挖掘的必要途径。因此，应在时代验证中展现区域影像发展的实力，勇于承担责任与义务。依托于本民族的文化优势，各区域在多重关联的同时，又能独立发展，共同弘扬新时代文化精神内涵，呈现艺术的多样性。

二、区域影像发展与人本位表达

（一）影像的人本映射

重庆不只是带给观众美丽的自然风光和厚重的历史文化遗产，其新型社会化发展还吸引了大批独具慧眼的电影人来此创作。区域影像的表达在全国各个区域有处于创作发展劣势的共性，重庆本土电影的制作同样处于非常低迷的状态。截至 2022 年，重庆本土制作电影不足百部，能在院线放映的更是微乎其微。但是，在重庆取景拍摄的影片却有 200 多部。在幻影的世界里，观众可以目睹重庆女人的魅力，从火锅的世界里感受重庆的麻辣风格（《重庆美女》，杨紫婷执导，2009）；可以一睹迷离的雾都城市和繁忙的朝天门码头（《周渔的火车》，孙周执导，2002）；可以感受多样的社会程式赋予缓缓驶过的索道以静谧（《生活秀》，霍建起执导，2002）；可以探秘历史的痕迹，通过古老的十八梯和吊脚楼，观赏最有重庆味道的老城市井（《好奇害死猫》，张一白执导，2006）；可以从摩登变幻的建筑群（《双食记》，赵天宇执导，2008）和灯火阑珊的滨江路沿线（《秘岸》，张一白执导，2008）去感知这座梦幻的城市；可以在这座迷离梦幻的雾都体会唯美浪漫的爱情故事（《从你的全世界路过》，张一白执导，2016）。那么，什么样的电影属于重庆电影呢？重庆电影的概念比较宽泛。电影行业与传统行业存在本质的区别，尤其是打破了计划经济以后，它不再以某个省市电影制片厂为核心生产主体，而是具有全国化甚至是全球化特征。要定义重庆电影，就看影视创作中的"重庆元素"占比有多大。在影像创作的置换过程中，新旧城市的对比是人文符号的沉积、转变与发展，其背后新旧城市交替的断裂情感与层次多样的空间感，既让人们置身于外又融于市井之中。"新旧城市内在的契合点，即反映出生活的飞速发展变迁给人们带来的生存压力。"[1]城市和人在不断变化的城市空间中相互依存与冲突的关系，在区域影像中获得全新的诠释。

（二）人本的社会群像

多变的城市形态在不断地运动变化，同时也在不断引导现代人的审美价值观念。在社会发展进程中，传统的文明形态和社会群像意识在逐渐扩大的社会结构里慢慢地消亡，不断发展的城市与被吞噬的旧的社会价值表达成为不可调和的矛盾，演绎为现实的城市文明通病。重庆在新时代发展中也存在大部分城市发展的通病与问题，如城市的外迁移民问题、贫富差距的外化呈现、新旧文化表达的冲突等。正如不断延伸的街道成为城市感变化表达的标识，它的延伸成为推动世界能在延伸的节点上演变为城市发展的意向。"街道一词在这里不仅是指街道——特别是城市街道——本身，而且还包括它的各种延伸部分，如火车站、舞场、会场、飞机场、酒馆等。"[2]不断延伸的道路多变地展现了城市的多样表达，让情感表达在城市这个载体上的叙事更加流畅，在人文价值的体现上更具针对性。

一条长江成为内陆通航的通道，河道成为镜像的街道象征。在不断流淌的

---

[1]　霍建起.《生活秀》艺术总结 [J]. 电影艺术，2002（04）：39.

[2]　［德］齐格弗里德·克拉考尔.电影的本性——物质现实的复原 [M]. 邵牧君译.北京：中国电影出版社，1981：78.

长河中，三峡成为不断迁移的感伤表达。三峡流域文明浸润着千年的巴渝农业文明，是重庆人最为古老的原始家园记忆。在电影《三峡好人》中，千里迢迢来到重庆寻亲的矿工韩三明和护士沈红，以外乡人的客观视野，呈现了流离变迁、纷繁芜杂的库区众生状态，展现在边缘地带生存的人对于生存的茫然无措，以及平民对生命的懵懂迷茫。传统的生命表达是对传统仪式积淀的呈现，由心灵意识的家园构筑的对于乡土情怀的离散之痛，反而在茫然视野中让社会的群像表达更具深意。《三峡好人》外在的寻亲过程，以外观者的状态，呈现了异乡的家园缘起之处在无力感剥离之后混乱的无意识状态。"贾樟柯面对如此真实的三峡影像，他在电影中放进了两个虚构的故事，但是这两个虚构的故事所唤起的又是生活中很真实的关于命运、记忆以及沉默的东西。"① 真实的影像赋予了命运表达的无力，在不断迷离的守望过程中，情感面临的是破损之后的修复。影片在"改造"与"迁徙"不变的命题中寻求命运的突破，将命运的起伏与现实纠葛融为一体，在宏观的大时代变迁中得以被观照。电影在不断地构建与打破过程中凸显城市的生存法则，游离于现实与虚拟之间，不断探寻人本的突破性表达，在社会纷繁中解构着城市里生活和生存压力下的个体表现，突出人文色彩。

三、区域影像与社会塑造性突破

（一）城市物态景观的转化

城市物态最为明显的当数建筑，其静止矗立于城市中，成为城市的坐标和象征。美丽的长江之城，立体的城市空间，造就了多样的重庆城市建筑，承载着重庆人民对生活的认知和对于生命体验的思考。山城重庆，道路曲折交错，借山势地利，构建交错的物理空间。建筑的命定性表达也成为人们对城市建筑依赖性与独特审美视角的体现。配合着固态城市的建筑外化，建筑群落里呈现出都市人丰富多样的生命轨迹。

---

① 李陀，贾樟柯等.《三峡好人》：故里、变迁与贾樟柯的现实主义 [J]. 读书，2007（02）：8—10.

青石板台阶是老重庆的特色，重庆老城区的十八梯是生活的真实写照。十八梯的台阶逐级向上延伸，体现本土乡民文化对于生命和生活探求的力量，它的连续性与持续性是重庆人生活磨砺中韧性的表达。石阶两侧的景象多有纷乱之性，错乱的建筑在老城区中已经破败不堪，但是老城区人民的心性还是像台阶一样，保留了一份火热单纯的内心。这为重庆影像表达提供了极具生活感和历史厚重感的素材与话题。爱情主题在迷雾多变的山城中始终是不可或缺的内容。在《从你的全世界路过》中，张一白作为本土导演，非常巧妙地让石阶的延伸成为爱情等待结果的满足，在迷雾笼罩的林立建筑之间寻求最为真挚与朴实的安宁。影像的技术性处理，成为外化重庆人性格的手法。与之对比的流动性物态——索道和轻轨，让人物直爽的火辣性格和城市发展对地域文化的承载与呈现得到诠释。一动一静的状态是重庆不同时期的发展象征，同时也表达了重庆人对发展的渴求变化。索道如今已成为重庆观光旅游的景点而不是重庆发展速度的表达，其具有更多的文化内涵。由于重庆地貌特点，其轨道交通构筑了重庆独特的城市景观，在移动换景的变化之间连接了家。作为不安定的形态的地铁，在不断穿梭的影像表达中，已然成为重庆人日常精神的解读，呈现着人们的内心世界。

（二）演进过程中的情结诉求

在用影像呈现旧的文化世界的过程中，创作人员总会在创作时加入主观的认知表达。老城区的改造成为现实断裂的裂痕，对于回忆的呈现仍然有现实的幻想与感伤。生活的现实与老城区的欲望表达总会在过往的社会中得以映射。重庆电影根据本土社会的特点，将迷雾中的城市隐喻为一个无方向的现实，并在隐藏的不安定情绪中，表达渴望冲破压抑的欲望诉求，形象地诠释了这座城市的迷雾感伤世界。"重庆和纽约一样，是一座充满欲望的城市，正是这样的欲望，让人们不断地追求更美好的生活。"[①] 层峦叠嶂的城市森林成为现实的迷宫，在迷雾的包裹之下让欲望的群落拥挤在不可窥视的新旧对立之中。

情感伤逝的多重表达与影像现实的外化，构建出一个可以感知的空间。影

---

① 郑宇.重庆代言人海选狂欢：城市形象包装意识的苏醒[N].重庆日报，2009-06-19（006）.

像表达是人们外化出来不被探知的现实，但是内在的坚守过程成为迷雾的精神世界。城市是一个人本孕育的母体，这个母体赋予了生命多重的解读。探寻城市的本质是对于现实社会的挖掘与重构。本质即为源起，是城市的灵魂。对于影像的探求，张一白在《秘岸》的发布会上给予了这样的解读："在新城市化过程中，一个人的价值观、人生观在银幕上得到具体体现，他的痛苦和喜悦可以用电影手段进行解密。说到底，人和人的情感是最重要的。社会转型期，人潜意识中的那种阵痛是很值得挖掘和珍藏的。"① 人的潜意识表达是根据外在现实的变化而变化的，而城市化命运的走向牵制住了每一个个体。个人的内在变化也影响着城市进程的走向，两者相互依存、相互作用，成为城市中关系的主体。因此，城市情结赋予的变化也就成了个体灵魂的诠释窗口。

四、总结

重庆影像的创作与发展是一个不断求知探索的过程，在每个时代演进中都会产生新的含义。时代文化的积淀传承了智慧与力量。区域的影视群像根据本土文化的象征，深入发掘人本身内在的灵魂并予以视听解读。在时代发展中，影像表达已经成为个体命运认知的力量宣泄。社会群像赋予影像的含义是对创作的一次生命演绎，区域影像在艺术表达的长河中也被赋予了时代艺术的力量。

---

① 刘玶.《秘岸》：新城市电影破土而出 [N].成都日报，2008-11-14（011）.

后　记

　　《重庆文化研究》年卷自出版以来，在社会上获得了广泛的好评，并引起了较大的社会影响。为了进一步促进我市文化旅游研究工作，展示文化旅游研究成果，更好地发挥研究成果的积极作用，重庆市文化和旅游研究院于2023年初，继续策划编辑出版《重庆文化研究》（2022年卷）。主要选收重庆地区专家学者2022年在公开期刊发表的文章，兼收少部分内部刊物发表的文化旅游研究的优秀文章。2022年卷于2022年1月起征稿，得到了全市各高校、文化单位以及广大文化旅游工作者的大力支持。截至11月底，共收到文化艺术研究稿件200余篇。部分文章入选作者因地址变更无法取得联系，请见刊与我们联系以便赠送样书。

　　对于编辑工作，我们在上卷的基础上，继续完善了几个遴选标准：注重文化艺术各门类平衡，优先选入核心期刊发表的文章，优先选收具有学术前瞻性的文章，优先选收具有现实意义的文章。据此，入选文章49篇，70余位作者，近50万字。分为宏观文化、巴渝文化、公共文化、文化产业、文旅融合、文化传媒、文化遗产、艺术研究等部分。由于时间仓促，难免疏漏和存在不足，敬请批评指正。

2023年8月